/ 当代世界农业丛书 /

日本农业

曹 斌 著

中国农业出版社
北 京

当代世界农业丛书编委会

序

| Preface |

2018 年 6 月，习近平总书记在中央外事工作会议上提出"当前中国处于近代以来最好的发展时期，世界处于百年未有之大变局"的重大战略论断，对包括农业在内的各领域以创新的精神、开放的视野，认识新阶段、坚持新理念、谋划新格局具有重要指导意义。农业是衣食之源、民生之基。中国农业现代化取得举世瞩目的巨大成就，不仅为中国经济社会发展奠定了坚实基础，而且为当代世界农业发展提供了新经验、注入了新动力。与此同时，中国农业现代化的巨大进步，与中国不断学习借鉴世界农业现代化的先进技术和成功经验，与不断融入世界农业现代化的进程是分不开的。今天，在世界处于百年未有之大变局、世界经济全球化进程深入发展、中国农业现代化进入新阶段的重要历史时刻，更加深入、系统、全面地研究和了解世界农业变化及发展规律，同时从当代世界农业发展的角度，诠释中国农业现代化的成就及其经验，是当前我国农业工作重要而紧迫的任务。为贯彻国务院领导同志的要求，2019 年 7 月农业农村部决定组织编著出版"当代世界农业丛书"，专门成立了由部领导牵头的丛书编辑委员会，从全国遴选了相关部门（单位）负责人、对世界农业研究有造诣的权威专家学者和中国驻外使馆工作人员，参与丛书的编著工作。丛书共设 25 卷，包含 1 本总论卷（《当代世界农业》）和 24 本国别卷，国别卷涵盖了除中国外的所有 G20 成员，还有五大洲的其他一些农业重要国家和地区，尤其是发展中国家和地区。

在编写过程中，大家感到，丛书的编写，是一次对国内关于世界农业研究力量的总动员，业界很受鼓舞。编委会以及所有参与者表示一定要尽心尽责，把它编纂成高质量权威读物，使之对于促进中国与世界农业国际交流与合作，推动世界农业科研教学等有重要参考价值。但同时，大家也切实感到，至今我国对世界农业的研究基础薄弱，对发达国家（地区）与发展中国家（地区）的农业研究很不平衡，有关研究国外农业的理论成果少，基础资料少，获取国外资料存在诸多不便。编委会、各卷作者、编审人员本着认真负责、深入研究、质量第一的原则，克服新冠肺炎疫情带来的诸多困难。编委会多次组织召开专家研讨会，拟订丛书编写大纲、制订详细写作指南。各卷作者、编审人员千方百计收集资料，不厌其烦研讨，字斟句酌修改，一丝不苟地推进丛书编著工作。在初稿完成后，丛书编委会还先后组织农业农村部有关领导和专家对书稿进行反复审核，对有些书稿的部分章节做了大幅修改；之后又特别请中国国际问题研究院院长徐步、中国农业大学世界农业问题研究专家樊胜根对丛书进行审改。中国农业出版社高度重视，从领导到职工认真负责、精益求精。历经两年三个月时间，在国务院领导和农业农村部领导的关心、指导下，在所有参与者的无私奉献、辛勤努力下，丛书终于付梓与读者见面。在此，一并表示衷心感谢和敬意！

即便如此，呈现在广大读者面前的成书，也肯定存在许多不足之处，恳请广大读者和行业专家提出宝贵意见，以便修订再版时完善。

原欣荣

2021 年 10 月

前 言
|*Foreword*|

    日本农业是世界农业体系的重要组成部分，也是亚洲小农经济的代表。第二次世界大战之后，伴随经济的迅速发展，日本农业也走出了可持续发展道路，20 世纪 70 年代，日本基本实现了农业农村现代化和城镇化，无论是在农业生产技术还是管理水平上都走到了世界前列。目前，日本是亚洲地区贫富差距最小的国家，2019 年社会基尼系数只有 0.372 1，基本实现了全社会共同富裕，引起了世人的关注。

    日本与中国地理位置相近，农业发展有许多共同之处，研究日本农业发展经验对于我国推进小农户与现代农业发展有机衔接，实现乡村振兴和共同富裕有着重要的参考价值。改革开放以来，去日本考察的国人络绎不绝，既有政府官员也有专家学者，既有短期的参观考察也有长期的研修学习，部分意见认为日本农业精细、农村富庶、农民富裕，并对各种农业农村的硬件和软件建设赞不绝口，但是也有一部分意见认为日本农业存在食物自给率低、农业劳动力老化、农村缺乏活力、农产品缺乏国际竞争力，是注重公平但无效率的发展模式。然而无论哪种意见，都值得认真研究和思考，进而借鉴"他山之石"，走通、走对、走好中国特色社会主义道路。

    本书是当代世界农业丛书中的一本，对日本农业进行了全面扫描，希冀能够为广大读者深入、系统地研究和了解日本农业变化与发展规律提供帮助。作为抛砖引玉，笔者认为日本农业特点主要表现在以下几个方面：一是以超小规模的家庭经营为主。日本农户的户均经营面积只有 1.26 公顷，是美国的 1/142，严重阻碍了农业发展。近几十年，日本工业化、城镇化的快速发展加速推进农民分化，日本农业正朝着高度兼业化的家庭经营农户和大规模企业经营农户两个方向分化发展，而农业政策受到时间、空间的农业经营结构变化的影响，呈现出阶段性、复杂性和多元化的发展特点。二是重视提升劳动生产率。自20世纪60年代起，日本农业逐渐由土地利用型农业转向资本和技术密集型农业，以提升土地生产率转向提升劳动生产率为重点的农业政策，促使超小规模农户可以在较小面积的土地上实现资源要素的优化配置，取得了较大的产出值。加之，差异化的品种选育、农艺技术、流通技术与农业科技推广体系的有机衔接，大大提升了产品附加值，形成了具有日本特色的精品农业发展道路。三是农业生产的社会化服务程度高。日本农业生产体系之中，其产业链的外部化水平很高，从生产资料供给到农产品销售的各个环节，农业成为社会化商品的一个专业部门。其中日本尤为重视农民合作经济组织在农业农村发展中的作用，鼓励支持农民自发组成生产型和服务型合作经济组织提升农业竞争力。四是重视保障粮食安全。日本虽然是高度发达的资本主义工业国家，经济规模仅次于中美两国位居世界第三，但在粮食安全问题上始终没有过分依赖国际分工，而是提倡"立足本国，合理进口"，目前虽然食物热量自给率不足40%，但是口粮自给率却接近百分之百，2020年3月颁布的《食物农业农村规划》还要求2030年将食物热量自给率提升到45%。五是重视及时调整农业政策方向。作为受保护的基础产业，日本政府对农业生产极为关注，在社会经济不同发展阶段及时调整政策导向，既有效解决了低收入发展阶段农产品供给不足的问题，又在中高收入发展阶段实现了缩小城乡收入差距的目标。这种多元化、全方位的政策既符合本国实际情况，又具有一定的自身特色，总体来看比较成功。

本人自1997年赴日本留学，毕业于东京农业大学研究生院农业经济学专业，在东京工作生活十余年。回国后又因工作关系经常赴日本农村开展调研活动，为撰写本书奠定了一定的基础。但写作深入下去之后，很快发现日本农业制度之复杂，作业量之多超出预想。所幸本书提纲编制得到中国社会科学院-日本学术振兴会国际合作项目"农业经营结构变化对农民合作社治理机制影响的中日对比研究"日方团队的积极参与，并提出了宝贵意见。获得青岛市驻日本经贸办事处日本工商中心原新明常任代表、北海道大学郑海晶博士和广岛大学王璇静博士帮助，收集整理了大量的日本农业农村最新资料，为顺利完成本书提供了有力保障。另外，中国农业出版社期刊出版分社副社长贾彬同志、责任编辑汪子涵同志组织审核全稿，为提升书稿质量，提出了许多宝贵意见，在此表示衷心感谢。

本书由于完成时间仓促，加之本人水平有限，虽经数次修订但书中难免还有疏漏和错误，恳请广大读者批评指正。

曹　斌

2021 年 11 月

目　录

| Contents |

第一章 CHAPTER 1
日本概况 ▶▶▶

　　日本（日语：にほん；英语：Japan）是位于亚洲东北部的一个群岛国家，东临太平洋，北沿鄂霍次克海，西隔东海、黄海、日本海，与中国、朝鲜和韩国等国家相望，是世界第三大经济体，G7 和 G20 等国际组织的成员，且科研、航天、制造业、教育水平均居世界前列。日本农业发展受到岛国独特的地理条件、资源禀赋和人文历史制约形成了自己的特点。本章首先阐述了制约日本农业发展的地形地貌、气候资源、水资源、生物资源、土地资源和人力资源的基本情况。其次从行政、地理和农业 3 个维度介绍与日本农业发展密切相关的行政区划和农业地区分类。最后基于宏观数据介绍日本国民经济发展现状。

第一节　地形地貌

　　日本由北海道、本州、四国和九州 4 个大岛和 6 800 多个小岛屿组成，总面积 37.8 万千米²。日本国土由东北向西南延伸呈弧状，全长 3 000 多千米，北部的北海道距俄罗斯的库页岛不到 46 千米，南部的九州岛距朝鲜半岛的韩国约为 185 千米，九州西部的长崎与我国上海市相距约 850 千米，西南端的先岛群岛与我国台湾省相隔仅 120 千米。日本的海岸线蜿蜒曲折，港湾众多，全长约 3.4 万多千米，是世界上单位面积海岸线最长的国家之一。

　　日本列岛地处亚欧大陆板块、北美洲板块、太平洋板块及菲律宾板块 4 个板块的交界处。这些板块相互碰撞，使得日本列岛逐渐从海中突起，形成众多高山，据《日本统计年鉴》显示日本海拔超过 3 000 米的高山有 21 座。2018 年日本山地面积占到陆地总面积的 61.0%、丘陵占 11.8%、台地占 11.0%、低地占 13.8%、内陆水面占 2.4%。山地分布遍布日本全境,山地面积占土地面积比重最高的是四国地区,为 79.9%,其次九州占 64.8%,本州占 63.6%,北海道最低为 49%。另外,山地面积占比超过本地区土地面积 80% 以上的县有 18 个,其中岛根县和和歌山县占到 93%、奈良县占到 92%。只有冲绳(24%)、千叶(31%)、茨城(32%)3 个县在 50% 以下。山高、谷深严格地限制了农业的开发和利用[①]。

分布于本州中部南北横断的中央大地沟带,将日本山地分成两大部分,并且形成了大量的山脉。大地沟带以东称之为"北弯山系",山地与盆地相间,大致呈南北走向。由于北见、日高、夕张、奥羽、出羽、越后等山脉的阻隔,造成东西两侧迥然不同的自然景观与土地利用形态。西岸冬季多雨雪和阴天,几乎全部为水田作物;东岸则夏季多雨,冬季少雨、干旱,旱田作物占很大比重。大地沟带以西称之为"南弯山系",西南部山系,山地与盆地、低地相间,大致呈东西走向,由于丹波、中国山地、四国、筑紫等山地的阻隔,使南北两侧形成不同的自然地带与土地利用形态。四国山地与九州山地南部为日本高温多雨地带,是亚热带作物、水果与暖地蔬菜种植地区;中国山地与九州山地北部,秋季与冬季多雨,气温较低,以种植水田作物为主。在中国山地与四国山地之间,形成了濑户内海少雨、温暖地区,虽然贮水灌溉对农业发展起了较大的作用,但也是日本最易产生旱灾的地区。

日本的平原、低地(包括台地)面积狭小,大多是小规模的冲积平原、海岸平原和洪积台地,大部分分布在山地边缘,实际上也可划为山地。日本没有大面积的准平原,较大的平原都是大河下游的沿岸冲积平原,例如关东平原面积 1.3 万千米^2,是日本最大的平原,其次还有浓尾、近畿、仙台、石狩等平原。而且大部分平原被山脉环抱,例如日本关东平原被房总半岛环绕,尾浓平原和大阪平原处于伊势湾和大阪湾的深处。由于日本山地遍布,平原都被分割成孤立、狭小、分散的地块,但这些地区却都是日本经济活动的中心地区,集中了全国 80% 左右的人口和国内生产总值,以及全部大城市和重要交通动脉。

平原对日本农业的影响大。河流入海所形成的冲积平原是日本平原的主

---

① 张文奎,丛淑媛,孟春舫,等,1987. 日本农业地理 [M]. 北京:商务印书馆. 本章引用部分该书内容。

体，这类平原由泥沙堆积，地基松软，面向海洋，交通方便，有利于经济发展，既是日本最重要的生产和建设基地，也是日本水田作物的主产区。但日本河流流量的季节变化与年变化都很大，冲积平原在历史上基本上都属于易遭受洪水侵蚀的地区。

日本河流众多，从山地流出时携带大量泥沙，出山谷到平地后，流速减低，流水中含的泥沙堆积成洪积扇。日本多山谷，主要河流上游几乎都有大大小小的扇形地。有时山中流出几条河流，距离很近，往往形成洪积扇群，又称为复合型洪积扇，富山平原和甲府盆地是典型的复合型洪积扇地形。洪积扇的沙砾颗粒大，流水易渗入地下成为伏流，尤其是扇顶附近，河水皆渗入地下，只是在洪水时地表才有流水。因此，洪积扇地表缺水，影响农业开发，有些仍保留山林与荒地状态，有些地区已开垦为桑田、果园、茶园以及其他旱田。冲积扇末端为涌泉带，多居民点；而在地势较低的地区多水，常建为水田，开发较早。

日本台地大部分为第四纪后期造山运动形成的，亦称洪积台地。它们表面平坦，往往上部覆以厚层的火山灰等堆积物，所以地下水位低，取水困难，开发较迟，至第二次世界大战（简称"二战"）之前才开发为旱田或牧场，供水便利的地区也有水田。二战之后由于工业发展，这类台地，尤其是关东平原的洪积台地发展为工业区和居民区，其附近大多种植蔬菜和果树。

从海拔高度来看，日本国土的平均海拔较高，1 000 米以上的高原占国土面积的 6.4%，500～1 000 米的山地占 20.5%，200～500 米的丘陵地区占 24.5%，200 米以下的平原地区占 48.6%。这种海拔特点，影响日本农业生产，一是坡耕地比重大，占日本耕地面积的 46.5%。二是受到山地垂直变化的影响，山地土地利用类型也呈现垂直性变化。在南九州耕作上限可达 1 500 米，中部山地达 1 000 米左右，东北部山地则为 800 米左右，北海道西南部在 20～300 米，而北海道东北部即便是在山下低地耕种亦有困难。

第二节 气候资源

一、气候变化

日本位于温带季风区域内，气候复杂多变。南北地区或东西两岸差别很大，从垂直变化看，日本境内多山，尤其中央脊梁山地海拔多在 3 000 米以上，气候呈垂直变化，山上山下气温相差十几摄氏度。从季节变化来看，四季差别明显，每年有较长的梅雨和秋霖季节，以至于有学者主张在日本春夏秋冬四季外还应加上梅雨、秋霖两个季节，共分六季。

日本冬季一般从 12 月至翌年 2 月。气候变化受来自亚洲的西北季风控制，西伯利亚高气压在北太平洋上空形成寒冷气团，温度低达－30℃至－50℃，在到达日本海岸前，经过日本海，这里冬季北部水温为 0～2℃，而靠近日本沿岸因受对马暖流的影响，水面温度升至 10℃左右，因而使气团不断增温、变湿，下部非常不稳定，登岸以后受日本列岛沿岸的纵向山脉阻挡，造成里日本①和表日本②形成不同的天气。里日本多雪，多阴天，日照时间短，空气湿润，积雪可达到 3 米以上。表日本则少雪，多晴天，日照时间长，空气干燥。表日本与里日本的天气与气候的差异，从南到北都有反映，而以北部尤为明显。冬季北海道和东北北部大部在零度以下，基本上停止了户外农业劳动，几乎没有无霜日。而南部气温较高，南关东、南四国、九州地区都在 4℃以上，冲绳和奄美温度达到 15℃以上，农业活动仍很繁忙，主要生产蔬菜、水果和花卉等。

春季一般是 3—5 月。西伯利亚寒冷气团逐渐减弱，高压南移，其势力伸至日本海区域，无云、弱风，气温较低，往往引起霜冻，并有焚风发生，易造成火灾。同时，日本附近的海洋低压也常给表日本带来强风与多雨。春季日本大部分地区都进入农忙期，处于水稻播种和冬麦的成熟期。许多地区 4 月开始翻耕水田，准备苗床进行播种。南部地区割麦与插秧同时在 5—6 月中旬进行。

夏季是 6—8 月。6 月进入梅雨期，称为"入梅"。因日本领土狭长，入梅的时间南北差异大，2020 年自南向北，冲绳地区是 5 月 16 日，九州南部是 5 月 30 日，四国地区 6 月 10 日，东京 6 月 11 日，东北北部地区 6 月 25 日。梅雨结束时期也不一致，冲绳地区 7 月 10 日，东京附近 7 月 24 日，东北北部

---

① 里日本是指日本本州岛面向日本海侧的国土，包括山阴、北近畿、北陆地方、旧出羽国（东北地区日本海一侧），但不包括北海道及九州岛（福冈县、佐贺县）的日本海一侧。狭义的里日本指山阴和北陆地区，广义的里日本包括新潟县、富山县、石川县、福井县、鸟取县、岛根县、青森县、秋田县和山形县。京都府、兵库县和山口县的县府所在地距日本海较远，但北部地区属于里日本。

② 表日本是指本州岛面向太平洋和濑户内海地区。

地区 7 月 31 日。梅雨时期，云量大，日照不足，带有大量降水，对日本农业，尤其是对水稻栽培有重要影响。梅雨期正值插秧时期，需要水而不急需阳光，虽然以水稻种植业为中心的日本农业体系受惠于梅雨，但有时也会出现暴雨造成严重的水害。日本的夏季受太平洋亚热带高压控制，形成东南季风，是高温多雨的季节，埼玉县熊谷市和岐阜县多治见市曾记录到 40.9℃ 的高温，但总体来看，除东北北部与北海道之外，日本各地的平均最高气温都在 25℃ 左右，地区差异不大。2019 年日本南部的鹿儿岛 8 月平均气温为 28.8℃，北海道札幌市为 22.5℃，南北相差只有 6.3℃。一般说来，除北陆地区和东北地区的里日本沿岸之外，夏季是降水最多的季节。在近畿地区以西的太平洋沿岸，夏季降水量可达 750 毫米。高温与多雨同季，对农业发展非常有利，是决定日本全年农业产量最重要的时期。但夏末冲绳县和鹿儿岛县奄美市常有台风，一方面带来大量降水，另一方面也给日本农业生产造成较大破坏。

秋季是 9—11 月。9 月受到秋雨和台风的影响，降雨较多，10 月日本列岛被移动性高气压覆盖，秋霖锋带退出，多晴天，少云雾，是"天高马肥"的收获季节。有些地区 9 月下旬开始割稻，最盛期为 10 月，南部温暖地区收割更迟。但在南部地区秋季也是许多园艺作物的播种期，例如房总半岛 11 月露天播种豌豆、蚕豆和麦类。与之相反，在北部较寒冷的地区，10 月底就有初冬的感觉，白桦、落叶松等树木开始凋零。早霜出现时间大相径庭，北部从 10 月中旬起，南部从 11 月末起。个别年份还会在日本海一侧出现降雪。

二、热量资源

日本与亚洲大陆东岸同纬度国家比较，气温较高，大部分地区年平均气温在 12~16℃。热量充足，积温较高，有利于农业的发展。

（一）气候温暖

日本气候的明显特点是温暖，富海洋性。根据美国 Canty & Associates LLC 对日本 209 所城市 41 年气象数据分析结果显示，日本年平均气温 13.9℃，平均最高气温 17.6℃，平均最低气温 10.1℃。日本全年平均气温大多在 10~20℃，南九州、南四国、纪伊半岛等地年平均气温都在 16℃ 以上。

仅北海道、东北地区北部、本州山区的部分地区全年平均气温在 12℃ 以下。例如，北京（北纬 39°54′）与秋田（北纬 39°43′）的纬度相近，北京 1 月平均气温为 -3.1℃，8 月平均气温为 25.5℃，年温差 28.6℃。而秋田 1 月平均气温为 -0.6℃，8 月平均气温为 25.2℃，年温差为 25.8℃，要比北京低 2.4℃。另外，北海道札幌市 1 月平均气温最低也不低于 -3.6℃，而南部地区 8 月平均气温都在 25～26℃，冲绳县那霸市平均气温为 28.9℃。但是，与大陆西岸的英国和西欧等国家比较，日本气候的大陆性又较强，冬季气温偏低。

日本南北距离长达 3 000 千米以上，跨纬度 25° 多，从南部的亚热带到北部的亚寒带，植物生长季相差两个月。北海道稚内市初夏的 1 月平均气温为 -3.0℃，而冲绳县那霸市冬季 1 月平均气温为 23.9℃，南北相差悬殊。再如平均气温在 20℃ 以上的月份，那霸市有 8 个月，东京都有 4 个月，札幌市只有 1 个月。日本气候东西岸差别大，尤其在冬季西海岸多雪、多阴天，气温较低。而东岸多晴天，降雪少，多焚风，气温较高。在高山地区，山地气候呈垂直变化，夏季山下比山上气温高 10～15℃ 甚至由于山地的隔绝作用，相近地区的气候也相差悬殊。

由于气候的地区差异性大，直接影响到农业生产。例如，日本西南诸岛属热带与亚热带气候，全年皆可耕作，一年三熟或四熟。北海道北部，粮食作物一年不能一熟。从森林分布上看，由南到北呈带状分布：由亚热带雨林到照叶林、落叶阔叶林和常绿针叶林带。由于东西岸气候差别，日本海沿岸适于开垦为水田，太平洋东岸则适于开垦为旱田。

（二）积温

从日本实际情况来看，10～2 000℃ 的地区种植某些作物一年一熟亦有困难。2 000～3 000℃ 的地区，任何作物都可一年一熟。3 000～4 000℃ 的地区，复种或套种早熟作物，一年可两熟，但早熟作物要选生长期短的品种。4 000～5 000℃ 地区可两熟乃至三熟。日本积温呈现北低南高逐渐增加的特点，北海道西部积温都在 2 500℃ 以上，如旭川市为 2 570℃，札幌市为 2 620℃，北海道东部个别地区（如根室市）低于 2 000℃。中部地区大部分为 3 000～3 500℃。九州南部和冲绳县都在 4 500～5 000℃。

根据积温分布特点，早在 13 世纪，日本就开始稻田复种麦类、豆类、油菜和苜蓿等作物。至 20 世纪 60 年代以前，除北海道为一年一熟制之外，其他地区均为二年三熟或者一年二熟制。1964 年日本耕地复种指数中，北海道为 101%、东北为 113%、关东关山为 131%、四国为 153%、九州为 153%。东北、关东、东山地区的大部分为二年三熟，少数地区一年二熟。旱地中两年三作的第一年是春作物（陆稻、甘薯、马铃薯、谷子等），秋季种麦，第二年则为麦类与夏作两收。一年两熟制，则每年均为麦类与夏作物，或者是麦后复种夏作物，或者套种，典型栽培方式是：甘薯或陆稻—大麦，小麦—大豆或小豆或薯类，大麦或小麦—大麦或甘薯。水田中二年三作是中稻—麦类—晚稻，一年两作以麦—稻两熟居多。九州、四国、关东南部主要是一年两熟制，多采用复种，季节较紧的地区则采用套种，个别地区也有一年三熟。

虽然日本的热量资源完全可以保证大部分地区实现一年两熟或者三熟，但是随着生产效率提升，日本农产品供给过剩，引起市场价格下跌，日本政府采取了加大补贴方式限制耕种水稻，降低市场供给提升农民收入的政策，使日本耕地利用率快速下降，目前几乎日本各地都实行一年一熟制。20 世纪 60 年代之前，日本耕地复种指数都在 130%～140%，1955 年曾高达 159%，之后逐渐下降，2019 年日本农地面积 439.7 万公顷，实际种植面积 402.0 公顷，复种指数下降到 91.4%，其中水田复种指数 92.8%，旱田复种指数 89.8%。

（二）霜期

日本九州岛南部和北海道霜期相差 220 多日。北海道东部大部地区霜期低于 200 日，北部稍高，其中旭川市长达 220 日，钏路市 204 日，带广市 219 日。这些地区的无霜期日数仅仅够水稻生长，因此在北海道推进水稻种植，历来都力求改良耐寒和早熟品种，缩短生长期，以适应无霜期短的特点。

从北海道往南，霜期逐渐缩短，本州中部山地霜期仍在 170～190 日，例如岩手县盛冈市 194 日、山形县 181 日。关东南部和四国南部、九州南部则霜期较短，新潟县 126 日，东京都附近只有 60～80 日，是农作物每年两熟、三熟的重要有利条件。九州南端和冲绳县各岛几乎全年无霜，有利于热带、亚热带农作物的生长，而且一年四季都可进行农业生产。

三、光能资源

日本是光能资源比较丰富的国家。各地年平均每平方米全日射量（太阳辐射量）都在 200 卡①以上。北部较少（北海道稚内市为 258 卡），南部较高（鹿儿岛县 331 卡、高知 356 卡）。从季节变化看，以夏季最高，对农作物生长有利。

日本的日照时数不高，各地日照时间在 1 600～2 200 小时，年平均日照时间 1 850 小时，低于世界 2 500 小时的平均水平。日照时间的分布也不均匀，中部地区普遍较高，北海道札幌市只有 1 988 小时，中部的甲府市为 2 216 小时，岐阜县 2 196 小时，而南部冲绳那霸市只有 1 666 小时。另外，太平洋沿岸（东京 1 909 小时）也比日本海沿岸（新潟县 1 833 小时）要高。

第三节　水　资　源

日本是以水稻耕作为主的国家，单位面积土地需水量较多。据日本国土交通省数据显示，2019 年日本有 239.3 万公顷水田，灌溉用水 503 亿米³，平均每公顷水田淡水使用量为 2.1 万米³。日本水资源丰富，对农业发展极为有利，大部分地区降水较多，可充分满足作物生长需要。各河流的丰水期也多在作物生长季节，有利于农业灌溉。例如九州、东海、关东地区的河流，夏秋水量大，冬季枯水。东北日本，即北海道、东北地区西部和北陆地区的河流，春水极大冬季枯水。中间地带，即东北东部、东山、山阴和濑户内海沿岸的河流，春夏水大，冬季枯水。

一、水系分布

日本境内河流流程短水能资源丰富。据统计，日本流域面积超过 1 000 千米²或流经 2 个以上都道府县的一级水系②有 109 条，其中由中央政府管理的一级河流 14 066 条，流域面积共 881 007 千米²。由地方政府管理的二级河流 7 081 条，流域面积共 35 864 千米²。普通河流 14 327 条，流域面积共

---

① 卡为非法定计量单位，1 卡＝4.184 0 焦。——编者注。
② 日本《河川法》规定：一级水系内的河流称之为"一级河流"，由国土交通省管理，实际是由国土交通省水管理国土保全局委托地方整备局设立河川事务所代为管理。"二级水系"是一级水系以外的水系由都道府县知事负责判定和管理，城乡小河流或《河川法》没有规定的河流属于"一般河流"，由所在市町村地方政府负责判定和管理。

144 013 千米²。另外，流域面积超过 3 000 千米² 的有 18 个水系，流域面积共
13.4 万千米²，占日本国土面积的 35.4%。其中，利根川水系是日本流域面积
最大的水系，流域面积 16.8 万千米²，发源于大水上山向东经由东京等 6 个都
道府县流入太平洋，是首都经济圈最为重要的水源。信浓川是日本最长的河
流，发源于甲武信山，经由新潟县流入日本海，全长 367 公里。

日本湖泊较多。由地壳褶皱下沉而造成的凹地，称为曲隆盆地，如丰冈盆
地等。由断裂运动而形成的盆地称为断层盆地，如山形盆地、会津盆地等。盆
地底部蓄水形成许多湖泊，目前日本面积达到 0.01 千米² 的自然湖泊数量有
1 997 个，超过 30 千米² 的湖泊有 17 个，其中面积最大的湖泊是位于滋贺县
的琵琶湖，面积达 669.3 千米²，位居世界淡水湖排名 129 名。琵琶湖属于构
造湖，其历史相当长，生态系统多样，也是关西地区重要的水源。日本最深的
湖泊是秋田县的田泽湖，最大水深 423.4 米。海拔最高的湖泊是栃木县的中禅
寺湖，湖面海拔 1 269 米。因日本火山活动频繁，日本的湖泊中火山口湖和断
层湖较多，如屈斜路湖、支笏湖、洞爷湖、十和田湖等。沿海地区则有一些湖
泊是海迹湖，如八郎潟、霞浦、滨名湖、中海等。为实现发电和河流开发等目
的，日本兴建了很多水库，规模较大的有富山县黑部水库、长野县高濑水库和
岐阜县德山水库等。

二、降水量

日本位于世界少有的多雨地带，1986—2015 年 30 年的平均降水量为
1 668 毫米/年，是全球平均降水量（1 171 毫米）的 1.4 倍。北京的年平均降
水量只有 534.3 毫米，而同纬度的秋田县高达 1 686.2 毫米。而与大陆西岸各
国相比相差更多，例如东京都年降水量（1 528.8 毫米）为柏林（578.3 毫米）
的 2.6 倍。日本降水量最多的地区是尾鹫，年降水量为 3 848.8 毫米，超过很
多热带多雨地区。南部宫崎县的年降水量为 2 508.5 毫米，远远高于热带多雨
地区的曼谷（1 653.1 毫米）等地。但是以人均占有降水量来计算，日本只有
5 000 毫米/(人·年)，是全球平均水平的 1/4。

日本降水量分布不均衡。日本列岛受到偏西风影响，呈现中央山地西侧降
雨多，东侧降雨少的特点。降水量特别多的地区有九州东南部（2 549 毫米/
年）和北陆地区（2 333 毫米/年），另外，东海、近畿内陆、近畿临海、山阴、

9

四国、北九州和冲绳等地区的降水量也超过平均值。降水量较少的地方为东北北部地区、太平洋沿岸和北海道东部，其中北海道地区年降水量最少，只有1 148毫米/年，但人年均占有的降水量超过1万毫米，位居日本第一。

日本年降水量变化可分为3个类型：一是冬季季风降雪的里日本型，以12月降水量最多。二是6月或7月降水量大的西南日本型，主要是由梅雨造成的降水。三是9月降水最大的东北日本型，是由台风和秋霖所造成的降水。据日本国土交通省数据显示（表1-1），2017年日本全年降水量约为6 500亿米³，为目前年耗水量的8.2倍（798.5亿米³），总水量相当丰富。

三、水资源特点

（一）赋存量丰富

日本扣除降水蒸发量的水资源赋存量非常丰富，枯水年为2 916亿米³，平年为4 235亿米³，基本可以满足生产生活需要。但是，日本水资源赋存量的地区分布不平衡，1985—2015年的30年间，东北地区占全国的20.5%，九州占14.7%、北海道占13.3%，而经济发达，用水量大的关东地区仅占9.3%，近畿占7.2%。如果从人均水资源赋存量来看，如表1-1所示，2017年为3 332米³/（人·年），而北海道达10 467米³/（人·年），是全国平均水平的3.1倍，其次是东北地区7 686米³/（人·年），四国7 195米³/（人·年）。经济发达人口密集的关东地区仅有896米³/（人·年），是全国平均值的26.9%和北海道的8.6%。

日本水资源消耗量最多的是东北地区，占全国水资源消耗量的22.8%。其次是关东地区占22.4%、第三位为九州地区占12.4%、第四位为近畿地区占9.5%，地区间差别很大。日本水资源赋存量与水资源消耗量之间不平衡，成为其经济发展和生产布局中的重要制约因素，关东、东海、近畿等经济发达地区急需解决水资源供应问题。北海道、东北、北陆水资源赋存量大，对发展水田农业是一个有利条件。

日本地表水非常丰富，湖泊、河流面积134万公顷，占日本国土面积的3.5%，为储水提供了良好保障。为了避免发生断流、枯水，影响生产生活，日本制定了《水资源开发促进法》（1961年法律第217号）把主要河流列为重点开发管理对象，截至2020年，利根川、荒川、丰川、木曾川、淀川、吉野川和筑后川，7条河流的受惠人口和工业产值分别占全国的53%和46%。

表1-1 日本各地区降水量、水资源赋存量、不同用途水资源消耗量和用水来源比重（2017年）

地区	降水量 [毫米/年]	水资源赋存量 [米³/(人·年)]	人均水资源赋存量 [米³/(人·年)]	水资源消耗量（亿米³/年）				城市用水来源（%）	
				合计	生活用水	工业用水	农业用水	地表水	地下水
全国平均	1 718	4 235	3 332	798.5	147.8	111.0	539.7	73.0	27.0
北海道	1 148	563	10 467	61.4	6.3	8.7	46.4	93.2	6.8
东北	1 652	868	7 686	182.0	13.5	12.4	156.1	79.4	20.6
关东	1 608	393	896	179.2	50.0	48.3	80.9	—	—
内陆	1 619	252	3 276	72.9	9.4	7.8	55.7	54.4	45.6
临海	1 591	140	368	106.3	40.6	40.5	25.2	85.9	14.1
东海	2 037	649	3 787	91.9	20.8	21.6	49.5	57.5	42.5
北陆	2 333	204	6 789	36.7	3.6	5.0	28.1	49.8	50.2
近畿	1 791	307	1 482	75.9	24.2	12.0	39.7	—	—
内陆	1 721	130	2 406	28.0	6.3	3.1	18.6	73.7	26.3
临海	1 848	178	1 158	47.9	17.9	8.9	21.1	80.9	19.1
中国	1 694	328	4 412	64.6	8.5	13.7	42.4	—	—
山阴	1 880	124	9 760	15.7	1.6	1.8	12.3	60.9	39.1
山阳	1 606	204	3 313	48.9	6.9	11.9	30.1	89.6	19.1
四国	2 202	277	7 195	33.0	4.9	7.1	21.0	67.4	32.6
九州	2 299	621	4 774	99.1	14.1	11.9	73.1	—	—
北九州	1 959	199	2 346	53.3	8.5	6.2	38.6	81.1	18.9
南九州	2 549	423	9 311	45.8	5.6	5.7	34.5	58.8	41.2
冲绳	2 086	25	1 739	4.9	1.9	0.4	2.6	89.3	10.7

注：降水量、水资源赋存量和人均水资源赋存量是1985—2015年的平均值；水资源消耗量为2015年数据；城市用水来源为2017年数据。

资料来源：国土交通省水管理国土保全局水资源部. 令和2年版日本の水資源の現況 [R/OL]. [2021-01-10]. https://www.mlit.go.jp/common/001371907.pdf.

日本每年降水量之中有约 3 000 亿米^3 渗入地下，另外地下多年积存有丰富的不流动的承压水。日本建有超过百万口浅井，供应着占全国人口一半的生活用水和部分水田灌溉用水。在 100～150 米以下的深层承压水中含杂质少，适于城市居民和工业用水。

（二）有效利用率较低

日本全年降水量之中有 2 304 亿米^3 被蒸发掉，占降水量的 36%；有 3 407 亿米^3 以洪水形式流入大海或者流入河流、湖泊。2017 年日本实际利用的水资源（含地表水和地下水）仅为 798.5 亿米^3，只占全部水资源的 12.2%。水资源利用率低的原因，一是日本全国降水量中很大一部分为台风、梅雨后期和秋霖的暴雨，易形成洪水流失。二是日本岛国和山国的特性，地形起伏大，加速了自然降水流入海中的进程，尤其是日本领土东西狭窄，国土最宽处（关东地区）也不足 300 千米，中间又纵贯着山脉，从山地到海岸最长不过 100 多千米，难以形成大河和大湖存储降水。

（三）农业用水比重较高

1965 年日本农业用水曾占到全国水资源消耗量的 84%，之后，由于快速工业化和城镇化发展，工业用水、生活用水增加迅速，农业用水的比重随之减少，1970 年减少 80.1%。2017 年日本水资源消耗量 798.5 亿米^3，工业用水增加到 111.0 亿米^3，占 13.9%，生活用水 147.8 亿米^3，占 18.4%，农业用水减少到 539.7 亿米^3，占比也下降到了 67.6%，但是仍然高于其他用途。农业用水主要用于水田灌溉，达到 503 亿米^3，其次是旱田灌溉和畜牧养殖。

另外，日本各地区水资源利用结构差别很大，关东、近畿、东海地区，由于工业发达，城镇化程度高，城市用水比重高。关东临海地区生活用水占 38.2%（40.6 亿米^3），工业用水占 38.1%（40.5 亿米^3），农业用水只占 23.7%（25.2 亿米^3）。东北地区和九州地区等，农业生产发达，农业用水比重很高，东北地区生活用水占 7.4%（13.5 亿米^3），工业用水占 6.8%（12.4 亿米^3），农业用水占比高达 85.8%（156.1 亿米^3）；南九州地区生活用水 12.2%（5.6 亿米^3），工业用水占 12.4%（5.7 亿米^3），农业用水占比高达 75.3（34.5 亿米^3）。

（四）主要使用地表水

2017 年日本使用的水资源之中，地表水有 704 亿米^3，占 88.8％，地下水只有 89 亿米^3，占 11.2％。农业灌溉用水主要来自地表水，用水量达到 508 亿米^3，占农业用水比重的 94.6％，其中东北地区高达 156 亿米^3。城市用水量为 110 亿米^3，其中来自地表水的有 80 亿米^3，占城市用水总量的 73.0％。另外，工业用水也主要使用地表水，从使用地表水比重来看，山阳地区最高占到 93.2％、其次是北海道（90.9％）、北九州（84.3％）和近畿临海（80.2％）地区都超过 80％。

第四节　生物资源

一、植被资源

日本南北狭长，气候特征复杂，温差大、降水量充沛，为植物茂盛生产提供了有利的条件，其植被资源具有如下特征。

种属繁多。日本在第三纪中新世以前，与亚洲大陆相连，使其拥有了亚洲大陆的植物种属。日本没有受欧洲和美洲那样的冰河之灾，岛国气候较好地保存了古代种属。目前，日本大部分地区属东亚植物带，与亚洲大陆有共同性。只有九州南部、萨南诸岛吐噶喇列岛以南属热带植物区。目前，日本已知植物中约有 4 500 种本土植物，其中约有 3 950 种被子植物，40 种裸子植物和 500 种蕨类植物。

地带性明显。日本植被分布与气候的南北带状分布相适应，从南到北呈现出地带性变化。即亚热带雨林，包括琉球群岛和小笠原群岛；常绿阔叶林的温带（照叶林）。覆盖本州南部、四国和九州绝大部分地区。典型树种为柯树和青冈栎等橡树科，占国土面积的 17.1％；落叶阔叶林的寒带，覆盖本州中部和北部以及北海道东南部，适宜山毛榉等生长，占 23.4％；亚高山带包括北海道中部和北部，典型植物有冷杉和虾夷云杉等，占 4.4％；高山带位于本州中部高山以及北海道中部，典型植物是高山植物，占 0.3％。

分布不均匀。日本平均森林覆盖率 66.4％，其中本州以南、九州中部至四国北太平洋沿岸、纪伊半袋西南部、中国山地、丹波、野坂山地、两白山地、飞驒山地至东北地区的森林覆盖率超过 80％。但关东平原、浓尾平原、越后平原和筑后平原是日本最为重要的经济中心，人口众多，但森林覆盖率不足20%。

天然林面积减少。日本天然林、次生林、植林地和农地等各占1/4，但近年来，天然林和次生林面积减少，植林地等面积增加。

无大片草原。日本境内多山，低地多开为耕地，草原面积仅有35万公顷，除北海道之外，无大片植被，不利于畜牧业的发展。

二、动物资源

日本动物大部属旧北区的东北亚区，北以宗谷海峡为界，接西伯利亚亚区，南以屋久岛与奄美大岛之间的渡濑线为界，接东洋区的印度支那亚区。日本动物表现出旧北区和东洋区的混合型，虽与邻近大陆相类似，但除蝙蝠、老鼠等适应性极高的物种以外，与大陆的种属迥然不同。据化石推论，日本第三纪时动物与大陆相似，自第四纪日本列岛与大陆分离后，其动物种属逐渐演化，具有岛国特点。例如日本哺乳类动物中虽有灵长目、蹄类、食肉目、翼手目、食虫目、啮齿目和鲸目动物，但以啮齿目和食肉目较为丰富，没有单孔目、有袋目动物。虽发现过大象等长鼻目物种化石，但无现存的野生种。

动物种类较多。日本境内多山、多谷，森林茂密，便于动物栖息，加之国土南北狭长，动物类型丰富，既包括了中国东北亚区，西伯利亚亚区动物，也包括东洋区的动物。目前，日本共有各类动物2 500种以上，其中哺乳动物122种，鸟类600种、爬行类80种、两栖类64种。随着日本经济发展，野生动物数量增加，生息范围扩大，与农林业生产之间的矛盾也日益突出。据农林水产省统计显示，2018年由鹿类、野猪、鸟类和灵长类破坏偷食庄稼等造成农林水产业经济损失高达158亿日元，其中北海道受害金额最高为45.8亿日元，其次是关东地区，受害金额为27.7亿日元。近年，日本有1 489个市町村政府依据《防止鸟兽侵害特别措施法》（2007年法律第134号）规定成立了捕猎队，仅2018年1年就捕获56万头鹿和60万头野猪，并加工销售1 887吨。但受到猪瘟和消费市场规模等因素限制，目前野生动物肉类加工量只有捕获鹿类的13%、野猪的6%。

海洋资源丰富。日本四面环海，沿岸和近海有世界著名渔场，海洋资源丰富为水产业的发展提供了有利条件。据海洋生物普查显示，日本近海生活着

33 629 种海洋生物。其中重要的有鲨鱼、金枪鱼、鲤鱼、秋刀鱼、青花鱼、金枪鱼、旗鱼、荚鱼、石首鱼、比目鱼等。另外还有大量软体动物和各种贝类、海藻。

第五节　土地资源

一、土地结构

日本土地面积 3 780 万公顷，分布在约 6 800 多个岛屿上，土地分布零碎而分散。加上境内山地众多，适于人类生活的可住地面积非常狭小。如表 1 - 2 所示，1975—2019 年，日本道路、住宅用地和林地面积和占土地面积的比重快速上升，而耕地和原野面积所占比重有所下降，同期，日本农地面积由 557 万公顷，减少到了 440 万公顷，占日本土地总面积的比例由 14.8% 减少到 11.6%。原野等面积由 62 万公顷减少到 35 万公顷，占比由 1.6% 减少到 0.9%。而同期住宅用地面积由 124 万公顷增加到 197 万公顷，占比从 3.3% 上升到 5.2%，但还远远小于其他发达国家。目前，日本人口密度 339 人/千米^2，是世界平均数（59 人/千米^2）的 5.7 倍，中国（145 人/千米^2）的 2.3 倍。

表 1 - 2　日本土地结构

单位：万公顷、%

	1975 年	1985 年	1995 年	2005 年	2015 年	2018 年	2019 年 面积	2019 年 占比
农地	557	538	504	470	450	442	440	11.6
林地	2 529	2 530	2 514	2 509	2 502	2 503	2 503	66.2
原野等	62	41	35	36	35	35	35	0.9
水面河流等	128	130	132	134	134	135	135	3.6
道路	89	107	121	132	139	140	141	3.7
住宅用地	124	150	170	185	193	196	197	5.2
宅基地	79	92	102	112	118	120	120	3.2
工业用地	14	15	17	16	15	16	16	0.4
其他	31	44	51	57	60	60	60	1.6
其他	286	283	303	312	324	329	330	8.7
合计	3 775	3 778	3 778	3 779	3 780	3 780	3 780	100.0

注：道路包括一般道路、农道和林道。原野等包括生产牧草和放牧的草原。工业用地自 2017 年起统计对象变更为从业人员 4 人以上的企业土地。

资料来源：国土交通省 . 令和 3 年版土地白書 [R]. 東京：勝美印刷，2021.

二、农地存量

2019 年日本农地面积为 437.2 万公顷[①]，占日本国土面积的 11.8%（表 1-3），要高于加拿大（6.3%），但低于美国（41.3%）、欧盟（41.4%）和中国（55.1%），甚至低于韩国（17.0%）。水田面积 237.9 公顷，旱田面积 199.3 公顷，两者占农地总面积的比重分别是 54.4% 和 45.6%。

日本农地资源的空间分布不均衡，呈现从东北向西南逐渐减少的特征，如表 1-3 显示，2019 年北海道农地占日本农地面积的 26.0%，是日本拥有农地面积最大的区域，但北海道地形复杂，既有像日本中部和南部一样的高水田比率地区，也有旱田地区和牧草地区。2019 年，北海道水田面积 22.2 万公顷，占北海道农地面积的 19.4%；旱田中牧草地面积 50.2 万公顷，占全国总农地面积的 43.8%；果树面积则非常少，只有 0.3 万公顷，仅占北海道农地面积的 0.3%。

都府县的农地面积为 325.4 万公顷，占日本农地面积的 74.0%，其中水田面积 217.1 万公顷，占都府县农地总面积的 66.7%。东北地区农地面积占都府县农地面积的 25.5%，关山东山地区占 27.8%，九州地区占 16.1%。冲绳地区农地面积最少，只有 3.8 万公顷，仅占 0.9%。都府县的旱田中大多数是普通旱田，并且所有地区都有果园，但牧草地非常少，仅占都府县农地总面积的 2.9%。

表 1-3 日本农地的种类和空间分布

单位：万公顷、%

科目	合计 （A＝B＋C）	水田 （B）	旱田（C）				水田率（D＝B/A）
			小计	普通旱田	果园	牧草地	
2018 年	442.0	240.5	201.4	113.8	27.8	59.9	54.4
2019 年	439.7	239.3	200.4	113.4	27.3	59.7	54.4
北海道	114.4	22.2	92.2	41.7	0.3	50.2	19.4
都府县	325.4	217.1	108.2	71.7	27.0	9.5	66.7
东北	83.1	59.8	23.2	12.8	4.6	5.8	72.0
北陆	30.9	27.7	3.2	2.6	0.5	0.2	89.5
关东东山	70.9	39.7	31.2	25.6	4.7	0.9	56.0
东海	25.2	15.1	10.1	5.9	4.0	0.3	59.9

---

① 2019 年日本农林水产省与国土交通省公布的日本农地面积统计数值不一致。

（续）

科目	合计 （A＝B+C）	水田 （B）	旱田（C）				水田率（D＝B/A）
			小计	普通旱田	果园	牧草地	
近畿	22.0	17.1	4.9	1.7	3.2	0.0	77.6
中国	23.6	18.2	5.4	3.6	1.5	0.3	77.3
四国	13.4	8.7	4.7	1.7	3.0	0.0	65.1
九州	52.5	30.7	21.8	15.0	5.4	1.4	58.5
冲绳	3.8	0.1	3.7	2.9	0.2	0.6	2.2

资料来源：農林水産省. 令和元年作物統計調査［DB/OL］.（2020-10-20）［2021-01-10］. https：//www.maff.go.jp/j/tokei/kouhyou/sakumotu.

　　从农地面积的变化来看（表1-4），直到1970年日本农地面积始终超过600万公顷。随着快速工业化、城镇化发展，农地面积逐年减少，特别是20世纪80年代之后，农地减少面积一度达到新增面积的约10倍。2020年，农地减少面积为33 000公顷，是新增面积的4倍。农地减少的主要原因是撂荒和非农用途的宅基地、工业用地和修建道路铁路等用地面积增加。2009年日本施行农地制度改革，提升了农地转用门槛，转用面积有所减少，但由于劳动力不足、农业收入减少等原因撂荒面积有所增加[①]。

表1-4　日本农地新增面积和减少面积的变化

年份	合计 （万公顷）	新增面积（公顷）				减少面积（公顷）		
		小计	新开垦	填海造田	复耕	小计	自然灾害	人为因素
1960	607.1	29 300	18 700	664	9 910	34 300	10 500	23 800
1970	679.6	49 900	43 800	3 590	2 480	103 000	2 020	101 000
1980	546.1	31 900	30 900	566	395	45 000	476	44 500
1990	524.3	11 700	11 100	460	223	47 100	1 050	46 000
2000	483.0	3 800	2 350	104	1 350	39 700	974	38 700
2010	459.3	1 740	1 690	—	43	17 700	186	17 500
2015	449.6	4 380	2 770	—	1 620	25 900	82	25 900
2019	439.7	9 240	—	—	—	31 700		
2020	439.2	8 240	—	—	—	33 000		

资料来源：農林水産省. 令和2年耕地及び作付面積統計［DB/OL］.（2021-03-31）［2021-04-10］. https：//www.e-stat.go.jp/stat-search.

---

①　详见第七章。

三、坡耕地

日本山高、谷深,多断层地块,地面坡度较大。坡耕地在日本耕地中的比重很大,目前在全部农地中,平坦地占 53.5％,坡耕地占 46.5％。日本水田坡度较小,旱田坡度较大,果园地坡度更大。旱田多分布于洪积扇、台地和山麓上,果园多在山麓和陡坡地区。旱田中坡度 8°以下较平坦地占 59％,坡度 8°～15°的缓倾斜地占 23％,坡度 15°以上的急倾斜地占 18％。在果园地中,坡度 8°以下的仅占 31.9％,坡度 15°以上的急倾斜地却占 41.7％。从地区分布来看,旱田坡度面积最大的地区是高知县,其次是和歌山县、广岛县、山口县、佐贺县、爱媛县、德岛县和香川县。北海道和关东大部地区的旱田相对较为平缓。

坡耕地直接影响着作物布局和土地利用的形式。一是,坡地的坡向不同,日照、气温、降水、风等气候条件差别很大。例如柑橘、枇杷等果树,豌豆、甘薯、草莓等栽培作物,种植于南坡。而北坡土壤干燥,适于种植耐旱作物,如陆稻、青芋等。二是,坡度大小影响到田间管理和机械化作业方式。耕地坡度 25°～30°的坡耕地只能使用小型、灵巧的机械,而大型机械适用于 15°以下的坡耕地。因此,日本土地改良中最重要的任务之一是平整土地。目前,日本在大部分坡耕地修筑了梯田,而且在开发山区农业时,也尽量做到合理地利用坡耕地。

四、土壤改良

日本土壤普遍贫瘠,据农林水产省资料显示,水田土壤中有 39％,旱田土壤中有 69％、果园中有 64％为不良土壤[①]。其比重之高,在世界上也是少有,因此,日本为了发展农业,非常重视土壤改良工作,加强施用各种肥料,改善各种土壤性质,对每类土壤都进行测土配方分类整治,要求每公顷使用堆肥标准是水田为 10～15 吨,旱田为 15～30 吨。

---

① 不良土壤是指土壤发育不成熟,缺乏有机质;排水不良,水分过多,或者透水性太强;强酸性的土壤;含有害物质的土壤。

第六节 人力资源

一、人口现状

(一)人口总量

据日本总务省资料显示,1872 年日本首次开展人口统计工作,全国人口总数只有 3 311 万人。20 世纪初,随着公共卫生水平和生活水平的全面提升,日本人口出现爆发式增长,1912 年突破 5 000 万人,1940 年突破 7 000 万,达到 7 307.5 万人。二战期间,日本人口虽然大幅度减少,但因维持着较高的生育率,二战之后人口快速恢复,1970 年突破 1 亿人的大关,达到 10 372 万人。2008 年日本人口增加到历史最高纪录的 12 806 万人,之后虽然每年人口总量略有波动,但总体呈现减少趋势,2019 年人口总量减少到 12 616.7 万人(表 1-5)。

表 1-5 日本人口总量变化

单位:万人、%、‰

| 年份 | 人口总量 | 人口增长数量 | | 自然增长 | | | 迁徙增长 | | | 生育率 |
		数量	增长率	小计	出生数量	死亡数量	小计	入境人数	出国人数	
1990	12 361.1	40.6	0.33	41.7	124.1	82.4	0.2	1 130.3	1 130.1	1.54
1995	12 557.0	30.5	0.24	29.7	122.2	92.5	−5.0	1 565.3	1 570.3	1.42
2000	12 692.6	25.9	0.20	22.6	119.4	96.8	3.8	1 846.2	1 842.4	1.36
2005	12 776.8	−1.9	−0.01	0.9	108.7	107.8	−5.3	1 895.1	1 900.4	1.26
2010	12 805.7	2.6	0.02	−10.5	108.3	118.8	0.0	284.0	284.0	1.39
2015	12 709.5	−14.2	−0.11	−27.5	102.5	130.1	13.4	308.0	298.5	1.45
2016	12 693.3	−16.2	−0.13	−29.6	100.4	130.0	15.1	336.1	346.4	1.44
2017	12 670.6	−22.7	−0.18	−37.7	96.5	134.1	15.1	361.5	346.4	1.43
2018	12 644.3	−26.3	−0.21	−42.4	94.4	136.9	16.1	384.8	368.7	1.42
2019	12 616.7	−27.6	−0.22	−48.5	89.6	138.1	20.9	418.2	397.3	—

资料来源:厚生労働省政策統括官.令和元年人口動態統計[DS].東京:大和総合印刷株式会社,2021.

从人口空间分布情况来看,东京都是日本第一大城市,2019 年人口 1 392.1 万人,占日本总人口的 11.0%、其次是神奈川县 919.8 万人、大阪府 880.9 万人、爱知县 755.2 万人,埼玉县 735.0 万人。另外,日本人口数量超过 600 万人的都道府县,有 1 地;500 万～600 万人的,有 3 地;300 万～400 万人的,有

1 地；200 万人以下的，有 37 地。占人口总量的比重超过 5％的都道府县，有
6 地，占全国人口的 42.1％。

（二）人口增长

日本的年人口总量于 2005 年首次出现负增长，当年净减少 1.9 万人，增长
率为－0.01％。之后几年虽然有所恢复，但 2011 年以后全面转为负增长，2019
年的人口增长数量为－27.6 万人，增长率为－0.22％。其中，人口自然增长额
在 1973 年达到历史最高纪录的 209 万人，但随着生育率下降而持续减少。1975
年日本生育率[①]跌破 2，新增儿童数量减少到 200 万人以下。2005 年日本生育率
下降到 1.26，创 1947 年以来日本历史最低纪录，之后虽然有所恢复，但基本在
低水平波动。2007 年日本人口的死亡数量反超出生数量，并且之后逐年扩大，
2019 年日本新增人口数量 89.6 万人，死亡人数 138.1 万人，人口净减少 48.5 万
人。但是，近些年随着日本政府放宽签证政策，外籍人口数量增加，拉动人口
迁徙量连续 7 年增长。2019 年日本入境人口 418.2 万人，出境 397.3 万人，净增
长 20.9 万人，其中外籍人口增长 20.8 万人，是 2014 年的约 3 倍。

从人口空间分布情况来看，首都圈[②]虽然集中了日本 30％左右的 20～39
岁女性，但出生率最低，人口增长完全依靠迁徙。2019 年，东京都人口增长
0.71％、埼玉县增长 0.27％、神奈川县增长 0.24％，三地人口自然增长都为
负数，而迁徙增长率分别为 0.82％、0.52％和 0.44％，说明日本人口持续向
大城市转移。另外，人口净减少地区之中，东北地区的秋田县比重最高，达到
－1.48％，其次是青森县为－1.31％，且两县呈现出人口持续净流出的发展态
势，人口自然减少额和迁徙减少额都位居日本最高，其中，秋田县自然减少
1.11％，迁徙减少 0.37％，青森县自然减少 0.87％，迁徙减少 0.44％。

（三）人口结构

1. 年龄结构

如表 1-6 所示，二战之后，日本快速进入老龄化社会，1950—2019 年，

[①] 生育率是指每 1 000 名育龄妇女的全年活产婴儿数量。
[②] 依据《首都圈整备法》(1956 年法律第 83 号) 第 2 条第 1 款规定，"首都圈"是指东京都及周边茨
城县、栃木县、群马县、埼玉县、千叶县、神奈川县和山梨县的"1 都 7 县"。目前，首都圈人口超过 3 500
万人，占日本总人口的约 30％。

"不满15岁"人口由2 943.0万人减少到1 521.0万人，下降了48.3%，占总人口的比重由35.1%下降了12.1%。"15～64岁"人口虽然由4 966.1万人增加到了7 507.2万人，但占总人口的比重由59.7%下降到59.5%。而"超过65岁"老年人的数量由410.9万人增加到了3 588.5万人，增加了7.7倍，占总人口的比重也从4.9%上升到28.4%，创造历史最高纪录。目前日本老龄化率位远高于美国（16.0%）、德国（21.4%）、法国（20.5%）和意大利（22.6%）等发达国家，位居全球前列。另外，日本"超过75岁"人口占比由1.3%增加到14.7%，创造历史最高纪录。

表1-6 日本人口结构变化

单位：万人、%

年份	总人口	不满15岁		15～64岁		超过65岁		超过75岁	
		数量	占比	数量	占比	数量	占比	数量	占比
1950	8 320.0	2 943.0	35.1	4 966.1	59.7	410.9	4.9	105.7	1.3
1960	9 341.9	2 806.7	30.0	6 000.2	64.2	535.0	5.7	162.6	1.7
1970	10 372.0	2 482.3	23.9	7 156.6	69.0	733.1	7.9	221.3	2.5
1980	11 706.0	27 524	21.5	7 888.4	68.2	10 653	10.3	366.1	3.9
1990	12 361.1	2 254.4	18.2	8 614.0	69.7	1 492.8	12.1	598.6	4.8
2000	12 692.6	1 850.5	14.6	8 638.0	68.1	2 204.1	17.4	901.2	7.1
2010	12 805.7	1 683.9	13.1	8 173.6	63.8	2 948.4	23.0	1 419.4	11.1
2019	12 616.7	1 521.0	12.1	7 507.2	59.5	3 588.5	28.4	1 849.0	14.7

注：占比是指各年龄层人口数量占总人口数量的比重。
资料来源：厚生労働省政策統括官. 令和元年人口動態統計［DS］. 東京：大和総合印刷株式会社，2021.

从不同年龄人口空间分布来看，日本"不满15岁"人口在各地均出现下降趋势。"不满15岁"人口占本地人口比重之中，冲绳县最高，为16.9%，其次是滋贺县13.8%、熊本县、宫崎县和鹿儿岛县各13.3%。"15～64岁"之中，东京都作为日本第一大城市，就业机会较高，吸引了大量适龄劳动力，占本地人口比重最高，达到65.8%，其次是神奈川县62.7%。同时，日本"15～64岁"人口占本地人口的比重持续增加的地区除东京都以外，其他地区全面下跌。"超过65岁"人口占本地人口比重之中，秋田县可以称之为老人县，占比高达37.2%，其次是高知县（35.2%）、岛根县（34.2%）和山口县（34.2%），目前日本共有28个地区老龄率超过30%。"超过75岁"人口占本地人口的比重之中，秋田县是日本第一个超过20.0%的地区，比重最低的是冲绳县，只有10.9%。

2. 性别结构

2019年日本男性6 141.1万人，女性6 475.6万人，男性数量连续12年、女性数量连续9年减少。目前，男女性别比例100∶105.4，女性较男性多出334.5万人。

二、就业现状

（一）就业人口数量

据日本总务省统计局资料显示（表1-7），2019年日本超过15岁人口总数11 092万人，占总人口的87.9%。其中超过15岁男性劳动人口5 359万人，占男性总人口的87.3%，超过15岁女性劳动人口5 733万人，占女性总人口的88.5%，男性劳动人口数量少。另外，不满15岁人口总数1 527万人，占人口总数的12.1%。其中不满15岁男性人口782万人，占男性总人口的12.7%，不满15岁女性人口745万人，占女性总人口的11.5%。

表1-7 日本劳动人口、就业人口和失业率变化

单位：万人、%

年份		总人口	超过15岁人口			非劳动人口	不满15岁人口	失业率
			劳动人口					
			数量	其中：就业人口	占比			
平均	2013	12 741	11 107	6 593	59.4	4 510	1 636	4.0
	2014	12 723	11 109	6 609	59.5	4 494	1 619	3.6
	2015	12 705	11 110	6 625	59.6	4 479	1 600	3.4
	2016	12 694	11 111	6 673	60.1	4 432	1 583	3.1
	2017	12 673	11 108	6 720	60.5	4 382	1 565	2.8
	2018	12 648	11 101	6 830	61.5	4 263	1 547	2.4
	2019	12 619	11 092	6 886	62.1	4 197	1 527	2.4
男	2013	6 197	5 362	3 783	70.6	1 576	838	4.3
	2014	6 188	5 363	3 776	70.4	1 583	829	3.7
	2015	6 180	5 365	3 773	70.3	1 588	819	3.6
	2016	6 176	5 366	3 781	70.5	1 582	810	3.3
	2017	6 166	5 365	3 784	70.5	1 578	801	3.0
	2018	6 154	5 362	3 817	71.2	1 542	792	2.6
	2019	6 141	5 359	3 828	71.4	1 526	782	2.5

(续)

年份		总人口	超过 15 岁人口				不满 15 岁人口	失业率
			劳动人口			非劳动人口		
			数量	其中：就业人口	占比			
女	2013	6 543	5 746	2 809	48.9	2 934	799	3.7
	2014	6 534	5 746	2 832	49.3	2 911	789	3.4
	2015	6 524	5 746	2 852	49.6	2 891	780	3.1
	2016	6 517	5 745	2 892	50.3	2 850	772	2.8
	2017	6 507	5 743	2 937	51.1	2 803	763	2.7
	2018	6 494	5 739	3 014	52.5	2 721	755	2.2
	2019	6 478	5 733	3 058	53.3	2 670	745	2.2

资料来源：厚生労働省. 令和元年人口動態統計 [DS]. 東京：大和総合印刷株式会社，2021.

2008 年次贷危机之后，日本政府积极改革，经济状况转好，就业人口数量持续增加，失业率下降，但中小企业招工难问题仍很突出。2019 年因为找不到员工导致破产的企业有 299 家，负债额高达 417 亿日元，而在农村地区这一问题尤为突出，因此提升老人和妇女就业率成为目前政策关注焦点。日本政府一方面改善就业环境，帮助女性在照顾家庭的同时参与社会活动，女性就业人数显著增加，2019 年为 3 058 万人，较 2009 年增长 12.9%。其中15～64 岁的女性就业人口增长 8.1%。另一方面鼓励老年人就业。2014 年日本修订了《老年人雇佣稳定法》（1971 年法律第 68 号）提高了退休年龄和年金支付年龄，鼓励老年人就业。2019 年日本超过 65 岁的老年就业人口 89.2 万人，较2009 年增长 57.9%。

从就业率[①]来看，2009—2019 年，日本平均就业率从 56.9% 增加到62.1%，连续 7 年上升。其中男性从 68.2% 增加到 53.3%，女性则从 46.2% 增加到 53.3%。另外，2019 年"15～64 岁"就业人口的平均就业率 77.7%。其中男性 84.2%，女性 70.9%。

从就业人口空间分布来看，首都圈就业人口最多达到 2 051 万人，其次是近畿地区 1 052 万人，东海 819 万人。从就业率来看，南关东最高 63.3%，其次是东海 62.7%、北陆 61.1%、北关东甲信 60.8%，四国地区最低只有56.6%，北海道 56.7% 和近畿 58.2%。完全失业率之中，北陆和东海地区最低，只有 0.9%，九州和冲绳最高，达到 2.7%。

---

① 超过 15 岁人口中就业人口的比例。

（二）就业形态

2019 年就业人口之中，自营业和家庭从业人员有 675 万人，较 2009 年减少了 15.6%。受雇人员 6 004 万人，占就业人口总数的 89.3%，其中男性 3 284 万人，女性 2 720 万人。另外，除去管理层职员之后的普通受雇人员共 5 669 万人，其中，正式工由 2013 年的 3 311 万人增加到了 2019 年的 3 503 万人，占受雇人员总数的 58.3%；同期，临时工由 1 911 万人增加到了 2 165 万人，同比从 36.6%上升到了 38.2%。男女临时工数量都有所增加，但占各性别普通受雇人员比重之中，女性占比达到 56.0%，男性只有 22.8%。

（三）就业部门结构

2019 年日本农林业就业人口[①] 207 万人，较 2009 年减少 37 万人。非农林就业人口 6 517 万人，其中制造业就业人口最多，达到 1 063 万人，其次是批发和零售行业 1 059 万人，医疗福祉行业 843 万人。但从增幅来看，教育和培训机构就业人口增长速度最快，10 年间达到 16.0%。制造业就业人员下降速度最快，下降了 1.8%。

（四）失业人口

2019 年日本完全失业人口 162 万，占劳动人口总量的 2.4%，较 2009 年减少 174 万人，完全失业率下降了 2.9 个百分点。其中男性 96 万人，失业率 2.5%；女性 66 万人，失业率 2.2%。从不同年龄层的失业率来看，男性所有年龄层都呈下降趋势，女性 15～24 岁年龄层的失业率提升，其他年龄层下降，说明就业环境较为理想。失业原因之中由于跳槽和应届毕业生没能找到工作的有 38 万人，由于自身其他原因辞职的有 70 万人，由于退休或者聘用合同到期等非自愿被辞退的有 37 万人。

第七节　行政区划

明治维新以后，日本撤藩置县，设立了由明治政府直辖管理各地政府、加

---

① 不包括渔业就业人口。

强中央集权的统治制度。明治政府设置了府、县、厅、都四类省级行政地区，由内务部任命的人选负责行政管理。府县厅都作为地方行政机关向中央集权，同时设置的民选议会也体现了一定程度上的地方自治。二战之后，日本于1947年5月30日颁布《地方自治法》（1947年法律第67号）构建了都道府县及市町村为核心的地方自治制度。

一、都道府县

依据《地方自治法》规定日本省级行政地区划为1都、1道、2府和43县，其中"都"指东京都，"道"指北海道，"府"指京都府和大阪府。各都道府县设有代表决议机关的议会（都道府县议会）及代表执行机关的知事（知事部局）。除此之外，还设有公安委员会、警察本部、教育委员会、选举管理委员会、监察委员会等负责各种事务的机关。都道府县享有制定地方法律法规、征收地方税赋①和发行地方债券等权力。

如表1-8所示，2017年，日本都道府县之中面积最大的是北海道，面积8.3万千米²，约占日本国土面积的220.7‰。人口最多的是东京都，有1 372.4万人，约占日本人口的10.8%。人均收入为542.7万日元，是全国平均水平的1.6倍，但农业GDP占东京GDP总额的比重几乎接近零，全国最低。鹿儿岛县农业GDP占本地GDP总额的比重最高，达到5.5%。

表1-8　日本都道府县经济发展概况

序号	名称	面积（千米²）		人口（万人）	GDP（亿日元）	第一产业（亿日元）		第二产业（亿日元）	第三产业（亿日元）	人均收入（万日元）
		数量	占比（‰）			产值	占比（‰）			
1	北海道	83 424	220.7	532.0	194 301	9 101	4.7	34 220	149 345	268.2
2	青森县	9 646	25.5	127.8	44 432	2 133	4.8	9 843	32 672	249.0
3	岩手县	15 275	40.4	125.5	46 512	1 688	3.6	13 573	30 978	277.2
4	宫城县	6 859	18.1	232.3	94 639	1 498	1.6	25 415	67 762	294.4
5	秋田县	11 638	30.8	99.6	35 630	1 153	3.2	8 669	26 005	269.9
6	山形县	6 652	17.6	110.2	42 670	1 566	3.7	13 632	27 298	292.3
7	福岛县	13 784	36.5	188.2	80 637	1 263	1.6	27 248	51 714	297.1

---

① 包括居民税（县民税）、地方消费税、营业税、房屋所得税、汽车税、汽油交易税、汽车所得税、都道府县烟草税、采矿税、狩猎税、高尔夫场使用税等。

（续）

序号	名称	面积（千米²）		人口（万人）	GDP（亿日元）	第一产业（亿日元）		第二产业（亿日元）	第三产业（亿日元）	人均收入（万日元）
		数量	占比（‰）			产值	占比（‰）			
8	茨城县	6 097	16.1	289.2	138 084	3 095	2.2	55 531	78 683	330.6
9	栃木县	6 408	17.0	195.7	91 513	1 640	1.8	43 065	46 248	341.3
10	群马县	6 362	16.8	196.0	89 704	1 276	1.4	39 340	48 571	332.5
11	埼玉县	3 768	10.0	731.0	234 311	1 111	0.5	65 664	165 810	306.7
12	千叶县	5 083	13.4	624.6	211 069	2 491	1.2	52 950	154 400	319.3
13	东京都	2 109	5.6	1 372.4	1 062 382	445	0.0	156 590	904 182	542.7
14	神奈川县	2 416	6.4	915.9	355 898	545	0.2	93 851	259 090	322.7
15	新潟县	10 364	27.4	226.7	89 944	1 667	1.9	26 460	61 313	287.3
16	富山县	2 046	5.4	105.6	45 841	492	1.1	17 341	27 872	331.9
17	石川县	4 186	11.1	114.7	46 761	453	1.0	14 199	31 851	296.2
18	福井县	4 191	11.1	77.9	33 236	325	1.0	11 016	21 851	326.5
19	山梨县	4 254	11.3	82.3	34 318	648	1.9	13 091	20 450	297.3
20	长野县	13 104	34.7	207.6	84 417	1 608	1.9	29 824	52 466	294.0
21	岐阜县	9 769	25.8	200.8	77 689	708	0.9	26 204	50 427	284.9
22	静冈县	7 253	19.2	367.5	172 775	1 553	0.9	75 818	94 567	338.8
23	爱知县	5 124	13.6	752.5	402 998	1 937	0.5	169 370	230 481	368.5
24	三重县	5 759	15.2	180.0	82 272	903	1.1	35 556	46 062	311.1
25	滋贺县	3 767	10.0	141.3	65 332	418	0.6	31 042	33 496	329.0
26	京都府	4 612	12.2	259.9	107 996	419	0.4	33 261	73 565	301.8
27	大阪府	1 905	5.0	882.3	400 700	223	0.1	86 072	307 290	318.3
28	兵库县	8 401	22.2	550.3	213 288	1 107	0.5	58 217	152 914	296.6
29	奈良县	3 691	9.8	134.8	36 950	241	0.7	8 766	27 690	260.0
30	和歌山县	4 725	12.5	94.5	34 733	885	2.5	11 023	22 707	279.7
31	鸟取县	3 507	9.3	56.5	18 967	534	2.8	4 208	14 099	248.5
32	岛根县	6 708	17.7	68.5	24 729	491	2.0	5 892	18 225	255.3
33	冈山县	7 011	18.5	190.7	78 132	903	1.2	27 160	49 715	283.9
34	广岛县	8 480	22.4	282.9	117 908	790	0.7	39 724	76 895	316.7
35	山口县	6 113	16.2	138.3	64 131	421	0.7	26 727	36 598	325.8
36	德岛县	4 147	11.0	74.3	31 569	658	2.1	10 586	20 149	309.1
37	香川县	1 863	4.9	96.7	38 459	578	1.5	10 704	27 390	301.8
38	爱媛县	5 676	15.0	136.4	51 498	1 071	2.1	15 785	34 430	274.1
39	高知县	7 104	18.8	71.4	24 295	1 011	4.2	4 186	18 932	265.0
40	福冈县	4 854	12.8	510.7	196 792	1 690	0.9	40 334	153 647	288.8
41	佐贺县	2 441	6.5	82.4	29 452	894	3.0	8 953	19 421	263.0
42	长崎县	4 131	10.9	135.4	45 758	1 410	3.1	11 123	32 965	257.1

(续)

| 序号 | 名称 | 面积（千米²） | | 人口 | GDP | 第一产业（亿日元） | | 第二产业 | 第三产业 | 人均收入 |
		数量	占比（‰）	（万人）	（亿日元）	产值	占比（‰）	（亿日元）	（亿日元）	（万元）
43	熊本县	7 273	19.2	176.5	60 596	2 112	3.5	16 154	42 007	261.3
44	大分县	5 100	13.5	115.2	45 100	1 011	2.2	13 498	30 357	271.0
45	宫崎县	6 794	18.0	108.9	37 629	1 994	5.3	8 918	26 496	248.7
46	鹿儿岛县	9 043	23.9	162.6	55 045	3 023	5.5	12 529	39 192	249.2
47	冲绳县	2 281	6.0	144.3	44 141	655	1.5	7 451	36 253	234.9
	全国	377 975	1 000.0	12 670.6	5 615 234	61 840	1.1	1 550 779	3 974 533	330.4

资料来源：内阁府．県民経済計［DS/OL］．［2021 - 01 - 10］．https：//www.esri.cao.go.jp/jp/sna/data/data _ list/kenmin/files/contents/main _ h28.html.

二、市町村

都道府县下设若干市町村。市町村是独立的公法人，相互之间在行政上没有隶属关系，虽然部分市之下也设置有町村，但只具备地理上的标识意义，这类町村不具备法人资格。市可以设立议会，町村则是只能设立町民大会或村民大会。目前日本全国共有 1 724 个市町村，其中 792 市、743 町和 189 个村，另外东京都东部还有 23 个特别区。

"市"的认定标准由《地方自治法》规定，即：常住人口必须在 5 万人以上，中心地区家庭数量要占到整个地区家庭总数的 60% 以上，从事工商业及其他城市业态的个人和家庭要占到总人口的 60% 以上。日本为推进地方政府合并，2004 年修订后的《地方自治法》规定市町村合并后，人口达到 3 万人以上的地区也可以变更为"市"。

"町"的认定标准由都道府县政府规定，通常要求常住人口超过 5 000 人或超过 8 000 人的都道府县比较多。栃木县是日本认定标准最为严格的地区，要求常住人口超过 1.5 万人，但没有村级设置。富山县和冈山县是日本认定标准最为宽松的地区，只要常住人口超过 3 000 人即可认定为"町"。

"村"的认定标准没有全国层面的法律法规规定，各都道府县地方政府的规定大相径庭。部分都道府县因过疏化问题严重，完全废除了村级设置。1962 年兵库县率先废除了村，成为日本第一个无村县。2004 年日本鉴于农村过疏化问题日益突出，积极推动基层政府合并，无村县数量增加，目前日本共有 11 个县取消了村级设置。

三、地区划分

日本农业部门根据历史沿革、交通情况、经济水平和人文环境等条件，把47 个都道府县分为 10 个地区，即：北海道地区、东北地区、北陆地区、关东东山地区、东海地区、近畿地区、中国地区、四国地区、九州地区和冲绳地区，其中除北海道和冲绳是作为一个单独区域存在，其他地区都是由若干个都县府合成一个地区。虽然这种划分方式在法律和政策文件上没有明确划分标准，但作为约定俗成的划分结果，已被政府广泛使用（表 1-9）。另外，也有部分日本国家统计采取 8 个地区分类，日本农林水产省按照《农林水产省设置法》（1999 年法律第 98 号）第 18 条和《农林水产省组织令》第 119 条在 8 大地区分别设立了直属农政局负责协调该地区农业发展。

表 1-9　日本农业区域分布

地区名称	都道府县名称
北海道	北海道
东北	青森县、岩手县、宫城县、秋田县、山形县、福岛县
北陆	新潟县、富山县、石川县、福井县、
关东东山	北关东、南关东、东山
北关东	茨城县、栃木县、群马县
南关东	埼玉县、千叶县、东京都、神奈川县
东山	山梨县、长野县
东海	岐阜县、静冈县、爱知县、三重县
近畿	滋贺县、京都府、大阪府、兵库县、奈良县、和歌山县
中国	山阴、山阳
山阴	鸟取县、岛根县
山阳	冈山县、广岛县、山口县
四国	德岛县、香川县、爱媛县、高知县
九州	北九州、南九州
北九州	福冈县、佐贺县、长崎县、熊本县、大分县
南九州	宫崎县、鹿儿岛县
冲绳	冲绳县

资料来源：農林統計協会 . 2018 年版農林水産統計用語集［M］. 東京：農林統計協会，2018.

四、农业区域划分

日本农林水产省为了更好地促进农业发展和管理上的需要,将全国划分为四类农业区域。这种划分方式在不打破行政区域边界的基础上,确定了各农业区域的划分标准(表 1-10)。

表 1-10 日本农业区域划分标准

名称	划分标准
城市农业地区	占可住地的 DID 面积超过 5%,人口密度超过 500 人或者 DID 人口超过 2 万人的市町村。 占可住地的宅基地比重超过 60%,人口密度超过 500 人以上的市町村。但森林覆盖率超过 80% 以上的地区除外。
平原农业地区	耕地面积超过 20%,且森林覆盖率不足 50% 的市町村。但倾斜度 1/20 的水田和倾斜 8 度以上的旱田合计面积超过 30% 的市町村除外。 耕地面积超过 20%,且森林覆盖率不超过 60%,倾斜 1/20 以上的水田和倾斜 8° 以上的旱田合计面积不超过 10% 的市町村。
中间农业地区	耕地面积不足 20%,城市农业地区和山间农业地区以外的市町村。 耕地面积超过 20%,城市农业地区和平原农业地区以外的市町村。
山间农业地区	森林覆盖率超过 10% 且耕地率不足 10% 的市町村。

注:人口集中地区(DenselyInhabitedDistrict,DID)是指每平方公里人口密集度超过 5 000 人的区域;中间农业地区和山间农业地区合称为"中间山地区"。

资料来源:農林水産省. 農業地域類型について[Z/OL].[2021-01-10]. https://www.maff.go.jp/j/tokei/chiiki_ruikei/setsumei.html.

第八节 国民经济发展现状

二战之后,日本经济发展先后经历了恢复、高速增长和低速稳定增长 3 个时期。1945 年日本进行非军事化和民主化改造,消灭了财阀等垄断资本。1950 年朝鲜战争爆发,在外交、政治强烈依附美国的情况下,日本经济高速增长,迈入了发达国家行列。1952 年日本加入国际货币基金组织(International Monetary Fund,IMF),1955 年加入关税及贸易总协定(General Agreement on Tariffs and Trade,GATT),国内生产总值(Gross Domestic Product,GDP)快速增长,1960 年达到美国的 7%,是英法德的 50%~60%。1970 年日本 GDP 超过英法德,增长到美国的 18%。1971 年布雷顿森林体制崩溃，虽然受到美元贬值日元升值的影响，但汽车、家用电器、钢铁为首的主要工业部门由于技术革新和结构优化的推进，产量不断超越美国等工业国家，出口持续增加，日本迅速成为世界第二大经济体。1985 年"广场协议"要求日元升值，20 世纪 90 年代初，日本泡沫经济破灭，银行业受到严重打击，不良贷款剧增、证券业出现空前萧条、房地产业和金融业受到巨大冲击，居民生活水平下降，日本经济出现长期停滞。1991—2008 年，日本年 GDP 平均增长率维持在 1.0% 左右。2008 年次贷危机及部分年份甚至还出现过负增长。2012 年日本政府实施宽松的货币政策、积极的财政政策和结构性改革，促使日本 GDP 增长率、就业人数、公司税前利润和税收收入等宏观经济指标都达到了历史新高，创下了 20 世纪 90 年代以来日本最长时间的经济复苏。如表 1-11 所示，2015 年日本 GDP 为 5 380 323 亿日元，2018 年增加到 5 561 896 亿日元，增幅为 3.4%。2020 年日本 GDP 达到 4.91 万亿美元，排列美国、中国之后，位居全球第三位。人均 GDP 排名世界 26 位，实际购买力（PPP）排全球 31 位，相对贫困率只有 15.7%。

广场协议以来，日本经济结构发生了重大变化。一是第三产业快速发展，产业结构得到优化。日本在日元升值和石油危机的冲击下，选择了低能耗、高环保的产业之路，开始发展 IT、高端医疗器械等知识密集型产业，第一产业和第二产业占 GDP 比重继续下降，第三产业的比重略有提高。2000 年日本第三产业产值比重上升到 66%。进入 21 世纪，日本提出"创造性知识密集型"产业政策，从单一增长转向建立生活大国。产业结构调整更加注重提高技术革新与国际竞争力水平，实现能源需求、供给与环境等方面的协调性。并制定了一系列促进资源有效利用的法律，促进产业振兴和保障稳步发展。2008 年日本第三产业产值比重超过 70%，2018 年总额达到 4 325 548 亿日元，占 GDP 总额的 77.6%，远超于另外两个产业的占 GDP 比重的总和，日本的产业结构已经成功地优化为"三二一"结构。当然，制造业仍然是日本最为重要的产业之一，目前主要集中在太平洋沿海的京滨、阪神、中京、北九州 4 个主要的工业区，并且向技术密集型、节能节材和数字化、智能化方向发展，目前，日本的电子、通讯、低耗能环保车、机械、工业机器人、光学、化学、半导体和金属等多项产业位居世界领先。2018 年制造业占 GDP 的比重 20.7%，提供了 1 060 万人的就业岗位，占日本就业人口的 15.9%。

二是经济发展模式从规模扩张向财富积累转变。从 GDP 和 GNP 之间的偏

表 1－11　日本名义国民生产总值（GDP）的变化

单位：亿日元、%

科目	1995年	2000年	2005年	2010年	2015年	2016年	2017年	2018年 总额	2018年 占比
国内生产总值	5 216 135	5 354 177	5 325 156	5 055 306	5 380 323	5 443 646	5 530 730	5 561 896	100.0
小计	5 173 067	5 356 967	5 349 508	5 054 722	5 348 760	5 424 157	5 505 656	5 538 183	99.6
农（畜）产业	85 807	81 270	59 196	56 027	55 639	61 240	62 411	58 216	1.0
农业	70 340	68 791	49 599	47 089	45 091	50 618	51 662	47 928	0.9
林业	2 729	1 760	1 367	1 964	2 340	2 387	2 426	2 491	0.0
水产业	12 739	10 718	8 230	6 975	8 209	8 235	8 323	7 798	0.1
采矿业	8 401	6 113	4 106	3 122	4 092	3 642	3 856	3 844	0.1
制造业	1 224 319	1 202 131	1 140 828	1 049 795	1 100 947	1 104 409	1 130 257	1 150 573	20.7
电力燃气水和废品处理业	161 245	175 634	158 007	144 908	153 909	157 648	162 066	163 035	2.9
建筑业	396 027	356 957	287 774	234 646	278 947	292 815	301 229	299 030	5.4
批发零售业	717 573	697 850	751 811	676 200	702 036	702 919	719 697	707 024	12.7
交通运输和邮政业	287 627	261 230	271 159	257 855	284 957	285 293	293 865	295 727	5.3
住宿餐饮业	158 625	166 601	143 903	129 142	127 227	138 981	142 457	140 926	2.5
信息传播业	172 344	251 824	268 328	253 577	266 159	270 396	268 205	272 128	4.9
金融保险业	264 805	267 879	323 580	244 994	230 023	222 629	223 320	227 558	4.1
房地产业	535 970	578 552	587 829	623 705	645 685	649 085	653 931	652 541	11.7
科学科研和技术服务业	234 648	293 337	328 981	361 779	422 157	437 596	441 064	450 144	8.1
公共管理和社会保障	244 991	269 725	265 839	258 943	263 932	267 135	270 247	274 979	4.9
教育	188 574	194 990	190 864	186 702	188 090	189 564	190 424	191 572	3.4
卫生保健	218 810	272 450	304 820	338 308	398 971	419 077	417 657	427 915	7.7
其他服务业	273 301	280 426	262 484	235 019	225 988	221 729	224 970	222 969	4.0
进口关税	31 170	41 715	51 342	52 210	92 360	81 731	90 780	97 843	1.8
扣除形成总资本有关的消费税	21 994	37 751	35 726	31 356	61 313	61 981	64 379	68 073	1.2
统计误差	33 893	-6 754	-39 968	-20 270	516	-261	-1 326	-6 057	-0.1

资料来源：総務省統計局．2018年度国民経済計算［DS/OL］．［2021－01－10］. https：//www.esri.cao.go.jp/jp/sna/data/data_list/kakuhou/files/h30/h30_
kaku_top.html.

离来看，1995 年以来日本对国直接投资存量不断增加，2005 年之后对外直接投资存量和流量出现双增长，为日本带来丰厚的收益。1985 年日本 GNP 与 GDP 规模相当，二者差额约为 400 亿美元，与当年 1.4 万亿美元的经济总量相比，差额极小。签署广场协议之后，日本 GDP 增长虽然出现停滞，但 GNP 出现了快速跃升。2018 年 GNP5.23 万亿美元，GDP4.97 万亿美元，两者的差额为 0.26 万亿美元。说明日本经济结构正从重视"生产"转向重视"收入"，"隐形收入"增加。

三是农业经济在国民经济中的比重不断下降。1960 年农业生产总产值占 GDP 的比重为 9.0%，1970 年下降到 4.2%，1980 年为 2.4%。20 世纪 90 年代，由于进口农产品增加，如表 1-11 所示，1995 年该比重降低到了 1.6%，2018 年又下降到了 1.0%。1999 年，日本《新食物农业农村基本法》（1999 年法律第 106 号）将农产品和食品统称为"食料品"，即中文的"食物"，并采用食物占 GDP 的比重考量食物产业发展情况。按此标准，2018 年日本食物产业 GDP① 为 543 376 亿日元，占 GDP 的 9.7%，是仅次于制造业（20.7%）、零售业（12.7%）和房地产业（11.7%）的日本第四大产业，创造就业机会 1 017 万个，占日本 15 岁以上就业人口总数的 14.8%。

---

① 包括农林渔业、原料供给产业、食品制造业、食品流通业和外食产业的产值。

第二章 CHAPTER 2
日本农业发展历程 ▶▶▶

农业生产是农业经济发展的源头，为其他产业发展提供最为基础的原材料。早在 170 万年前日本列岛就有原始人居住并开始自然采集。2 世纪中叶，日本进入奴隶社会，3 世纪实现了国土统一，并于公元 645 年实现了向封建社会的过渡，出现了封建领主阶级。1868 年，新兴资产阶级发动"明治维新"，施行土地私有化和殖产兴农政策，国力增强，农业所占经济地位开始下降。二战之后，日本开展民主改革，经济逐渐恢复，农业也得到了快速发展，并且实现了农业农村现代化，完成了农村城镇化和农业人口的非农转移，无论在生产技术还是管理水平上都走到了世界前列，引起了世人的关注。本章将日本农业发展历程分为 5 个阶段[①]，并基于文献和数据展现各个历史发展时期日本农业农村内在矛盾的变化和农业政策的调整情况，之后从农业支出、产业结构变化、食物自给率变化等角度阐述日本农业发展现状。

第一节　封建社会时期

在封建社会时期日本人口约 90% 以上都是农民，农业是封建领主的基础产业，不仅是所有经济政策的核心，同时也左右着整个社会经济发展，农业发展的好坏与否具有极为重要的意义。

公元 646 年，日本孝德天皇（596—654 年）推行大化改新，废除贵族垄断的政权体制，学习中国唐朝的政治和经济制度，将日本从奴隶制社会过渡到了封建制社会。大化改新之后，日本实行班田收授法和租庸调制管理农地。

---

① 温娟，2019. 日本近现代农业政策研究［M］. 南京：江苏人民出版社. 本章引用部分该书内容。

8世纪初，日本为增加耕地，多次颁布法令，鼓励民间垦荒并承认垦田私有。有势力的贵族和寺院积极拓荒垦田，设置庄园（垦田型庄园）。随着大土地私有制的发展，土地国有制度受到破坏，天皇权力旁落。公元10世纪，地方豪族为摆脱政府的控制，谋取减免课税特权，把土地所有权名义上捐献给豪族或寺院并交纳一定年贡，然后接受这种名义上的领主①的任命，以庄园的管理者（庄官）的身份掌握着庄园的实际领主权，史称"献地型庄园"，并成为中世纪庄园的基本形态。

镰仓时代（1185—1333年），封建庄园制度被封建领主制度替代。幕府②建立分封制度，设立"守护""地头"等职务，让幕府亲信担任原庄园主，建立兵农合一体制。地头具有管理庄园土地、统制庄民、征收年贡夫役以及治安警察等权限，是庄园的实际支配者。庄园的农民是名主和小作人③，其中名主是包括旁系家族及奴仆在内的家长制大家族共同体，一方面耕种领主的土地，承担年贡和徭役；另一方面占有少量的自有地，统率家族从事耕作。这种庄园领主土地所有和农民劳动，成为中期封建经济的基础。镰仓时代末期，农村社会分化，名主的大家族共同体逐渐解体，个体小农户经营增加，各地出现了村落组织的雏形。

战国时代④，建立起了以幕（将军）藩（大名⑤）土地所有和小农耕作的农奴经济为基础的幕藩体制。其中，将军是全国最高封建领主，掌握全国政权，对大名的封地拥有改易和转封的支配权。大名委托农民经营农地，收取稻米作为年贡。1591年丰臣秀吉颁布《身份统制令》采取兵农分离制度，要求武士阶级完全脱离农业生产，而农民不得离开农村并禁止买卖农地。1598年日本开展历史上第一次全国农地普查，即"太阁检地"，明确了幕府和农民之间的土地关系，确立了封建小农经营体制。这个时期，增加粮食产量是幕府最为重要的农业政策。封建领主在不影响原有田地生产的前提下，一是采取减免年贡或者鼓励种植高附加价值经济作物的方法，奖励农民拓荒开发新农田。16

---

① 日语称为"领家""本所"或"本家"。
② 幕府（ばくふ）是古代日本一种权力凌驾于天皇之上的中央政府机构。其最高权力者是征夷大将军，亦称将军。幕府本指将领的军帐，但在日本的特殊国情之下，演变成一种特有的政治体制，其制度始于1192年镰仓幕府建立。
③ 即佃农。
④ 日本战国时代是指日本室町幕府后期到安土桃山时代。
⑤ 大名是对日本室町时代之后占据一国或数国的封建武装领主的称谓，起源于名主。名主指有名字的田地，即私人土地，大名指拥有大量土地的人。

世纪日本耕地面积约有 200 万公顷，到了 19 世纪中叶已经达到约 400 万公顷，同期日本全国粮食产量由 1 800 万石①增加到了 3 200 万石。二是加强农田水利基础建设，改善稻米种植条件。幕府承担规模超过百石或劳动力超过 50 人以上的部分工程费用，鼓励受益农户修建灌溉设施和维护农田的河堤等防护设施。三是研发推广新技术。江户时代已经普遍开始用畜牛耕地，并且从中国引进了唐犁和唐臼，施肥和脱谷用马匹，提升了作业效率。1725 年日本近畿地区的水田单产只有 1.39 石，1930 年增加到了 2.23 石，提升了 60.4%。

江户时代（1603—1868 年），随着商品经济和货币经济的发展，农民内部分化形成了地主阶级和佃农阶级。一方面，日本幕府禁止土地买卖，贫困农户缺乏资金，只能采取典当土地所有权并保留土地经营权的方式借款，当贫困农户无法如约偿还欠款时，就相当于土地被永久的卖了出去，自己沦为佃农。另一方面，幕府虽然鼓励开荒扩大新田面积，但水利工程费用不足，常常吸引非农资本投资。而这些非农资本拥有新地之后马上会租出去，成为新的地主。虽然这些情况与幕府土地管理制度相抵触，但因不影响贡税收入，幕府事实上默认了民间土地流动和地主阶级的形成。大量地主和佃农的出现，动摇了小农户土地所有的基础，也动摇了幕府的统治地位。而佃农既要缴纳贡租又要缴纳佃租，在双重压迫下生活越发困难，18 世纪中期日本农民暴动不断增加，仅1752—1867 年的 115 年间共发生暴动 967 件，是江户时代前期的 3 倍。

第二节　资本主义农业发展时期

1868 年的明治维新预示着日本封建社会的崩溃，明治政府的政策目标是把日本由农业国家改造成为现代资本主义工业国家。虽然日本是后发资本主义国家，但通过发展棉纺等轻工业实现了工业化，并逐渐向重工业化发展。在农业领域，明治政府废除封建领主所有制，确立土地私有制，建立了半封建特征的租佃制度，并且引进消化欧美先进技术促进农业粮食增产，有力地支持了工业发展。

19 世纪末，日本通过甲午战争、日俄战争获得了大量海外殖民地，并积

---

① "石"是日本古代容积单位。江户时代规定 1 石＝6.482 7 立方尺，木材和船的容积式 1 石＝10 立方尺＝278 升。明治时代规定 1 石＝180.39 升。

35

极施行殖产兴业政策提高本国工业化程度，初步实现了富国强兵的目标。以第一次世界大战为契机，日本逐步向垄断资本主义过渡，在金融领域，大财阀不断扩大规模，三井、三菱、住友等大财团通过投资工业地区，形成了财阀垄断资本。1917年以大资本家为中心成立了日本工业俱乐部，1918年颁布《军需工业动员法》，1922年成立日本经济联盟，初步形成了国家垄断体制。一战期间，日本顺利完成了从农业国家向工业国家的转变，工业部门的产值不断提升。1914—1919年，工业部门产值由13.7亿日元增加到53.7亿日元，占国内生产总值的比重由44.4%上升到了56.1%，同期农业部门占比由45.1%下降到了35.1%。这一时期，虽然粮食需求增加，但半封建性质的土地租佃关系使农业生产无法提供有效供给，加上政府稻米价政策的失误和地主阶级、稻米商人的投机行为，导致包括农民在内的居民生活压力增大，1918年爆发了全国性暴动。

1929年10月，纽约证券交易所股价大跌，引发了全球经济危机，并波及日本，造成物价和股价暴跌，企业减产甚至停业倒闭。日本政府为应对危机，采取货币管制政策，禁止黄金出口，快速建立起了国家垄断资本主义体制。1937年，日本建立了战时集权经济体制。在农业领域，受到国际市场需求萎缩的影响，日本的大米和蚕丝两大支柱产业遭到重创，供给过剩，价格持续暴跌，使得自耕农和佃农生活更加窘迫，收入和支出全面下降（表2-1）。战争后期，由于粮食、石油等资源严重匮乏，农业生产全面萎缩。

表 2-1　日本资本主义农业发展时期的农户经营情况

单位：日元、%

	科目	1926—1929年平均	1932—1936年平均	增长率
自耕农	经营性收入（A）	1 160	803	−30.8
	非经营性收入（B）	375	185	−50.7
	农户总收入（C=A+B）	1 535	988	−35.6
	消费支出（D）	1 240	761	−38.6
	农业生产成本（F）	29	23	−20.7
佃农	经营性收入（A）	790	464	−41.3
	非经营性收入（B）	253	149	−41.1
	农户总收入（C=A+B）	1 043	613	−41.2
	消费支出（D）	908	582	−35.9
	农业生产成本（F）	25	18	−28.0
农业总收入：佃农/自耕农		68.1	57.8	
消费支出：佃农/自耕农		73.2	76.5	

资料来源：晖峻衆三. 日本農業問題の展開（下）[M]. 東京：東京大学出版社，1984.

1940 年日本相继制定了强化粮食管制的法律法规，形成了农产品国家管制制度。日本政府要求本土农民和地主除储存每人每天 574 克大米之外，其余必须全部上缴，由政府统一调配。1942 年日本颁布《粮食管理法》把大米以外的其他粮食作物也纳入了管制范围，建立了一元化的粮食收购和配给体制。岛恭彦指出，1937 年日本推行粮食作物增产政策，使"农业生产脱离了大正时期以来的市场化发展方向，农业产业出现了数十年的衰退"。受到农业资材供应紧张和劳动力减少的影响，日本本土农产品供给减少，而随着殖民地的丧失，进口大米也变得越发困难，战争后期日本粮食匮乏问题已成为常态。1945 年日本战败后，又有 150 万左右的军人等人员归国，导致日本在饥饿中迎来了军国主义的崩溃。

第三节　资本主义农业恢复时期

1945 年二战结束之后，日本通过解散财阀、提升工人地位等措施开展非军事化和民主化改造，其中消灭封建地主阶级和建立自耕农制度是推动构建农村民主制度的重要措施。1946 年日本政府提出农地改革方案，经多次修改，于当年 10 月 21 日获得通过并施行。该制度规定，一是国家强制赎买不在村地主的全部出租土地和在村地主中超过保留限度[①]的出租土地，并低价转售给佃农。二是以现金方式缴纳残留佃租地的租金，规定把签署租佃契约作为一项义务。限制地主持有的土地面积，并要求耕作权转移必须获得知事批准。三是完善市町村农业委员会制度，对地主、自耕农和佃农委员数量做了规定，构建有利于佃农参与的农村治理机制。农地改革取得积极成果，1941 年，日本46.2％的耕地和 53.2％的水田、37.7％的旱田是佃租地，1949 年分别下降到13.1％、14.0％和 11.9％。改革后，即使是在村地主保留的租地也被要求收取极低的地租，大大降低了佃农的负担。改革前占农户总数 27.5％的自耕农在改革后提升到了 55.0％；完全不拥有农地的佃农从 28.0％锐减到 7.8％。佃租部分耕地的半自耕农从改革前的 40.9％减少到 35.1％，各个阶层的自耕农比重在农地改革之后显著提升，佃农也摆脱了地主高额地租的束缚和地权弱势的地位，并且初步形成了以零散、小规模自耕农为主体的农业经营体制。

---

① 北海道地区为 4 公顷，都府县为 1 公顷。

1952 年日本颁布《农地法》（1952 年法律第 229 号），在继承农地改革成果的基础之上，提出最大限度减少租佃数量、发展家庭经营和扩大自耕农数量的政策目标，其中，把发展所有、经营和劳动"三位一体"的自耕农制度作为政策重心。但为了防止地主阶级复辟，该法对农地持有面积做了上限规定，即北海道地区不超过 12 公顷，其他地区不超过 3 公顷。

解决粮食匮乏问题是这个时期农业政策的另一个重要任务。二战之后，大量殖民地的日本军人返回本土，粮食需求增加，但粮食供给严重匮乏，整个社会处于极度饥饿状态。日本政府，一是向联合国紧急申请了粮食、食盐等必需品进口，并通过美国对日援助项目弥补空缺。1950 年代初，粮食进口额占到了日本进口产品总额的 50%～60%。二是全力提升粮食产量。1952 年，日本出台《粮食增产 5 年计划（1953—1957 年）》大力发展大米和小麦生产。日本通过围垦、低湿地开发、水田排灌设施建设、地块整理和农地集中等措施，改善生产环境，相关预算占农业预算的比重从 1950 年的 6.3% 增加到 1955 年的 14.2%；积极推进农业现代化，用动力机械耕作代替畜力耕作，动力耕耘机数量由 1950 年的 13 240 台增加到 1965 年的 88 800 台，普及率从 0.3% 上升到 7.5%；推广使用化学农药，BHC、硝苯磷酸酯等农药使用量逐年增加。农业生产率 1955 年以前年均增长 3.6%～3.8%，土地生产率比战前提升了约 20%。三是对大米等粮食作物流通施行管制。1952 年，日本修订《粮食管理法》，施行大米流通双轨制，即稻米政府收购价格"以确保稻米再生产为原则"核算，而政府销售价"以稳定国民经济为原则"核算，两者之间差额由财政资金填补。填补对象是生产者平均米价对平均生产成本的比重，1950—1954 年为 170% 左右，1955 年达到历史最高纪录的 211%，极大地刺激了农户增产的积极性。截至 1955 年，日本农产品总产量已超过战前 30% 左右，粮食产量屡创新高，部分年份还出现供给过剩的情况，增产增效不增收、城乡收入差距拉大等问题日益突出。

另外，日本为稳定农产品价格保护农民利益，1953 年颁布《农产品价格稳定法》（1953 年法律第 225 号）保护薯类、油菜籽和大豆（1956）等重要农产品。1954 年颁布《奶业振兴法》（1954 年法律第 82 号）通过增施厩肥来提升地力增加饲料供给，实现农民增收和提升消费者营养水平的目的。另外，还实施饲料用谷物进口零关税，推动加工型畜牧业发展等政策。1955 年日本加入 GATT 获得了在国际市场上竞争的机会。

第四节 基本法农政时期

20世纪50年代，日本经济高速发展，并进入世界发达国家行列，但受到快速工业化、城镇化冲击，日本农地面积和农业人口快速减少。1961年日本颁布《农业基本法》（1961年法律第127号），力图根据需求端变化调整农业经营结构，增加农民收入，缩小城乡差距，日本学者称之为"基本法农政时期"。

积极优化农业经营结构。首先，日本《农业基本法》明确培育经营面积2公顷以上的农户，并制定了相应的政策。一是逐步放宽农地管制。1969年颁布《农业振兴区域整备法》（1969年法律第58号）① 划定基本农田保护区，并对该地区进行综合整治。1970年修订《农地法》废除对农户持有土地面积的上限规定；推动农地经营权流转，并修订《农业协同组合法》（1947年法律第132号）和《农业委员会法》（1951年法律第88号）允许其提供流转中介服务。1980年颁布《农用地使用增进法》②（1980年法律第65号）强化农业经营基础和推动农用地流转。二是培育规模经营主体。鼓励农户以家庭为单位成立稳定的农业生产法人③；鼓励3户以上的农户成立名为"农事组合法人"的合作经济组织④；鼓励农民以村落为单位组建"集落营农"组织，统一协调社区农业生产⑤。政府对于各类农业生产法人购买农机具、土地流转等给予一定的扶持，农业协同组合（简称"农协"）将其吸纳为团体成员，并在农资购买、产品销售、融资等领域给予帮助。三是加大财政扶持力度。政府对于农地连片后的农地平整、农田基本建设以及引进先进机械和设备的农户提供补贴降低流转成本。以平整0.3公顷的农地项目为例，1968年财政补贴比例占总费用的8%，1990年提升到50%。四是提升政策性金融支农能力。1961年，日本颁布《农业现代化资金助成法》（1961年法律第202号），由中央政府提供贴息的方式撬动合作金融、商业金融资金进入农村。并通过合作金融系统代为发放

---

① 日语《農業振興地域の整備に関する法律》，简称"农振法"。
② 日语《農用地利用増進法》，简称"农促法"。
③ 详见本书第八章第三节。2015年日本修订《农地法》改称为"农地所有适格法人"，是有资格拥有农地地权开展农业生产经营活动的法人组织，主要有农事组合法人、株式会社等6种企业形式。
④⑤ 详见本书第八章第二节。

宣传资料、帮助农户填写申请材料和开展信用评级，既降低了政策金融运作成本，也支持了合作金融的发展，提升了为农服务的精准度。1985—2000年，日本农业结构得到优化，虽然持有土地的非农家①占农户数量的比重由12%上升到26%，其拥有的耕地面积占耕地总面积的比重由3%上升到9%。但是，全国经营耕地面积超过5公顷的农户比重，从0.5%增加到2.0%，其所有耕地面积占耕地总面积的比重也增加到12.8%。

大力推进现代农业发展。1955—1970年，日本用于大米生产的氮磷钾等化肥的使用量、防治病虫害用的各种农药的生产量，以及耕作用小型拖拉机、动力、农药喷洒机、动力脱粒机的农户拥有台数都迅速增加，以1公顷水稻劳作时间为例，1965年1 410小时，1975年下降到820小时，1980年640小时。但是，化学农业对人、土壤、水也造成了严重危害，破坏了环境，影响了农业的可持续发展，1970年代日本开始重视农药化肥低减农业发展，化肥投入金额占总成本的比重从1960年的19%下降到1975年的9%。1999年，日本颁布《促进可持续农业生产方式法》（1999年法律第110号），提出将氮肥用量减少到36千克/公顷，化学合成农药不超过4次/年的合理使用指标。同时，除过农协系统经常开展短期技术推广活动，1968年创立了"农民大学"制度，由政府或民间团体出资并承担相关运营费用，建立了面向有意愿长期从事农业经营的高中毕业生开展农业职业培训的专职机构②。

积极推进乡村振兴战略。《农业基本法》首次提出防止乡村凋敝，1965年日本颁布《山村振兴法》（1965年法律第64号），加大了对乡村基础设施建设和提升农村福祉水平的财政资金投入。1970—1985年的15年间，农业预算由8 851亿日元增加到26 462亿日元，其中，乡村基础设施建设投入占农业总预算的比重由20.5%上升到31.8%，农民养老金预算比重由0.4%上升到3.4%，提升农业从业人员福祉预算比重由0.6%上升到1.5%。另外，为增加农民家门口的就业机会。1971年，日本颁布《促进在农村地区工业发展法》（1971年法律第112号），鼓励制造业、运输业、仓储业、包装业、批发业五类劳动密集型企业在农村投资建厂。1994年今村奈良臣教授提出了以农民为主体推动一二三产业融合发展，增加农民工资性收入的发展思路，

---

① 详见第八章第一节"二、农家和持有农地的非农家"。
② 详见本书第十二章第五节。

并在日本全国推广。

选择发展重点农产品。日本在有限的财政资金限制下，将大米、畜牧产品和甜味品等列为重点发展对象产品，在政策刺激下，1967 年日本稻米产量达到 1 400 万吨的历史纪录，库存量暴涨到 720 万吨，实现了主粮完全自给。另外，日本先后颁布了《畜产品价格稳定法》（1961 年法律第 183 号）、《加工原料奶生产者补贴等暂行措施法》（1965 年法律第 112 号）和《蔬菜生产销售稳定法》（1966 年法律第 103 号）等相关法律法规稳定主要农产品产量和价格。

逐步开放农产品市场。1964 年在"肯尼迪回合谈判"中，日本同意将平均关税降低到 35％，并且主动降低了咖啡豆、动物油、蔬菜和水产罐头等关税。随着进口农产品增加，国内市场供给过剩，日本在有限的财政预算之下，逐步缩小重点农产品范围，1962 年日本限制进口的农产品数量有 103 种，1992 年减少到了 12 种。受此影响，日本食物热量自给率快速下降，1999 年降低到 40％左右。

第五节　新基本法农政时期

20 世纪 90 年代，随着资产泡沫被刺破，引发日本经济停滞，财政债务增高。在农业领域，食物自给率下降、农业人口老龄化、农地面积减少、弃耕面积增加和农村凋敝等问题愈发突出。迫于财政赤字压力和国际贸易环境变化，日本加快调整农业政策，1999 年颁布《食物农业农村基本法》（简称《新基本法》）对农业农村发展方向重新定位，日本称之为"新基本法农政时期"。

一、《食物农业农村基本法》的主要内容

《新基本法》设定了保障食物供给安全、发挥农业多功能性、强调农业的可持续发展以及乡村振兴的四项政策目标，其中保障食物安全是目标和任务，强调农业的可持续发展与乡村振兴是实现基本目标和任务的保障，发挥农业多功能性是支撑性政策体系的理论基础。

《新基本法》认为"食物是维系人类生命，保障人类生活的基础。政府必须向国民稳定地提供品质优良，价格合理的食物"。实现安全供给"需要考虑到国际食物供需情况以及国际贸易的不稳定因素，要立足于国内，适当进口和

储备，而国内供给主要提高农业生产率，通过全面发展农业和食品加工业，满足国民对食物日益增长的多样化、高级化需求。确保无论发生任何欠收、贸易波动等突发事件也能为国民提供最低限食物保障"。由此可以看出，日本发展农业的终极目标已从"保护生产"转向"保护消费"。日本每5年调整一次《食物农业农村基本规划》制定中长期政策目标，2020年3月提出到2030年食物热量自给率达到45%。

《新基本法》提出"农业的多功能性"理论。新农政中再三强调发挥农业多功能性的重要性，认为"农业不仅仅具备农产品生产功能，还具有国土保全，水源涵养，保护自然，保持景观及继承传统文化等功能，全面发挥农业农村所具备的多功能性能够起到提高国民生活水平和稳定经济发展的作用"。

《新基本法》强调不再单纯追求提升农业生产效率。新农政指出"鉴于农业具备保证食物稳定供应之外还具备多功能性的特点，要求在保障农业用地、水源、其他农业资源以及农业经营者数量的同时，因地制宜地调整高效、合理的农业经营结构，维持、提高农业自然循环能力，最终实现农业可持续发展"。也就说农业生产应同时注意提高食物供应能力和保护自然环境，将原本对立相排斥的两个目标有机结合起来，作为农业发展的基本理念。

《新基本法》强调了推进乡村振兴的重要性。指出"乡村是农业经营者及当地居民生活的场所，振兴乡村是保障农业可持续发展的基础。为实现食物安全、充分发挥农业多功能性，需要改善农业生产生活环境，提升乡村的福祉水平"。

二、《食物农业农村基本法》施行以来的主要措施[①]

（一）优化农业经营结构

1999年以来，日本先后修订《农地法》《农振法》和《农促法》等法律法规，进一步放宽农地管制，允许工商资本租地务农。2008年日本颁布《平成农地改革规划》在保障农地私有属性的同时强调农地保障粮食安全的公益性功能，要求在确保农地数量不减少的前提下，分离所有权和经营权，提升农地使

---

① 曹斌，2009. 关于现阶段日本农业政策目标及其措施的研究［D］. 北京：中国社会科学院. 本节引用部分该文内容。

用效率,削减撂荒农地面积。同时修订农业法人制度,有条件的放宽工商资本参与农业生产,放宽农地所有适格法人之中非农成员的管理权限制。延长农地租赁期,加强农业委员会对撂荒地管理,允许其托管无主荒地。2014 年设立"农地中间管理机构"①,由地方政府或者农业委员会托管、集约、平整耕地之后再交给规模农户经营。通过一系列措施,日本撂荒农地面积停止了持续扩大的势头。

（二）发展新型农业经营主体

在财政补贴方面,日本依据《农业经营基盘强化促进法》(1980 年法律第65 号),设立了认定农业生产者制度,将种养殖大户列为重点扶持对象②。另外,还加大对农业企业、集落营农组织的支持,在收入补贴、开垦新田、生产管理和扩大经营面积、购置农机具、融资等方面给予倾斜。截至 2019 年,日本农地所有适格法人 1.9 万个,认定农业生产者 23.9 万户,集落营农组织 1.5万个。

（三）加强农田水利设施建设

农田水利基础建设是维护农业可持续发展,提升农业生产效率的重要工程,自 20 世纪 60 年代至今,日本修建的各类水渠长度达到 40 万千米,主要水利设施 7 600 多所。近些年,日本持续加大农田水利基础设施投入,一是加强农村基本设施维护。对中央财政修建的重点水利设施进行全面检修,提升水利设施的防灾抗灾能力。二是加强农田基础设施建设。截至 2019 年修整面积0.3 公顷以上连片水田累计 159 万公顷,占水田总面积的 66.0%,修整面积0.5 公顷以上连片水田累计 26 万公顷,占水田总面积的 11.0%。在整修旱田方面,完成灌溉设施整修 49 万公顷,占旱田总面积的 24.5%。农田水利设施和农道的不断完善,使得大型机械设备使用更加便利,农业劳动时间由 1983年的 612 小时/公顷,减少到 2016 年的 238 小时/公顷,劳动生产率得到大幅度提升。三是开发再生资源。2019 年日本新能源发电量占到总发电量的18.1%,其中,水力发电 796 亿千瓦时、太阳能发电 690 亿千瓦时、生物质发

---

① 2014 年为促进农地流转,设立的农地托管机构。该机构可以从农地所有人手中租赁农地,再转租给承租人,解决了信息不对称,农地租赁双方缺乏互信等问题。详见第八章。

② 以农户实际经营的水田或旱田面积为标准,要求北海道地区 10 公顷以上,其他地区 4 公顷以上。

电 261 亿千瓦时、风力地热发电 105 亿千瓦时。另外,日本设立了"生物质产业城市认证制度",授予将木材、水利、风力等新能源作为本地区主要能源供应源的城市,2019 年累计达到 90 处。

(四)深化农民社团组织改革

日本政府为加入太平洋伙伴关系协定(Trans-Pacific Partnership Agreement,TPP)及应对农业农村形势变化,加快修订《农协法》,取消了农协中央会的监管权限,要求促进综合农协横向和纵向合并扩大经营规模压缩管理成本。同时,日本政府为打破农协垄断地位,加强政策资金投入专门用于扶持大户发展,迫使基层农协加大对农村地区的资金供给。2017 年 6 月,农林水产省开设了"AGMIRU"农资供销网络平台,使农资价格更加透明,促使农协下调农资价格。另外,日本推动农地改良区减量提质。截至 2019 年 3 月,土地改良区通过不断合并,数量下降到了 4 403 个,所辖土地面积 249.7 万公顷,占日本农地面积的比重提高到了 55.8%。

(五)积极推进乡村振兴

日本基于 WTO 相关规程以及《新基本法》提出的"振兴山区和中山间地区经济"政策目标。2000 年设定了"中山间地区等的直接支付制度",通过直接支付的方式推动浅山地区农户和合作经济组织发展。2018 年共补贴农田面积达 66.4 万公顷;给 349 个地区发放专项资金,用于支持发展民宿项目,共接待客人 366 万人;农林水产省与文部科学省、总务省联合实施"儿童农山渔村交流项目",要求日本小学生每年必须在农村生活 1 周以上,体验农村生活,培养爱农意识,客观上增加了民宿设施的使用率,2018 年,已有 185 处村落获得接待资格。另外,日本积极开拓海外市场,制作了视频广告,通过国外电视、网络等媒体进行宣传,吸引海外游客来日访问。2019 年日本接待各国游客 3 188 万人,产生收益 4.8 万亿日元,在地方城市住宿的客人达到 3 921 万人日。

(六)推进国际经济一体化进程

日本为促进工业产品出口,营造良好的出口环境,在乌拉圭回合谈判受阻的情况下,加快推进双边或区域性多边贸易谈判进程,特别是在美国宣布退出

TPP 之后，全面加快了与美国以外几乎所有国家的贸易谈判速度，力图减少日美自由贸易协定（Free Trade Area，FTA）带来的负面影响。截至 2020 年年底，日本共签订包括了 CPTPP、日欧 EPA、日英 EPA 等 21 个 EPA/FTA 条约。但日本出于保障食物安全的目的，在各项双边或多边谈判中，都将大米、麦类、肉类（猪肉和牛肉）、乳制品和砂糖 5 种农产品列为重点保护对象。同时，日本积极推动农产品出口，2020 年农产品出口金额达到 9 860 亿日元，是 2000 年的约 3 倍。

第六节　农业发展现状

一、农业公共支出

自 20 世纪 80 年代末以来，由于农业产业整体萎缩，日本政府的农业预算规模显著缩小。1990 年农业预算金额为 28 737 亿日元，2021 年减少到 23 050 亿日元，降幅达到 19.8%。同时，农业预算占全国一般会计预算的比重也持续下降，1990 年为 4.3%，2019 年下降到 2.5%。

2021 年日本农业预算由公共事业预算（6 995 亿日元）和非公共事业预算（16 055 亿日元）组成。公共预算主要包括农业农村整治（3 333 亿日元）、森林整治（1 868 亿日元）、水产业基础整治（726 亿日元）、海岸整治（63 亿日元）、乡村环境整治（807 亿日元）和灾区救助预算等（198 亿日元）科目。非公共事业预算主要是各类补贴，目前有促进乡村振兴的激发农林渔业活力项目补贴、中间山地区等直补项目和农地水土保全管理直补项目等。

二、农业产业结构

日本地形和气候特征了决定了其具有不同农业类型，主要包括种植业、畜牧业、渔业和林业（表 2-2）。种植业是日本农业的支柱产业，20 世纪 50 年代以来，产值持续增加，1990 年达到 82 952 亿日元。进入 90 年代，受日元升值进口增加的影响，种植业产值逐年减少，2019 年下降到 56 300 亿日元，是 1990 年的 67.9%，占日本农业总产值的比重下降到 52.1%，较 1990 年减少 2.9 个百分点。

表2-2 日本农业产业的结构变化

单位：亿日元，%

	1955年	1960年	1970年	1980年	1990年	2000年	2010年	2015年	2017年	2018年	2019年
农业总产值（A）	16 384	22 555	56 235	141 081	150 923	114 434	99 520	107 590	112 732	110 299	108 059
种植业（B）	14 062	15 415	34 206	69 660	82 952	66 026	55 127	56 245	59 605	57 815	56 300
稻米	8 634	9 074	17 662	30 781	31 959	23 210	15 517	14 994	17 357	17 416	17 426
麦类	1 155	1 060	483	1 661	1 698	1 306	469	432	420	398	527
杂粮	123	113	32	50	64	72	99	87	93	90	106
豆类	501	487	546	945	929	1 013	619	684	687	623	758
薯类	639	577	781	2 088	2 388	2 298	2 071	2 261	2 102	1 955	1 992
蔬菜	1 191	1 741	7 400	19 037	25 880	21 139	22 485	23 916	24 508	23 212	21 515
水果	662	1 154	3 966	6 916	10 451	8 107	7 497	7 838	8 450	8 406	8 399
花卉	79	87	425	1 719	3 845	4 466	3 512	3 529	3 438	3 327	3 264
园艺作物	850	819	2 040	4 946	4 303	3 391	2 143	1 862	1 930	1 786	1 699
其他	228	303	871	1 517	1 434	1 023	715	643	620	603	614
畜牧业（C）	2 322	3 477	12 096	32 187	31 303	24 596	25 525	31 179	32 522	32 129	32 107
肉牛	314	375	974	3 705	5 981	4 564	4 639	6 886	7 312	7 619	7 880
奶牛	333	635	2 834	8 086	9 055	7 675	7 725	8 397	8 955	9 110	9 193
牛奶	255	486	2 333	6 715	7 634	6 822	6 747	7 314	7 402	7 474	7 628
生猪	247	559	2 538	8 334	6 314	4 616	5 291	6 214	6 494	6 062	6 064

（续）

	1955 年	1960 年	1970 年	1980 年	1990 年	2000 年	2010 年	2015 年	2017 年	2018 年	2019 年
养鸡	855	1 205	4 142	9 752	8 622	7 023	7 352	9 049	9 031	8 606	8 231
蛋鸡	764	1 063	3 062	5 748	4 778	4 247	4 419	5 465	5 278	4 812	4 549
养蚕	466	564	1 261	1 510	466	20	—	—	—	—	—
其他	107	139	347	799	865	699	518	634	730	731	740
渔业（D）	—	3 663	9 933	27 646	26 893	18 501	14 611	15 621	15 741	15 335	14 676
海洋捕捞	—	3 217	8 123	21 462	19 511	12 347	9 718	9 957	9 614	9 379	8 684
海水养殖	—	319	1 322	4 496	5 762	5 020	4 101	4 673	4 979	4 861	4 802
淡水捕捞	—	80	170	578	650	623	226	184	199	185	164
淡水养殖	—	48	317	1 110	971	511	566	809	950	911	1 026
林业（E）	—	—	—	11 588	9 775	5 312	4 257	4 545	4 863	5 020	4 976
木材加工	—	—	—	9 680	7 285	3 222	1 953	2 341	2 561	2 648	2 700
木炭	—	—	—	65	83	62	51	53	54	55	58
食用菌	—	—	—	1 762	2 294	1 969	2 189	2 105	2 201	2 257	2 170
林副产品	—	—	—	82	113	59	64	45	47	60	48
占比 种植业（B/A）	85.8	68.3	60.8	49.4	55.0	57.7	55.4	52.3	52.9	52.4	52.1
畜牧业（C/A）	14.2	15.4	21.5	22.8	20.7	21.5	25.6	29.0	28.8	29.1	29.7
渔业（D/A）	16.2	16.2	17.7	19.6	17.8	16.2	14.7	14.5	14.0	13.9	13.6
林业（E/A）	—	—	—	8.2	6.5	4.6	4.3	4.2	4.3	4.6	4.6

资料来源：農林水産省．令和元年農業総産出額及び生産農業所得［DB/OL］．（2021 - 03 - 12）［2021 - 04 - 20］. https: //www. e-stat. go. jp/stat-search.

日本畜牧业发展长期处于十分落后的状态，居民生活所需要的动物性蛋白质主要取自水产品。二战之后，随着欧美饮食文化的渗透，日本膳食结构发生变化，对于脂肪类需求的增加，极大地促进了畜牧业发展。1955年畜牧业产值仅有2 322亿日元，1980年增加到32 187亿日元，占日本农业总产值的22.8%。2000年，虽然畜牧业产值下跌到24 596亿日元，但之后逐步恢复，2019年增加到32 017亿日元，占日本农业总产值的比重为29.7%，是1955年的近2倍。

水产品长期以来是日本蛋白质主要摄取源，消费量位居全球前列。随着经济发展，日本渔业产值逐年增加，1960年渔业总产值仅有3 663亿日元，1980年增长到27 646亿日元，之后逐年减少，2019年萎缩到14 676亿日元，是1980年的53.1%，占农业生产总值的比重为13.6%，较1980年下降了6个百分点。目前，日本主张的领海和排他性水域面积有400多万千米^2，渔业就业人口15.2万人，各类水产品年产量442.1万吨，位居全球第6位。

日本森林面积达到2 443.6万公顷，覆盖率为66.4%，是世界上著名的多林国家，森林总蓄积量为52.4亿米^3，是英国、法国、意大利和西班牙四国的森林蓄积量之和。林业曾是日本山区最重要的产业，但随着就业人口的老龄化和进口木材增加，产值持续萎缩，1980—2019年，日本林业总产值由11 588亿日元缩减到4 976亿日元，降幅达到57.1%。同期，日本林业产值占农业总产值的比重从8.2%下降到4.6%。

三、食物自给率

20世纪50年代末，随着日本加入GATT，并逐渐放开边境，进口农产品逐渐增加，特别是1985年日本签署"广场协议"之后，日元迅速增值，农产品进口金额从1980年的66 193亿美元增加到2019年的95 198亿美元。但如表2-3所示，日本的食物热量自给率由1960年79%下降到2019年的38%，同期食物产值自给率由93%下降到66%。

日本政府出于保障粮食安全的目的，坚持口粮绝对安全政策，使大米自给率始终保持在接近百分之百的安全范围之内，但除砂糖类农产品之外，几乎所有食物的热量自给率都出现了大幅度下滑。1960—2019年，下滑幅度最大的是杂粮，热量自给率由21%下降到几乎全部依靠进口，降幅为100%。其次是淀粉自给率由76%下降到8%，降幅为89.5%；豆类从44%下降到7%，降幅为 84.1%。2019 年，其他农产品热量自给率自低向高，分别是油脂类 13%、小麦 16%、砂糖类 34%、水果 38%、肉类 52%、牛奶乳制品 59%、薯类 73%、蔬菜 79% 和禽蛋 96%，目前，日本食物自给率已经下降到所有发达国家之中的最低水平。

表 2-3　日本食物热量自给率的变化

单位：%

	1960 年	1970 年	1980 年	1990 年	2000 年	2010 年	2015 年	2018 年	2019 年
食物热量自给率	79	60	53	48	40	39	39	37	38
大米	102	106	100	100	95	97	98	97	97
小麦	39	9	10	15	11	9	15	12	16
杂粮	21	1	0	0	0	0	0	0	0
薯类	100	100	96	93	83	76	76	73	73
淀粉	76	41	21	13	9	8	9	7	8
豆类	44	13	7	8	7	8	9	7	7
蔬菜	100	99	97	91	81	81	80	78	79
水果	100	84	81	63	44	38	41	38	38
肉类	93	89	80	70	52	56	54	51	52
禽蛋	101	97	98	98	95	96	96	96	96
牛奶乳制品	89	89	82	78	68	67	62	59	59
鱼类	108	102	97	79	53	55	55	55	52
砂糖类	18	22	27	32	29	26	33	34	34
油脂类	42	22	29	28	14	13	12	13	13

资料来源：農林水産省. 令和元年度食料需給表［DB/OL］.（2021-03-22）［2021-03-30］. https://www.e-stat.go.jp/stat-search.

四、食物消费结构

食物消费结构是在一定社会经济条件下居民在农产品消费过程中所消耗的各种不同类型食物的比例关系。自 20 世纪 60 年代以来，受到欧美文化影响，日式食材的消费量逐渐减少，而欧美食材的消费量显著提升。如表 2-4 所示，1965—2019 年的 54 年间，谷物、大米、蔬菜、鱼类的消费量呈现不断下降趋势。其中，大米减少幅度最大，同期年人均消费量由 111.7 千克/(人·年)减少到 53.0 千克/(人·年)，降幅达到 52.6%、其次是蔬菜，同期消费量由

108.1 千克/(人·年)减少到 90.0 千克/(人·年),降幅为 16.7%;鱼类消费量由 28.1 千克/(人·年)减少了 23.8 千克/(人·年),虽然消费量只减少了 4.3 千克,但降幅高达 15.3%。另外,肉类、牛奶乳制品、禽蛋、小麦、淀粉、油脂类消费量快速增长。其中,肉类增幅最大,同期消费量由 9.2 千克/(人·年)增加到 33.5 千克/(人·年),增幅达到 264.1%;其次是牛奶乳制品,同期消费量由 37.5 千克/(人·年)增加到 95.4 千克/(人·年),增幅为 154.4%;油脂类同期消费量由 6.3 千克/(人·年)增加到 14.4 千克/(人·年),增幅为 128.6%。

另外,1990—2018 年,受到老龄化及核心家庭[①]增加的影响,日本户均人口减少,月户均消费支出金额由 317 289 日元/(户·月)减少到了 287 315 日元/(户·月),降幅为 9.4%;月户均食物消费支出金额由 80 874 日元/(户·月)减少到了 73 977 日元/(户·月),降幅为 7.9%;月户均食物消费支出占家庭总支出的比重由 25.5%微升到了 25.7%。

表 2-4　日本年人均食物消费量的变化

单位:千克/(人·年)

	1965 年	1975 年	1985 年	1995 年	2005 年	2015 年	2018 年	2019 年
谷物	145.0	121.5	107.9	102	94.6	88.8	87.4	86.9
大米	111.7	88.0	74.6	67.8	61.4	54.6	53.5	53.0
小麦	29.0	31.5	31.7	32.8	31.7	32.8	32.2	32.3
薯类	21.3	16.0	18.6	20.7	19.7	19.5	19.6	20.1
淀粉	8.3	7.5	14.1	15.6	17.5	16.0	16.0	16.4
豆类	9.5	9.4	9.0	8.8	9.3	8.5	8.8	8.8
蔬菜	108.1	110.7	111.7	106.2	96.3	90.4	90.3	90.0
水果	28.5	42.5	38.2	42.2	43.1	34.9	35.5	34.2
肉类	9.2	17.9	22.9	28.5	28.5	30.7	33.3	33.5
禽蛋	11.3	13.7	14.5	17.2	16.6	16.9	17.4	17.5
牛奶乳制品	37.5	53.6	70.6	91.2	91.8	91.1	95.2	95.4
鱼类	28.1	34.9	35.3	39.3	34.6	25.7	23.7	23.8
砂糖类	18.7	25.1	22	21.2	19.9	18.5	18.1	17.9
油脂类	6.3	10.9	14	14.6	14.6	14.2	14.1	14.4

资料来源:農林水産省. 令和元年度食料需給表 [DB/OL]. (2021-03-22) [2021-03-30]. https://www.e-stat.go.jp/stat-search.

---

① 由父母和未婚子女组成的家庭,或者由夫妻两人组成的家庭。

第三章 CHAPTER 3
日本种植业 ▶▶▶

日本是种植业最为发达的国家之一。1955—2019 年，日本种植业产值持续增长，由 14 062 亿日元增加到 56 300 亿日元（表 2 - 2），但受到消费多元化的影响，种植业产值占农业总产值的比重却由 85.8％下降到 52.1％。同期，种植业产业结构发生了巨大变化，一是粮食作物的比重缩小。1955 年稻米产值 8 634 亿日元，占种植业产值的 61.4％，2019 年稻米产值上升到 17 426 亿日元，但占比下降到 40.0％。二是蔬菜和水果的比重显著增加。1955 年两者占种植业产值的比重分别是 8.4％和 4.7％，2019 年分别上升到 38.2％和 14.9％。虽然，目前的日本种植业地位下降，但仍然是日本居民主要的热量和维生素来源，是最为重要的农业部门。本章选取对日本国民经济发展及农户增收影响较大的粮食（稻米、小麦、大豆）、蔬菜、水果、花卉和茶 7 种主要农产品，分别从生产经营、产地分布和消费情况等维度阐述该产业的演进历程和发展现状。

第一节　粮食产业

一、稻米

稻米与日本经济，尤其是和居民生活关系密切，除用于主食外，还是酿酒、榻榻米生产的重要加工原料，是日本最为重要的战略性农业部门。二战之前，日本人均热量摄取量的约 60％来自稻米，二战之后，由于动物性食品、蔬菜和水果食用量增加，稻米消费量大为减少，占人均热量摄取量的比重下降到了 35％左右。2019 年，稻米产值占到日本种植业总产值的约 30％、耕地的约 50%、农业经营主体的约 70%，各类相关政府预算高达 6 000 亿日元。2019 年，尽管日本食物热量自给率已经下跌到了 38%，但稻米在日本政府严格的保护之下，始终维持着近乎百分之百的高自给率，基本实现了"主粮绝对安全"的政策目标。

（一）生产情况

1. 生产规模

日本位于亚洲大陆东缘，正处于亚洲季风气候区，水、热资源充足，温暖湿润的气候，适于稻米生产。春季气温升高，里日本的大量积雪融化，夏季降水量多，表日本形成梅雨，都给水稻插秧提供了充足的用水。加之，日本土壤多呈酸性，稻米耐酸力较强，经过长期种植而形成的水稻土，对稻米生产更为有利。

早在公元前 3 世纪，水稻和种植技术由中国经朝鲜传入日本，在西南日本的九州北部和本州的西南地区开始种植。之后，水稻种植区域逐渐扩大到濑户内海沿岸和近畿地区附近，虽然东京与大阪只差一个纬度，且温度相差不大，但因经济开发较迟，关东地区水稻种植起步较晚。18 世纪末，随着农业科技革新，日本水稻种植逐渐扩大到东北地区，直到 19 世纪才覆盖了整个北海道。

明治维新之前，日本年产糙米 300 万吨左右，自 1878 年稻米被纳入国家统计以来，播种面积、产量和单产都有较大变化，大体可以分为 4 个阶段：第一阶段（1880—1940 年）稻米总产量缓慢增加，且波动大，不稳定。1880 年产量 475.3 万吨，经过 50 年，到 1930 年产量才超过 1 000 万吨。第二阶段（1941—1945 年）稻米产量受二战影响，波动幅度较大，1945 年产量只有 587.2 万吨，较战前减少了约 40%，引发了大饥荒。第三阶段（1946—1980 年），为了改变粮食短缺，日本鼓励恢复和大力发展稻米生产。20 世纪 60 年代以来，稻米生产逐步实现了机械化作业，1967 年产量达到 1 445.3 万吨，创历史最高纪录。第四阶段（1981 年至今）稻米供给过剩，价格下跌，政府采取限产、休耕或水田改旱田等政策减少稻米产量，2019 年稻米产量为 815.4 万吨（表 3 - 1），仅有 1967 年的 56.5%。

日本稻米生产以水稻为主旱稻为辅。20 世纪 50 年代末，旱稻发展较快，1956—1960 年曾占到日本稻米种植面积的 5.6%，但因旱稻单产较低逐渐被淘汰，目前只在茨城县和栃木县等丘陵地区有少量种植。2019 年日本稻米种植

面积 147.0 万公顷，其中水稻种植面积 146.9 万公顷，占稻米总播种面积的
99.9%，旱稻种植面积只有 702 公顷，占比接近 0.1%。

表 3-1　日本稻米种植业发展情况

单位：万吨、千克/(年·人)

年份	生产量	进口量	出口量	库存量	消费量						人均年消费量
					合计	饲料用	种用	加工用	损耗量	主粮	
1960	1 285.8	21.9	0.0	45.9	1 261.8	2.0	10.4	47.0	23.8	1 178.6	114.9
1970	1 268.9	1.5	78.5	-28.1	1 194.8	2.2	9.9	71.2	22.1	1 089.4	95.1
1980	975.1	2.7	75.4	-218.5	1 120.9	0.4	8.8	71.1	20.8	1 019.8	78.9
1990	1 049.9	5.0	0.0	6.5	1 048.4	1.3	7.2	65.0	19.5	955.4	70.0
2000	949.0	87.9	46.2	-7.6	979.0	1.1	5.6	48.9	18.5	904.9	64.6
2010	855.4	83.1	20.1	-24.0	901.8	7.1	4.2	32.2	17.2	841.1	59.5
2017	832.4	88.8	9.5	-16.2	861.6	50.1	4.2	34.5	15.5	757.3	54.1
2018	820.8	78.7	11.5	-4.4	844.6	43.2	4.0	31.4	15.3	750.7	53.8
2019	815.4	87.0	12.1	1.0	828.1	39.3	3.9	28.8	15.1	738.5	53.0

资料来源：農林水産省. 令和元年度食料需給表［DB/OL］. (2021-03-22)［2021-03-30］. https://www.e-stat.go.jp/stat-search.

2. 促进稻米种植业发展的措施

日本把稻米作为口粮，为保障"口粮绝对安全"，制定了从育种到销售各个环节的扶持政策，积极促进稻米种植业发展，其措施主要有：

（1）选育、推广良种。日本鼓励科研机构培育稻米良种，同时还建立了一套有效的良种推广制度，使良种得以迅速普及推广。日本培育稻米良种的主要特点：一是品种向统一化和单一化方向发展。20 世纪 60 年代以来，日本推广的稻米品种多是矮秆穗数型，具有密植、耐肥、高产的特性，适合机械化栽培。在丰产条件下，亩产可达 1 000 千克以上，且米质优良。随着稻米产量严重过剩，日本一方面培育高单产的饲料用稻米品种，例如北海道的"空丰"、青森县的"青系 201"等品种；另一方面针对加工和家庭消费的特点，把食味、香味等作为重要指标，选育专用品种。据统计，目前日本全国栽培稻米品种之中有 824 个食用品种、132 个糯米品种和 223 个酿造专用品种。二是按照气候条件因地制宜，逐步形成地区性良种体系。日本在各个产区设立了公益性育种中心，根据各地区自然条件的差异，在矮秆穗数型的基础上培育出高产、抗灾、优质和适应机械化的新品种。目前，日本几乎每个地区都有自己的特有品种，其中山形县的雪若丸、岩手县的金风、福岛县的里山等尤为出名。另

53

外，良种推广也显著提升了单产，2019 年日本稻米每公顷的单产为 5 283.9 千克，是 1960 年的 1.3 倍。

（2）平整、改良农地。日本根据地势与耕地结构特点，多次进行大规模土地平整，制定田块规模整治（0.1～0.3 公顷），做到田块平整，实行浅水灌溉与湿润灌溉相结合。同时修好田间道路与排灌渠系。目前农村的主要道路都能通行汽车和拖拉机，为提高机械化程度创造了有利条件。在平整土地的同时，积极改良土壤，1949 年颁布《土地改良法》（1949 年法律第 195 号）建立了一万多个土地改良区，后经合并，2019 年有 4 403 个，涉及耕地面积 249.7 万公顷，占日本农地面积的 55.8%。

（3）测土配方，合理施肥。战后，日本多次对全国土壤进行摸底调查，制定了不同土壤和低产田（如排水不良田和漏水田）的改良方案，土壤改良的施工面积已达水田的 60% 以上。还制定了不同土壤的施肥措施，各地区都有指定相应的土壤调查报告、土壤图、土壤肥力图和土壤等级图等，为合理施肥提供科学依据。随着环保意识提升，日本水稻施肥量逐年减少，水稻每公顷施氮、磷、钾的肥量，以新潟县月光米种植为例，1987 年氮肥施用量为 70～90 千克、2005 年减少到 50～70 千克。同时，为了增加土壤的有机质，日本积极推进秸秆还田，2016 年每公顷还田 3 370 千克，是 1985 年 1.3 倍，大大提升了土壤有机质含量。另外，近 20 年在施肥技术上也有很大改进，过去以施基肥为主，特别是在东北日本尤为突出，但随着矮秆品种的推广，要求施肥措施与之相适应，于是改为以施追肥为主。20 世纪 70 年代以来，为提高水稻的结实率，日本特别强调后期追肥。同时，根据不同地形区、不同土壤和不同品种制定不同的施肥方案，广泛使用氮、磷、钾含量不同的缓释肥，即促进了作物生长，又保证了养分不易流失。

（4）兴修水利，组织排灌。日本地貌与河流的特点对保持水资源不利，加上工业发展快，用水大增，造成农业用水紧张。日本于 1961 年颁布《水资源开发促进法》（1961 年法律第 217 号）和《水资源开发公团法》（1961 年法律第 218 号）等法律法规，并设立专门机构对主要河流上、中、下游做出详细的改造使用规划，分级建中小型水库，增加用水效率。为保证各时期的灌溉用水，设立了集水区，目前已建成农业专用水坝近 30 万座，年供水量可达 2 000 亿吨。同时，日本改善排灌配套设施，保障能排、能灌，还注意与植树造林相结合，增强水土保持能力。迄今基本上实现旱涝保收，稳产高产。

（5）综合防治病虫害。日本稻米的主要虫害有二化螟、稻飞虱等，主要病害有稻瘟病、白叶枯病和纹枯病，每年由于病虫害损失数十万甚至上百万吨稻米。为了加强植保工作，日本政府制定了《植物防疫法》（1950年法律第151号）从上到下建立一整套病虫害预测、预报和防治制度，目前已把病虫害造成的损失降低到了总产量的1%～2%。

（6）推进实现全程机械化。1955年以后开始大量生产和使用手扶拖拉机，逐步改变了依赖畜力的状况。20世纪60年代初，日本引进乘坐型拖拉机和联合收割机，到60年代中期基本上实现了耕地、排灌、脱粒、运输加工的机械化。目前，日本共有拖拉机167.8万台、插秧机102.6万台，收割机79.9万台。平均每家经营主体拥有拖拉机1.17台、插秧机0.77台、收割机0.63台，水稻生产实现了全面机械化。截至2019年，插秧和收割的机械化率分别达到了98%和100%。日本根据户均经营面积小的特点，制定了以轻、小型机械为主的发展道路，并配套生产、使用。如乘坐型拖拉机之中，小于20马力①的占总数的72%。各类农机的大量使用，使劳动生产率得到显著提升，每公顷种植需用时间投入由1960年的1 729小时，减少到了2018年的235小时。

（7）政府扶持产业发展。日本为保障稻米种植业发展，在生产、销售、贷款等方方面面制定一整套政策制度。例如，建立农民合作经济组织，把小规模分散经营的水稻种植业纳入国家统一组织之下；规定农民平整土地、购买大型农机具或进行农业科技创新时，政府予以补助和贷款；建立收入保险制度和灾害保险制度，防止稻农在受到自然灾害或市场价格波动时，生活质量下降。

（二）产地分布

稻米是日本分布最广的农作物，除北海道东部和北部等少数地区之外，全国各地都有种植。但日本稻米分布的地区差异较大，一是日本海一侧多于太平洋一侧，沿海地区多于内陆地区，东北地区多于西南地区。在上述各地区，稻米产区又集中分布在沿海平原、各大小河流的中、下游和山间盆地的河岸低地等。二是日本稻米产地主要集中在东北、北陆和北海道地区，无论播种面积还是产量都名列前茅。如战前东北地区产量只占全国稻米总产量约17%，2019年种植面积达到38.2万公顷，产量为223.9万吨，占比上升到了26.0%，居

---

① 马力为非法定计量单位，1马力＝0.735千瓦——编者注。

全国首位，其次是关东东山（27.1 万公顷）、北陆（20.7 万公顷）和北海道（10.3 万公顷），这些地区稻米产量共占日本稻米总产量的近一半（表 3－2）。相反，近畿、东海属于太平洋工业地带，随着经济高速增长工业用地和城市建筑用地持续扩展，农田面积锐减，特别是水田面积的减少导致稻米产量萎缩。

表 3－2　日本稻米的产地分布（2019 年）

地区	种植面积 （万公顷）	单产 （千克/公顷）	产量 （万吨）	主粮种植面积 （万公顷）	产量 （万吨）
全国平均	146.9	5 284	776.2	137.9	726.1
北海道	10.3	5 709	58.8	9.7	55.4
东北	38.2	5 861	223.9	34.5	201.5
北陆	20.7	5 386	111.5	18.6	100.7
关东东山	27.1	5 218	141.4	25.8	134.8
东海	9.3	4 914	45.7	9.1	44.5
近畿	10.3	5 010	51.6	9.9	49.8
中国	10.2	5 029	51.3	9.9	50.0
四国	4.8	4 604	22.1	4.8	21.9
九州	16.0	4 350	69.6	15.5	67.4
冲绳	0.1	2 000	0.2	0.1	0.2

注：种植面积中不包括饲料稻米，单产是指通过直径 1.7 毫米圆孔网筛选后的糙米，主粮种植面积是指剔除储备米、加工用米等稻米，包括饲料稻米的栽培面积。

资料来源：農林水産省. 令和元年产作物统计—作况调查（水陆稻）[DB/OL]. (2020－11－25) [2021－03－10]. https://www.e-stat.go.jp/stat-search.

另外，由于各地自然、社会经济条件的差异，日本水稻分布形成了 3 个主要的类型区：

1. 单季稻区

包括北海道、东北、北陆和山阴地区，是水稻单季种植的专业化地区。水稻播种面积和产量占全国比重约 50%。单位面积产量亦高，平均每公顷超过 5 100 千克，是日本重要的商品粮基地。该区域内的水稻分布与地形、气候关系密切，从北到南多集中分布在石狩、津轻、秋田、庄内、高平、富山和金泽。

2. 单季稻为主，麦稻、菜稻两熟区

包括关东和东山地区。除千叶县和埼玉县之外，水田率都低于全国平均值，多种植单季稻，部分为麦稻、菜稻轮作。近年由于稻米过剩，水稻播种面积几经调整，专业农户减少，复种指数降低。稻米产区主要分布在关东平原、长野县和上野盆地，其中北关东的千叶县、栃木县和茨城县产量较高，2019

年分别位居全国的第六、七、八位。

3. 双季稻区

包括东海、近畿、四国和九州地区。属温暖气候带，1 月平均气温为 2～6℃，降水量为 1 500～2 000 毫米，适宜种植双季稻。近畿和濑户内海地区多为稻麦两熟和水稻与旱稻轮作。20 世纪 70 年代以来，水稻复种指数持续降低，仅北九州有少量的双季稻种植，实际上大多数地区已变成单季稻产区。稻米产区主要分布在琵琶湖沿岸低地、姬路、冈山、筑紫和熊本平原，伊势、浓尾和广岛平原。该地区大部分是台风途径区域，经常遭到台风的袭击，影响水稻产量。

（三）经营现状

日本稻米的国际竞争力极弱，2018 年日本户均稻米经营面积为 1.7 公顷，只有美国加利福尼亚州稻农经营面积的 1.1%。每 60 千克稻米生产成本，日本全国平均金额为 15 400 日元，其中不足 0.5 公顷生产成本最高，为 25 500 日元，30 公顷以上的生产成本最低，为 11 000 日元。但同期美国稻米生产成本仅有 2 100 日元，是日本全国平均生产成本的 13.6%。日本精米价格为 265 日元/千克，是美国产稻米价格的 2.6 倍，中国产稻米价格的 3.9 倍。因此，为保障粮食安全，日本一方面对稻米生产采取高额补贴，另一方面对稻米进口采取了严格的边境措施。1993 年 GATT 乌拉圭回合贸易谈判中，日本虽然承诺进口 MA 米（Minimum Access Rice，MA），但规定 MA 米进口采取国有贸易方式，防止流入国内食用米市场。据统计显示，1995—2019 年，日本共进口稻米 1 736 万吨，其中用于加工 520 万吨、饲料 653 万吨、对外援助 329 万吨、储备 60 万吨，只有 154 万吨用于主粮销售，仅占大米进口量的 8.9%，且平均每年仅有 6.4 吨。

如表 3-3 所示，2000—2015 年的 15 年间，日本稻农中的销售农家①数量从 174.4 万户减少到了 94.0 万户，下降 46.1%。其中经营规模不足 5 公顷的稻农数量均出现不同程度的减少，只有超过 5 公顷的稻农数量显著增加，其中 5～10 公顷规模的稻农数量增长了 31.6%，超过 10 公顷的稻农数量增长了 120.0%。从不同规模稻农占稻农总数的比重变化来看，种植规模不足 1 公顷的稻农由 76.5% 下降到了 70.1%，而其他规模农户都有不同程度的增加。

---

① 是指经营耕地面积超过 0.3 公顷或年农产品销售额超过 50 万日元的农户。

表 3 - 3　日本不同经营规模稻农数量分布（销售农家）

单位：万户

年份	合计	不足 1 公顷	1～2 公顷以下	2～3 公顷以下	3～5 公顷以下	5～10 公顷以下	超过 10 公顷
2000	174.4	133.5	27.5	7.1	3.8	1.9	0.5
2015	94.0	65.9	15.8	5.0	3.7	2.5	1.1

资料来源：農林水産省.ポケット農林水産統計—令和元年版［DS］.東京：農林統計協会，2020.

稻米生产效率显著提升。如表 3 - 4 所示日本稻农户均经营面积增加，2019 年达到 1.787 公顷/户，较 2010 年增长了 29.8%。劳动生产率显著提升，同期每公顷的劳动时间由 264 小时减少到 227 小时，下降了 14.0%；每 60 千克稻米生产成本由 16 594 日元减少到 15 155 日元，下降了 8.5%。但日本稻米农户收入普遍下降。

表 3 - 4　日本稻米生产成本变化

年份	生产成本（日元/公顷）			生产成本（日元/ 60 千克）	产量（千克/ 公顷）	劳动时间（小时/ 公顷）	种植面积（公顷/户）
	合计	物质和服务费用	人工成本				
2010	1 415 260	832 610	367 070	16 594	5 110	264	1.377
2019	1 295 050	784 490	342 470	15 155	5 120	227	1.787

资料来源：農林水産省.農業経営統計調査—令和元年産米生産費（個別経営）［DB/OL］.（2020 - 12 - 25）［2021 - 03 - 20］. https：//www.maff.go.jp/j/tokei/kekka _ gaiyou/noukei/nou _ seisanhi/r1/kome _ kobetu/index.html.

（四）消费现状

如表 3 - 1 所示，1960—2019 年，日本稻米消费量持续减少，由 1 261.8 万吨减少到 828.1 万吨，降幅达 34.4%。从消费结构的变化来看，主粮稻米占稻米总消费量的比重持续下跌，由 93.4% 下降到 89.2%，而饲料用米占比由 0.2% 上升到 4.7%。日本对稻米采取严格分级管理格，大于直径 2.0 毫米圆孔筛的稻米用于主粮等家庭消费，1.7 毫米以下用于加工，1.7～2.0 毫米的用于加工或饮食业使用。同期，日本年人均主粮米消费量持续减少，由 114.9 千克/（人·年）减少到 53.0 千克/（人·年），降幅达到 53.9%。目前，家庭消费占食用稻米消费量的 67.3%、外食消费占 13.6%、中食①消费占 19.1%，

---

① 中食是指在外做好，拿到家里直接食用或者稍微加工后食用的食物，例如寿司、便当、宅配食物等。

今后随着老龄化问题日益突出，中食和外食消费量仍然将会呈增长趋势。

为减少对主粮稻米市场的影响，同时保持一定主粮生产潜力，日本鼓励农户转种饲料稻米。目前，日本饲料稻米年消费量约 100 万吨，其中国产稻米 39 万吨、政府储备米 12 万吨、MA 米 49 万吨。日本国产稻米之中有约 12 万吨直接供应给养殖业农户，占农户饲料米消费量的 85.7%，另有 27 万吨销售给饲料加工企业，占饲料加工企业饲料米消费量的 31.4%。

加工米主要用于生产米粉和酿造。其中米粉是作为面粉的替代品用于制作糕点、面包和面条，2019 年消费量为 3.6 万吨，是 2009 年的约 7 倍。酿造用米主要用来生产日本酒，都是专用稻米品种，年消费量约为 24 万吨。

近年来，日本积极推动稻米出口，2019 年出口稻米及稻米制品 12.1 万吨，扣除对外援助稻米之外的出口量为 3.5 万吨，出口额 323 亿日元。其中对中国出口的稻米数量虽然仅有 1 007 吨，但较 2015 年增长 77.3%。

二、麦类

麦类作物仅次于稻米，是日本第二大粮食作物。目前纳入日本统计的麦类作物有小麦、二棱大麦、六棱大麦与裸大麦，合称为"四麦"。1913 年，麦类合计种植面积达到历史最高纪录，为 181.3 万公顷，相当于同期水稻种植面积的 60.3%。二战期间，日本麦类种植面积下降到约 140 万公顷。二战之后，日本积极扩大麦类种植，1954 年麦类产量恢复到 409.8 万吨，达到历史最高水平。1965 年之后，受到进口面粉数量增加的影响，麦类种植面积日益缩小，产量下降，1971 年减少到 100 万吨以下。1974 年日本颁布"麦类振兴对策"，鼓励农户放弃水稻种植改种麦类，促使麦类产量重新增长，1982 年再次恢复到 100 万吨。进入 21 世纪，日本麦类产量受到市场和政策双重影响，长期在 100 万吨上下波动。2019 年日本麦类种植面积为 27.3 万公顷，产量 126.0 万吨，其中小麦 103.7 万吨、二棱大麦 14.7 万吨、六棱大麦 5.6 万吨、裸粒大麦 2.0 万吨。

麦类生长受降雨影响较大，发育期间雨量少则单位面积的产量增加，北海道中部、太平洋沿岸的关东平原和九州台地等地区符合这一条件，适于麦类生长，集中了日本 79.5% 的麦类生产（表 3 - 5）。其中，北海道是日本第一大麦类作物主产区，种植面积 12.3 万公顷，占麦类总种植面积的 45.1%，其次是九州地区（20.5%）和关东东山地区（13.9%）。分品种产区来看，小麦产区主要集中在北海道地区和九州地区，分别占小麦总种植面积的57.1%和15.6%。大麦产地主要在九州地区和北陆地区，分别占大麦总种植面积的37%和28%。

表 3-5 日本麦类的产地分布（2019 年）

单位：万公顷、万吨、千克/公顷

	麦类		小麦		
	种植面积	产量	种植面积	产量	每公顷产量
全国	27.3	126.0	21.2	103.7	4 892
北海道	12.3	68.6	12.1	67.8	5 603
都府县	15.0	57.4	9.0	35.9	3 989
东北	0.8	2.3	0.6	1.9	3 167
北陆	1.0	2.9	0.0	0.1	1 880
关东东山	3.8	14.1	2.1	8.1	3 857
东海	1.7	7.1	1.6	6.9	4 313
近畿	1.0	3.3	0.8	2.6	3 250
中国	0.6	2.3	0.3	1.0	3 333
四国	0.5	2.0	0.2	1.0	5 000
九州	5.6	23.5	3.3	14.5	4 394
冲绳	0.0	0.0	0.0	0.0	940

资料来源：農林水産省. 令和元年産作物統計—作況調査（麦）[DB/OL].（2020-11-25）[2021-03-10]. https://www.e-stat.go.jp/stat-search.

为了避免轮作伤害，北海道地区采取 3 年或 4 年轮作体系，例如网走地区采取土豆—秋播小麦—甜菜 3 年轮作，十胜地区采取豆类—土豆—秋播小麦—甜菜 4 年轮作，东海和关东地区的气候相对温暖，一般采取 2 年三轮作的方式，即第一年种植水稻—小麦或大麦，第二年种植大豆。

受到降水影响，日本麦类单产和品质波动较大，特别是收获期如遇到降水，常会引发虫害或者影响品质。2007—2019 年，2010 年的小麦单产最少，每公顷只有 2 760 千克，2019 年最高，每公顷达到 4 900 千克，相差 2 140 千克。日本出于稳定产量和提升质量的需求，重视麦类新品种的研发和推广。目前，排名前十位的小麦品种种植面积，占日本全国小麦种植总面积的 85.0%，其中"北穗波"种植面积占到小麦种植总面积的 41.8%，其次是白银小麦（7.5%）和乡空（7.4%）。

近年来，日本优化农业经营结构，积极培育规模农户。1990—2015 年，麦农数量由 41.2 万户减少到了 5.3 万户，下降 87.1%，但户均麦类经营面积显著提升，以小麦为例，由 1.3 公顷/户增加到 7.8 公顷/户，其中经营规模 5 公顷以下农户数量出现不同幅度的减少，而经营规模超过 5 公顷的农户数量显著增加。随着经营规模的扩大，小麦生产效益效率显著提升，同期的每公顷的劳动时间由 85.9 小时减少到了 34.4 小时，生产成本由每公顷的 646 790 日元下降到了 610 410 日元，其中，由于农业机械的投入和租地农业的发展，生产资料和服务成本由每公顷的 399 240 日元上升到了 472 420 日元，但劳动成本却从每公顷的 104 540 日元下降到了 58 660 日元。

2018 年日本麦类消费量为 822.7 万吨，但大部分依靠进口，热量自给率仅有 15.3%，其中小麦热量自给率 16.4%、大麦 10.9%、裸麦 46.5%。从不同麦类消费情况来看，2018 年小麦消费量 565.5 万吨，其中日本国产小麦 76.5 万吨，主要来自北海道（62%）、福冈县（7%）和佐贺县（5%）。受到气候条件影响，日本小麦的蛋白质含量普遍较低，蛋白质含量在 11.5%～13.0% 的高筋小麦供给量仅有 12.4 万吨（15.6%）远远不能满足国内消费需求，主要依靠从加拿大（144 万吨）和美国（182 万吨）的进口。日本产小麦大部分只能供给蛋白质含量较低的中筋和低筋小麦市场，消费量为 66.7 万吨，用于生产乌冬面和糕点，不足部分由澳大利亚中筋小麦（76 万吨）和美国低筋面粉（70 万吨）补充。另外，日本二棱小麦消费量 31.1 万吨，其中日本国产 12.2 万吨，主要来自佐贺县（28%）和栃木县（25%），用作啤酒和烧酒原料。六棱小麦消费量 9.4 万吨，其中日本国产 3.9 万吨，主要来自富山县（18%）和福井县（18%），用于生产麦茶和麦饭原料。裸麦消费量 4.6 万吨，其中日本国产 1.4 万吨，主要来自爱媛县（35%）和香川县（16%），用于生产大麦酱。

三、大豆

大豆是豆腐、豆酱、纳豆及酱油等日本传统食品的重要原料，也是日本人民日常生活中不可缺少的农作物。日本消费大豆的历史悠久，绳文时代遗迹中发现过蔓生豆。公元 6 世纪出现人工种植大豆的记录，产区主要集中在京畿、中国和四国等地区，之后逐渐扩大到北海道。明治维新之后，日本大豆种植面积始终维持在 40 万公顷以上的种植规模，1908 年达到历史最高纪录的 49.2 万公顷，之后虽然出现一些波动，但总体呈现减少趋势。进入 20 世纪，日本大豆生产出现过三次较大的波动，第一次从1920年的47.2万公顷减少到1947年的22.3万公顷。1947年之后，种植面积逐渐恢复，1950—1954年，种植面积曾超过40万公顷。但1955年日本加入GATT，开放市场，大豆种植出现第二次萎缩。1972年日本取消大豆关税，大豆种植面积和产量分别减少到8.9万公顷和11.8万吨，而后出现小幅度上升，1980年种植面积增加到14.2万公顷，产量增加到17.4万吨。20世纪90年代出现第三次萎缩，1994年大豆种植面积减少到6.1万公顷，产量也降低到9.9万吨。之后，在日本政府的政策扶持下，大豆种植出现反弹，2019年恢复到14.4万公顷，产量达到21.8万吨（表3-6）。

表3-6 日本大豆产业发展情况

单位：万吨、千克/（年·人）

年份	生产量	进口量	库存量	消费量						人均年消费量
				合计	饲料用	种用	加工用	损耗量	食用	
1960	41.8	108.1	−1.8	151.7	0.0	1.6	97.4	0.8	51.9	5.6
1970	12.6	324.4	7.5	329.5	1.0	0.6	269.2	0.9	57.8	5.6
1980	17.4	440.1	15.9	438.6	5.5	0.9	366.1	4.4	61.7	5.3
1990	22.0	468.1	8.0	482.1	9.5	0.8	382.6	9.4	79.8	6.5
2000	23.5	482.9	10.2	496.2	10.0	0.6	391.7	12.5	81.4	6.4
2010	22.3	345.6	3.7	364.2	11.3	0.7	263.9	7.3	81.0	6.3
2017	25.3	321.8	−10.2	357.3	8.1	0.8	259.9	6.4	82.1	6.5
2018	21.1	323.6	−11.4	356.1	8.3	0.8	255.8	6.5	84.7	6.7
2019	21.8	335.9	−9.3	367.0	8.2	0.8	266.3	6.7	84.7	6.7

资料来源：農林水産省．令和元年度食料需給表［DB/OL］．（2021-03-22）［2021-03-30］. https://www.e-stat.go.jp/stat-search.

日本大豆单产水平虽然一直在提升，但始终没有突破2 000千克/公顷。2000年平均单产最高，为1 920千克/公顷。受气候影响，日本大豆单产波动较大，2019年下降到1 520千克/公顷，其中，北海道单产最高，为2 261千克/公顷，其次是秋田县（1 624千克/公顷）和青森县（1 609千克/公顷）。

日本大豆产区如表3-7所示，主要集中在北海道和东北地区的青森县、岩手县、秋田县、宫城县、山形县和福岛县，占全国总种植面积的40%左右。其次是九州地区的福冈县、佐贺县、长崎县、熊本县、大分县、宫崎县和鹿儿岛县，约占20%。另外，在关东、北陆和四国地区也有大豆种植，但面积不大。

表 3－7 日本大豆的产地分布（2019 年）

排名	地名	种植面积（公顷）	产量（吨）	单产（千克/公顷）
1	北海道	39 100	88 400	2 261
2	宫城县	11 000	15 100	1 373
3	秋田县	8 560	13 900	1 624
4	福冈县	8 250	8 830	1 070
5	佐贺县	7 820	6 280	803
6	滋贺县	6 690	7 830	1 170
7	山形县	4 950	7 670	1 549
8	青森县	4 760	7 660	1 609
9	爱知县	4 490	5 030	1 120
10	富山县	4 480	6 500	1 451

资料来源：農林水産省. 令和元年産作物統計—作況調査（大豆）[DB/OL]. （2020－11－25）[2021－03－10]. https：//www. e-stat. go. jp/stat-search.

日本将大豆新品种选育作为提升单产的主要手段，选育目标是高产、稳产、优质（籽粒成分优质、淡脐、大粒）、抗病虫害（病毒病和胞囊线虫等）、耐冷性好和适于机械化收割（耐倒伏、不裂荚）的品种。大豆新品种选育机构主要有 5 家，分别是北海道道立十胜农业试验站、北海道道立中央农业试验站、东北农业试验站、长野县中信农业试验站和九州农业试验站。目前，日本主要使用的大豆品种有"雪誉"，主要用于北海道地区种植，占大豆种植面积的 11.1%；东北地区的"里微笑"（8.8%）、"龙凤"（7.8%）和"艳丽"（4.6%）；东海至九州地区的"福丰"（24.8%），这 5 个大豆品种约占到日本大豆种植面积的 60% 左右。

近年来，日本大豆种植户数量减少，但经营规模扩大。2010—2019 年，户均大豆经营面积由 0.3 公顷/户上升到 0.408 公顷/户。从不同经营规模的农户分布情况来看，2010—2015 年，日本大豆种植面积 5 公顷以上的农户由 907户增加到 6 178 户，占大豆种植户数量的比值由 1% 上升到 9%，占大豆种植面积的比值由 14% 上升到 37%。同期，种植面积不足 0.5 公顷的小农户数量由 129 737 户下降到 44 832 户，占大豆种植户数量的比值由 82% 下降到 63%，占大豆种植面积的比值由 30% 下降到 5%。

经营规模扩大显著改善了大豆生产效率。2010—2019 年，每公顷大豆生产资料和服务成本由 374 640 日元上升到了 434 330 日元，增长 15.9%。但每公顷劳动时间由 80.9 小时减少到 68.7 小时，产量从 1 820 千克增加到了 1 950 千克，劳动生产率显著提升。

日本大豆年消费量逐年增长，2019 年达到 367.0 万吨，较 2014 年增长 18.6%。但日本产大豆热量自给率持续下降，由 2014 年的 7% 减少到 2019 年的 6%。目前，日本大豆消费主要分为食用、油脂加工和其他用途三类，其中食用大豆消费量 101.9 万吨，占大豆总消费量的 28%，日本国产大豆消费量 21.0 万吨，占食用大豆消费量的 20.6%，占日本大豆总产量的 95.9%，主要用于生产豆腐、纳豆、豆酱和酱油等食品。油脂加工的大豆消费量为 249.7 万吨，占大豆总消费量的 68%。饲料和种子用途 15.4 万吨，占大豆总消费量的 4%，两者几乎百分之百依靠进口。另外，日本非转基因大豆主要来自日本本国和中国，而转基因大豆主要来自美洲。

第二节　蔬菜产业

日本的蔬菜①栽培历史悠久，绳文时代的遗迹中发现过牛蒡、油菜、绿豆和紫苏等蔬菜种子。近代，日本从欧美引进了西兰花、生菜，从中国引进了青菜、雪里蕻、芹菜和空心菜等蔬菜，丰富了蔬菜种植品种。截至 2019 年，日本市场零售的蔬菜品种有 34 科 129 种 154 类，销售的主要蔬菜②的产值达到 21 515 亿日元，是日本种植业第一大作物。

一、生产情况

二战之前，日本主要蔬菜种植面积最多为 47 万公顷（1936 年），产量为 732 万吨。二战期间，蔬菜产量大幅度减少，1945 年减少到 464 万吨。1961 年日本颁布《农业基本法》把蔬菜划为扩大经营规模的农作物，蔬菜产业快速发展，1966 年种植面积增加到 70.6 万公顷。此后，随着日本消费习惯变化，蔬菜种植面积和产量逐年减少（表 3 - 8），1980 年分别减少到 55.1 万公顷和

---

① 日本统计上将蔬菜定义为"可食用的草本植物"，草莓、西瓜和蜜瓜被划为"果实类蔬菜"。
② 日本农林水产省纳入统计的 41 种重要蔬菜。

1 663.4 万吨。1985 年日本签署广场协议，日元快速升值，进口蔬菜增加，日本蔬菜种植面积和产量进一步萎缩，2009 年种植面积跌破 50 万公顷，达到 49.8 万公顷，产量减少到 1 168.9 万吨。2019 年日本蔬菜种植面积为 46.4 万公顷，产量下降到了 1 166.0 万吨，只有 1980 年产量的 70.1%。

表 3-8 日本蔬菜产业发展情况

单位：万吨、千克/(年·人)

年份	生产量	进口量	出口量	消费量			人均年消费量
				合计	损耗量	食用	
1960	1 174.2	1.6	1.9	1 173.9	105.8	1 068.1	99.7
1970	1 532.8	9.8	1.2	1 541.4	—	—	115.4
1980	1 663.4	49.5	0.1	1 712.8	175.7	1 537.0	113.0
1990	1 584.5	155.1	0.2	1 739.4	178.0	1 561.5	108.4
2000	1 370.4	312.4	0.2	1 682.6	170.5	1 512.2	102.4
2010	1 173.0	278.3	0.5	1 450.8	148.5	1 302.3	88.1
2017	1 154.9	312.6	2.1	1 465.4	152.8	1 312.6	90.0
2018	1 130.6	331.0	1.1	1 460.5	153.0	1 307.5	89.9
2019	1 166.0	303.5	2.0	1 467.6	153.9	1 308.7	90.0

资料来源：農林水産省.令和元年度食料需給表［DB/OL］.（2021-03-22）［2021-03-30］.https://www.e-stat.go.jp/stat-search.

日本政府特别重视蔬菜生产和供应，使它在农业中的地位日益增高，蔬菜产值占种植业产值的比重显著提升。据统计显示，二战之前，该比重值最高为 6.0%（1933—1935 年），1955 年为 8.4%，1970 年提升到 21.6%，2019 年增长到 38.2%，日本是主要资本主义国家之中，蔬菜产值占种植业产值比重最高的国家。从不同蔬菜产值占蔬菜总产值的比重来看，自高至低，西红柿约为 10%，其次是草莓（8%）、黄瓜（6%）、长葱（6%）、卷心菜（4%）、圆葱（4%）、茄子（4%）、菠菜（4%）、白萝卜（4%）和生菜（3%）。

从 41 种主要蔬菜的产量来看，如表 3-9 所示，按种类分类，叶茎菜产量 552.1 万吨，占蔬菜总产量的 41.2%，其次是根菜（36.6%）、果菜（17.1%）、果实菜（4.8%）和香料菜（0.4%）。按品种分类，产量最高的是土豆 239.9 万吨，占蔬菜总产量的 17.9%，其次是卷心菜 147.2 万吨（11.0%）和圆葱 133.4 万吨（10.0%）。

表 3-9　日本主要蔬菜生产情况（2019 年）

	种植面积 （万公顷）	单产 （吨/公顷）	产量 （万吨）	出货量 （万吨）	商品率 （%）
合计	45.8	—	1 340.7	1 157.4	86.3
根菜	15.6	—	490.9	412.9	84.1
白萝卜	3.1	4.2	130.0	107.3	82.5
樱桃萝卜	0.4	2.7	11.3	9.3	82.9
胡萝卜	1.7	3.5	59.5	53.4	89.7
牛蒡	0.8	1.8	13.7	11.9	87.3
莲藕	0.4	1.4	5.3	4.5	84.4
土豆	7.4	3.2	239.9	202.7	84.5
芋头	1.1	1.3	14.0	9.2	65.6
山芋	0.7	2.4	17.3	14.6	84.3
叶茎菜	18.3	—	552.1	489.0	88.6
白菜	1.7	5.2	87.5	72.7	83.0
小白菜	0.7	1.6	11.5	10.2	88.9
卷心菜	3.5	4.3	147.2	132.5	90.0
青菜	0.2	1.9	4.1	3.6	87.8
菠菜	2.0	1.1	21.8	18.5	84.9
鸭儿芹	0.1	1.8	0.9	0.8	84.4
蜂头菜	0.1	1.6	1.4	1.3	94.3
春菊	0.2	1.5	2.7	2.2	81.0
水芹菜	0.2	1.8	4.4	4.0	89.6
芹菜	0.1	5.7	3.1	3.0	95.5
芦笋	0.5	0.5	2.7	2.4	88.1
菜花	0.1	1.7	2.1	1.8	85.5
西兰花	1.6	1.1	17.0	15.4	90.7
生菜	2.1	2.7	57.8	54.6	94.4
长葱	2.2	2.1	46.5	38.3	82.2
韭菜	0.2	2.9	5.8	5.3	90.7
圆葱	2.6	5.2	133.4	121.1	90.8
大蒜	0.3	0.8	2.1	1.5	72.1
果菜	9.6	—	228.6	194.6	85.1
黄瓜	1.0	5.3	54.8	47.5	86.6
南瓜	1.5	1.2	18.6	15.0	80.7
茄子	0.9	3.5	30.2	24.0	79.4
西红柿	1.2	6.2	72.1	65.4	90.7
青椒	0.3	4.6	14.6	13.0	88.9
甜玉米	2.3	1.0	23.9	19.5	81.6
豆角	0.5	0.7	3.8	2.6	67.4
豌豆	0.3	0.7	2.0	1.3	64.0

（续）

	种植面积 （万公顷）	单产 （吨/公顷）	产量 （万吨）	出货量 （万吨）	商品率 （％）
绿豆	0.1	0.9	0.6	0.5	79.5
花豆	0.2	0.8	1.4	1.0	70.7
毛豆	1.3	0.5	6.6	5.1	76.4
香料菜	—	—	—	—	—
生姜	0.2	2.7	4.7	3.6	78.3
果实菜	2.1	—	64.5	57.3	88.8
草莓	0.5	3.2	16.5	15.2	92.1
蜜瓜	0.6	2.4	15.6	14.2	91.0
西瓜	1.0	3.4	32.4	27.9	86.1

资料来源：農林水産省. 令和元年産野菜の作付面積、収穫量及び出荷量の動向［R/OL］.（2020 - 12）［2021 - 01 - 10］. https：//www.e-stat.go.jp/stat-search.

　　日本为稳定蔬菜供应，颁布了《蔬菜稳定生产出货法》（1966 年法律第 103 号），将消费量大且对稳定市场价格影响较大的蔬菜分为指定蔬菜、特定蔬菜和其他蔬菜 3 种类型（表 3 - 10），并分别制定了不同的扶持政策。日本政府设立了"重要蔬菜等紧急需求调节项目"由政府补贴 50％的保费鼓励菜农加入保险，当市场价格超过基准价格 1.5 倍时，政府要求参保农户提前出货平抑物价，当市场价格跌幅超过基准价格 80％时，则要求农户延后出货甚至不出货以提升物价。另外，日本政府还设立了"目标价格保险制度"，由中央财政和地方财政补贴 75％的保费，当蔬菜平均价格低于基准价格的 90％时，保险赔付部分农户损失。2018 年日本参加目标价格制度的指定蔬菜产量为 929 万吨，占蔬菜总产量的 78％。

表 3 - 10　日本指定蔬菜、特定蔬菜和其他蔬菜的种类和产量（2019 年）

分类	种类	产量（万吨）	
		数量	占比（％）
指定蔬菜 （14 种）	卷心菜、菠菜、叶用莴苣（生菜）、长葱、圆葱、白菜、黄瓜、茄子、西红柿、青椒、白萝卜、胡萝卜、芋头、土豆	929	78
特定蔬菜 （35 种）	小白菜、鸭儿芹、青菜、蜂头菜、春菊、芹菜、芦笋、韭菜、菜花、大蒜、西兰花、青葱、藠头、水芹、姜苗、南瓜、豆角、甜玉米、花豆、毛豆、豌豆、绿豆、苦瓜、尖椒、秋葵；樱桃萝卜、牛蒡、莲藕、山芋、甘薯；草莓、蜜瓜、西瓜；生姜、香菇	202	17
其他蔬菜 （36 种）	土当归、芽卷心菜、豆芽等；辣椒、冬瓜等；桑葚等	65	5

资料来源：農林水産省. 野菜をめぐる情勢—令和 3 年［R/OL］.（2021 - 04）［2021 - 04 - 20］. https：//www.maff.go.jp/j/seisan/ryutu/yasai/attach/pdf/index - 79. pdf.

为了稳定蔬菜周年供给，日本大力发展设施栽培。1969 年日本玻璃温室和塑料大棚的蔬菜种植面积为 11 653 公顷，2009 年达到历史最高纪录的 53 516 公顷，之后逐年减少，2018 年为 42 164 公顷，其中可加温设施 17 388 公顷，占总种植面积的 41.2%；可控温光设施 1 134 公顷，占 2.7%。按照复种面积来计算，西红柿种植面积最高，为 6 973.9 公顷，其次是菠菜（6 140.0 公顷）、草莓（3 697.2 公顷）、黄瓜（3 342.5 公顷）和蜜瓜（2 919.4 公顷）等。

另外，日本把发展植物工厂作为提升土地产出率的重要手段。目前，完全人工光源型植物工厂占植物工厂总数的比重为 44.2%，太阳光和人工光源组合型占比为 27.3%，太阳光型占比为 28.6%。近年来，日本的植物工厂的数量增加很快，其中发展最快的是全人工光源植物工厂，从 2011 年的 64 个增加到了 2016 年的 191 个，4 年内增加约 3 倍。其次是太阳光和人工光源组合型植物工厂，同期从 16 个增加到 36 个，增加了 1 倍多。从区域分布来看，日本的植物工厂主要分布在东京都（11 个）、冲绳县（10 个）、神奈川县（11 个）、千叶县（9 个）和兵库县（9 个）等地区。另外，日本植物工厂生产的蔬菜之中，产量最高的是生菜类，占工厂化蔬菜总产量的 46.8%，其他叶菜占 20.8%，果菜占 31.2%，根菜占 1.3%。同时也有部分植物工厂种植花卉、苗木和草药，但占比相对较少。

二、产地分布

二战之后，随着快速城镇化、基础设施逐步完善、运输和保鲜技术的发展等原因，日本蔬菜产区逐步从大城市近郊地区向外移动，出现了远距离蔬菜产区。目前，东京、大阪等大城市所需要的蔬菜，基本上依靠远距离蔬菜产区保障。以大阪为例，100 公里以内地区供应的蔬菜只占大阪蔬菜运入量的约 18%，200～300 公里的，占 22%，300 公里以上的，占 60% 以上。

远距离蔬菜产区远离大城市，往往拥有比较有利的劳动力、土地等要素优势或者自然资源优势。例如日本东北地区气候属于冷凉地带，春季迟而短，夏季昼夜温差大，少受梅雨和台风之害，秋季期间较长，特别适于夏秋蔬菜种植。该地区特别重视发展蔬菜产业，目前福岛县和山形县的黄瓜几乎垄断了东京蔬菜市场。九州地区的宫崎县和鹿儿岛县，利用南国温暖多雨的气候特点生产西红柿等果菜，运出的蔬菜供应九州以外地区，最远可达到北海道。另外，九州与本州中部的部分山区海拔高，气温低，近年来利用高冷地区无霜期较短的优势发展叶菜类种植。类似的地区还有长野县、群马县和山梨县，由于昼夜温差悬殊，卷心菜类的结球特别大，成为日本主产夏季蔬菜基地，以群马县为例，卷心菜在 7—10 月占到东京市场卷心菜总批发量的约 75%。如表 3-11 所示，日本蔬菜基地主要集中北海道和主要消费城市附近，2019 年，北海道蔬菜产值 1 951 亿日元，占日本蔬菜总产值的 9.1%；茨城县（7.3%）、千叶县（6.1%）、栃木县（3.6%）和长野县（3.8%）等产地都集中在东京附近。

表 3-11 日本蔬菜的产地分布（2019 年）

排名	主产区	农业产值（亿日元）	蔬菜产值（亿日元）	占当地农业产值的比重（%）	占全国蔬菜产值比重（%）
1	北海道	12 558	1 951	15.5	9.1
2	茨城县	4 302	1 575	36.6	7.3
3	千叶县	3 859	1 305	33.8	6.1
4	熊本县	3 364	1 220	36.3	5.7
5	爱知县	2 949	1 010	34.2	4.7
6	群马县	2 361	912	38.6	4.2
7	长野县	2 556	818	32.0	3.8
8	埼玉县	1 678	796	47.4	3.7
9	栃木县	2 859	784	27.4	3.6
10	高知县	1 117	715	64.0	3.3
	全国	108 059	21 515		

资料来源：農林水産省. 令和元年生産農業所得統計 [DB/OL]. (2021-03-30) [2021-04-20]. https://www.e-stat.go.jp/stat-search.

为保障蔬菜稳定供给，日本《蔬菜稳定生产出货法》构建了"蔬菜指定产地制度"。按规划制定每个指定产地的年蔬菜生产品种，每种蔬菜的产量和每个月供应市场的数量，并支持农协组织成员农户专业化生产。1970 年日本划定了 591 个指定产地，1985 年增加到 1 236 个，后因市町村地方政府合并，2019 年减少到 893 个产地。

指定产地的选择需要综合考虑消费地需求、产地自然条件和蔬菜栽培历史等因素。如北海道地区种植洋葱历史悠久、经验丰富，被指定为圆葱生产基地，2018 年种植面积达 1.5 万公顷，产量 71.7 万吨，85% 运到其他都府县的指定消费地。建立指定产地也非常重视自然条件的作用。如北海道夕张市、富良野市等地建立的蜜瓜基地，充分利用该地 4—8 月生长期雨量少、昼夜气温变化大的特点，蜜瓜糖度高，香甜脆，成为东京市场上的紧俏货。又如山形市附近建立的菠菜指定产地，赤根菠菜秋季种植，成长后正值雪季，厚雪覆盖，等到冬季的 1—2 月融雪后采摘，成为冬春季蔬菜供应基地。

这些指定产地的建立，发挥产业集聚效应，扩大了规模优势降低了农资、流通等费用，但同时也带来一些问题，如种植单一品种蔬菜导致品种退化、土壤日益贫瘠、蔬菜病虫害频发、运输成本增加等。为此，日本采取主产地实行多种作物轮作、优化施肥和更换农药品种，以及倡导地产地销缩短流通链条等办法来解决。

三、经营现状

蔬菜产业是劳动密集型产业，机械化水平难以提升，采收、分级和出货都需要大量的人工操作，销售农家之中的主业农家①比重高达 37%，是稻米种植户的 2.1 倍。由于劳动强度大，蔬菜种植户逐年减少。据日本农林普查资料显示，2010—2015 年的 5 年间，日本蔬菜销售农家数量由 50.1 万户减少到 42.9 万户，降幅为 14.4%。其中超过 1 公顷的种植大户之中，露天种植的销售农家数量占蔬菜种植总农家数量的比例由 13.0% 下降到 12.4%，但设施种植的复种率较高，且大多数是企业或者新农人经营，同比由 8.8% 上升到 9.8%（表 3 - 12）。

表 3 - 12   日本不同经营规模蔬菜种植农户数量分布（销售农家）

单位：户

分类	年份	合计	不足 0.05 公顷	0.05~ 0.1 公顷	0.1~ 0.2 公顷	0.2~ 0.3 公顷	0.3~ 0.5 公顷	0.5~ 1 公顷以内	超过 1 公顷
露天 种植	2010	370 254	35 394	47 949	81 784	49 606	53 784	47 987	53 750
	2015	321 879	37 999	45 914	67 996	38 355	42 334	39 903	49 378
设施 种植	2010	131 421	28 490	15 608	28 831	21 474	20 978	11 630	4 410
	2015	107 157	26 172	12 059	20 872	16 180	16 324	10 549	5 001

资料来源：農林水産省．ポケット農林水産統計—令和元年版［DS］．東京：農林統計協会，2020.

---

① 是指以经营性收入为主（超过 50% 的收入来自农业经营），家里有年从事农业生产 60 日以上且不满 65 岁成员的农家（表 8 - 2）。

如表 3-13 所示，2018 年日本蔬菜种植的平均净利润为 3 367 万日元，其中经营规模超过 1 公顷的种植净利润为 6 979 万日元，是平均净利润的 2.1 倍。随着经营规模扩大，净利润随之增加，经营规模超过 7 公顷的蔬菜种植年净利润为 16 473 万日元，是平均净利润的 4.9 倍。虽然，劳动生产率随着经营规模增加而上升，但土地收益率在 5～7 公顷规模时达到峰值，为 174 万日元，高出平均水平 13.0%。种植规模超过 7 公顷时，因固定资产的折旧费用增加，收入反而降到最低，只有 97 万日元，是平均收入的 63.0%。

表 3-13　日本不同经营规模的蔬菜种植效益对比

单位：万日元、万日元/公顷、日元/小时

科目	平均值	不足 0.5 公顷	0.5～ 1 公顷	超过 1 公顷			
				平均值	3～5 公顷	5～7 公顷	超过 7 公顷
净利润	3 367	1 918	3 183	6 979	10 282	11 369	16 473
总产值	8 687	5 076	8 566	17 370	24 855	32 865	51 678
总成本	5 320	3 158	5 383	10 391	14 573	21 496	35 205
每公顷收入	154	140	157	165	141	174	97
每 1 小时人工成本	1 031	745	845	1 549	1 955	1 904	3 102

资料来源：農林水産省 . 平成 30 年営農類型別経営統計—個別経営 ［DB/OL］. （2019-12-6）［2021-03-20］. https：//www.e-stat.go.jp/stat-search.

四、消费情况

二战之后，日本蔬菜消费量增长很快，1960 年消费量为 1 173.9 万吨，1990 年增加到 1 739.4 万吨。之后逐年减少，2019 年为 1 467.6 万吨，虽然较 20 世纪 90 年代有所萎缩，但比 1960 年增加了 24.8%。

蔬菜年人均消费量有所减少。从蔬菜消费量的变化来看，1960 年为 99.7 千克/（人·年），1968 年达到最高消费量的 143.9 千克/（人·年）。之后逐年减少，1975 年为 110.7 千克/（人·年），2002 年跌破 100 千克，为 97.4 千克/（人·年），2019 年进一步减少到 90.0 千克/（人·年）。日本蔬菜消费随着冷链体系的不断完善和设施栽培的推广普及，基本实现了周年供给。但日本国土南北狭长，运输距离长，加上流通中间环节对分级、包装要求较为严格，蔬菜损耗量持续增加，1960 年为 105.8 万吨，占蔬菜总产量的 9.0%，2019 年增加到 153.9 万吨，占比提高到 13.2%。

进口蔬菜比重逐年提升。1960 年日本进口蔬菜仅有 1.6 万吨。1985 年之后，日元升值，蔬菜进口量快速增加，1990 年达到 155.1 万吨，2000 年翻了 1 倍，增加到 312.4 万吨。2006 年日本施行肯定列表制度提升了技术性壁垒门槛，蔬菜进口量略有下调，2010 年减少到 278.3 万吨。但因劳动力老化、供给不稳定等问题未能得到有效解决，近年来，日本蔬菜进口量逐年增加，2019 年增加到 303.5 万吨，同期蔬菜热量自给率下降到 79.3%。

加工用蔬菜产量提升。随着快速城镇化发展，即开即食的冷冻蔬菜、蔬菜罐头等加工蔬菜需求日益增多，加工品消费量占蔬菜总消费量的 57%。而且，加工蔬菜消费之中，有 71% 依靠进口。另外，日本国产蔬菜几乎百分之百用于家庭或餐饮部门鲜食。进口蔬菜之中有 73% 是加工蔬菜，主要是西红柿酱（美国占 20%）93.4 万吨，占进口加工蔬菜比重的 40%，还有冷冻或罐头玉米（美国占 50%）和胡萝卜汁（美国占 60%）；进口鲜食蔬菜仅有 82 万吨，占进口蔬菜总量的 27%，主要品种是圆葱（中国占 90%）、大蒜（中国占 90%）和南瓜（新西兰占 50%）等耐储性根茎菜。

第三节　水果产业

日本统计意义上的"水果"是指 2 年生以上的草本植物或者木本可食植物[①]。日本的水果产业是居民重要的维生素来源之一，2019 年的产值为 8 399 亿日元，仅次于稻米、蔬菜，是日本排名第三位的种植业部门。水果产业发展迅速，1955 年水果产值占种植业总产值的 4.7%，1970 年为 11.6%，2019 年提升到了 14.9%。

一、生产情况

明治维新之后，日本水果产业发展较快。1920 年前后，日本初步形成了以静冈县、爱媛县和歌山县为主的柑橘产区；以青森县、长野县等地为主的苹果产区；以山梨县、冈山县和山形县等地为主的葡萄产区，以及以冈山县和福岛县为主的桃产区。

---

① 除蜜瓜、西瓜和草莓等一年生草本植物。

二战之后，日本政府大力扶助水果产业发展，20 世纪 50 年代初，日本水果产业恢复到战前最高水平，果园面积超过 20 万公顷，产量超过 200 万吨。1961 年日本颁布《农业基本法》把水果定位为增产品种，并加大财政补贴和低息贷款投入促进其发展，水果产量迅速增加（表 3 - 14）。1960 年日本水果产量为 330.7 万吨，1979 年增加到 685 万吨，达到历史最高纪录。但随着全球经济一体化快速推进，进口鲜橙等鲜果及苹果果汁等加工品增加，日本水果产量减少，2019 年减少到 270.1 万吨，只是 1980 年的 43.6%。

表 3 - 14　日本水果产业发展情况

单位：万吨、千克/（年·人）

年份	生产量	进口量	出口量	库存量	消费量				人均年消费量
					合计	加工用	损耗量	鲜食	
1960	330.7	11.8	12.9	0.0	329.6	2.1	51.3	276.2	22.4
1970	546.7	118.6	13.6	0.0	651.7	1.9	104.2	545.5	38.1
1980	619.6	153.9	9.7	0.4	763.5	2.1	122.5	638.9	38.8
1990	489.5	297.8	2.9	8.1	776.3	2.7	126.5	647.1	38.8
2000	384.7	484.3	6.8	−6.9	869.1	2.5	147.0	719.6	41.5
2010	296.0	475.6	4.2	−4.5	771.9	1.4	129.5	641.0	36.6
2017	280.9	433.9	5.6	0.0	709.2	1.9	119.0	588.3	34.2
2018	283.3	466.1	6.4	0.0	743.0	1.9	125.1	616.0	35.6
2019	270.1	446.6	7.6	−0.8	709.9	4.4	118.5	587.0	34.2

注：浓缩果汁等加工品重量折算成鲜果重量计算。

资料来源：農林水産省. 令和元年度食料需給表 [DB/OL]. （2021 - 03 - 22）[2021 - 03 - 30]. https://www.e-stat.go.jp/stat-search.

日本水果产业发展由产量增长型向质量提升型转变。从单产变化来看（表 3 - 15），主要水果的单产从 1955 年到 2019 年都有不同程度的提升。例如柑橘单产从 11.7 吨/公顷提高到 19.3 吨/公顷，苹果从 8.3 吨/公顷提高到 19.5 吨/公顷，梨从 11.1 吨/公顷提高到 18.9 吨/公顷，桃从 7.1 吨/公顷提高到 11.0 吨/公顷。然而，水果产量增加必将带来单价下跌，1975 年日本颁布《促进改植等紧急应对项目》鼓励果农减少柑橘等传统品种生产，改种樱桃、葡萄等其他水果，并提供相应的补贴支持。同时，日本培育了大量高糖、易食、健康的水果新品种，推动水果产业发展，例如"世界第一"苹果、"阳光玫瑰"葡萄等。2007 年日本颁布《果树经营支持对策项目》鼓励改种优良品种，截至 2018 年改种面积累计达到 8 890 公顷。

表 3 - 15　日本主要水果的生产情况（2019 年）

品种	结果果树面积 （万公顷）	产量 （吨/公顷）	产量 （万吨）	出货量 （万吨）	商品率 （%）
柑橘	3.9	19.3	74.7	66.8	89.5
苹果	3.6	19.5	70.2	63.3	90.2
梨	1.1	18.9	21.0	19.4	92.5
洋梨	0.1	19.9	2.9	2.6	88.2
柿	1.9	11.0	20.8	17.5	84.2
枇杷	0.1	3.1	0.3	0.3	82.2
桃	1.0	11.0	10.8	10.0	92.2
李	0.3	6.5	1.8	1.6	88.4
樱桃	0.4	3.7	1.6	1.4	89.4
青梅	1.5	6.1	8.8	7.8	88.2
葡萄	1.7	10.4	17.3	16.1	92.9
栗	1.8	0.9	1.6	1.3	79.6
菠萝	0.0	23.3	0.7	0.7	97.6
猕猴桃	0.2	13.3	2.5	2.3	88.9
合计	17.5	—	235.0	210.9	89.7

资料来源：農林水産省. 令和元年産果樹生産出荷統計 [DB/OL]. （2020 - 12 - 24）[2021 - 03 - 10]. https：//www. e-stat. go. jp/stat-search.

进入经济低速发展期，日本水果种植结构有较大变化（表 3 - 15）。1980—2019 年，柑橘产量占主要水果总产量的比重显著下降，由 54.1% 降低到 31.8%。但耐储性较强的苹果的比重由 18.0% 上升到 29.9%、柿由 5.0% 上升到 8.9%、青梅由 1.2% 上升到 3.7%，另外，葡萄、洋梨、菠萝、猕猴桃、樱桃等高附加价值的水果比重也有所增加。

二、产地分布

日本山地果园比例大，约占种植总面积的 43%、平原果园占 40%、城市果园占 17%。从不同品种分布来看，苹果主要分布在平原地区（53%），青梅主要分布在中山间地区[①]（55%）。从分布区域来看，如表 3 - 16 所示，青森县是日本第一大水果产区，水果种植面积 20 640 公顷，仅苹果一项达到 20 500

---

① 是指表 1 - 10 中的中间农业地区和山间农业地区，约占日本总面积的 70%、农地面积的约 40%、农家总数的约 40%。

公顷，另外还盛产洋梨、桃、樱桃和葡萄等品种。其次是和歌山县，种植面积12 205 公顷，是日本柑橘和青梅的第一大产区。第三是爱媛县，种植面积13 968 公顷，是日本其他柑橘第一大产区。从不同品种的产区分布来看（表 3-15 和表 3-16）：

柑橘是日本产量最多的水果。2019 年种植面积 40 800 公顷，产量 74.7 万吨，单产 19 300 千克/公顷。柑橘是喜暖植物，分布于西南日本，主产区分布在和歌山县（18.2%）、爱媛县（14.0%）和静冈县（13.4%）等地，主要品种是早熟温州蜜橘，占柑橘总产量的 60% 以上。

苹果是日本发展速度最快的水果，2019 年种植面积 37 400 公顷，产量70.2 万吨，单产 19 500 千克/公顷。主产区集中在青森县（54.8%）、长野县（20.1%）和山形县（6.0%）等地，品种主要是耐储型的富士，占 50% 以上，近些年，津轻、世界第一等新品种占比也有所上升。

葡萄分布较广泛，在东北和西南地区都有生产。2019 年种植面积 17 800公顷，产量 17.3 万吨，单产 10 400 千克/公顷。主产地主要分布在山梨县（22.9%）、长野县（14.2%）和山形县（8.7%）等地，其中山梨县葡萄主要以鲜食为主，长野县葡萄以加工原料品种为主，也是日本著名的葡萄酒产区。

桃除北海道与青森北部之外，全国都有分布，2019 年种植面积 10 300 公顷，产量 10.8 万吨，单产 11 300 千克/公顷。产地主要集中在山梨县中部（32.7%）、福岛县北部（17.4%）和长野县东北部分（10.1%）。

梨在日本分布较广，2019 年种植面积 11 400 公顷，产量 21.0 万吨，单产18 900 千克/公顷。主产地主要集中在茨城县（8.6%）、千叶县和栃木县等地。

三、经营现状

2010—2015 年，日本水果销售农家数量由 24.2 万户减少到 21.1 万户，下降 13%，其中 60 岁以上的水果销售农家占水果销售农家总数的比重由69.1% 上升到 77.2%，老龄化水平显著提升。因水果种植主要依靠大量人工，机械化水平较低，因此主业农家占比要高于粮食作物。2018 年水果主业农家数量为 6.3 万户，约占销售农家的 30%，其中种植面积超过 2 公顷的销售农家之中，有 17% 是主业农家。而主业农家之中有 44% 的种植面积超过 1 公顷。

表 3 - 16　日本主要水果的产地分布及种植面积（2019 年）

单位：公顷

排序	产区	合计	柑橘	其他柑橘	苹果	梨	洋梨	柿	琵琶	桃	李	樱桃	青梅	葡萄	栗子	猕猴桃
1	青森县	20 640	—	—	20 500	—	140	—	—	138	109	—	—	429	—	—
2	和歌山县	12 205	7 410	2 210	—	—	—	2 550	35	738	292	—	5 390	—	—	159
3	爱媛县	13 968	5 700	7 610	—	—	—	595	63	73	—	—	—	155	2 090	401
4	长野县	9 009	—	—	7 500	730	93	686	—	1 040	383	—	399	2 530	259	—
5	山梨县	653	—	—	53	—	—	600	—	3 370	869	337	375	4 070	—	56
6	熊本县	7 195	3 850	2 470	—	485	—	363	27	—	—	—	—	—	2 510	—
7	山形县	4 065	—	—	2 250	122	876	817	—	671	261	3 050	—	1 550	—	—
8	静冈县	6 842	5 470	958	—	—	—	414	—	—	—	—	225	—	229	113
9	福岛县	3 278	—	—	1 260	880	38	1 100	—	1 790	149	—	378	290	—	—
10	茨城县	1 351	—	—	—	975	—	376	—	—	—	—	397	242	3 420	33
	全国	136 750	40 800	25 100	37 400	11 400	1 510	19 400	1 140	10 300	2 930	4 690	15 200	17 800	18 400	2 050

注："—"表示没有统计数据。

资料来源：農林水産省統計部．令和元年産果樹生産出荷統計［DB/OL］．（2020 - 12 - 24）［2021 - 03 - 10］．https：//www.e-stat.go.jp/stat-search.

日本各地根据当地实际情况设立了果农家庭目标收入，一般在 520 万～620 万日元。但根据农林水产省统计显示（表 3-17），2018 年日本果农平均经营果树面积 1.6 公顷（含其他农业收入 2.3 公顷），水果种植平均净利润为254.0 万日元，其中经营规模超过 2 公顷的果农净利润为 637.2 万日元，能达到既定的目标收入。且随着经营规模扩大，果农的净利润随之增加，经营规模超过 3 公顷的果农年净利润为 921.5 万日元，是平均净利润的 3.6 倍。虽然，土地收益率随着种植规模的扩大而提升，但劳动生产率却向相反方向发展。经营规模超过 3 公顷的果农每小时人工成本为 221 日元，是不足 0.5 公顷规模果农的72.9％，说明水果种植受到地形地貌以及商品特征的制约，难以用资本投入代替人工投入。目前，日本政府为提升果农收入，积极推广矮化密植、直线栽培等新农艺提升机械化水平。

表 3-17　日本不同经营规模水果种植效益对比（2018 年）

单位：万日元、日元/小时

科目	金额	不足 0.5 公顷	0.5～1 公顷	超过 1 公顷				
				平均	1～2 公顷	2 公顷以上		
						平均	2～3 公顷	超过 3 公顷
净利润	254.0	86.0	199.7	460.1	374.8	637.2	510.3	921.5
总产值	642.0	261.7	531.1	1 098.7	883.8	1 543.1	1 180.9	2 360.9
总成本	388.0	175.7	331.4	638.6	509.0	905.9	670.6	1 439.4
每公顷收入	962	608	816	1 149	1 029	1 341	1 176	1 623
每小时人工成本	249	279	280	237	262	213	207	221

资料来源：農林水産省. 平成 30 年営農類型別経営統計—個別経営［DB/OL］.（2019-12-6）［2021-03-20］. https：//www. e-stat. go. jp/stat-search.

四、消费情况

二战之后，日本水果消费量增长很快（表 3-14），1960 年消费量为 22.4千克/（人·年），2000 年增至 41.5 千克/（人·年）。之后，消费量持续下降，2019 年为 34.2 千克/（人·年），是 2000 年的 82.4％。

另外，根据农林水产省园艺作物课统计显示①，2018 年日本水果总消费量为 749.9 万吨，其中鲜食 439.7 万吨，加工品 310.3 万吨。日本国产水果之中

---

① 园艺作物课统计与表 3-14 存在一定误差，原因不明。

有 250.3 万吨（88.2%）用于鲜食，主要是柑橘（72.9 万吨）和苹果（64.4 万吨）。有 33.6 万吨（11.8%）用于加工，主要有苹果汁（11.2 万吨）和柑橘汁（4.5 万吨）。进口水果之中有 189.4 万吨（40.6%）用于鲜食，主要有香蕉（100.4 万吨，菲律宾产占 80%）、菠萝（15.9 万吨）、猕猴桃（10.3 万吨）和橙子（8.2 万吨）。另有 276.7 万吨（59.4%）用于加工，主要有橙汁（98.5 万吨，巴西产占 70%）、苹果汁（53.2 万吨，中国产占 60%）。

第四节　花卉产业

日本《花卉振兴法》（2014 年法律第 102 号）规定"花卉"是观赏性植物，在统计上包括切花、盆花、花坛用苗、地衣植物、草坪用草、花木和根球类植物等类型。另外，以观赏目的栽培的山野花和林木也被列入统计意义上的"花卉"。

日本花卉产业发展历史悠久。公元 8 世纪日本从中国引入盆景。16 世纪之后，社会的长期稳定极大促进花卉产业的发展，人们开始关注矮牵牛、石竹等观赏性花卉生产。19 世纪初随着西方遗传学传入日本，家庭园艺迅速发展，盆栽出现在诸多景点，花道和盆景产业也为大众所熟知。19 世纪中后期，日本出口百合、水仙等花卉，并成为欧美育种材料。二战之后，日本花卉产业快速发展，1955 年产值为 79 亿日元，占种植业总产值的 0.6%，随着婚礼、葬礼和礼品消费市场的发展，1980 年，日本花卉产业的产值增加到 1 719 亿日元，占种植业总产值的 2.5%。1998 年日本花卉产业的产值创历史最高纪录，为 4 734 亿日元，占比提升到 6.7%。之后逐年下降，2019 年减少到 3 264 亿日元，占比下降到 5.8%。目前，花卉产业是日本仅次于稻米、蔬菜和水果之后的第四位种植业生产部门。

受到老龄少子化、婚礼礼品消费市场萎缩和进口增加等因素影响，日本花卉种植面积和产量持续减少。如表 3-18 所示，2010—2019 年，各类花卉的种植（采收）面积和产量分别下滑了 14.1% 和 19.0%。其中球根类花卉减幅最大，种植面积减少 48.7%，产量减少 49.0%；其次是盆花类，种植面积减少 16.7%，产量减少 21.5%；切花类种植面积减少 14.8%，产量减少 20.0%。从单品种植面积和产量变化来看，传统花卉减幅最大，康乃馨种植面积和产量分别减少 30.5% 和 35.1%，玫瑰减少 30.1% 和 29.9%，洋兰类减少 28.7% 和

28.8%。只有勿忘我虽然种植面积减少 16.7%，但产量却增加 6.1%。同期，日本花卉生产品种结构呈现多样化发展趋势。菊花产量虽有较大幅度的减少，但占花卉总产量的比重由 18.1% 微增到 19.0%。勿忘我、洋桔梗、六出花和切枝等个性化较强的花卉品种占比也略有上升，但玫瑰和康乃馨等传统花卉产量占切花总产量的比重分别下降 0.7% 和 0.5%。

表 3-18 日本花卉种植（采收）情况

种类	2010 年		2015 年		2019 年	
	种植（采收）面积（公顷）	产量（万枝·盆）	种植（采收）面积（公顷）	产量（万枝·盆）	种植（采收）面积（公顷）	产量（万枝·盆）
切花类	16 200	435 100	14 820	386 700	13 800	348 200
菊花	5 331	166 000	4 990	158 100	4 490	141 200
康乃馨	390	34 330	318	27 090	271	22 270
玫瑰	432	31 570	365	26 990	302	22 120
龙胆	—	—	424	8 910	422	8 520
满天星	255	6 120	—	—	194	4 870
洋兰类	167	2 050	136	1 780	119	1 460
勿忘我	204	11 220	190	12 630	170	11 900
非洲菊	94	16 700	93	16 300	82	13 660
洋桔梗	454	10 650	431	9 810	424	9 710
百合	855	15 790	769	13 970	693	12 400
六出花	89	5 970	82	5 790	79.4	5 750
切叶	763	17 370	687	13 260	609	12 180
切枝	3 813	22 420	3 659	21 170	3 620	20 590
球根类	505	14 950	364	10 200	259	7 630
盆花类	1 859	26 120	1 732	22 960	1 549	20 500
仙客来	212	2 040	189	1 760	167	1 580
洋兰类	238	1 740	200	1 600	178	1 390
观赏植物	330	4 510	320	4 230	271	3 680
花木类	418	4 930	415	4 600	351	4 260
花坛用苗类	1 569	72 170	1 488	66 600	1 327	57 900
三色堇	314	16 370	287	13 870	252	11 870
合计	34 492	918 120	31 959	828 320	29 629	743 640

注：切花类、盆花类和花坛用苗类的数值中包括除本表之外的品种，球根类和盆花类是采收面积，产量之中切花、花坛用花数量单位为千根，球根类数量单位为千球，盆花数量单位为千盆。

资料来源：農林水産省．令和元年産花き生産出荷統計—作況調査（花き）[DB/OL]．(2020-10-14) [2021-03-10]. https：//www.e-stat.go.jp/stat-search.

日本花卉产地集中在东京、大阪等消费市场附近。按产值计算，如表

3-19所示处于东京和大阪之间的爱知县是日本最大的花卉产区，2019年产值为545亿日元，占日本花卉总产值的16.7%，是日本菊花、玫瑰、盆栽洋兰、观赏植物和花木等花卉的第一大产区。东京附近千叶县、埼玉县和茨城县分别位居第二、第五和第七位，分别占花卉总产值的5.3%、4.7%和4.0%。其中，埼玉县是日本百合、花坛用苗和三色堇的第一大产区。静冈县是非洲菊和切枝类花卉的第一大产区。福冈县位于南部，气候温润是日本洋兰的第一大产区。

表 3-19　日本花卉的产地分布（2019 年）

排名	产地	农业产值 （亿日元）	花卉产值 （亿日元）	占当地农业产值的 比重（%）	占全国花卉产值 比重（%）
1	爱知县	2 949	545	18.5	16.7
2	千叶县	3 859	174	4.5	5.3
3	福冈县	2 027	168	8.3	5.1
4	静冈县	1 979	164	8.3	5.0
5	埼玉县	1 678	152	9.1	4.7
6	长野县	2 556	139	5.4	4.3
7	茨城县	4 302	132	3.1	4.0
9	鹿儿岛县	4 890	121	2.5	3.7
10	熊本县	3 364	96	2.9	2.9
	合计	108 059	3 264	—	—

资料来源：農林水産省. 令和元年生産農業所得統計 [DB/OL]. （2021-03-30）［2021-04-20］. https：//www.e-stat.go.jp/stat-search.

受到老龄化等问题困扰，日本花卉种植户持续减少。2000年至2015年之间，日本花卉销售农家数量由8.8万户减少到了5.2万户，目前，切花类销售农家数量36 725户，占销售农家总数量的69.2%。其中，60岁以上的高龄农户占到63%，45岁以下青年农户的比重仅有15%。

2018年日本花卉种植户平均销售额1 235.1万日元，生产成本866.1万日元，净利润369.0万日元，低于全国农业净收入的平均水平。但经营规模超过1公顷的花农净利润为1 050.8万日元，是全国平均水平的约2倍。另外，经营规模1~2公顷的花农土地净利润最高，为361万日元/公顷，经营规模超过2公顷反而出现下滑，为252万日元/公顷。而经营规模不足0.5公顷的花农净利润最低，只有 128 万日元/公顷。

近年来，日本花卉消费量逐渐减少。1996 年消费量为 64.6 亿枝，2018 年减少到了 48.9 亿枝，降幅为 24.3%。从户均花卉消费金额的变化来看，2007 年创历史最高纪录，为 13 130 日元/(户·年)，2018 年下降到 8 404 日元/(户·年)，减少了 36.0%。日本花卉家庭消费金额与户主年龄成正比，户主年龄超过 70 岁的家庭消费金额最高，为 11 941 日元/(户·年)，其次是 60～69 岁以上家庭，为 11 756 日元/(户·年)，不足 29 岁的家庭消费额最低，仅为 716 日元/(户·年)。这主要是由于日本老年人的送花消费习惯形成于经济高速增长的 20 世纪 50～60 年代，在当时是一种时尚，而目前日本年轻人不再流行送花，因此可预测未来日本花卉市场规模仍将持续萎缩。

从消费花卉的来源来看，进口花卉金额和比重逐年上升。1986 年日本进口花卉数量 1.6 亿枝，占花卉总消费量的 4.4%；2018 年增加到 13.6 亿枝，同比增长到 13.6%。其中，进口切花 13.6 亿枝，占切花消费量的 27.8%、主要是康乃馨（3.7 亿枝）和菊花（3.4 亿枝）；进口球根类花卉为 3.8 亿个，占球根类花卉消费量的 78.0%。

第五节　茶　产　业

日本的饮茶习惯由遣唐使从中国引入，公元 9 世纪绿茶在贵族和僧侣阶层中作为宗教祭祀用品开始使用，之后在武士和平民阶层得到普及。19 世纪中后期，茶作为富国强兵的换汇农产品，受到重视。二战之后，由于经济的强劲增长，日本国内消费需求的增加，机械化程度的提高，种植品种从实生苗变为无性系优良品种，茶园面积持续扩大，1999 年日本茶产业的产值创历史最高纪录为 1 280 亿日元，占种植业总产值的 9.1%。之后，受到进口茶的冲击，日本茶产业开始萎缩，2019 年产值减少到 522 亿日元，占种植业总产值的比重下降到 0.9%。

20 世纪中期，日本茶园面积和产量逐年增加，如表 3-20 所示，1980 年达到历史最高值，种植面积为 6.1 万公顷，毛茶产量为 102 300 吨，其中专业茶园面积占茶园总面积的 87.7%。之后，日本茶种植面积和产量逐年减少，进入 21 世纪跌破 10 万吨，2019 年日本茶园面积缩小到 40 600 公顷，毛茶产量减少到 81 700 吨。

表 3-20 日本茶产业发展情况

单位：吨、克/（人·年）

年份	生产量	进口量	出口量	消费量	人均消费量
1965	75 874	920	4 653	72 141	727
1970	90 944	9 063	1 531	98 476	941
1980	102 300	4 396	2 669	104 027	889
1990	90 500	2 854	635	92 719	752
2000	89 300	14 328	684	102 944	811
2010	85 000	5 906	2 232	88 674	692
2018	86 300	4 730	5 102	85 928	680
2019	81 700	4 390	5 108	80 982	642

资料来源：全国茶生产团体连合会. 茶の需給状況［DS/OL］.（2020-01）［2021-03-15］. https：//www. zennoh. or. jp/bu/nousan/tea/seisan01a. htm.

日本将茶分为煎茶、玉露、冠茶、抹茶和玉绿茶等不同品种（表 3-21）。其中，煎茶产量最高，占总产量的 54.2%、其次是抹茶（4.0%）、冠茶（3.3%）、玉绿茶（2.4%）和玉露（0.7%）。玉露是高档茶，价格为2 828 日元/千克，是煎茶的 2.6 倍。日本茶叶通常可以采摘 4 次，第一次采摘数量较多，约占年采摘量的 37.7%，是玉露的主要原料。第二次采摘的茶叶占 26.0%，用于加工冠茶和高档抹茶，第三次和第四次分别占 7.4% 和 28.9%，用于加工较为便宜的抹茶和玉绿茶等茶制品。

表 3-21 日本茶的主要分类、产量和毛茶批发价格（2020 年）

分级	特征	主产区	占总产量比重（%）	毛茶批发价格（日元/千克）
煎茶	最常见的茶叶，蒸气杀青，揉捻成细卷状烘干	全国	54.2	1 088
玉露	采摘前 20 天，用稻草保护茶树顶端。高温蒸汽杀青，急速冷却，再揉捻成细长茶叶。顶级茶叶	京都府、福冈县	0.7	2 828
冠茶	采摘前 1 周用稻草或纱布覆盖，蒸汽杀青，揉捻成细卷状烘干。高档茶叶	三重县、福冈县	3.3	1 306
抹茶	茶芽生长期间将茶树遮盖起来，以防叶绿素流失，增加茶叶的滋味	京都府、爱知县、鹿儿岛县	4.0	2 168
玉绿茶	蒸气杀青，细卷状烘干	熊本县、佐贺县、长崎县	2.4	1 627

资料来源：農林水産省. 茶をめぐる情勢（令和 3 年）［R/OL］.（2021-06-01）［2021-06-10］. https：//www. maff. go. jp/j/seisan/tokusan/cha/attach/pdf/ocha-16. pdf.

日本茶产地如表 3－22 所示主要集中在东海地区和九州地区。2019 年虽然在生长期受到恶劣天气影响，但前 3 位的产地占日本茶园面积比重基本没有发生变化，仍在 70% 左右。其中静冈县是日本第一大茶产区，茶园面积 15 900 公顷，毛茶产量 29 500 吨，分别占全国茶园面积和毛茶产量的 39.2%和 36.1%。鹿儿岛县茶园面积 8 400 公顷，毛茶产量 28 000 吨。三重县茶园面积 2 780 公顷，毛茶产量 5 910 吨。另外，从不同产区的茶产业特点来看，京都府是日本玉露和抹茶最大的产区，茶园面积 1 560 公顷，年产 2 764 吨，其中玉露 128 吨，是日本第 4 大产业主产区。宫崎县茶园面积 1 380 公顷，毛茶产量 2 509 吨，其中炒茶 83 吨，是日本炒茶第一大产区。

表 3－22 日本不同品种茶的产地分布（2019 年）

单位：吨

排名	产区	合计	玉露	冠茶	碾茶	煎茶	炒茶	玉绿茶	番茶	绿茶	红茶	其他
1	静冈县	29 500	12	161	530	17 441	1	145	11 203		6	1
2	鹿儿岛县	28 000	3	79	832	16 300	—	143	10 200	378	30	67
3	三重县	5 910	21	2 235	392	1 246	—	—	1 072	944	—	—
4	京都府	2 764	128	164	840	421	—	—	1 063	147	—	—
5	宫崎县	2 509	—	—	—	2 144	83	35	247	—	—	—
6	福冈县	1 725	45	240	62	1 220	—	—	23	131	3	2
7	奈良县	1 685	—	235	215	355	—	—	880			
8	熊本县	1 270	11	47	0	636	16	487	63	—	9	1
9	佐贺县	1 242	1	79	—	148	76	590	—	348	1	—
10	埼玉县	705	—	—	5	695	—	—	—	—	4	1
	合计	79 353	222	3 303	3 464	42 555	222	1 995	25 421	2 066	68	79

资料来源：全国茶生产团体连合．種類別の主な茶産地 [DS/OL]．（2020－12）[2021－03－15]．https：//www.zennoh.or.jp/bu/nousan/tea/dekiru03.htm.

日本茶园之中约有 40% 位于山区，其中京都府有 81.3% 的茶园位于山区，其次是鹿儿岛县（35.0%）和静冈县（27.2%）。山地特征导致机械采茶设备难以推广，京都府的采茶设备普及率仅有 18.4%，是全国平均水平的 30.5%，因此主要发展高品质的玉露茶。

日本有 37% 的茶园树龄超过 30 年，虽然政府大力推广茶园改植，但受到地形制约，实际落实较为困难，改植茶园仅占 30 年以上茶园数量的 8%。

日本茶农数量逐年减少，据日本农林业普查显示，2015 年茶农销售农家 20 144 户，是 2000 年的 37.5%，老龄化率也从 49% 上升到了 56%。

日本茶的消费量波动较大，1965 年为 72 141 吨，2000 年增加到 102 944 吨，之后，逐年减少，2019 年为 80 982 吨（表 3-20）。随着生活习惯的变化，日本茶消费出现以下变化：一是茶消费金额增加。2003—2019 年，日本茶的年家庭消费金额由 10 765 日元/（户·年）增加到 11 625 日元/（户·年），增长 8.0%。其中茶叶消费金额由 6 138 日元/（户·年）减少到 3 780 日元/（户·年），占茶类消费金额的比重由 57.0% 减少到 32.5%。但同期茶饮料消费金额和占比显著提升。二是消费量减少。2003—2019 年，日本茶消费量由 1 146 克/（户·年）减少 791 克/（户·年），但绿茶饮料的消费量增加到 23.5 瓶/（户·年）、红茶饮料增加到 9.5 瓶/（户·年），乌龙茶饮料增加到 4.2 瓶/（户·年）。三是进口茶叶减少。2006 年日本加大残留农药检查力度，进口茶数量显著下降，2004 年进口茶数量为 16 995 吨，2019 年减少到 4 390 吨，下降了 74.2%。但同年出口量为 5 108 吨，超出进口量 16.4%。四是更加注重食品安全。随着消费市场对安全农产品消费需求增加，日本大力发展有机茶。2018 年有机茶产量 3 111 吨，占总产量的 3.8%，仅次于中国、越南，位居世界第三。从有机茶园分布来看，有 41% 位于鹿儿岛县，其次是静冈县（18%）、宫崎县（11%）、长崎县（8%）、三重县（5%）和爱知县（2%）。有机茶不仅供应本国市场，还积极开拓欧美市场，2018 年出口美国 288 吨、加拿大 42 吨、欧盟 419 吨和瑞士 5 吨，占日本有机茶总产量的 24.2%。五是发展精深加工产品。日本政府为提升茶消费水平，鼓励产地开发茶功能性食品、西餐配菜以及茶护肤产品等精深加工产品，并依靠政府资助开拓市场。

第四章 CHAPTER 4
日本畜牧业 ▶▶▶

　　日本畜牧业生产条件较差，产业发展长期处于十分落后的状态，居民生活所需要的动物性蛋白质主要取自水产品。二战之后，随着经济快速发展，对畜牧产品的需求量大增。1961 年日本颁布《农业基本法》，将畜牧业确定为重点发展产业，在依赖进口饲料支撑的情况下，推动畜牧业迅速发展。1955 年日本畜牧业产值 2 322 亿日元，占农业总产值的 14.2%，2019 年畜牧业产值达到 32 107 亿日元，同比提高到 29.7%，成为仅次于种植业的第二大产业。目前，日本人均蛋白质供给之中，畜产品消费量超过了水产品，2019 年鱼类消费量为 23.8 千克/（人·年），但畜牧产品总消费量为 146.4 千克/（人·年），其中：牛肉为 6.5 千克/（人·年）、猪肉 12.8 千克/（人·年）、鸡肉 13.9 千克/（人·年），鸡蛋 17.5 千克/（人·年），鲜奶更是高达 95.4 千克/（人·年），从而进一步奠定了畜牧业在国民经济中的重要地位。本章在阐述日本畜牧业基本特征的基础上，选择了产量高且对日本国民经济发展有重大影响的肉牛、牛奶、生猪和养鸡（肉鸡和蛋鸡）产业，并分别从生产经营和消费角度介绍其发展现状。

第一节　畜牧业基本特征

一、中小型家畜比重高

　　日本畜群构成与其他国家比较，按牲畜单位计算的中小家畜占家畜总数的比重来看，澳大利亚为 1.7%、美国为 9.0%、德国为 25.0%，而日本高达 56.8%，中小型家畜比重特别高。主要原因是日本耕地面积有限，1938 年耕地 607 万公顷，人口为 7 100 万人，平均每人耕地为 0.08 公顷，远低于主要资本主义国家。日本为了在有限的耕地面积上尽可能多地生产粮食作物,满足人民对口粮的需要,不可能像欧美国家那样用大量的耕地种植饲料作物和用牧场来发展畜牧业。而且,日本陡峭的山地多,缺乏可供放牧的天然草场,且大部分饲料作物集中在北海道难以运输。2019 年日本饲料作物面积仅有 96.2 万公顷、占国土面积的 2.5%。其中牧草 72.4 万公顷、青贮玉米 9.5 万公顷、饲料大米 7.3 万公顷、WCS 水稻 4.3 万公顷、高粱等 1.3 万公顷、其他作物 1.4 万公顷。草地少而且零星分散,极大地限制了日本发展大牲畜养殖。

二、种植养殖一体化意愿不强

日本主要种植稻米,对畜牧业依赖性较小。欧美等国耕地绝大部分为旱地,旱地难以连作,必须实行旱地作物之间的轮作,用畜力耕种并施用牲畜厩肥,才能维持地力,获得较好收成。种植业为畜牧业提供饲料和牧场,畜牧业为种植业提供畜力和肥料,两者相辅相成,共同发展。日本大部分地区都以水稻为主,水稻可以多年连作,加之农村劳动力充裕,在小农户生产的条件下,零星分散的小块水田,用人力即可进行精耕细作。另外,日本属于海洋性气候,高温湿润,有利于有机质的分解,以青草和作物茎叶堆肥即可维持水田肥力。因此,日本水稻农业对畜力和厩肥的需求较弱,农民采用种植养殖一体化经营模式的意愿远不如欧美等国旱地农业那样迫切。

三、精饲料严重依赖进口

牲畜数量增加,引起饲料结构变化。2018 年日本共消费饲料 2 451.6 万吨(可消化总养分,TDN),其中精饲料和粗饲料的比例为 20.5∶79.5。从不同牲畜对精饲料的依存程度来看,育肥牛 89.1%、奶牛 91.7%、养猪鸡 100%,而在缺少牧场的本州地区精饲料依存度高达 61.2%,北海道相对较好只有 47.8%。但日本粗饲料自给率为 77%,精饲料自给率只有 12%,2018 年的精饲料进口量达到 1 715.6 万吨(TDN)。而且,日本国产精饲料之中的豆粕、麦麸等大部分也是来自进口,如果加上这一数量,则精饲料进口量占总精饲料的比重超过 90%。

日本畜牧业依赖国外饲料的严重程度,还表现在进口饲料之中,除去糠麸类、豆粕等，仅以饲料谷物计算，2018 年进口量为 1 312.9 万吨，是同年日本最重要的粮食作物谷物产量的 1.6 倍，国内饲料自给率仅有 25％；日本进口饲料谷物数量占世界贸易量的 6.4％。这说明日本畜牧业的基础很不稳固，当国际形势发生变化，影响饲料进口时，会使日本畜牧业陷于困境。即使在平时，国外饲料谷物收成的好坏和市场价格的变动，都会对日本畜牧业发展产生较大的影响。为此，日本政府采取由国家储备和对饲料价格补贴的方法以稳定畜牧业的平稳发展。例如为了缓解 2018 年海上运费波动的影响，日本政府对畜牧业补贴了 344 亿日元。

在进口饲料谷物中，以玉米和高粱进口数量最多，2019 年合计为 1 170 万吨，占饲料谷物进口量的 90.2％。其中进口饲料玉米 1 140 万吨，主要来自美国（48％）和巴西（50％）；大麦 91 万吨，主要来自澳大利亚（49％）和加拿大（32％）；高粱 30 万吨，主要来自阿根廷（52％）和美国（48％）；小麦 30 万吨，主要来自美国（41％）和加拿大（38％）。

四、大量使用配合饲料

畜牧业机械化的发展，需要大量采用规格统一的配合饲料，促进了配合饲料加工业的发展。1985—2018 年，日本精饲料消费量由 815.0 万吨增加到 2 380.3 万吨，增加 1.9 倍，而配合饲料消费量则由 785.7 万吨增加到 2 330.8 万吨，增加 2.0 倍。目前，配合饲料是最主要的饲料，占饲料总消费量的 97.9％。

配合饲料最初主要用于养鸡，之后逐步扩大到其他畜禽。2018 年用于蛋鸡养殖的配合饲料为 650.9 万吨，占总消费量的 27.3％；生猪养殖为 559.3 万吨，占 23.5％；肉牛养殖 459.0 万吨，占 19.3％；肉鸡养殖 380.3 万吨，占 16.0％；奶牛养殖 320.8 万吨，占 13.5％。

五、向规模化经营方向发展

日本畜牧业的机械化程度提升很快，20 世纪 50 年代普及饲料粉碎机、磨粉机等设备；60 年代实现了榨乳、给饲、给水机械化，60 年代后期出现了工厂化的大型畜牧联合企业；进入 70 年代，养鸡业几乎全部实现自动化。

大规模生产能够有效地发挥机械效率，提高管理效能，减少劳动时间。由于规模扩大，平均在每头牲畜上的设备投资和降低了生产费用。以生猪养殖为例，2018年，不足100头规模的养殖户平均用于每头生猪的劳动时间为8.58小时，超过2000头规模的仅需1.83小时，相差4.7倍。每日劳动报酬之中，养殖1～9头规模的为3573日元，300头以上规模的为18193日元，相差4.1倍。

大量机械的使用推动畜牧业向专业化、企业化方向发展，目前，日本养畜1000头牛、5万头猪、100万只鸡的企业已有不少。机械化也使养畜业趋向集中，如1970年育肥猪1～9头规模的养殖户有23.0万户，占总户数的92.0%，养殖数量为92.4万头，占养殖总数的比重只有18.1%；养殖规模超过1000头的养殖户有128户，只占总户数的0.03%，但养殖数量为20.6万头，占养殖总数的4.0%，平均每户养殖1610头，是全国户均养殖数量（14.3头）的112.6倍。2018年，养殖规模超过1000头的养殖户数量占总户数的比重只有45.2%，但却占养殖育肥猪总数的89.0%，平均每户养殖4421.1头，是全国平均养殖数量2055.7头的2.2倍。另外，养鸡业的专业化程度更高，1991年户均蛋鸡养殖规模为1.4万只，2019年增加到了6.7万只。这种养殖规模，显然已不是以家庭劳动为主的小农户所能承担的，而需要大规模企业化经营。

第二节 肉牛产业

一、生产情况

古代日本把牛作为役畜，用于耕田、搬运和厩肥来源。明治维新之后，日本引进了欧洲牛进行杂交改良，并于1900年全面开展杂交改良工作。1912年日本政府根据专家建议，开始对具有一定理想性状的个体进行横交固定[①]，并根据各地区特点，培育新的肉牛品种。各都道府县都制定了育种目标，由中央畜产会（Japan Livestock Industry Associaciton，JLIA）统一组织和协调全国肉牛的育种工作。

---

① 横交固定是指当杂交到一阶段时，用符合理想的杂种公、母畜进行互交繁育，以育成新品种，又称为自繁。横交固定一般在2～3代时进行，遇特殊需要时，也可用杂种一代横交固定。

20 世纪 40 年代，日本肉牛养殖主要集中在西部地区，以 1~2 头的家庭养殖为主，规模小，存栏量不多。20 世纪 50 年代作为军需的东部养马业快速衰退，肉牛养殖作为替代产业逐渐发展，役肉兼用牛的存栏量增加。进入经济恢复期，随着农业机械化水平的提升和化肥的使用，富余农村劳动力外流，役肉兼用牛养殖开始了第一次大调整，存栏量锐减，牛肉价格下跌导致养殖户养殖意愿下降，使得仅有的种牛资源几近耗尽。当时，在具备资源条件的边远地区以役牛繁殖为主，而在地形平坦的农业地区则多以育成养殖和役用为主，直到 1965 年之后，役牛养殖业逐渐消失，市郊农村出现了专业的育肥牛养殖户。在此期间，日本肉牛品种改良取得了重大突破，1957 年，日本驯化成功了真正意义上的"和牛"，并将分布于不同地区、具有不同特点，且经过横交固定后的和牛分别定名为"黑毛和牛""褐毛和牛""无角和牛"和"短角和牛"。

20 世纪 70 年代，由于城镇化和农业兼业化的快速发展，日本专业农户大幅度减少，肉牛养殖户以每年超过 10% 的速度减少。同时肉牛养殖业逐渐退出市郊地区，转移到较远的农业地区，造成了肉牛产业的第二次调整。这个时期，犊牛价格大跌，肉牛数量在 1971 年之后再次减少。日本政府为了促进肉牛产业发展，制定了振兴肉牛产业的推进政策，内容主要包括：划定肉牛振兴产区，重点进行褐毛和牛的改良繁殖和肉用品种增殖；建立饲料生产基地；支持农协或市町村地方政府建立繁殖育种中心；建立牛犊保护价格制度；对部分养殖户提供低息贷款，购入繁殖母牛扩大基础畜群；建立完善"中央＋地方"的生产监测系统；整顿家畜流通市场。这些政策激发了养殖户的积极性，遏制了肉牛存栏量的减少趋势，肉牛数量逐步增加，如表 4-1 所示，1980 年日本肉牛存栏量为 215.7 万头，1990 年增加到 270.2 万头。

20 世纪 90 年代，根据日美贸易协定，日本开放牛肉市场，约定 1991 年 4 月开始把牛肉进口关税由 25% 的关税调低到 17.5%、1993 年调低到 12.5%，而且规定紧急进口限制措施不得超过 3 年。这些措施导致日本牛肉市场价格全面下跌，其中高档和牛价格下跌了 26%，和美国进口牛肉竞争较为激烈的乳肉牛价格下跌了 43%。在此期间，日本小规模肉牛养殖户快速退出肉牛产业，日本肉牛饲养户数量 1990 年为 23.2 万户，2019 年仅剩 4.6 万户。同期，日本牛肉消费量从 109.5 万吨增加到 133.9 万吨，但国产牛肉供给量由 55.5 万吨减少到了 47.1 万吨，牛肉重量自给率从 50.7% 下降到了 35.1%，热量自给率下降到 9.0%。目前，日本国产牛肉主要用于高档餐厅和家庭消费，进口牛肉主要用于普通餐厅和加工消费。另外，日本积极开拓国外市场，2019 年出口高级牛肉约 0.6 万吨，较 2010 年增加了 4 倍。

表 4-1　日本肉牛养殖户的数量、肉牛存栏量和户均存栏量变化

年份	养殖户（万户）	存栏量（万头）					户均存栏量（头）
		合计	肉用牛			肉奶牛	
			小计	育肥牛	繁育母牛		
1960	203.1	234.0	—	—	—	—	1.2
1970	90.2	178.9	—	—	—	—	2.0
1980	36.4	215.7	146.5	—	—	69.2	5.9
1990	23.2	270.2	166.4	70.1	68.7	103.8	11.6
2000	11.7	282.3	170.0	73.3	63.6	112.4	24.2
2010	7.4	289.2	192.4	84.4	68.4	96.8	38.9
2018	4.8	251.4	170.1	73.7	61.0	81.3	52.0
2019	4.6	252.3	173.4	75.3	62.6	76.9	58.2

资料来源：農林水産省. 令和元年畜産統計—肉用牛飼養戸数頭数累年統計 [DB/OL]. （2020-01-31）[2021-03-15]. https：//www. e-stat. go. jp/stat-search.

二、产地分布

役牛转为肉牛之后，日本肉牛产地分布相应发生变化。役畜时期其分布遍及广大农村，普遍采取"一户一牛"的分散式养殖，转为肉牛养殖之后，出现了肉牛的专业化、商品化生产，精饲料依赖进口，规模扩大，生产趋向集中，养殖范围显著缩小。目前，日本肉牛养殖主要集中在草场相对丰富的九州地区和北海道地区。2019 年九州地区肉牛存栏量为 91.4 万头，占肉牛总存栏量的 36.5％，位居全国第一；其次是北海道地区，肉牛存栏量为 51.3 万头，占肉牛总存栏量的 20.5％；东北地区位居第三，肉牛存栏量为 32.7 万头，占肉牛总存栏量的 13.1％。

三、经营情况

二战以来，日本肉牛户均饲养规模持续扩大。如表 4-1 所示，1960 年日本肉牛存栏量为 234.0 万头，养殖户 203.1 万户，户均肉牛存栏量只有 1.2 头。2019 年肉牛存栏量增加到 252.3 万头，养殖户数量减少到 4.6 万户，但

户均存栏量增加到了 58.2 头。

从不同养殖规模养殖户分布来看（表 4 - 2），2001—2018 年，日本各经营规模层的养殖户数量都有不同程度的减少。但从占养殖户总数的比重来看，1～4 头和 5～9 头规模层的养殖户比重显著下降，分别减少了 18.0 个和 3.1 个百分点，而同期 20～49 头规模层增加了 7.1 个百分点，为 17.4%；50～99 头规模层增加了 4.7 个百分点，为 8.5%；100～199 头规模增加了 2.2 个百分点，为 4.7%；超过 200 头规模层增加了 2.6 个百分点，为 4.9%。

表 4 - 2 日本不同经营规模肉牛养殖户数量分布

单位：户

年份	合计	1～4 头	5～9 头	10～19 头	20～49 头	50～99 头	100～199 头	超过 200 头
2001	109 700	46 000	26 100	16 700	11 330	4 200	2 810	2 560
2010	74 000	24 300	18 000	12 400	10 300	4 050	2 480	2 510
2018	48 000	12 400	9 620	9 480	8 070	4 150	2 090	2 210

资料来源：農林水産省. 令和元年畜産統計—肉用牛飼養戸数頭数累年統計［DB/OL］.（2020 - 01 - 31）［2021 - 03 - 15］. https：//www. e-stat. go. jp/stat-search.

随着户均存栏量的增加，较小规模的养殖户已经难以维持生计。如表 4 - 3 所示，2018 年，日本肉牛养殖平均净利润为 480.1 万日元，但经营规模不足 10 头和 10～29 头的净利润分别只有 108.2 万日元和 270.4 万日元，远远低于平均收入水平。只有经营规模超过 30 头的养殖户收入才能超过平均水平，且经营规模越大净利润越高，30～49 头经营规模层的净利润为 611.8 万日元，50～99 头经营规模层为 934.0 万日元。且随着经营规模扩大，劳动生产率显著提升，超过 200 头经营规模层的养殖户每小时人均收入为 3 564 日元，是经营规模不足 10 头养殖户的 4.4 倍。

表 4 - 3 日本不同经营规模的肉牛经营效益对比（2018 年）

单位：万日元、日元/小时

科目	平均	不足 10 头	10～29 头	30～49 头	50～99 头	100～199 头	超过 200 头
净利润	480.1	108.2	270.4	611.8	934.0	1 562.4	1 950.4
总产值	2 479.8	326.3	992.6	2 272.5	3 892.8	8 066.6	20 261.7
总成本	1 999.7	218.1	722.2	1 660.7	2 958.8	6 504.2	18 311.3
人均收入	1 734	812	1 053	1 891	2 170	2 621	3 564

资料来源：農林水産省. 畜産統計—全国肉用牛飼養頭数規模別経営全体—経営の概況と分析指標［DB/OL］.（2020 - 04 - 24）［2021 - 01 - 10］. https：//www. e-stat. go. jp/stat-search.

第三节　牛奶产业

一、生产情况

牛奶是日本居民膳食中最重要的食品。1877 年日本从美国引进娟姗牛，在千叶县下总牧场养殖，奶业作为新兴产业开始在日本发展。1888 年，东京和大阪等大城市附近出现了小规模牧场开展鲜奶宅配，另外在牧草较为丰富的地区也出现了新的牧场，逐渐形成了城市近郊产区和草原产区两种截然不同的经营模式。1942 年日本政府首次将奶牛数量纳入国家统计，当年奶牛存栏量为 22.2 万头。二战期间日本奶业发展受挫，养殖户减少，奶牛存栏量和牛奶供给量都出现大幅度萎缩。

二战之后，日本实行"奶业振兴政策"，并颁布了一系列法律法规和融资贴息政策推进奶业发展。1955 年，日本奶牛存栏量超过 100 万头。1961 年，日本颁布《农业基本法》，把奶业列为重点扶持对象。1965 年，出台《加工原料奶生产者补贴措施法》（1965 年法律第 112 号），防止奶价波动损害奶农利益。如表 4-4 所示，1960—1970 年，日本奶牛存样栏量由 82.4 万头增加到 180.4 万头，增幅为 119.2%；户均养殖规模从 2.0 头增加到了 5.9 头。但是这个时期，日本养殖规模不足 10 头的养殖户有 20.7 万户，养殖数量占成畜总数的 85.5%，小规模养殖户仍居多数。

表 4-4　日本奶牛养殖户数量、奶牛存栏量和户均存栏量变化

年份	养殖户（万户）	存栏量（万头）							户均存栏量（头）
		共计	成熟牛（2 岁以上）					青年牛（不足 2 岁的未泌乳牛）	
			合计	成母牛			后备牛		
				小计	泌乳牛	干乳牛			
1960	41.0	82.4	52.0	45.5	38.3	7.2	6.4	30.4	2.0
1970	30.8	180.4	119.8	106.0	88.5	17.5	13.8	60.7	5.9
1980	11.5	209.1	142.2	129.1	106.6	22.5	13.1	66.9	18.1
1990	6.3	205.8	—	128.5	108.1	20.5	—	—	32.5
2000	3.4	176.4	125.1	115.0	99.2	15.8	10.1	51.3	52.5
2010	2.2	148.4	102.9	96.4	83.0	13.4	6.6	45.5	67.8
2018	1.6	132.8	90.7	84.7	73.1	11.6	6.0	42.1	84.6
2019	1.5	133.2	90.1	83.9	73.0	11.0	6.1	43.1	88.8

资料来源：農林水産省. 畜産統計調査—乳用牛飼養戸数頭数累年統計 [DB/OL]. (2020-01-31) [2021-01-10]. https：//www.e-stat.go.jp/stat-search.

进入 20 世纪 70 年代，国外乳制品大量涌入日本市场，日本牛奶出现过剩，产业发展陷入萎缩。1971—1999 年，日本奶牛存栏量由 185.6 万头减少到 181.6 万头，下降了 2.2%；养殖户数量由 27.9 万户减少到 3.5 万户，下降了 87.5%。这个时期，日本调整奶业结构，一方面限制盲目增产，另一方面提升集约化养殖水平，同期奶牛的养殖规模由 6.6 头/户增加到 51.3 头/户，增幅达到 677.3%。

1999 年，日本颁布《食物农业农村基本法》，在广泛应用新产品、新技术的基础上扩大国内奶牛养殖规模，同时加强了对奶业产销系统的监控。2000—2019 年，日本奶牛养殖户数量由 3.4 万户减少到 1.5 万户，奶牛存栏量由 176.4 万头减少到 133.2 万头，但同期的奶牛养殖规模由 52.5 头/户增加到 88.8 头/户。随着养殖技术的显著提升，目前日本乳牛产乳量和收益大幅度提升，2019 年平均产乳量达到 8 767 千克/头。

二、产地分布

奶牛对牧草地依赖性强，日本各地养殖条件不同，因而养殖方式有明显差异。一是草地酪农区，即草地条件好，饲料地多，牧草饲料地一般占旱地 80% 以上的地区。采取冬季舍饲、其他季节放牧的养殖方式，饲料以牧草为主，养殖规模也大。这类地区以北海道的根室、钏路、宗谷地区最为典型。二是旱作酪农区，即以旱地作物为主，牧草地为辅的地区。实行旱地作物与牧草的轮作制，饲料来源主要依靠种植青贮玉米，采取割草舍饲的方式，放牧时间较少，饲料以精饲料为主，饲草为辅，养殖规模较草地酪农区小。这类地区以北海道十胜、网走地区最为典型。三是在水田为主的地区，奶牛养殖较困难，只能依靠水旱作物轮作，发展复种，生产饲料作物。这种方式最早出现在北海道，目前在石川县加贺平原、中国地区濑户内海沿岸、北九州的福冈县和佐贺县等地都有发展。四是粗饲料不足地区，大多采取和附近牧草丰富地区订立合同代为养殖的方式，如爱知县知多地区和岐阜县山区、神奈川县和长野县山村，石川县加贺平原的水田酪农和新潟县山村等都签有此类协议。五是草地较多地区，饲料中的精饲料比重较低，是重要的仔畜产地。目前，日本繁殖用母牛以北海道为最多，其次为有历史传承、技术条件较好的安房半岛和淡路岛。

北海道是日本饲料、饲草地最集中的地区，也是日本奶牛存栏量最多的产地。2019年北海道的奶牛存栏量为80.1万头，占全国奶牛总存栏量的60.1%；养殖户数量为5 970户，占全国奶牛养殖户的39.8%；户均奶牛养殖规模相对较大，为134.2头，是日本全国平均饲养规模的2.3倍。其次是关东地区，奶牛存栏量为17.3万头，占全国奶牛总存栏量的13.0%；九州地区奶牛存栏量为10.5万头，占比为7.9%。北海道远离东京和大阪等主要消费市场，主要生产高温灭菌奶和乳制品，本州地区则借助区位优势主要生产利润率较高但储存时间较短的巴氏奶和特色乳制品。

三、经营现状

随着奶牛养殖户的持续减少，日本户均奶牛经营规模持续扩大。如表4-5所示，2018年奶牛养殖户15 100户，户均奶牛存栏量增加到88.8头，其中，2岁以上成年奶牛之中，经营规模30~49头的养殖户最多，达到3 810户，占养殖户总数的24.7%；其次是50~79头的养殖户，有3 140户，占20.4%；但两个经营规模层的养殖户数量都比2001年显著减少。与此相比，超过100头的养殖户由2001年的1 360户增加到了2018年的1 940户，占奶牛养殖户总数的比重也由4.3%提高到了12.8%，增加了8.5个百分点。

随着规模化养殖的发展，日本奶牛养殖户的净收入有所增加。2018日本奶牛养殖户户均总产值6 587万日元，总成本5 227万日元，净利润1 360万日元。与2005年相比，虽然总成本上涨了92.5%，但总产值增长了89.9%，净利润增加了607万日元。从不同经营规模的养殖户收入水平来看，规模化经营的劳动生产率更高，每小时收入随着经营规模扩大而增加，经营规模超过100头的养殖户每小时收入4 149日元，是经营规模1~19头的养殖户的4.4倍。2018年日本每头牛的平均收入是27.8万日元，其中经营规模30~50头的养殖户收入最高，达到33.1万日元，较平均收入高出19.1%。但随着经营规模增大，单位奶牛收入呈现下降趋势，经营规模超过100头的养殖户每头牛收入为24.6万日元，是平均收入水平的88.5%。

表 4-5　日本不同经营规模成年奶牛的养殖户数量分布和经营效益对比

项目		合计	养殖规模					
			1～19 头	20～29 头	30～49 头	50～79 头	80～99 头	超过 100 头
养殖户分布（户）	2001 年	31 300	8 270	5 550	9 080	6 170	840	1 360
	2010 年	21 200	4 870	3 120	5 880	4 210	1 240	1 860
	2018 年	15 100	2 900	2 160	3 810	3 140	1 120	1 940
2018 年经营效益（万日元）	净利润	1 360	309	629	1 296	1 766	2 466	3 877
	总产值	6 587	1 721	3 208	5 420	8 095	11 957	21 274
	总成本	5 227	1 412	2 579	4 124	6 328	9 490	17 397
	每小时收入（日元）	2 509	947	1 410	2 272	3 438	2 713	4 149
	每头牛收入	27.8	26.4	25.6	33.1	28.3	27.6	24.6

注：统计对象为 2 岁以上成年奶牛，不含犊牛数量和科研院所、大专院校实验用牛数量。

资料来源：農林水産省．畜産統計—乳用牛成畜頭数規模別飼養戸数累年統計［DB/OL］．（2020-01-31）［2021-01-10］．https：//www.e-stat.go.jp/stat-search.

農林水産省．畜産統計—全国（搾乳牛飼養頭数規模別）（経営全体）—経営の概況と分析指標［DB/OL］．（2020-04-24）［2021-01-10］．https：//www.e-stat.go.jp/stat-search.

四、鲜奶和乳制品

近年来，日本奶牛存栏量持续减少，牛奶产量逐年下降。1999—2019 年，日本鲜奶产量从 851.3 万吨减少到 736.2 万吨，降幅为 15.6%。从产地分布来看，北海道地区拥有广大的牧场，牛奶生产成本相对较低，2019 年为 87.0 日元/千克，低于全国平均成本 5.9%，而都府县地区为 99.4 日元/千克，高于全国平均成本 7.5%。因此，拥有价格优势的北海道牛奶产量从 366.7 万吨增加到了 409.2 万吨，占鲜奶总量的比重由 43.1% 上升到 55.6%。但受到运输距离影响，北海道牛奶之中有 84% 用于乳制品加工，只有 16% 用于鲜奶消费。而都府县地区用于鲜奶消费的比重高达 91%，用于乳制品加工的比重仅有 9%。

日本鲜奶和乳制品需求量快速增长，1960—2019 年，消费量由 217.6 万吨增加到了 1 258.0 吨，年人均消费量从 22.2 千克增加到了 95.4 千克，但是和欧美国家相比还有一定差距，仅为美国的 34.0%、英国的 34.9%、德国的 26.7%[①]。日本牛奶消费中的进口量为 522 万吨，热量自给率为 58.5%。日本

---

① 美国、英国和德国数据为 2017 年统计。

国产牛奶主要用于鲜饮和乳制品加工。近年来，由于乳饮料市场的快速发展，特别是 2014 年发酵乳作为功能性食品投入市场以来，家庭需求显著提升，刺激日本鲜奶市场规模缓慢增长。2019 年鲜奶消费量增加到 400 万吨，占总产量的 54.3%，其余的鲜奶主要用于生产脱脂奶粉、黄油、鲜奶油和奶酪等乳制品。进口奶基本上是乳制品。日本为了防止进口乳制品冲击本国市场，一方面采取了国有贸易和关税调节的方式减少进口，另一方面制定了《加工原料奶生产者补贴制度》，对被用作乳制品加工原料的本国鲜奶提供补贴，仅 2019 年中央财政补贴了 368 亿日元。

日本黄油和脱脂奶粉消费量较为稳定，长期维持在 150 万吨左右，2014 年为 154 万吨，2019 年略有增加，达到 159 万吨。2020 年受新冠肺炎疫情影响，校餐等鲜奶需求减少，部分牛奶被加工成了乳制品，2020 年第一季度黄油和脱脂奶粉消费量较上年同期分别增长了 12.8% 和 10.0%，达到近 5 年最高值。随着日本饮食习惯逐渐西化，奶酪需求量持续上升，年人均消费量从 2013 年的 2.2 千克增加到 2019 年的 2.7 千克。2019 年日本有 40 万吨牛奶用于加工奶酪，但远远满足不了消费需求，还从欧盟、新西兰、澳大利亚和美国进口了 373 万吨，占日本奶酪总消费量的 90.3%。

第四节 生猪产业

一、生产情况

日本的生猪养殖历史不长，发展较慢，直到 1937 年全国生猪存栏量不足 100 万头。进入经济高速发展时期，日本的肉类需求量增长，由于生猪仅以精饲料即可喂养，不受牧草地条件限制，因此，生猪产业发展迅速，如表 4-6 所示，1960 年日本生猪存栏量达 191.8 万头。1961 年，日本颁布《稳定畜产经营相关法律》（1961 年法律第 183 号），引入目标价格制度，在标准市场价格低于标准生猪生产成本时，由中央财政补贴 90% 差额的方式减少养殖户的损失，稳定了产业发展。这个时期，日本生猪产业开始由千家万户的小农户分散养殖向规模化、机械化的养猪大户和公司养殖模式转型发展。20 世纪 70 年代之后，生猪产业快速发展，1970 年存栏量为 633.5 万头，1990 年增加到 1 181.7 万头。20 世纪 90 年代受到进口猪肉冲击，日本生猪存栏量有所减少。进入 20 世纪，受到疯牛病和禽流感的影响，牛肉和鸡肉消费增长迟缓，猪肉作为替代品需求量增加，但因为缺乏价格优势，日本生猪产量不但没有增加反而有所减少。2019 年日本猪肉总消费量达 185.6 万吨，较 2000 年增长了 21.3%；进口猪肉达到 95.3 万吨，较 2000 年增加了 46.4%，占日本猪肉消费量的 51.3%。然而，日本生猪存栏量减少到 915.6 万头，是 1990 年的 77.5%，同期，日本生猪重量自给率下降到 49%。

表 4-6　日本生猪养殖户数量、生猪存栏量和户均存栏量变化

年份	养殖户 (万户)	存栏量（万头）					户均存栏量 (头)
		合计	后备母猪	种猪	育肥猪	其他	
1960	79.9	191.8	—	—	—	—	2.4
1970	44.5	633.5	—	—	—	—	14.3
1980	14.1	999.8	—	—	—	—	70.8
1990	4.3	1 181.7	—	—	—	—	272.3
2000	1.2	980.6	92.9	7.1	820.9	59.8	838.1
2010	0.6	976.8	90.2	5.2	818.6	62.9	1 625.3
2018	0.4	918.9	82.4	3.9	767.7	65.0	2 055.7
2019	0.4	915.6	85.3	3.6	759.4	67.3	2 119.4

資料来源：農林水産省. 畜産統計—豚飼養戸数頭数累年統計［DB/OL］. (2020-01-31)［2021-01-10］. https://www.e-stat.go.jp/stat-search.

日本生猪的商品化养殖历史较短，没有较好的自有猪种资源，主要依靠引进外来瘦肉型品种，目前，主要有杜洛克、大约克和长白猪等。据日本农林水产省资料显示，通过持续改良，日本杜洛克日均增重从 1995 年的 749 克增加到了 2015 年 924 克，但从生产效率来看仍然低于发达国家。例如，从年分娩次数来看，日本平均为 2.25 次，美国为 2.44 次，荷兰为 2.35 次。从每次产仔猪数量来看，日本为 10.1 头，美国为 11.0 头，荷兰为 13.0 头。因此，日本母猪每年的繁殖能力只有 22.7 头，是美国水平的 84.7% 和荷兰的 71.2%。

随着生猪养殖向集约化方向发展，日本生猪养殖基地分布发生变化。20 世纪 60 年代，日本生猪养殖主要集中在茨城县和千叶县等东京都附近地区，但因养殖规模扩大带来禽畜粪便处理和臭味等环保问题难以解决，只能逐渐迁移到偏远地区。从不同地区的生猪存栏量来看，九州地区是日本第一大生猪基

地，存栏量为 287.9 万头，占全国生猪存栏量的 31.4%。其次是关东东山地区，存栏量 235.2 万头，占比 25.7%。第三位是东北地区，存栏量 149.2 万头，占比 16.3%。

二、经营情况

20 世纪 60 年代以来，日本生猪养殖规模逐年扩大。1960 年户均生猪存栏量只有 2.4 头，2019 年增加到了 2 119.4 头。如表 4 - 7 所示，2001—2018 年，1 999 头以下的各经营规模层养殖户数量均有不同程度的减少，但 2 000 头以上的养殖户数量由 840 户增加到了 1 030 户，增长了 22.6%。从不同经营规模养殖户占养殖户总数的比重变化来看，不足 999 头的养殖户占比显著下降，而 1 000～1 999 头经营规模层的养殖户占比从 14.4% 增加到了 19.1%，2 000 头以上经营规模层养殖户占比从 9.6% 增加到了 26.1%。超过 2 000 头经营规模层的生猪存栏量为 666.4 万头，占育肥猪总量的 73.1%，其次是 1 000～1 999 头经营规模层，生猪存栏量为 118.0 万头，占 12.9%。

表 4 - 7　日本不同经营规模的育肥猪养殖户数量分布

单位：户

年份	总户数	1～99 头	100～299 头	300～499 头	500～999 头	1 000～1 999 头	超过 2 000 头
2001	8 720	1 600	1 780	1 260	1 990	1 260	840
2011	5 280	808	841	631	1 050	983	973
2018	4 080	533	530	405	798	789	1 030

资料来源：農林水産省．畜産統計—肥育豚飼養頭数規模別飼養戸数累年統計 [DB/OL]．(2020 - 01 - 31) [2021 - 01 - 10]．https：//www.e-stat.go.jp/stat-search.

从不同经营规模的经营收益来看（表 4 - 8），2018 年日本生猪养殖纯利润为 1 069.1 万日元，远远高于日本农户平均收入水平。随着经营规模的扩大，生猪养殖的劳动生产率显著提升，超过 2 000 头经营规模层每小时收入为 5 531 日元，是不足 300 头经营规模层收入的 15.3 倍。另外，每百头生猪养殖的平均收入为 60.5 万日元，其中 1 000～1 999 头经营规模层效率最高，为 63.3 万日元，而超过 2 000 头经营规模层由于机械折旧等费用的增加，收入反而下降到 59.9 万日元，低于平均收入水平。

表 4-8　日本不同经营规模的育肥猪经营效益对比（2018 年）

单位：万日元、日元/小时

科目	平均	不足 300 头	300~999 头	1 000~1 999 头	超过 2 000 头
净利润	1 069.1	86.6	711.2	1 532.7	3 382.4
总产值	6 725.2	11 173.0	4 432.8	9 523.6	20 345.6
总成本	5 656.1	1 030.7	3 721.6	7 990.9	16 963.2
每小时收入	2 554	362	1 619	3 169	5 531
每百头收入	60.5	31.4	62.0	63.3	59.9

资料来源：農林水産省．畜産統計—全国（肥育豚飼養頭数規模別）（経営全体）—経営の概況と分析指標［DB/OL］．（2020-04-24）［2021-01-10］．https：//www.e-stat.go.jp/stat-search．

第五节　养鸡产业

日本古代养鸡多用于观赏娱乐，以采卵为目的的养殖开始于明治维新之后。当时农民把养鸡作为副业，用碎米、杂壳、糠等作为饲料，以取卵和获取鸡粪制作农家肥为目的。养鸡规模不大，一般只有 20~30 只。二战之后，日本养鸡仍然以家庭散养为主，少有笼养，产蛋也较低，平均每只母鸡年产 150 枚左右。这种饲养模式与种植业结合紧密，鸡首先是做产蛋用，淘汰后作为肉用。1948 年日本成立家禽协会，协调推动养鸡产业发展。1955 年日本从美国引入笼养系统并开始机械化养殖。这个时期日本各地相继建立起了饲料工厂，配合饲料迅速普及推广，进口饲料增多，养鸡产业快速发展，各地相继出现了万羽养鸡场。

20 世纪 60 年代，日本积极引进国外先进技术提升饲养效率。1962 年，日本大规模推广平养鸡舍并出现无窗鸡舍。1963 年引进国外鸡种，出现自动捡蛋机。这一时期在爱知县—宫市出现了大规模养鸡基地，在 15 公顷土地上建立了配合饲料工厂、肉鸡处理场、鸡粪处理场、雏鸡育成场、鸡病防疫及相关管理机构，推动了养鸡业向专业化、规模化方向发展。养鸡业的快速发展引起工商资本高度关注，在太平洋工业地带，城市郊区，地价低、工资低的北海道，东北、九州等边远地区先后出现了大规模的养殖基地，养鸡产业得到空前发展，生产规模越来越大。20 世纪 70 年代养鸡产业成为独立的产业部门，蛋鸡养殖和肉鸡养殖完全被分开，并相继培育出了专用品种，如"农林 101"（蛋鸡）和"农林 501"（肉用），促进了两个产业的稳定发展。

一、蛋鸡产业

20 世纪 70 年代，日本蛋鸡产业进入快速发展阶段（表 4 - 9）。1970 年蛋鸡养殖户 170.3 万户，存栏量 16 978.9 万羽。1988 年创历史最高纪录，为 19 040.2 万羽。之后受到人口老龄化、消费多样化等问题影响，蛋鸡存栏量逐年减少，2019 年存栏量减少到 18 491.7 万羽。但是，同期日本蛋鸡的户均经营规模显著扩大，虽然养殖户数量由 170.3 万户减少到了 0.2 万户，但户均存栏量由 70 羽增加到了 66 883 羽。其中，经营规模 1 万～4.9 万羽母成鸡的养殖户数量最多，为 598 户，占总养殖户数量的 28.5％，蛋鸡存栏量占全国蛋鸡存栏量的 10.3％；而超过 10 万羽经营规模的养殖户虽然只有 329 户，占总养殖户数量的 8.2％，但蛋鸡存栏量占全国蛋鸡存栏量的比例高达 76.0％。

表 4 - 9　日本蛋鸡养殖户数量、蛋鸡存栏量和户均存栏量变化

年份	养殖户（万户）		存栏量（万羽）				户均存栏量（羽）
	合计	蛋鸡（不含种鸡专业户）	合计	蛋鸡（除种鸡）		种鸡	
				小计	母成鸡		
1965	324.3	322.7	12 019.7	11 422.2	8 809.3	597.5	27
1970	170.3	169.6	16 978.9	16 076.0	11 820.1	902.9	70
1981	18.8	18.7	16 471.6	15 503.2	12 182.2	968.4	653
1990	8.7	8.7	18 741.2	17 698.0	13 696.1	1 043.2	1 583
2000	0.5	0.5	18 738.2	17 846.6	14 036.5	891.6	28 704
2011	0.3	0.3	17 854.6	17 591.7	13 735.2	262.9	46 878
2016	0.3	0.2	17 573.3	17 334.9	13 456.9	238.4	55 151
2018	0.2	0.2	18 435.0	18 195.0	13 903.6	240.0	63 198
2019	0.2	0.2	18 491.7	18 236.8	14 179.2	254.9	66 883

注：1991 年至 1997 年数据不包括不足 300 羽的母成鸡养殖户；1998 年之后数据不包括不足 1 000 羽的母成鸡养殖户。

资料来源：農林水産省. 畜産統計—採卵鶏飼養戸数羽数累年統計 [DB/OL]. （2020 - 01 - 31）[2021 - 01 - 10]. https：//www.e-stat.go.jp/stat-search.

受到运输成本等因素影响，日本蛋鸡基地主要集中在消费地附近。2019 年关东地区共有蛋鸡养殖户 522 户，占日本蛋鸡总养殖户数量的 24.6％；蛋

鸡存栏量 4.8 亿羽，占日本蛋鸡总存栏量的 26.4%。其次是九州地区，有蛋鸡养殖户 415 户，占日本蛋鸡总养殖户的 19.6%；蛋鸡存栏量 2.4 亿羽，占日本蛋鸡总存栏量的 13.6%。

2018 年日本户均蛋鸡生产成本 4 845.6 万日元，总产值 5 181.4 万日元，净利润 335.8 万日元。其中，经营规模 1 万～2.9 万羽的养殖户净利润为 528.1 万日元，基本和全国蛋鸡饲养平均收入水平持平。超过 3 万羽经营规模层的收入为 738.4 万日元，高于全国平均收入水平 39.8%。

从每百羽蛋鸡收入水平来看，随着经营规模扩大净利润呈现下降趋势。2018 年每百羽蛋鸡平均净利润 2.2 万日元，其中不足 1 万羽经营规模的净利润最高，为 3.6 万日元，超过 3 万羽经营规模的净利润只有 1.5 万日元，是全国平均净利润的 68.2%。

日本蛋鸡经营成本中占比最高的是饲料成本。2018 年户均饲料成本 2 969.5 万日元，占总成本的 61.3%。蛋鸡配合饲料的原料大部分依靠进口，其中玉米用量最多，占配合饲料的 60% 左右。与欧洲多把麦类用作鸡饲料不同，日本蛋鸡的蛋白主要来源于豆粕，用量在 10% 左右，鱼粉配合率达到 3%～5%，其中大部分需要进口，因此，2019 年蛋鸡饲料自给率只有 12%。

二、肉鸡产业

日本肉鸡产业发展较为缓慢，二战前后主要是把淘汰后的蛋鸡当作肉鸡销售。肉鸡最适于机械化生产，可以在孵化后 70 天内生产出几乎同样重量和大小的肉鸡，因此发展速度很快。20 世纪 50 年代，"企业＋农户"模式，即企业供饲料并统一销售肉鸡的方式成为主流，促进了肉鸡产业发展，这个时期户均蛋鸡经营规模为 500～1 000 羽。20 世纪 70 年代，在引进国外种鸡的基础上，日本用白考尼什与白洛克杂交，培育出"农林 502"，这种肉鸡具有抗病性强、饲料利用率高、易管理、增重快、净肉率高、肉质好等特点，极大地促进了日本肉鸡产业发展。如表 4-10 所示，2013 年日本肉鸡养殖户有 2 420 户，肉鸡存栏量 13 162 万羽，户均存栏量为 5.4 万羽；2019 年肉鸡养殖户虽然减少到 2 250 户，但肉鸡存栏量略增到 13 823 羽，户均存栏量增加到了 6.1 万羽。

表 4 - 10　日本肉鸡产业发展情况

年份	养殖户数量（户）	存栏量（万羽）	户均存栏量（万羽）	出栏户数（户）	出栏数（万羽）	户均出栏量（万羽）
2013	2 420	13 162	5.4	2 440	64 978	2.44
2014	2 380	13 575	5.7	2 410	65 244	2.41
2016	2 360	13 440	5.7	2 360	66 744	2.36
2017	2 310	13 492	5.8	2 320	67 771	2.32
2018	2 260	13 878	6.1	2 270	68 928	2.27
2019	2 250	13 823	6.1	2 260	69 534	2.26

注：不包括出栏数量不足 3 000 羽的养殖户；2015 年因进行农林水产普查，未开展调查。

资料来源：農林水産省. 畜産統計—採卵鶏飼養戸数羽数累年統計［DB/OL］.（2020 - 01 - 31）［2021 - 01 - 10］. https：//www.e - stat.go.jp/stat - search.

　　从饲养基地分布来看，九州地区是日本肉鸡最大产地，2019 年养殖户 1 120 户，占日本肉鸡总养殖户数量的 49.6%；出栏肉鸡 3.4 亿羽，占日本肉鸡出栏量的 48.7%。其次是东北地区，有养殖户 485 户，出栏肉鸡 1.7 亿羽，占日本肉鸡出栏量的 24.5%。

　　从不同经营规模的肉鸡养殖户分布情况来看，出栏量 10 万~19.9 万羽养殖户最多，为 692 户，占肉鸡总养殖户数量的 30.8%；出栏量 1.1 亿羽，占肉鸡总出栏量的 15.3%。出栏 50 万羽以上的养殖户虽然只有 282 户，但出栏量为 3.2 亿羽，占肉鸡总出栏量的 46.2%。

　　2019 年日本肉鸡户均经营成本为 10 705.4 万日元，总产值 12 065.4 万日元，纯利润 1 360.0 万日元。由于肉鸡经营所需要的周转资金巨大，小农户完全无法承担，已经基本退出了肉鸡产业，目前以规模化养鸡公司为主。不同经营规模的肉鸡经营收益有所差异，经营规模越大，每万羽经营收益也就越高，其中超过 20 万羽经营规模层的养殖户收入为 54.6 万日元，比不足 10 万羽经营规模层的养殖户收入高出 2.2%。

第五章 CHAPTER 5
日本渔业 ▶▶▶

　　日本是传统的渔业大国，也是渔业强国，2018 年渔业总产量 442.1 万吨，占全球渔业产量的 2.1%，仅次于中国、印度尼西亚、印度、越南、智利、欧盟、俄罗斯和美国，居全球第九位。日本是全球第一大水产品消费国，年人均水产品消费量 45.9 千克，是中国的 1.2 倍、美国和欧盟的 2 倍。另外，日本渔业在国民经济中具有重要地位，2019 年日本渔业从业人员 18.0 万人，占日本 15 岁全产业从业人员的 0.2%，渔业产值 14 676 亿日元，占全国农业总产值的 13.6%。本章首先阐述日本渔业发展历程，总结各个时期渔业发展面临的问题和主要政策。其次在介绍日本渔业资源特征基础之上，分别阐述了日本海洋渔业、淡水捕捞业和养殖业的发展现状。最后从渔船结构、经营主体结构等维度分析了日本渔业经营结构变化情况。

第一节　渔业发展历程

　　日本渔业历史悠久，可以追溯到绳文时代（公元前 12000 年至公元前 300年）。在产生农业和畜牧业之前，日本人的祖先已经开始在沿海地区捕捞鱼类和贝类食用。镰仓时代，日本形成了渔村雏形，鱼类、贝类和海藻等水产品被作为贡品敬献给天皇。室町时代（1336—1573 年），伴随着城市的形成和货币制度的不断完善，近海渔业兴起并逐渐商业化。进入江户时代，渔业从业人员逐渐专业化，形成了专业渔村，干制海参、鲍鱼和鱼翅开始大量出口，并在大阪附近形成了早期的水产交易市场。随着水产品需求量的增加，东京和大阪等大城市的水产流通业也得到了发展，出现了专职销售水产品的批发商。另外，在纪伊半岛和九州西北部的沿岸出现了商业捕鲸活动。

明治维新之后，日本积极发展商品经济，近代渔业得到空前发展。1877年，日本在内务省劝农局设置水产科，施行全国统一的渔业政策。1886年制定了《渔业合作组织准则》，要求以渔村为单位设立渔业协同组合，共同管理渔场，协调渔民及渔业组织之间的利益关系。1901年颁布《渔业法》，从法律上明确了渔业权的法律关系，促进渔民开展渔业经营活动。这个时期，随着欧洲拖网渔业、新式捕鲸技术和造船技术的引进，日本渔船由木帆船发展为动力渔船，加上纺织业的快速发展，为渔业生产提供了优质棉麻网具，日本的捕鱼能力得到显著提升。1936年日本渔业总产量达到433万吨。二战期间，日本大型渔船和渔民被军队征用，大量的渔船在战争中被损毁，征兵导致渔业劳动力严重不足，加上石油燃料匮乏，渔业生产几乎处于崩溃，1945年日本渔业总产量下降到了1937年的约40%。

二战之后，日本政府大力扶持渔业发展，增加渔船数量，提高产量。日本渔船活动范围逐渐扩大到东海、黄海以及太平洋东北部渔场，渔业得到快速恢复。1955年，日本动力渔船增至21.7万艘，渔业总产量达491万吨。20世纪60年代，随着近海渔业和远洋渔业的快速发展，日本渔业进入高速增长时期。如表5-1所示，1960年日本渔业总产量增加到629.3万吨，1972年突破1000万吨大关，跃居世界首位。这一时期日本渔业大发展的主要原因：一是渔船吨位、性能方面的全面提升。100吨级以上的渔船增多，由1955年的770艘增加到了1970年的2788艘，增长2.6倍。二是捕获范围扩大，加快向近海和远洋发展。20世纪60年代，日本渔船广泛活动于世界主要捕鱼区，远洋渔业的渔获量从1956年的80万吨增加到1970年的342.9万吨，增长3.2倍。三是重视水产科学研究。日本加大产学研协同发展，把大量现代工业技术应用到渔业生产，大大提升了渔业作业效率。

表5-1　日本渔业发展情况

单位：万吨

年份	总计	海洋渔业						淡水渔业		
		合计	捕捞				养殖	合计	捕捞	养殖
			小计	远洋	近海	沿岸				
1960	629.3	620.3	591.8	141.0	251.5	199.3	28.5	9.0	7.4	1.6
1970	931.4	914.6	859.7	342.9	327.9	188.9	54.9	16.8	11.9	4.9
1980	1 112.2	1 090.0	990.9	216.7	570.5	203.7	99.2	22.1	12.8	9.4

（续）

年份	总计	海洋渔业							淡水渔业		
		合计	捕捞					养殖	合计	捕捞	养殖
			小计	远洋	近海	沿岸					
1990	1 105.2	1 084.3	957.0	149.6	608.1	199.2		127.3	20.9	11.2	9.7
2000	638.4	625.2	502.2	85.5	259.1	157.6		123.1	13.2	7.1	6.1
2010	531.3	523.3	412.2	48.0	235.6	128.6		111.1	7.9	4.0	3.9
2018	442.1	436.4	335.9	34.9	204.2	96.8		100.5	5.7	2.7	3.0
2019	419.6	414.3	322.8	32.9	197.0	92.9		91.5	5.2	2.2	3.1

资料来源：水产厅. 海面渔業生産統計調査—令和元年渔業養殖業生産統計［DB/OL］. (2021 - 03 - 08) ［2021 - 03 - 10］. https：//www.e-stat.go.jp/stat-search.

20 世纪 70 年代以来，世界各国先后宣布实行 200 海里排他性专属经济水域制度，1977 年日本颁布《关于渔业水域临时措施法》（1977 年法律第 31 号），加入了该体制。1982 年《联合国海洋法公约》正式认可海洋沿岸各国设立 200 海里经济专属区的权力。各国以此作为保护水产资源的依据，进一步强化对区域渔业资源的管理，导致日本远洋渔业不能像过去那样在世界各地任意捕捞。同时，其他国家远海渔业的发展加剧了与日本的竞争，而受到世界石油危机冲击，日本改建了大量节油型渔船，造成几乎所有捕捞工具的成本提高。这个时期日本渔业全面萎缩，2000 年渔业总产量下降到了 638.4 万吨，是 1980 年的 57.4%。同期远洋渔业渔获量由 216.7 万吨下降到 85.5 万吨，减少了 60.5%，占渔业总产量的比重由 19.5% 下降到 13.4%。

2001 年，日本颁布《水产基本法》（2001 年法律第 89 号），施行与《联合国海洋法公约》相对应的渔业政策，保障水产品的稳定供给和渔业稳健发展。日本依据《联合国海洋法公约》规定，开始对秋刀鱼、明太鱼、竹荚鱼、沙丁鱼、青花鱼、松叶蟹和枪乌贼 7 类鱼类施行 TAC 制度[①]。由于这 7 类水产品是渔获量最多、经济价值最高的品种，也是日本周边海域外国渔船捕获最多的品种，随着可捕获数量受到限制，竞争较为激烈，导致日本渔业发展出现衰退，进口水产品数量快速攀升。2019 年日本渔业总产量减少到 419.6 万吨，

---

① Total Allowable Catch System 的简称，是根据某一水域的特定鱼类资源状况，在特定时间内允许捕捞总渔获量的保护和管理渔业资源的措施，一旦渔获量累计达到设定允许的渔获量最大值（即 TAC），就开始在当年全面禁止捕捞该种类的渔业资源。

是 2000 年的 65.7％。同期，进口量增加到 421.0 万吨，占全国总消费量的比重上升到了 58.2％。

第二节 渔业资源

一、渔场分布

日本拥有天然富饶的渔业资源。日本四面环海，由 6 800 多个岛屿构成，主张的专属经济水域面积约 400 万千米^2，排世界第六位。日本周边的太平洋西北部水域和大西洋东北部海域、太平洋东南部海域是世界知名的三大渔场之一，该水域估算渔获量约 2 000 万吨，约占世界总渔获量的 20％。日本专属经济水域以生物多样性闻名于世，目前被确认的海洋生物达 33 629 种，占全世界海洋生物物种的 14％。

日本周边拥有众多优良渔场。一是特殊海流的存在。一方面，阿拉斯加和俄罗斯的河川流入太平洋后南下形成的亲潮营养盐极为丰富，春季日照时间长，浮游生物大量繁殖。另一方面，自赤道海域北上的黑潮营养盐浓度低，带来了多种在南方水域产下的鱼卵。亲潮和黑潮在日本周边的三陆冲和北海道东方冲交汇，形成"鱼的通道"，黑潮带来的鱼卵沿通道北上在营养丰富的水域生长，形成良好的渔场。二是拥有适宜鱼类生存的地理环境。北海道、东北地区和山阴地区沿岸有许多水深 200 米的大陆架，适宜鲆鲽类、蟹类生存；沿岸的日本海水域有大和堆台地和武藏堆台地，适宜底鱼生存；海流遇到台地泛起的涌流将海底丰富的营养盐浮上表层水面，促使浮游生物进一步繁殖，形成日本海的基础生产力。三是来自陆域的营养盐丰富。日本列岛地形复杂，喷火湾、陆奥湾、东京湾、三河湾、伊势湾、濑户内海、有明海和八代海等内湾拥有来自陆域的丰富营养盐，而且水深较浅，底层营养盐易浮上表层水面，孕育了丰富的水产资源。而且竹荚鱼、鲐鱼类、鰤鱼、鱿鱼和马鲛鱼等，多种鱼类都在东海产卵，这些鱼类的稚鱼被黑潮和对马海流带入日本近海生长。

二、渔港分布

日本四面环海，东临太平洋，西连日本海，南接东海，北靠鄂霍次克海，优越的岛国位置，为发展海洋渔业和水产养殖业提供了非常有利的条件。以三陆地区为代表的河口海岸和以濑户内海为代表的岛屿海岸等复杂的海岸线构成了许多天然良港。截至 2019 年日本拥有 3.5 万千米海岸线，平均每隔 12.6 千米海岸线就有一个渔港。这些渔港既是渔业生产基地，又是天然和人工水域以及陆地和港湾等设施的综合体。大部分渔港具备渔业经营的基本生产设施，担负着经营管理渔业的重要任务，并且与渔业部门有着密切的联系，渔港功能呈现多样化特点。

日本的渔港主要分布在本州岛的太平洋沿岸和日本海沿岸，北海道四周沿岸和九州岛西岸等。形成了北海道、东北地区和南部九州地区和中部关东地区的四大渔业基地。根据《渔港指定标准》（12 水港第 4566 号）规定，日本把渔港分为 4 种类型，截至 2020 年 4 月，共有渔港 2 790 个（表 5 - 2）。

表 5 - 2 日本渔港分布（2020 年）

单位：个

渔港种类	合计	分布地区						管理机构	
		本州	北海道	离岛	冲绳	奄美	小笠原	都道府县	市町村
第一类	2 052	1 447	167	353	72	30		277	1 775
第二类	525	403	38	78	7			331	194
第三类	101	76	18	7	1			96	5
特定第三类	13	13						12	1
第四类	99	31	20	37	7	5	2	99	
合 计	2 790	1 970	243	475	87	35	2	815	1 975

资料来源：水产厅．指定渔港数一览［DS/OL］．（2020 - 04 - 01）［2021 - 01 - 10］．https：//www.jfa.maff.go.jp/j/gyoko_gyozyo/g_zyoho_bako/gyoko_itiran/attach/pdf/sub81 - 151.pdf.

第一类渔港 2 052 个，大多是渔村性的小港。每个港口年平均卸货量 500 吨。这类港口大部分属于市町村政府管辖。

第二类渔港 525 个，比第一类渔港规模稍大，大多为沿岸渔业基地。使用效率比第一类渔港高，但没有达到全国范围使用的程度。这类渔港要求本地渔船超过 50 艘或本地渔船总吨位超过 500 吨，经常使用的渔船超过 25 艘或者经常使用的渔船总吨位超过 250 吨。

第三类渔港 101 个，使用范围波及全国，其中重要性较高的渔港被列为"特定第三类"渔港，有函馆、八户、气仙沼、石卷、盐釜、三崎、长崎、下关和博多等 13 个港口，均属都道府县政府管理。这类渔港要求当地渔船超过

140 艘或者当地渔船总吨超过 2 400 吨，年水产品吞吐量超过 5 000 吨或沿岸渔业超过 3 500 吨，拥有 2.5 米宽临港道路或铁道等设施的港口。

第四类渔港 99 个，是在孤岛、离岛或偏远地区，为开发渔场或渔船避风而设立的渔港。一般都由都道府县政府管理。

三、渔业主要品种

1984 年日本渔业总产量达到 1 282 万吨的高峰之后，产量持续减少。据日本水产厅资料显示（表 5-3），2018 年日本渔业总产量为 442.1 万吨，产值 15 579 亿日元。从主要品种结构的变化来看，2000 年以来，淡水渔业全面下滑，而海水渔业中绝大多数的水产品出现了不同程度的萎缩，其中柔鱼类下降速度最快，渔获量从 2000 年的 62.4 万吨减少到 2018 年的 8.4 万吨，下降 86.5%。只有少数鱼种的渔获量有所增加，例如远东拟沙丁鱼的渔获量由 2000 年的 15.0 万吨上升到了 2018 年的 52.2 万吨，增长 248%，另外，鲐鱼类、鰤鱼和鲷鱼类也分别增长了 56.6%、29.9% 和 4.2%。

表 5-3 日本主要水产品产量变化

单位：万吨

		2000 年	2005 年	2010 年	2015 年	2017 年	2018 年
	总计（A+B+C）	638.5	455.3	420.1	463.0	430.6	442.1
	合计（A）	502.2	445.7	412.2	349.2	325.8	335.9
	金枪鱼类	31.0	23.9	20.8	19.0	16.9	16.5
	旗鱼类①	—	1.9	1.8	1.5	1.3	1.2
	鲣鱼类	36.9	39.9	33.1	26.4	22.7	26.0
	鲑鳟鱼类	17.9	24.6	18.0	14.0	7.2	9.5
海洋渔业	沙丁鱼类	62.9	47.4	54.2	64.2	76.9	73.9
	远东拟沙丁鱼	15.0	2.8	7.0	31.1	50.0	52.2
	鳀鱼	38.1	34.9	35.1	16.9	14.6	11.1
	竹䇲鱼类	28.2	21.4	18.5	16.7	16.5	13.5
	鲐鱼类	34.6	62.0	49.2	53.0	51.8	54.2
	秋刀鱼	21.6	23.4	20.7	11.6	8.4	12.9
	鰤鱼	7.7	5.5	10.7	12.3	11.8	10.0
	鲆鱼	7.9	6.0	5.7	4.9	5.4	4.8
	鳕鱼	35.1	24.3	30.6	23.0	17.4	17.8

（续）

		2000 年	2005 年	2010 年	2015 年	2017 年	2018 年
海洋渔业	狭鳕	30.0	19.4	25.1	18.0	12.9	12.7
	远东多线鱼	16.5	41.0	8.4	1.7	1.8	3.4
	鲷鱼类	2.4	2.5	2.5	2.5	2.5	2.5
	柔鱼类	62.4	33.0	26.7	16.7	10.3	8.4
	枪乌贼	33.7	22.2	20.0	12.9	6.4	4.8
	扇贝	30.4	28.7	32.7	23.4	23.6	30.5
	其他	106.5	86.9	78.6	58.3	51.5	50.8
	合计（B）	123.1	121.2	111.2	106.9	98.6	100.5
养殖业	香梭鱼	13.7	16.0	13.9	14.0	13.9	13.8
	真鲷	8.2	7.6	6.8	6.4	6.3	6.1
	扇贝	21.1	20.3	22.0	24.8	13.5	17.4
	牡蛎类	22.1	21.9	20.0	16.4	17.4	17.7
	海带类	5.4	4.4	4.3	3.9	3.2	3.4
	裙带菜类	6.7	6.3	5.2	4.9	5.1	5.1
	海苔类	39.2	38.7	32.9	29.7	30.4	28.4
	其他	6.8	6.0	6.1	6.8	8.7	8.7
淡水渔业	合计（C＝a＋b）	13.2	9.6	7.9	6.9	6.2	5.7
	小计（a）	7.1	5.4	4.0	3.3	2.5	2.7
捕捞业	鲑鱼、鳟鱼	1.7	1.9	1.4	1.3	0.6	0.8
	香鱼	1.1	0.7	0.3	0.2	0.2	0.2
	鲤鱼②	0.4	—	—	—	—	—
	蚬类	1.9	1.3	1.1	1.0	1.0	1.0
	其他	1.9	1.5	1.1	0.8	0.7	0.7
	小计（b）	6.1	4.2	3.9	36	3.7	3.0
养殖业	虹鳟	1.5	1.2	0.9	0.8	0.8	0.7
	香鱼	0.9	0.7	0.6	0.5	0.5	0.4
	鲤鱼	10.1	0.4	0.4	0.3	0.3	0.3
	鳗鱼	2.4	1.9	2.1	2.0	2.1	1.5

注：①2005 年金枪鱼类被分为旗鱼和金枪鱼类分别统计；②2005 年之后不再统计淡水捕捞业的鲤鱼数据；"—"表示没有此统计数据。

资料来源：水产厅．令和元年漁業養殖業生産統計［DB/OL］．（2021－03－08）［2021－03－15］. https：//www.e-stat.go.jp/stat-search.

日本水产品自给率分为食用鱼介类自给率和鱼介类自给率，食用鱼介类自给率在 1964 年达到 113％的最高值，之后持续下降，近年在日本政府各种政策的推动下，降速有所减缓，2007 为 62％，2018 年下降到 59％。另外，2018 年的日本鱼介类自给率为 55％。

第三节　海洋渔业

一、远洋渔业

1897 年日本颁布《远洋渔业奖励办法》之后，日本渔业从沿岸向近海和远洋快速发展。20 世纪 60 年代至 70 年代中期，远洋渔业发展很快，1965 年远洋渔获量只占海洋渔获量的 27.1％，1970 年升至 39.5％。1973 年远洋渔获量达到约 400 万吨，占到日本渔业总产量的约 40％，在海洋渔业中占主要地位。1977 年随着美国、苏联等国设立 200 海里排他性经济水域，日本在国外捕鱼受到限制，不仅要纳税，而且受到捕获量的限制，仅 1977 年一年，日本在美国管辖海域内捕鱼 119 万吨，被征收的捕鱼税高达 17 亿日元，日本被迫减少在其他国家 200 海里内的捕鱼量，1974—1977 年，日本在其他国家 200 海里排他性经济水域内捕鱼量占海洋渔获量的比重由 43.7％下降到了 29.8％。

另外，由于在公海竞争愈发激烈，国际社会制定的各类条约也限制了日本远洋渔业发展。例如《大西洋金枪鱼保护国际条约》《北太平洋溯河性鱼类保护条约》等对捕获数量、禁渔和渔具等做出了限制，也导致日本远洋渔业衰退。1990 年日本远洋渔业的渔获量 149.6 万吨，占日本海洋总渔获量的 15.6％，2019 年渔获量降至 32.9 万吨，占比下降至 10.2％。为了解决远洋渔业中面临的困难，日本一方面积极开展渔业的外交活动，扩大和渔业资源丰富的非洲、南美洲国家合作，开展共同养殖和捕捞活动；另一方面，积极推动公海捕捞，开发世界海洋新渔区。但是，日本远洋渔场基本上在国外 200 海里排他性水域之内，当该国的渔业制度和捕捞配额变得严格时就需要通过谈判才能开展捕捞活动，因此远洋渔业不太可能进一步扩大规模。

目前日本远洋渔场主要分布在太平洋（330.8 万吨）、大西洋（3.1 万吨）和印度洋（2.1 万吨），其中最为主要的渔场有：

（一）太平洋西北部渔区

分布在北海道东北部，千岛群岛、堪察加半岛之间的海域，包括北纬 20°

以北、西经175°以西的海域，即鄂霍次克海、白令海等海域。该渔区是日本最主要的渔区，渔获量占到日本总渔获量一半以上，以鲣鱼、沙丁鱼、鳕鱼类渔获量为多，还有平蝶鱼、比目鱼、北方底鱼、鲑鱼、鳟鱼、鲱鱼、秋刀鱼、金枪鱼以及松叶蟹等螃蟹类。但是1995年受国际条约影响暂停了狭鳕捕捞。该水域的渔业作业方式繁多，主要有采用母船式作业的鲑鳟渔业以及捕蟹渔业、母船式底曳网、北方单拖、北洋延绳刺网和北太平洋松叶蟹等。

（二）太平洋中西部渔区

分布在黄海、东海和南海渔场，包括东经128°35′以西的东黄海区和北纬10°以北的南海区。该渔区大陆架面积很大，主要捕捞对象为底层鱼类，如金枪鱼、鲣鱼、旗鱼等，但多数鱼类寿命短、更替快，鱼的种类也很复杂，品质一般。2018年日本在此渔区年渔获量为22.2万吨。作业方式以远洋金枪鱼、鲣鱼围网（20.0万吨）和延网（0.8万吨）渔业为主。

（三）太平洋中部和南部渔区

分布在北美洲和南美洲西海岸（太平洋中东部和东南部），以及澳大利亚东海岸和新西兰周围海域（太平洋西南部）。近年，渔获量约为2万吨，主要鱼类有金枪鱼、旗鱼、鲣鱼和鲨鱼，还有一些尤须鳕、澳洲鳕、鲹类、鱿等。作业方式以远洋金枪鱼延网（1.8万吨）、竿钓渔业为主。

（四）太平洋东北部渔区

分布在阿拉斯加湾、北美大陆西北岸及阿留申群岛周围海域，包括北纬40°以北、西经175°以东的海域。1977年美国和加拿大实行200海里专属水域制度之后，日本在该渔区的渔获量逐渐减少。2018年日本在该区仅捕获82吨水产品，主要有鲉鱼和鲽类等。

（五）其他渔区

大西洋渔区分布在大西洋中东部（非洲西北岸）和东南部（非洲西南岸）。2018年渔获量为3.1万吨，主要有金枪鱼（1.8万吨）、鲨鱼、旗鱼、虾和海蟹等，作业方式以远洋金枪鱼延绳钓渔业为主。

印度洋渔区分布在红海、波斯湾、马达加斯加及各小岛周围，大陆架，面积共计 300 万千米^2，水产资源非常丰富，主要捕捞对象有金枪鱼、鲣鱼、旗鱼和鲨鱼等，作业方式以远洋底拖网、围网和延网为主。

二、近海渔业

近海渔业是使用 10～200 吨动力船在本国 200 海里排他性专属经济水域作业的渔业，是日本最为重要的渔业部门。20 世纪 70 年代至今近海渔业的渔获量占日本渔业总产量的比重始终超过 40%。但日本近海渔业的捕获对象大多是易捕获的鱼种，资源数量变动比较大。20 世纪 80 年代，由于鲐鱼类的减少，远东拟沙丁鱼成为近海渔业的主要鱼种。20 世纪 90 年代，远东拟沙丁鱼减少，竹荚鱼和秋刀鱼增加。1990 年近海渔业的渔获量达到 601.8 万吨之后，持续下降，2000 年减少到 259.1 万吨，占日本渔业总产量的比重下降到了 40.6%。近年，日本近海渔业的捕捞渔种呈现出多样化发展趋势，鲐鱼和远东拟沙丁鱼虽然数量有所恢复，但占近海渔业渔获量比重下降到 20% 左右。2019 年日本近海渔业渔获为 197.0 万吨，占日本渔业总产量的 46.9%。

近海渔业的特点主要：一是捕捞方式种类多，主要有刺网渔业、秋刀鱼棒受网渔业、鱿鱼渔业、拖网渔业等。但作业规模和经营内容根据海区存在较大差异，加之渔业生产的季节性较强，一般采用多种作业方式混合作业的情况比较普遍，从而形成了多种作业方式相错运行的多样化经营模式。二是捕捞渔船吨位悬殊较大。渔船吨位从 10 吨到 200 吨不等。数十吨的渔船在接近沿岸渔业的区域小规模作业，以围网和近海底拖网为主，两种作业方式的渔获量合计占近海渔业总渔获量的一半以上。另外，百吨级渔船一次作业要数周甚至数月时间，渔船规模大，设备好，大多为企业经营。目前日本主要的近海渔场有：

（一）北海道东部渔场

分布在北海道东部海域。采用捕捞方式有近海底拖网、秋刀鱼网、大中型乌贼钓等。主要捕获的鱼种有寒流系狭鳕、秋刀鱼、金枪鱼、沙丁鱼和乌贼类等。北海道是日本重要的渔业基地，近海渔业以北海道室兰、钏路、根室、网走、纹别和稚内等港口为中心，主要在襟裳岬以东、南千岛群岛、鄂霍次克海和日本海等地区作业。

（二）三陆近海和关东近海鱼场

分布在太平洋东北区，即东北青森县的尻室崎至关东地方千叶县野岛崎近海附近。捕捞方式有围网和秋刀鱼网、竿网、鲣鱼和金枪鱼围网、大中型乌贼钓等。主要捕获鱼种有沙丁鱼、鲐鱼、竹箕鱼、秋刀鱼、鲣鱼、金枪鱼和乌贼等，其中三陆和关东近海渔场以鲣鱼和金枪鱼围网渔业为主，渔获量最多。

（三）能登半岛近海渔场

分布在日本海区北部，包括青森县至石川县一带的近海。主要捕捞方式有围网、近海底拖网和大中型乌贼钓等。主要捕获的鱼种有沙丁鱼、鲐鱼和乌贼等。

（四）其他渔场

分布在九州西岸至山阴近海，野岛崎至潮岬渔场，属太平洋中部区。潮岬—室户岬和日向滩近海的丰后水道渔场，分布在太平洋南区。

三、沿岸渔业

沿岸渔业是使用不足 10 吨的渔船在当天能够往返的海域内开展水产捕捞的渔业形式。二战之后，随着近海渔业和远洋渔业快速发展，日本沿岸渔业长期处于停滞状况，渔获量直到 20 世纪 90 年代长期维持在 200 万吨左右，占渔业总产量的比重持续下降。1960 年沿岸渔业的渔获量是 199.3 万吨，占渔业总产量的 31.7％。1985 年渔获量虽然增加到了 226.8 万吨，但占比却下降到了 18.6％。20 世纪 90 年代，由于赤潮、沿海地区水产品减少以及鲑鳟洄游率下降等原因，沿岸渔业渔获量逐年减少，2019 年为 92.6 万吨，但由于同期远洋渔业和近海渔业产量也出现了大幅度下滑，沿岸渔业占渔业总产量的比重提升到 22.1％。与远洋渔业容易受到国际条约限制和石油价格波动的影响相比，沿岸渔业以渔民家庭为主体，规模不大，经营相对稳定。目前，沿岸渔业在日本海洋渔业构成中，超过远洋渔业，居第二位。

沿岸渔业主要采用定置网、拉网、刺网、小型底拖网、采贝、采藻等。主要捕获鱼种为沙丁鱼类、鲑鱼、鳟鱼、鰤鱼、乌贼、鲐鱼和鳕鱼等。目前，日本沿岸渔业的任务是：发展养殖业，强化管理、推动实现小型渔船渔业现代化。整备渔场和保护环境，改善渔村环境。近年来，日本沿岸的水质有所好转，大部分海域已符合化学需氧量（Chemical Oxygen Demand，COD）[①] 标准，但是，赤潮及油污染的潜在危害仍然存在。

第四节 淡水捕捞渔业

淡水捕捞渔业是二战之后发展起来的新产业，1960 年渔获量 7.4 万吨，1980 年达 12.8 万吨，占日本渔业总产量的 11.5%。2018 年淡水渔业的渔获量减少到 2.7 万吨左右，占日本渔业总产量的 0.6%。淡水捕捞业的主要鱼种为蚬、虹鳟、香鱼和鲤鱼等。其中，蚬的渔获量 1970 年为 5.6 万吨，占到淡水渔获量的 50%，2018 年减少到 1 万吨，同比下降到 37.0%。香鱼渔获量在 1991 年达到 1.8 万吨，占到淡水捕捞渔业渔获量的 20% 左右，但受到河道整治、外来种侵蚀和天敌的影响，生存环境持续恶化，2018 年减少到 0.2 万吨，占淡水捕捞渔业渔获量的 7.4%。

淡水捕捞渔业分河川渔业和湖泊渔业（表 5-4）。2018 年在淡水捕捞渔业渔获量之中，来自河川的 10 988 吨，占 40.8%，来自湖泊的 15 969 吨，占 59.2%。淡水捕捞渔业之中鱼类占 13 262 吨，占 49.2%；贝类 13 107 吨，占 48.6%；其他水产动物及藻类 588 吨，占 2.2%。另外，从单个品种来看，河蚬渔获量最多，为 9 646 吨，其次是虹鳟（6 696 吨）和香鱼（2 140 吨）。

表 5-4 日本淡水捕捞渔业发展现状（2018 年）

单位：吨

	合计	鱼类	贝类	其他水产
河川	10 988	9 645	1 202	141
湖泊	15 969	3 617	11 905	447
合计	26 957	13 262	13 107	588

资料来源：水产庁. 平成 30 年漁業養殖業生産統計［DB/OL］.（2019-12-26）［2021-01-10］. https：//www.e-stat.go.jp/stat-search.

河川渔业主要集中在网走川（1 121 吨）、那珂川（993 吨）、石狩川（420

[①] 在一定条件下，以氧化 1 升水样中还原性物质所消耗的氧化剂的量为指标，折算成每升水样全部被氧化后，需要的氧的毫克数，以 mg/L 表示。它反映了水中受还原性物质污染的程度。

吨)、北上川（205 吨）、荒川（207 吨）、相模川（386 吨）、信浓川（199 吨）和木曾川（169 吨）等河流。其中，北海道是鲑鱼的主要产地，网走川鲑鱼渔获量达到 1 093 吨，占淡水鲑鱼渔获量的 17.3%，其次是北海道石狩川（320吨）。贝类主要集中的那珂川（555 吨），占河川渔业贝类渔获量的 46.2%，其次是荒川（202 吨）和木曾川（143 吨）。

湖泊渔业主要集中在琵琶湖（876 吨）、霞浦（763 吨）和北浦（86 吨）。其中，琵琶湖是日本最大的内陆湖泊，2018 年捕捞的水产品以鱼类为主，其中香鱼 336 吨、鲫鱼 67 吨。霞浦在东京附近，以虾类为主，2018 年渔获量达到 244 吨，其次是银鱼 160 吨。

淡水捕捞渔业渔获量最高的地区是北海道、青森县、岛根县和茨城县。2018 年北海道的淡水渔获量为 10 101 吨，占日本淡水渔业总产量的 37.4%，其中河川渔获量 5 207 吨，湖泊渔获量 4 894 吨，居全国首位。其次是岛根县，位于日本西南部，临近日本经济中心——阪神经济圈，淡水渔业渔获量为4 250 吨，其中河蚬产量 4 177 吨，是日本第一大河蚬产区。第三位是青森县，2018 年淡水渔业渔获量 4 147 吨，占日本淡水渔业总产量的 15.4%，其中河川渔获量 371 吨，居日本第四位，湖泊渔获量 3 776 吨，居日本第二位。

第五节　养　殖　业

日本水产品养殖业发展历史悠久，最早可以追溯到 17 世纪。江户时代，日本渔民利用竹竿来养殖紫菜，并在全国得到了推广。明治时代，珍珠和鲷鱼养殖得到快速发展，部分地方政府设立了专职机构，开展鱼类人工养殖技术研究。1888 年日本开始培育和放流鲑鱼和鳟鱼苗。但这个时期日本水产品养殖业发展迟缓，产量没有超过 10 万吨。二战之后，日本水产品养殖规模逐年扩大，1955 年达 23.6 万吨。随着日本经济的发展，消费者对高级水产品需求量增加，1970 年养殖产量为 59.8 万吨，占渔业总产量的 4.9%。进入 70 年代，受到各国对渔业的严格保护，合成纤维及塑料工业的发展，半人工或全人工育苗的成功，人工配合饲料的推广以及养殖业机械化水平的提升等综合因素影响，水产品养殖业迅速发展。1995 年日本养殖业总产量达到 139.0 万吨，其中，海水养殖的水产品产量达到 131.5 万吨，占渔业总产量的 17.6%。2000年之后，日本水产品养殖业持续萎缩，产量下降，但占渔业总产量的比重不断提升。2018 年日本水产品养殖业产量达到 103.5 万吨，下跌到 1995 年的 74.5％，但占渔业总产量的比重提升到了 23.4％。

一、海水养殖业

20 世纪 30 年代，日本海水养殖品种主要是紫菜和牡蛎，1935 年海水养殖产量为 9.3 万吨，创战前产量最高纪录。二战之后，日本海水养殖一度萎缩，1950 年产量仅有 4.8 万吨，但随着产业环境变化产量逐渐回复，1994 年达到历史最高纪录的 134 万吨，之后逐年减少，2018 年减少到 100.5 万吨，占日本渔业总产量的 22.7％。

日本的海水养殖主要品种为海藻、贝类和鱼类。日本是世界少有的使用藻类的国家，早期主要是用于鱼饲料，之后紫菜和裙带菜成为日本餐桌上必不可少的美味食材。2018 年日本海水养殖总产量之中，藻类 39.1 万吨，居首位，占海水养殖总量的 38.9％。养殖藻类产量中，紫菜 28.4 万吨，占海藻类产量的 72.6％；裙带菜 5.1 万吨，占 13.0％；海带 3.4 万吨，占 8.6％。日本藻类养殖主要分布在佐贺县（6.5 万吨）、兵库县（5.6 万吨）和宫崎县（3.0 万吨），其中佐贺县等九州地区和兵库县是紫菜主产区，宫崎县是裙带菜主产区，北海道是海带主产区。

贝类在海水养殖业中位居第二位，至今已有 300 多年的人工养殖历史。大正时代（1912—1926 年），日本开始推广牡蛎垂直养殖法，1960 年技术成熟。扇贝养殖开始于 20 世纪 60 年代，采取自然育苗和中间育成相结合的方法对苗种生产技术进行改良，并从 70 年代开始推广，总产量不断增加。2018 年日本贝类总产量为 35.1 万吨，占海水养殖总产量的 34.9％，其中牡蛎 17.7 万吨、扇贝 17.4 万吨，分别占贝类产量的 50.3％和 49.6％，其他贝类（贻贝、鲍）的养殖规模都很小，不足 0.2％。贝类主产区分布在广岛县（9.9 万吨）、青森县（9.8 万吨）和北海道（4.4 万吨）。其中，北海道和青森县等北方地区是扇贝主产区，广岛县、冈山县和兵库县是牡蛎主产区。

鱼类在海水养殖业中占第三位。1927 年香川县开始在天然水域捕捞鲕鱼，并把鱼苗投放在筑堤拦起的围池里饲养和肥育，但鲕鱼饲养规模比较小，只有几万条。1952 年，鲕鱼在香川县、爱媛县和鹿儿岛县的养殖规模有 10 万条。之后，养殖规模逐年增加，2018 年日本海水养殖鱼类总产量为 24.9 万吨，占养殖总产量 19.4%。其中，鰤鱼 13.8 万吨，占鱼类养殖产量的 55.4%，位居第一；其次是真鲷 6.1 万吨，占 24.5%；其他还有竹荚鱼、金枪鱼等，但数量不多。海水养殖鱼类的产区主要分布在濑户内海附近的鹿儿岛县（4.8 万吨）、大分县（2.4 万吨）、长崎县（2.1 万吨）等九州地区和爱媛县（6.0 万吨）、高知县（2.0 万吨）等四国地区，养殖种类以鰤鱼居多。东京都以北只有宫崎县有少量银鲑养殖。

日本海水养殖是以发展优质鱼虾类为主的多品种生产，并实行精养高产。真鲷、对虾、扇贝、紫菜和裙带菜等采取固定垂吊养殖法，立体使用水面资源。鱼虾类的养殖以海水筑堤、拦网围养及网箱养殖为主。目前，受到海域富营养化和工业废水、生活污水的影响，内海内湾污染问题时有发生，赤潮问题也未能彻底解决，时常造成鱼贝死亡，渔业受损，但是，日本海水养殖业的发展潜力巨大，目前水深 2 米以内的大陆架仅有 7%、水深 20～50 米的大陆架仅有 4% 用于养殖，今后渔场向外海扩张的空间很大，非常有利于海洋养殖业发展。

二、淡水养殖业

1911 年鹿儿岛县水产试验场推广稻田鲤鱼人工养殖技术。1928 年日本采用海水网箱养殖鲷鱼，后来发展养殖鰤鱼。1951 年宫崎县小野湖水库小林养殖场试用养鲤鱼取得成功，1964 年之后开始大面积普及推广，淡水养殖业快速发展。1990 年日本淡水养殖业的产量增加到了 9.7 万吨。随着人口老龄化、人工成本增加等因素影响，近些年，日本淡水养殖业出现萎缩，2018 年淡水养殖业的总产量下降到了 3.0 万吨，占渔业总产量的比重下降到 0.7%。然而，利用河川、湖泊和池塘资源，开展渔业生产活动，对于保护水源、提升居民生活品质和发挥水资源的多功能性有着重要意义，因此仅用经济价值难以评估淡水养殖业的价值。

日本淡水养殖主要有鳟鱼、香鱼、鲤鱼、鳗鱼等鱼类和淡水珍珠。1977 年以前淡水养殖鱼种以鲤鱼为主，之后鳗鱼养殖产量上升，成为第一大淡水产品。近些年，随着中国从法国等欧洲国家进口鳗鱼苗数量增加，部分国家出现资源枯竭，造成日本鳗鱼苗供给长期处于供不应求的状态。虽然日本也开展了鳗鱼苗繁育研究，但至今没有取得突破性进展，仍然需要从自然环境中收集鳗鱼苗。另外，受到进口加工鳗鱼的冲击，日本鳗鱼养殖利润下跌，产量逐年减少。淡水养殖的虹鳟属于冷水鱼类，是山区特色产品，目前价格下降，养殖量减少，部分地区逐步引进了红点鲑、真鳟养殖发展休闲渔业。鲤鱼刺多、料理较为烦琐、易腐烂，加上鲤鱼疱疹病毒等问题未能得到解决，20世纪70年代之后，日本鲤鱼需求量持续下降，但考虑到其营养价值较高，部分地区采取和水稻共生养殖的方式发展生态农业，但数量较少，大部分是观赏性锦鲤的养殖。整体来看，日本淡水养殖渔业产量持续减少，2018年日本鳗鱼产量15 111吨，占淡水养殖产量的50.6%，位居第一。其次是鳟鱼（7 342吨）、香鱼（4 310吨）、鲤鱼（2 932吨）和淡水珍珠（55千克）。

淡水鱼种的养殖具有鲜明的地方特点。鳗鱼主要集中在冲绳县、鹿儿岛县、三重县、爱知县和静冈县。鳟鱼集中在爱知县、静冈县、岐阜县、长野县和山梨县。香鱼集中在爱知县、和歌山县、岐阜县和栃木县。这些产地大多处于内陆地区，自然条件优越，多利用水库、河流等淡水资源发展流水或工厂化养殖，部分采取农旅结合的模式，对于提供就业机会和推动乡村振兴具有重要意义。

第六节　渔业经营结构

一、渔船结构

日本《渔船法》（1950年法律第78号）规定，"渔船是开展渔业经营活动的船只"，但日本传统意义上的渔船不仅限于捕捞，还包括渔获物的保藏加工船只、搬运和渔业实验、训练船只。其中超过20吨的渔船适用于《船舶安全法》（1954年法律第41号）管辖。

日本渔船结构有以下发展特点：一是数量减少。如表5-5所示，1949年日本渔船数量快速增长，1968年达到历史最高纪录的345 606艘。之后，随着国内外渔业环境变化，渔船数量逐年减少，2018年减少到132 201艘。二是渔船现代化水平显著提升。20世纪70年代，动力渔船逐渐替换无动力渔船。1958年无动力渔船有180 178艘，占渔船总数的55.9%，2018年无动力渔船减少到3 080艘，占比下降到2.3%，而同期外挂动力渔船有59 201艘，占渔船数量的44.8%，动力渔船有69 920艘，占渔船数量的52.9%。三是不足

10 吨的小型渔船和 20～199 吨的中型渔船比重显著下降。20 世纪 90 年代日本各类渔船都有不同程度的减少，其中，由于保护海洋资源限制捕捞以及近海渔业产能过剩致使部分渔民退出渔业生产，20～199 吨的渔船数量减少，占动力渔船总数的比重由 1953 年的 5.1% 下降到了 2018 年 0.9%。多用于海洋养殖业的不足 10 吨的渔船由于经营主体的老龄化，占动力渔船的比重由 1953 年的 90.4% 下降到了 2018 年的 88.2%。四是 10～19 吨中小型渔船和超过 200 吨的渔船的比重微增。远洋渔业虽然受到 200 海里排他性水域设立及日本退出公海渔场的影响，超过 200 吨的大型渔船的数量出现大幅度下滑，但占动力渔船的比重由 1953 年的 0.2% 上升到了 2018 年的 0.4%。同期，10～19 吨的中小规模渔船占动力渔船的比重从 6.5% 上升到了 10.5%，显示在中小规模海洋捕捞业中，家庭经营仍然具有顽强的生命力。

表 5-5　日本渔船结构变化

单位：艘

年份	合计	无动力渔船	外挂动力渔船	动力渔船				
				小计	不足 10 吨	10～19 吨	20～199 吨	超过 200 吨
1949	293 578	212 847	—	80 731	80 731	—	—	—
1953	332 245	221 271	—	110 974	97 890	7 207	5 707	170
1958	322 088	180 178	—	141 910	128 296	6 725	6 474	415
1963	317 512	135 007	26 161	156 344	143 344	4 899	7 239	862
1968	345 606	95 701	74 115	175 790	161 819	5 554	7 250	1 167
1973	331 274	54 303	99 349	177 622	163 090	6 404	6 566	1 562
1978	320 972	30 474	111 860	178 638	162 748	8 517	5 818	1 555
1983	320 949	24 815	119 358	176 776	160 263	10 125	4 883	1 505
1988	293 934	16 815	114 914	162 205	147 518	9 677	3 575	1 435
1993	267 574	12 869	108 121	146 584	133 534	9 638	2 280	1 132
1998	236 484	7 840	98 109	130 535	118 691	9 336	1 575	933
2003	213 808	7 688	91 195	114 925	104 378	8 702	1 142	703
2008	185 465	5 327	81 076	99 062	89 320	8 446	856	440
2003	152 998	3 779	67 572	81 647	72 766	7 844	706	331
2018	132 201	3 080	59 201	69 920	61 643	7 368	596	313

资料来源：水产厅 . 2018 年渔業センサス—総括編 . 漁船—漁船隻数動力漁船トン数規模別隻数［DB/OL］.（2020 - 01 - 17）［2020 - 12 - 10］. https：//www.e-stat.go.jp/stat-search.

二、渔业经营主体

（一）海洋渔业经营主体

日本统计意义上的渔业经营主体是指过去 1 年中以盈利为目的在海面开展水产品捕捞或者养殖业务的家庭或者其他组织，但不包括海上作业时间少于 30 日的个体经营主体[①]。二战之后，日本渔业经营主体发展出现以下变化特征：一是主体数量减少。如表 5-6 所示，日本海洋渔业经营主体的数量，1953 年有 241 837 个，之后虽然短期出现了增加但整体持续减少，2018 年减少到 79 067 个。二是沿岸渔业经营主体[②]居多。1963 年沿岸渔业经营主体占渔业经营主体总数的 96.9%，2018 年减少到 93.8%。三是以小规模家庭经营为主。大规模渔业经营主体[③]占渔业经营主体的比重始终保持在不到 0.1% 的水平，中小规模渔业经营主体[④]虽然比重由 1963 年的 3.1% 上升到了 2018 年 6.1%，但比重仍然较低。然而，沿岸渔业经营主体大多规模小，以家庭经营为主，占比高达 93.8%。四是个体经营主体老龄化问题突出。日本海洋渔业中有 95% 是个体经营，而个体经营主体中的骨干渔业经营者[⑤]年龄超过 65 岁的人员比重，由 1988 年的 17% 上升到 2018 年的 53%。个体经营主体之中，有继承人的仅占 17.0%，可预测未来日本渔业经营主体数量还将出现较大幅度下滑。五是大规模团体经营主体[⑥]增加。受到国外 200 海里排他性水域的检查和公海海洋资源管理日趋严格的影响，个体渔业经营主体已经难以应对，通过合作或合并组建成为较大规模的经营主体开展海洋渔业经营成为发展趋势，目前近海和远洋渔业之中，团体经营主体占到中小渔业的 30%、占大规模渔业的 98%。

[①] 1954 年统计对象是过去一年使用渔船开展海洋渔业经营，且个体经营主体之中年海上经营超过 30 日的经营渔业主体。1958 年统计对象是过去一年使用渔船开展海洋渔业经营，且个体经营主体之中海上经营超过 30 日，且水产品销售金额超过 5 万日元的渔业经营主体。另外，大型定置网和地拖网的经营主体不论经营渔种，都纳入统计。

[②] 过去一年使用动力渔船合计吨数超过 10 吨的经营主体，包括定置网经营和海绵养殖的经营主体。

[③] 过去一年使用动力渔船合计吨数超过 1 000 吨的经营主体。

[④] 过去一年使用动力渔船合计吨数超过 10 吨，但不足 1 千吨的经营主体，

[⑤] 年满 15 岁上，且从事自家工作中海上作业最多的个人。

[⑥] 包括公司、渔业协同组合、渔业生产组合、合作经营等法人组织。

表 5－6　日本海洋渔业经营主体的结构变化

单位：个

年份	合计	沿岸渔业			中小规模渔业	大规模渔业
		小计	海洋捕捞	海水养殖		
1953	241 837	241 837	208 233	33 604	—	—
1958	220 175	220 175	177 844	42 331	—	—
1963	267 211	258 893	194 055	64 838	8 216	102
1968	254 118	244 961	172 787	72 174	9 003	154
1973	232 302	222 374	161 027	61 347	9 713	215
1978	217 734	206 796	158 383	48 413	10 730	208
1983	207 439	196 190	152 101	44 089	11 028	221
1988	190 271	180 377	141 906	38 471	9 674	220
1993	171 524	162 795	129 839	32 956	8 551	178
1998	150 586	142 678	115 072	27 606	7 769	139
2003	132 417	125 434	102 367	23 067	6 872	111
2008	115 196	109 022	89 376	19 646	6 103	71
2003	94 507	89 107	74 163	14 944	5 344	56
2018	79 067	74 151	60 201	13 950	4 862	54

资料来源：水産庁.2018 漁業センサス―総合編―Ⅱ海面漁業の生産構造及び就業構造に関する統計―全国統計（経営体階層別統計）―（1）経営組織別経営体数［DB/OL］.（2020－01－17）［2020－12－10］. https：//www.e-stat.go.jp/stat-search.

（二）淡水渔业经营主体

近年，日本淡水渔业中的捕捞业和养殖业经营主体数量都出现了不同程度的减少。首先，日本淡水渔业的经营主体数量由 1988 年的 4 961 个减少到了 2018 年的 1 930 个，30 年间减少了 61.1%。其中个体经营主体数量下滑最快，占淡水渔业经营主体的比重从 96.9% 下降到了 95.8%，而公司和渔业生产组合的数量虽然也有一定程度的减少，但同比始终保持在 2.0% 左右。从不同渔种的经营主体数量变化来看，食用鲤鱼捕捞业的经营主体减少速度最快，由 1988 年的 594 个减少到了 2018 年的 29 个，减少了 95.1%。

其次，日本淡水养殖业经营主体由 1988 年的 9 061 个减少到了 2018 年的 2 704 个，减少了约 70%，其中个体经营主体减少数量最多，从 7 519 个减少到 1 868 个，减少了 75.2%。从不同渔种的经营主体数量变化来看，食用鲤鱼养殖业经营主体下降速度最快，由 1988 年的 1 227 个减少到了 2018 年的 105 个，减少了 91.4%。

三、渔业从业人员

20 世纪 80 年代中期以后，日本渔业从业人员数量逐渐减少，1988 年为 39.2 万人，2018 年减少到 15.2 万人，减少了约 61%。从年龄构成来看，日本渔业从业人员出现老龄化发展趋势，1988 年至 2018 年的 30 年间，渔业从业人员平均年龄由 49.0 岁上升到了 56.9 岁，其中 65 岁以上老龄从业人员的比重从 11.5% 上升到了 38.3%，而 39 岁以下青年从业人员的比重从 25.6% 下降到了 17.7%。特别是在家庭经营渔民①之中老龄化问题尤为突出，20 世纪 80 年代末以 50～60 岁人员居多，2013 年 75 岁以上年龄层的从业人员超过了一半。由于家庭经营渔民是沿岸渔业的主力，从业人员的老龄化成为导致沿岸渔业衰败的主要原因。另外，从雇工年龄来看目前以 60～64 岁年龄层的雇员居多。

渔业从业人数的减少和老龄化程度的不断加深，不仅使日本渔业生产能力下降，而且对恢复水资源开展的监测及渔场、藻场养护等一系列活动也造成了一定影响。日本政府为解决这一问题，一方面，积极加大宣传力度，举办职业技能培训，提供相关就业信息和咨询服务帮助新农人返乡归农；另一方面，积极引进外籍劳动力，2016 年颁布《外国人技能实习生保护法》（2016 年法律第 89 号），2018 年修订《出入国管理及难民认定法》（1951 年法律第 319 号），给予满足一定条件的外籍人员"特定技能"签证，使其可以在日本就业。2018 年，日本共有 834 家渔业经营主体雇用了 3 275 名外籍劳动力，雇佣外籍劳动力的人数是 2011 年 3.5 倍左右。

---

① 既不雇工也不兼职打工，仅从事自家渔业经营的渔民。

第六章 CHAPTER 6
日本林业 ▶▶▶

　　日本是多山多林的国家，森林面积广，林木资源丰富，形成较为良好的生态系统，为开展林业生产创造了有利的自然环境。截至 2020 年，日本森林面积达到 2 443.6 万公顷，森林覆盖率为 66.4%，相当于世界陆地森林平均覆被率（30.6%）的 2.2 倍，是世界有名的多林国家之一。日本森林总蓄积量为 52.4 亿米^3，相当于英国、法国、意大利和西班牙 4 个国家森林蓄积量之和，这对经济发达、国内资源贫乏的日本来说，是非常可贵的一大财富。但是，如果按人口平均计算，日本人均森林占有面积仅有 0.2 公顷，远低于世界人均森林占有面积 0.5 公顷的标准。另外，日本人均森林蓄积量仅有 41.3 米^3，也远低于 58.6 米^3 的世界平均水平。因此，按人均森林拥有量来看，日本又是一个贫林国家。本章主要从日本林业基本格局和内部结构变化来阐述日本林业发展情况，首先基于日本林野厅宏观数据介绍日本林业的基本特征。其次介绍日本天然林和人工林发展现状。最后介绍林业生产结构和林业经营结构的变化情况。

第一节　林业基本特征

一、天然林面积广但蓄积量少

　　如表 6-1 所示，2017 年日本天然林面积 1 348.1 万公顷，占全国森林面积的 53.8%，但蓄积量是 19.3 亿米^3，仅占到总蓄积量的 36.8%。人工林面积虽然只占到全国森林面积的 40.7%，但却占到总蓄积量的 63.2%。这是因为人工林以种植针叶林为主，占到人工林总蓄积量的 97.6%，但天然林的这一比重却只有 2.3%。

表 6-1 日本林业资源现状（2017 年）

单位：万公顷、万米³

类别			合计	国有林	民有林			
					小计	公有林	私有林	其他
合计	面积		2 504.8	765.9	1 738.9	299.5	1 434.7	4.8
	蓄积量	小计	524 150.2	122 592.7	401 557.5	61 556	339 433.2	268.2
		针叶树	372 368.1	69 140.6	303 227.5	44 287.9	258 601.6	338
		阔叶树	151 782.1	53 452.1	98 330	17 268	80 831.7	230.2
人工林	面积		1 020.4	228.8	791.6	133.4	656.9	1.3
	蓄积量	小计	330 841.6	51 303.7	279 537.9	39 705.1	239 555	277.8
		针叶树	323 884.9	46 344.8	277 540.1	39 249.5	238 014.9	275.7
		阔叶树	6 956.7	4 958.9	1 997.8	455.6	1 540.1	2.2
天然林	面积		1 348.1	473.3	874.7	153.1	718.8	2.8
	蓄积量	小计	193 245	71 244.5	122 000.5	21 835.7	99 874.4	290.4
		针叶树	48459.6	22 786.3	25 673.3	5 026.7	20 584.3	62.3
		阔叶树	144 785.4	48 458.3	96 327.2	16 809	79 290.1	228.1
无林地	面积		119.7	63.7	56	12.4	43.1	0.5
	蓄积量	小计	63.5	44.5	19.1	15.2	3.9	—
		针叶树	23.6	9.6	14.1	11.7	2.4	0
		阔叶树	39.9	34.9	5	3.5	1.5	—
竹林面积			16.7		16.7	0.6	15.8	0.3

注：无林地是指郁闭度低于 0.3 的林地。

资料来源：日本森林林業振興会．森林林業統計要覧 2020 年版 [DS]．東京：日本森林林業振興会，2020。

二、成年林面积和蓄积量增加

成年林多、幼龄林少是日本森林林龄构成的突出特点，2017 年日本人工林的林龄构成中，不足 30 年的幼龄林占人工林总面积 10.0%，超过 40 年的成年林占 76.3%，即大部分是已经可以采伐的成年林，其中超过 60 年的过熟林达到 20.7%，并且还有持续增加的趋势（表 6-2）。

表 6-2 日本人工林林龄构成（2017 年）

	合计	不足10年	11～20年	21～30年	31～40年	41～50年	51～60年	61～70年	超过71年
面积（万公顷）	1 018	17	28	57	143	264	302	123	85
占比（%）	100.0	1.7	2.8	5.6	14.0	25.9	29.7	12.1	8.6

资料来源：日本森林林業振興会. 森林林業統計要覧 2020 年版 [DS]. 東京：日本森林林業振興会，2020.

三、以民有林为主国有林为辅

按照所有权形式划分日本林权可以分国有和民有两种形式，其中民有包括地方政府公有和民间私有两种类型。2017 年日本国有林 765.9 万公顷，占全国森林总面积的 30.6%，民有林 1 738.9 万公顷，占 69.4%。从蓄积量来看，国有林 122 592.7 万米^3，占全国森林总蓄积量的 23.4%，民有林 401 557.5 万米^3，占 76.6%。民有林主要分布在便于经营的浅山地区，且以经济收益相对较高的针叶树为主。国有林主要分布在北海道、东北地区交通不便的深山地区。国有林蓄积量虽然不大，但因龄级较大，平均每公顷森林的蓄积量相对较高，发挥着保持水土、涵养水源、保护动植物和为公众提供游乐场所等公益性功能。目前，日本在全国设有 7 个森林管理局和 842 个森林事务所，统一管理国有林，可按计划供应国家一定数量的木材，起到保障国家木材安全和稳定木材及各种林产品价格的作用。

四、森林蓄积以针叶树为主

二战之后，为了快速恢复经济，日本积极扩大人工造林，特别是在原来以阔叶林为主的西日本地区[①]，积极引入柳杉、扁柏和红松等针叶树，人工林面积快速扩大，使日本森林面积中的针叶树面积增加到 2017 年的 1 204 万公顷（含人工林和天然林），占日本森林面积的 51.0%。从针叶树的分布情况来看，北海道最多（220 万公顷），其次是东北（210 万公顷）和关东东山（149 万公顷）（表 6-3）。而阔叶林业虽然也主要集中上述 3 个地区，但林业结构有差

---

① 西日本地区是指近畿、中国、四国和九州地区。

异，北海道和东北地区的阔叶林面积要高于针叶林，分别占到当地森林总面积的 57.8% 和 52.9%。但是，目前日本针叶树正处于生长旺盛时期，每年的生长量远大于以阔叶树为主的天然林，今后，日本针叶树的木材蓄积量占日本森林总蓄积量中的比重预计将进一步提升。

表 6 - 3　日本人工林和天然林的分布

单位：万公顷

| 地区 | 合计 | 人工林 | | | | | | 天然林 | |
| | | 针叶树 | | | | | 阔叶树 | 针叶树 | 阔叶树 |
		小计	柳杉	日本扁柏	松树类	日本红松			
全国	2 359	987	444	260	82	98	32	217	1 123
北海道	521	143	3	0	0	40	5	77	297
东北	446	184	125	4	35	20	5	26	231
北陆	152	43	37	1	3	0	1	6	101
关东东山	163	119	43	29	12	34	4	30	111
东海	185	101	39	53	6	3	2	15	67
近畿	175	86	43	39	4	0	2	21	67
中国	223	92	32	45	15	0	3	31	98
四国	135	82	41	39	2	0	2	6	45
九州	248	136	82	50	4	0	9	5	243
冲绳	10	1	—	1	—	1	1	0	

注：不包括无林地。

资料来源：農林水産省 . ポケット農林水産統計—令和元年版 ［DS］. 東京：農林統計協会，2020。

第二节　天然林带分布

日本国土狭长，高山众多，地形复杂，各地气候显著不同，因此，森林植被具有显著的区域性特征。目前，日本把天然林带分为以下 4 个地带。

一、亚热带雨林带

分布于奄美群岛以南的南西诸岛和小笠原群岛，约占日本国土总面积的 2%。该地区年平均气温 21℃，温暖指数[①]超过 180℃，树种以榕树、桫椤等为代表。树木属于大型植物，林下植物少藓苔类，多为羊齿类和茜草科灌木，附

---

　　① 温暖指数是采用月平均气温高于 5℃的总和，作为植物生长的热量条件，为了计算方便，通常采用以月为单位的累加法计算。

生植物为兰科植物。羊齿类植物等多与藤本植物混交。林带的南部接近热带雨林，代表性树种分布地区海拔较高，奄美大岛一带只分布于沿海低地。在小笠原群岛，榕树、槟榔、棕榈和芭蕉等林木丛生，林下多为各种羊齿类和灌木类植物。

二、暖温带常绿阔叶林带

分布于南西诸岛的北半部、九州、四国及本州南部地区，约占日本国土总面积的 42%。该地区年平均气温为 13～21℃，温暖指数为 85～180℃，树种以橡树、柯树、樟树和肉桂等为代表，经济类树种有茶树、柑橘类树、山茶树等。树木具有常绿厚而硬的叶子，叶面小呈深绿色而有光泽，树叶面与日光成直角，故也称"照叶林"。树芽成鳞片状，有厚的保护层，具有耐冷和耐旱的性质，可以使常绿树扩及比较低温的地方。本林带的海拔上限从南到北逐渐下降，九州山地可达海拔 1 000 米以上，到本州中部常磐地区只限于沿海低地。虽然本林带的九州南岸、四国的足摺和室户、纪伊的潮岬等端部混有亚热带雨林的桫椤等树木，但主要树种为常绿阔叶树，同时杉、扁柏在该地区也生长良好。另外在九州西部和南部有苏铁，屋久岛、种子岛和佐多岬等地有圆叶肉桂等植物混生。

三、冷温带混合林带

分布于日本本州北部和北海道的西南部，约占日本国土总面积的 36%。该地区年平均气温为 6～13℃，温暖指数为 45～85℃，树种以山毛榉、水枸、桦树、七叶树、杉木、枫树和桂树等为代表，林下多小竹。在太平洋沿岸还存在主要由日本冷杉、日本铁杉所组成的温带针叶林。在日本海沿岸分布有柳杉天然林，以及以日本扁柏和日本罗汉松为主的针叶林。本林带的海拔上限，在九州从海拔 1 000 米直到山顶，四国地区上限达 1 800 米，中部山地在 1 500 米，北海道则分布于低地。这个地区是日本经济价值最高的森林地带，也是木材的主产区，著名的三大天然林场——木曾五木林、秋田的柳杉林和青森罗汉柏林，都位于这个林带之中。

四、亚寒带常绿针叶林带

分布于北海道中北部和内地的高山地带，约占日本国土总面积的 20%。该地区年平均气温不到 6℃，温暖指数不到 45℃，代表树种有针枞、富士冷杉、八甲山冷杉、库页冷杉、日本铁杉等常绿针叶树。一般是纯针叶林，但在皆伐过的林地中常见天然次生的落叶阔叶树种，如桦木、赤杨、山毛榉和七度灶等。本林带的海拔上限，在本州地区可达海拔 3 000 米，北海道中部山地为1 500 米，北部只分布于沿海低地。林下有日本特有的小竹、地衣、羊齿和小灌木类植物。

上述日本天然林带，一方面由南至北随纬度与气候的不同，在水平方向呈有规律分布，另一方面即使在同一地区，由于海拔高度不同，森林也会由低向高呈垂直变化，以中部的南阿尔卑斯山为例，海拔 500 米以下为常绿阔叶林带，以橡树和贯众树为代表树种；500～1 300 米左右为渐移带，以水枪等为代表树种；1 300～1 500 米为落叶阔叶林带，以山毛榉为代表；1 500～2 500 米左右为针叶林带，以椴松、白松等为代表树种；2 500 米以上为寒带（高山）灌木林带，以苔桃为代表树种。

第三节　人工造林的发展

二战之后，日本为恢复国民经济，对森林过度砍伐，致使森林资源遭到严重破坏，1948 年日本全国荒山面积超过 100 万公顷。受此影响，山区防灾抗灾功能减弱，水土流失严重，使农业生产和国家经济建设所需木材的供应均受到严重影响。1950 年前后，日本政府为增强抵御自然灾害的能力和满足国家经济发展对木材的大量需求，大力发展人工造林。1949—1956 年，利用荒山营造人工林 116 万公顷。之后，日本不断扩大人工造林面积，用高产的人工林代替低产的天然林，截至 2017 年，日本人工林面积达到 1 020.4 万公顷，占森林总面积的比重由 1949 年的 20%，提高到了 40.7%，使日本成为世界上人工林比重最高的国家之一。

2017 年，日本人工林的蓄积量为 33.1 亿米^3，平均每公顷蓄积量为324 米^3。其中，近 39.7% 的林龄不足 10 年，正处于生长旺期，年生长量大。

这表明日本人工林已成为支持日本经济发展和人民生活水平提升的木材供应基地。

日本人造林主要以针叶林为主，2017 年的蓄积量为 32.4 亿米^3，是阔叶林的 46.1 倍（0.7 亿米^3）。日本人工造林的针叶树种，按照造林面积大小依次是：柳杉（443.8 万公顷）、日本扁柏（259.5 万公顷）、松树类（81.8 万公顷）和日本红松（97.7 万公顷）。从地理分布来看，北部多为柳杉、日本扁柏和日本红松，其中柳杉多植于山坡下段及山谷，扁柏多植于山坡，红松多植于山脊。北海道及本州中部山地以落叶松为主，并有少数冷杉。日本人工造林的阔叶树种，按照造林面积大小依次是：山毛榉和栎木等用于食用菌栽培和制碳用树种，主要分布在九州、北海道和东北地区。

日本人工林以东北（1 889.0 万公顷）、北海道（1 474.0 万公顷）和九州（1 442.0 万公顷）三地最多，上述三地的人工林合计面积占日本人工林总面积的 47.1%，其中东北地区一地即占 18.5%。

第四节　林业发展现状

一、林业经济功能逐渐弱化

随着工业化时期的产业结构的调整与升级，日本林业在国民经济中的比重持续下降并呈现边缘化趋势。20 世纪 70—90 年代，日本林业总产值占 GDP 的比重为 0.15%～0.52%，2017 年日本林业总产值 2 171 亿日元，同比下降 0.04%。同时，林业就业人数和比重总体呈现下降趋势。1950—2018 年，日本林业超过 15 岁的就业人口数量由 42 万人减少到 7.0 万人，占全国总就业人口数量的比重由 1.0% 下降到 0.11%。即便如此，林业在经济发展滞后的山区和林区，仍然具有举足轻重的地位和作用，是林农就业的主要途径和收入的主要来源。2017 在日本的振兴山村[①]之中，第一产业就业人数比重为 18%，高出全国平均水平 14 个百分点。

---

① 振兴山村是指根据 1950 年农林普查结果，森林覆盖率超过 75% 且人口密度不足 1.16 人/公顷的市町村。

二、林业的生态与社会功能日渐增强

随着经济的不断发展，居民生态意识的不断增强，日本林业的生态与社会功能越来越受到国民和整个社会的关注与重视。1972 年日本首次评定森林公益功能的货币值为 12.8 万亿日元。2001 年，日本学术会议[①]将森林功能划分为 8 个类型和 33 项，并运用替代法和家庭支出统计法，对其中 8 项具体指标的生态公益功能开展了货币化评估，评估值达到 70 万亿日元，是当年林业总产值（2 866 亿日元）的 244 倍，占当年日本 GDP 的 13.7%。

日本政府重视环保型林业建设，1996 年虽然宣告大规模造林阶段已结束，但仍然支持生态保安林发展，2019 年生态保安林面积为 1 223 万公顷，占森林总面积和国土面积的比重分别提升到了 49% 和 32%。日本把生态保安林根据功能细致地划分为 17 种类型，其中水源涵养林（923.5 万公顷）、水土保持林（253.6 万公顷）和保健防护林（9.3 万公顷）3 种类型占生态保安林总面积的97.0%。生态保安林比重的持续提高，折射出日本社会对森林生态功能的重视程度逐年提升。

日本重视国有林在森林康养和教育体验领域发挥主导作用。2015 年，日本国有林对外开放的森林场所达到 1 249 处，面积约 40 万公顷，每年每处游客人数都超过 10 万人次。同时，为进一步满足国民对森林的生态环境、景观、文化教育的需求，充分发挥森林的公益性功能，日本国有森林管理署设立了 3 类以研修培训、亲身体验和文化传承为目的的森林场地。第一类是以中小学生为主要对象的"快乐学习森林"场所，孩子们可以在这里开展"森林教室、自然观察、林业体验"等活动。第二类是以志愿者为主要对象的"贴身体验森林"场所，志愿者可以在这里举行植树、除草、森林浴、自然观察、森林教室等形式多样的活动。第三类是为传承和保护木造建筑物、木造工艺传统而设立的"木材文化森林"场所，这里有专为修复古建筑提供木材的"过熟林"，有专为木造建筑屋顶提供桧木树皮的"桧木林"，有专为神社祭祀提供大型原木立柱的"御柱林"等，目的是同通过促进国民参观学习和亲身体验、了解、学

---

① 日本学术会议是隶属于日本内阁府的独立学术机构，委员由学术研究团体推荐产生，并代表日本学术界协调促进研究人员之间合作、收集传递国内外学术信息，并向政府反映科研人员政策建议。

习森林文化和木材文化。2020 年这 3 种类型的学习体验森林的数量和面积分别为 620 处和 27.3 万公顷，并呈现出继续增长的趋势，反映出日本民众对森林的生态和社会功能需求的增长。

三、木材总需求量持续增加

随着经济迅速发展，日本对木材的需求量整体呈现增长趋势，如表 6 - 4 所示，1960 年木材需求量为 7 147 万米^3，1989 年达到历史最高量（11 599 万米^3），之后，虽然木材消费量有所下降，但仍然远远高于 1960 年。从不同部门的需求变化来看，2019 年日本木材总消费量为 8 191 米^3，较经济高速增长期有所减少，但较 1960 年增加了 14.6％。2019 年，香菇原木消费量为 25 万米^3，是 1970 年的 15.9％。燃料用木材消费量为 1 039 万米^3，较 1970 年增加了 251.8％。

四、国产木材自给率持续下降

20 世纪 50 年代，日本木材自给率保持在 90％以上。20 世纪 80 年代，受日元快速升值等因素影响，木材自给率持续下滑，2002 年跌至 18.8％。近年来，在政府的大力扶持之下，日本木材自给率逐渐回升，2019 年上升到 37.8％。

日本木材自给率下跌主要有以下几点：一是可供采伐的天然林主要处于深山或偏远地区，修建林道等工程投资大，交通运输不便而影响砍伐。二是日本政府为保持生态平衡，保护自然环境和国土安全，充分发挥森林公益功能，将大片森林规定为各种类型的防护林、风景林和保护区，严格控制采伐量。三是进口木材和木材代用品的使用。如表 6 - 4 所示，日本进口木材数量由 1960 年的 771 万米^3，增加到了 2019 年的 5 092 万米^3，占日本木材需求量的比重由 5.3％增加到了 62.2％，使日本成为世界最大的木材进口国。日本进口木材的商品形式主要是木制品，2019 年进口量达到 4 746 万米^3，占总进口量的 93.2％，其中，木板进口量最多，为 2 083 万米^3，其次是制成品 900 万米^3，木材纸浆 558 万米^3 和合板等 503 万米^3。原木进口量较少，只有 412 万米^3。进口木制品价格较低，对日本国产木材市场产生了冲击，如日本扁柏价格被迫

单位：万米³

表6-4　日本林产品供需变化

年份	消费量							生产量						进口量								
	合计	木材				香菇原木	燃料木材	合计	木材			香菇原木	燃料木材	合计	木材			木制品				燃料木材
		小计	原木	采伐剩余物	进口木制品				小计	原木	采伐剩余物				小计	原木	制成品	木材纸浆	木板	合板等	其他	
1960	7 147	5 655	5 519	49	87	—	1 492	6 376	4 901	4 852	49	—	1 476	771	754	667	21	66	—	—	—	16
1970	10 660	10 268	8 863	89	1 316	157	235	4 978	4 624	4 535	89	157	197	5 682	5 644	4 328	396	351	503	55	11	38
1980	11 221	10 896	7 645	51	3 201	205	120	3 696	3 456	3 405	51	205	36	7 525	7 441	4 240	614	767	1 594	20	207	84
1990	11 324	11 116	6 316	7	4 793	156	52	3 130	2 937	2 930	7	156	37	8 195	8 179	3 386	1 260	972	2 025	471	65	15
2000	10 101	9 926	3 601	3	6 322	80	94	1 906	1 802	1 799	3	80	23	8 195	8 124	1 802	1 591	1 032	2 666	842	190	71
2010	7 188	7 025	2 400	28	4 597	53	110	1 892	1 824	1 796	28	53	16	5 296	5 202	604	1 014	597	2 156	575	256	94
2011	7 440	7 273	2 477	30	4 766	52	116	2 009	1 937	1 907	30	52	21	5 431	5 336	570	1 081	620	2 094	671	300	95
2012	7 219	7 063	2 492	40	4 531	44	112	2 032	1 969	1 928	40	44	20	5 187	5 095	563	1 037	603	1 965	646	280	92
2013	7 546	7 387	2 679	30	4 678	39	120	2 174	2 112	2 082	30	39	23	5 372	5 275	597	1 184	577	1 940	673	304	97
2014	7 580	7 255	2 660	23	4 571	31	294	2 365	2 149	2 126	23	31	184	5 215	5 105	534	988	579	2 059	653	292	110
2015	7 516	7 088	2 640	22	4 426	32	396	2 492	2 180	2 158	22	32	281	5 024	4 909	482	947	556	2 102	546	275	116
2016	7 808	7 194	2 719	18	4 457	33	581	2 714	2 236	2 218	18	33	446	5 094	4 959	502	997	539	2 096	538	287	135
2017	8 185	7 374	2 771	27	4 576	31	780	2 966	2 331	2 305	27	31	604	5 219	5 043	467	998	589	2 122	566	302	176
2018	8 248	7 318	2 799	23	4 496	27	902	3 020	2 368	2 345	23	27	625	5 228	4 951	454	942	555	2 137	572	291	277
2019	8 191	7 127	2 780	12	4 335	25	1 039	3 099	2 381	2 369	12	25	693	5 092	4 746	412	900	558	2 083	503	292	345

资料来源：林野厅·令和元年木材需給表 [DB/OL]. (2020-09-30) [2020-12-20]. https://www.e-stat.go.jp/stat-search.

从 1980 年的 42 947 日元/米³ 降到 2020 年的 6 358 日元/米³，跌幅高达 85.2％，致使林户收益锐减，林户的林业经营意愿减弱。

在进口木材的冲击下，日本森林采伐量和林业总产值持续下跌。从森林采伐量的变化来看，20 世纪 50 年代中期至 60 年代中期，日本森林采伐量保持在年产 7 000 万～8 000 万米³ 的水平。1960 年采伐量为 6 376 万米³，而 2019 年为 3 099 万米³，只相当于 1960 年采伐量的 48.6％。从林业产值的变化来看，2019 年为 4 976 亿日元，是 1971 年（10 555 亿日元）的 47.1％。其中，木材生产的降幅 2019 年为 2 700 亿日元，是 1971 年的 27.3％。木材生产占林业生产总值的比重由 1971 年的 91.3％下降到 2019 年的 54.3％。

五、原木生产主要依靠民有林

日本的原木生产主要依靠民有林，1979 年民有林的原木产量占原木总产量的 65％，国有林占 35％。2018 年日本原木总采材面积 86 579 公顷，其中民有林采伐面积 76 110 公顷，占总面积的 87.9％。从材积来看，总采伐材积 4 763 万米³，其中民有林采伐材积为 3 848 万米³，占总采伐材积的 80.8％。

六、林副产品产值显著增加

日本私有林的比重高，持有林地面积在 5 公顷以上的林家占总林家数量的约 80％，这些小规模经营的林家为解决林木生产周期长、年收入不稳定等问题，在生产木材的同时，还兼业生产食用菌等林副产品。特别是随着木材价格下跌，部分林户从生产木材等林产品转向生产香菇等林副产品，使日本林副产品的产值由 1971 年的 442 亿日元增加到了 2019 年的 2 784 亿日元，增加了约 5.3 倍。其中食用菌类 2 407 亿日元，山野菜 283 亿日元，木炭、生漆等非食用林副产品 94 亿日元。目前，林副产品收入已成为部分林户的重要收入来源，如大分县和群马县的食用菌收入已占到林户总收入的一半左右。

第五节 林业经营结构

日本把林业经营主体按照实际经营面积划分"林家"和"持有土地的非林

家"。其中，"林家"是以家庭经营为基础，拥有1公顷以上林权或林地经营权的林业经营主体。1970—2010年，日本林家数量呈现出持续减少的趋势，从114.4万户减少到69.0万户，降幅为39.7%。其中，2010—2020年，日本林家数量减少速度加快，是1970—2010年均降速的2.2倍。

日本将林家划分为"农业林家"和"非农业林家"，其中，家庭收入以农业为主的林家称之为农业林家，家庭收入以非农业收入为主的林家称之为非农业林家。1970—2015年，日本农业林家从105.2万户减少到48.0万户，减少了54.4%，而非农业林家则从9.2万户增加到34.9万户，增长了279.4%。同期，农业林家的经营面积从522.4万公顷减少到275.0万公顷，减少了47.4%。而非农业林家则从93.7万公顷增加到242.5万公顷，增长了158.8%。由此可看出，林业经营主体的兼业化、非农化发展趋势显著，今后非农业林家可能超过农业林家而成为日本林业经营的主力。

随着大型林业机械的导入，日本林业经营主体的劳动生产率大幅度提升，林家的户均经营规模由1960年的5.1公顷提高到2015年的6.7公顷，增幅为31.4%。但从投入的劳动力时间来看，经营林地面积为20～49公顷的林业经营主体年工作时间为820小时，而经营林地面积为50～99公顷的林业经营主体，随着林业机械的导入，年工作时间减少到了480小时。另外，《森林林业白皮书（2020年版）》显示，2018年日本每生产1万米³ 木板的平均收益为270万日元，只有销售收入超过3亿日元的林业经营主体才有可能盈利。因此，经营规模越大，林业经营主体更容易通过机械化和专业分工提升经济效益，促使更多的林业经营主体扩大经营面积，降低单位产品中的设备折旧成本。但是截至2020年，日本经营林地面积1～9公顷的林家有60.5万户，占林家总数量的87.6%，经营林地面积超过100公顷的林家只有3 157户，仅占到林家总数量的0.5%，说明日本实现林业的规模化、集约化经营仍然需要一定的时间。

第七章 CHAPTER 7
日本农用地制度 ▶▶▶

农用地（以下简称"农地"）是重要的农业生产资料，其所有、使用和管理等问题直接关系到农业生产效率和农业竞争力的高低。农地制度是为了有效使用农地、提升农业生产效率而制定的一系列规范体系，既是社会经济制度的重要组成部分，也是社会经济制度的基础。日本农业具有典型的小农户生产特点，为了保障粮食安全，日本严格规定农地的自耕农属性、重视耕种效率、建立了以农民为主体的管理体制和农田水利基本建设制度，不仅保障了农业经济的持续发展和农村稳定，也对各个经济发展时期国民经济的持续健康发展发挥了重要作用。本章一是将日本农地制度的发展历程分为3个阶段，分别阐述各个时期的农地制度演变特征。二是介绍土地分类管制制度，包括土地类型、农地定义和农地分类管制现状。三是介绍农地流转制度，包括农地征用、转用、转让、租赁制度和推进农地流转的主要措施。四是介绍农地管理制度，包括基层农业委员会和都道府县农业会议及全国农业会议所发展历史、治理机制和业务内容。五是围绕农业基础建设，介绍以农民为主体的土地改良区制度的发展现状和运营机制。

第一节　农地制度的发展历程

近现代的日本农地制度发展分为创立资本主义自耕农制度和推动规模化集约化经营的两个发展阶段，而后者又可分为《农业基本法》时期和《食物农业农村基本法》时期。

明治维新之后，日本确立了土地私有制度，但随着地主与佃农之间矛盾加深，寄生地主土地所有制成为日本经济和工业化发展的桎梏。1926 年，日本通过政策引导、资金扶持等方式帮助佃农转变为自耕农。1938年，日本颁布《农地调整法》保护佃农的耕作权。二战之后，日本推进农地改革，采取强制手段从地主手里赎买土地，并将其低价卖给佃农，建立了自耕农制度。为了巩固改革成果，防止地主阶层死灰复燃，日本颁布《农地法》，旨在保护自耕农的生产地位，对农地流转采取最严格的管制，例如施行农地流转审批制、农地转用审批制和限制租种土地面积。农地改革和《农地法》的施行打破了地主阶级统治，建立起了自耕农制度，促进了农业生产发展，但也产生了大量土地细碎的超小规模农户，使日本农业形成了以小农户生产为主体的农业经营特点。

20世纪50年代，日本经济快速发展，工业化、城镇化导致农村劳动力大量流向城市，城乡收入差距拉大。1961年，日本颁布《农业基本法》，明确提出推进农地所有权流转和培育规模化经营主体的政策目标。1962年，日本修订《农地法》，设立农业生产法人制度稳定农业经营体制，放宽农地种植最高面积限制，允许农协和农业委员会开展农地信托业务促进土地流转。1969年，颁布《农振法》，分类控制农地非农化，保护优良农地。1970年之后，日本数次修订《农地法》，鼓励通过土地租赁扩大经营规模，设置了继承税的延期征收制度，降低农地继承成本。1980年颁布《农促法》，创建了集落营农组织制度，鼓励以农村社区为基础发展合作经营；设立农民养老金制度，削弱农地的收入保障功能。1993年，日本将《农促法》更名为《农业经营基盘强化促进法》，设立认定农业者制度，培育具有发展潜力的规模化农业经营主体。同时，修订《农地法》，进一步放宽了农业生产法人的成员条件，允许农协开展农业生产活动。

1999年，日本颁布《食物农业农村基本法》，再次强调鼓励农地向认定农业者和集落营农组织等规模化经营主体集中。2000年之后先后修订《农地法》《农促法》，颁布《构造改革特别区域法》（2002年法律第189号），试行工商资本租地务农，具有里程碑意义。2006—2007年，日本设立了"骨干农户稳定生产交付金"和"分经营品种的稳定生产对策"等扶持项目，加大了对经营大户的支持力度。2009年，日本修订《农地法》，对施政目标和立法原则进行了全面调整，被称之为"平成农地制度改革"。修订后的《农地法》要求以实现50％食物自给率为目标，确保农地面积保持在450万公顷，农地利用率提升到105％，强调"农地是农业生产的基础，无论现在还是将来都是全体国民有限的资源""土地是国家重要资源，必须保证农地的高效使用"，首次在承认农地私有制的前提下，赋予农地保障国家食料供给、保护消费者利益的多重功能。平成农地制度改革内容主要有：加强地权分配和使用的管理，减缓农地流失；鼓励农业集约化、规模化经营；有条件的允许工商资本租地务农。2015 年，日本再次修订《农地法》，进一步放宽农地流转管制，规定可持有农地的企业之中，非农业经营者的表决权可以由不超过 25％提升到不超过 50％；废除了股东必须是农业经营主体或者相关农业从业人员的规定；将公司股东之中"必须有一半从事农业生产"的规定，修改为必须有 1 人以上从事农业生产，大大降低了工商资本参与农业经营的门槛。

第二节　土地分类管制制度

一、土地的分类

日本对土地采取用途管制。1919 年颁布的《都市计划法》，将城市划分为"市街促进区域"和"市街化控制区域"，并对居住专用地域和工业专用地域的建筑物标准、高度、用途和绿化率等做了系列规定，任何人不得未经许可修建、改建建筑物或变更用途。随后，日本相继颁布了《市街地建筑物法》《道路法》《城市公园法》《城市再开发法》《聚落地域整备法》等法规制度，建立起一套比较健全的城市用地管制体系。

1950 年，日本结合国土自然条件、经济、社会、文化等综合因素，制定了第一部《国土综合开发法》（1950 年法律第 205 号），要求依法逐级编制全国、都道府县和市町村的三级国土空间规划。日本将土地分为都市地区、农业地区、森林地区、自然公园地区和自然保全地区的 5 个功能区，并实行分类分级的差异化管制政策。全国规划按照使用强度、农田优良度、产权差异、资源保护要求等制定控制标准，结合"分区管制＋许可制度＋土地制度"等管制手段，自上而下实现对国土空间的差异化分区管制（表 7-1）。

表7-1 日本五类国土功能分区的管制内容

分区（都道府县）	细化分区	管制内容	管制手段
城市地区 《城市规划法》	市街化地区 市街化调整地区 其他地区	控制城市无序扩张，限制地价上涨，划定限制地区审查土地交易和土地使用目的。	城市分区规划＋控制分区＋开发许可
农业地区 《农业振兴法》	农用地区域内农地甲类农地 第1、2、3类农地	促进农业发展，资源合理使用；划分良田，农用地区域内农地、甲类农地和第1类农地属于连片程度高、土地生产率高的高质量农地原则上不允许开发，转为非农用途。第2类农地是城镇教区农地，原则上不允许开发，特殊情况下可以用于非农用途；第3类农地原则上可以开发。	分级分区＋规划许可税收优惠＋交换分合
森林地区 《森林法》	国有林 地区森林规划对象的民有林 保育林	保护森林、提升森林生产力；保护森林资源可持续使用，每5年制定未来15年的全国森林规划，按森林规划区、流域等其他要素划分森林规划区；每5年对私有林制定未来10年森林规划。	指标＋规划＋许可
自然公园地区 《自然公园法》	特别地区（核心区） 特别保护地区（次重点区域） 普通地区（缓冲区）	资源使用，生物多样性；分为国立公园、国定公园、都道府县自然公园。 特别保护地区是保护得到强化、次重点区域开发压力得到缓解，发展压力转向缓冲区。 保护规划和使用规划并行，对公园自然资源保护，防灾，基础设施建设与限定环境影响行为。	名单管理＋规划＋分级分区＋特别地区土地交易审批＋许可
自然保护区 《自然环境保护法》	自然保护地区 原生自然环境保护地区 特别地区	保护自然，保持生物多样性。 特别地区内的开发及影响环境的活动需获得环境大臣批准。	分区＋许可＋特别地区土地交易审批

资料来源：朱红，李涛，2020. 日本国土空间用途管制经验及对我国的启示 [J]. 中国国土资源经济 (12)：51-58. 笔者有补充完善。

二、农地的分类

（一）农地的定义

基于管理和实践需求，日本不同法律法规对"农地"规定有所不同[①]。

---

① 关谷俊作，2004. 日本的农地制度 [M]. 金洪云，译. 北京：生活・读书・新知三联书店. 本章引用部分该书内容。

1938 年颁布的《农地调整法》首次将农地定义为"以耕作为目的的土地"。1947 年日本《农地调整法》在农地概念中追加"打草地"和"放牧地"。之后，在《创设自耕农特别措施法》中追加了"牧场"的概念。1952 年的《农地法》规定农地包括"农地"和"草地"，其中农地是"以供耕作的土地"，草地是"除农地以外、为耕作或养殖业发展，以打草或放养家畜为目的土地"。2000 年《与农地法关系业务处理基准》规定，"农地"是"以供耕作为目的的土地"，其中"耕作"是指在土地上投入劳动成本，并进行施肥管理，栽培作物的行为。同时也包括目前没有耕作但在任何时候都能够满足耕作需要的土地，即休耕、撂荒地；"草地"是指除农地以外，为了耕作或畜牧养殖，以打草或者放牧家畜为目的的土地。用于培育林木的土地也可归属打草放牧，在对其主要目的的判断发生困难时，按照树冠疏密度，将 0.3 以下的土地视为草地。

另外，《农振法》出于提升农地使用效率的目的，对农地概念的界定较为宽泛。该法第 3 条规定，"可划做农业振兴区的土地类型包括农地，即《农地法》中农地及草地；用于培育树木及竹子生长，或作为耕作及饲养畜牧的打草、放牧地（简称为'混木林地'）；用于保护或使用的农用土地或混木林地，所需的设施用地；为进行耕作或饲养必要的农用设施用地及农林水产省规定的土地"。该法还列出农业设施用地是指"用于畜舍、温室及其他农产品的生产、收购、分选、储藏等加工设施以及储肥和其他储藏或保管农业生产资料的设施土地"，扩大了农地的范畴。

总体而言，《农地法》是对农地进行管制的制度安排，而《农振法》则是对农地使用进行区分的制度安排，前者侧重管制，后者侧重使用，两者对农地范围的规定相互补充。

（二）农地的分类管制

日本为保护农地，防止农地流失，对农用地转用管制非常严格，依据《农振法》将全国将农地划分为 5 种类型分类管理。如表 7-1 所示，"农用地区域内农地"是指由地方政府根据《农业振兴区域整备规划》进行连片开发的高质量农地，类似于我国的基本农田，原则上不允许转为非农用途。"甲类农地"是在城市郊区，且农业公共投资不足 8 年，连片程度高，生产效率高，可用于大规模机械化作业的农地。甲类农地除用于农用设施、农产品加工设施、农产品销售设施、储藏设施以及地方政府制定的农业振兴规划设施以外，原则不允许转用为其他用途。"第 1 类农地"是指连片 10 公顷以上，且经政府投资进行过土壤改良，具有较高生产效率的农地，虽然原则上不允许转用，但经过审批后可以用于公益用途。"第 2 类农地"是指地铁站等交通枢纽半径 500 米以内，今后作为城市用地的可能性较高或者农地生产效率较低的农地。且在其周围农地不能转用为非农用途地，可以转为非农用地。"第 3 种农地"是指位于地铁站等交通枢纽半径 300 米以内，周边城镇生活设施完备，属于城区农地，原则上可以转为非农用途。

第三节　农地流转制度

一、农地的征用

（一）农地的征用方式

日本《宪法》（1946 年）第 29 条规定，"私有财产在适宜补偿下可用于公共利益"。为了杜绝公共利益概念过于抽象，造成权力被滥用的可能，《土地征用法》（1951 年法律第 219 号）第 3 条用 35 款列举了 49 种公共利益，只有符合所列公共利益的项目才能依法征用农地，包括：依据《公路运输法》《停车场法》建设公路和路边停车场；依据《河川法》在江河上设置防堤、护岸、拦河坝、水渠、蓄水池及其他设施；依据《防沙法》设置防沙设施；依据《运河法》设置运河设施；依据《土地改良法》在土地上设置土地改良用排水机或者铺设地下水源设备；依据《临时煤炭矿害复原法》设置工程施工的排水机；依据《铁道事业法》《轨道法》铺设铁路轨道等设施；依据《管道法》铺设石油管道；依据《公路运输法》《汽车终点法》《汽车货运事业法》用于客运、货运的项目；依据《港湾法》《海岸法》《航空法》建设港湾、海岸和航空设施；依据《电讯事业法》《广播法》架设电信设备以及广播设备；依据《电力事业法》《煤气事业法》设置电力、煤气等能源设施，修建博物馆、医院、公共墓地、火葬场、垃圾处理厂、农产品批发市场、公厕、公园等公共设施。总体来说土地征用是否符合公共利益必须严格按照以上有关法律规定的情形进行，几乎是一一对应，政府行为受到严格限制。

土地征用主体是指在法律上有权征用、使用所需土地的特定的公共组织，包括中央政府、地方政府、合作经济组织、公社、公团和事业团体等特别法人、特别会社和特许企业等。《土地征用法》第17条规定，土地征用需要得到国土交通大臣或都道府县知事批准，其中国土交通大臣负责审核项目包括：中央政府或都道府县地方政府作为项目负责人设立的项目；跨越两个以上都道府县行政区域的项目；超过1个都道府县，或对全国有影响的重大项目；都道府县知事无权审核或者超过3个月未做出审核意见的项目。除此之外的项目都由都道府县地方政府负责审核。

《土地征用法》第20条规定，农地征用必须符合以下条件：项目是否符合《土地征用法》或其他法律规定；项目主体是否具有执行该项目的意愿和能力，是否有项目规划且项目主体是否具有实施该项目所必要的财务能力；项目规划是否有助于适当且合理地使用农地；征用土地是否具备公益意义的必要性。例如修建农产品批发市场时，虽然农产品批发市场本身具有公益性，但也要审查在本地建立农产品批发市场是否确实有必要。

（二）农地的征用补偿

日本《宪法》第29条规定了征用补偿原则为"适当补偿"，即因特定公益项目征用农地时，为补偿因该征用行为使该农地所有人等蒙受损失，应以土地征用前后被征用人财产价格相等原则作为出补偿。补偿金额以足够被征用人在附近取得与被征用农地相等的代替场所所需金额为标准。通常，农地征用项目被批准后，发布相关公告之日的价格即为土地补偿价格。

征用补偿方式有：一是对农地等的补偿。是指对被征用农地、房屋等所有权及其他具有财产性价值的权利的补偿，又称之为"权利补偿"，通常以支付与该权利评估价格相符的金额。二是剩余农地补偿。例如，一片农地中的一部分被征用，剩余农地的形状不规整或面积过小，导致价格与被征用前相比出现显著下降时，对其价格减少部分予以补偿。三是通常损失补偿。是指由于征用而导致权利人蒙受的间接损失，例如，搬迁费、经营收入损失、租金损失及其他因征用而造成的损失，但不包括弥补精神损失和恢复生活所需的费用。四是对第三方补偿和公共补偿。第三方补偿是对地权人及相关人员以外的第三方的补偿，例如补偿农地征用期间雇佣员工的工资或者补偿开除员工的费用。公共补偿是对征用中损坏的公共设施等的补偿，例如改建道路等。

日本一度规定农地征用补偿方式仅限于现金补偿，不承认实物补偿。现行《土地征用法》借鉴德国经验，允许以现金补偿为基础，必要时可采取实物补偿。实物补偿方式有：提供替代农地、开垦新田、提供宅基地、代为施工、代为搬迁等。征用土地价值评估通常委托第三方专业房地产评估公司，以当地平均交易价格为基础进行核算。

（三）农地的征用纠纷处理

土地征用纠纷分为对项目立项审批存在异议和对补偿金额存在异议两种情况。前者可以在项目审批公告发布之日起或自收到裁决书之日起 30 日内向国土交通大臣提出复议申诉或审查请求。如不服国土交通大臣的处理意见，可以征用委员会为被告提起行政诉讼，要求撤销审批结果。但是，如果项目主体是地方政府的，只能向国土交通大臣提出复议。对补偿金额存在异议的，必须在收到估价裁决书后 3 个月内提出行政诉讼。由于这类诉讼的争议焦点是补偿损失，一般需要区分公共利益和私人利益。

二、农地的转用

（一）农地的转用程序

日本《农地法》第 4 条（地权人不变，原所有人农地转为非农用地）和第 5 条（转移地权，同时农地转为非农用地）中规定农地转用为非农用途必须获得相关部门批准，"转用"包括所有权转移或场地使用权、永佃权、物权、质权、租借权或其他以使用收益为目的的权利设定或转移。

为严格控制农地转用为非农用途，《农振法》第 13 条规定，"转用农地如有可能影响到农业经营主体连片集约经营的，不得从农用地地域内划出"。转用农地面积超过 4 公顷的，必须由都道府县政府报请农林水产省审批；转用农地面积不足 4 公顷的，必须通过当地农业委员会报请都道府县政府审批。但《农村工业促进法》（1971 年法律第 112 号）规定，为促进农村工业发展，在符合法律规定的范围内，即便转用面积超过 4 公顷也可以由都道府县政府审批。需要农林水产省审批的农地转用项目，要由都道府县知事提出申请。目前除了北海道以外，由农林水产省审批的转用项目一般由设立在各地的农林水产省外派机构——地方农政局代为处理。由都道府县政府审批的项目，由项目主体提交给农业委员会，再由农业委员会附上审核意见，提交都道府县知事审批。特殊情况下，也可以不经由农业委员会直接提交都道府县政府审批申请。

对于超过 4 公顷的农地转用项目，原则上采取事前审查。即在当事人双方签约之前，由农林水产省根据土地转用项目主体的申请，审核用地选择是否合法合规。事前审查申请由合同签约双方共同提出，如审核结果符合条件，则由农林水产省通知双方。

免于审批的项目是指项目主体是农地管理部门的中央政府或地方政府，或者项目本身具有公益性，或者用地类型特殊的项目。例如，依据《土地征用法》可以强行征用且用于公益性项目，如医院、农产品批发市场和车站等建设项目；城区等具有特殊性质的区划地区内农地的转用等。

当事人双方变更不动产登记时，需要同时提交政府批文。未经审批进行变更登记行为，不具备法律效力。违反农地转用管制的行为，依据《农地法》第51 条第 1 款规定进行处罚，通常由农业委员会上报都道府县或市町村地方政府审议，行政处罚分为取消审批、下令停工、变更审批条件和恢复原状等。如有触犯《刑法》的行为，对于个人可处以 3 年以下拘役或 300 万日元以下罚款，对于公司和合作经济组织的罚款最多不超过 1 亿日元。

（二）农地的转用审核标准

农地审批标准分为根据农地分类管制进行审查的"布局标准"和与农地分类管制没有关系的"一般标准"。农地分类管制是根据农地营农条件和周边城镇化发展情况决定，一是《农振法》规定的农用地区域内农地原则上不允许转为非农业用途。除依据《土地征用法》审批批准的项目，或者依据《农振法》农用地规划中指定用途的项目，且这些项目必须满足一定条件并属于临时使用时，才可以作为特例得到转用批文。二是甲类农地虽然可以转用但审批相当严格，被批准转用为非农业用途的情况非常罕见。三是第 1 类农地。除以下情况之外几乎不会获得批准，即依据《土地征用法》审核批准的项目和临时使用，满足一定条件的农业设施的转用、不宜或难以在城区建设的医疗设施建设项目、资源开采等特殊需求的项目、流通设施建设等，公益性较高的公共项目，与乡村振兴息息相关且根据地方政府规划的建设项目，即基于行政命令清晰规定了其用途的项目。四是第 2 类农地。只有供农业设施建设用途，且在实施项目周边没有可替代的其他土地时才可获得批准。五是第 3 类农地。政府文件或者相关部委文件中，对该区域的道路、下水道及其他公共设施，铁道车站及其他公益设施的建设情况做出具体规定的，只要符合审批条件既可获得转用批文。

农地转用审批主要考虑以下两方面：一是转用目的。为了提升农地使用效率，防止发生农地撂荒以及以资产持有或投机为目的的农地转用。二是对周边农业生产的影响。不能由于土地转用降低当地整体抗灾能力，影响农业用水排水等对周边营农环境产生负面影响的情况发生。

（三）农地的转用现状

从农地转用面积变化来看（表 7 - 2），1970 年转用农地面积达到 57 134 公顷，之后逐年减少，1985 年减少至 27 416 公顷。1989 年和 1991 年虽然回升到了 35 000 公顷，但随后缓慢减少，2018 年为 17 305 公顷。

表 7 - 2　农用地的转用面积的变化

单位：公顷

年份	合计	住宅用地	公共设施用地	工矿业用地	商业用地	其他建筑用地	绿化用地
1970	57 134	20 510	9 775	8 739	2 880	6 783	8 447
1975	34 603	11 346	7 352	3 766	1 398	4 838	5 903
1980	30 778	8 838	7 855	3 420	1 760	4 063	4 842
1985	27 416	7 328	5 772	4 005	1 605	4 061	4 645
1990	35 214	8 528	5 318	6 166	2 464	6 159	6 579
1995	28 969	8 724	5 087	4 462	2 080	4 612	4 004
2000	21 685	6 235	3 391	2 278	1 634	5 428	2 719
2005	16 954	5 277	2 125	442	1 578	5 494	2 037
2010	12 262	3 794	1 170	323	808	4 011	2 157
2018	17 305	4 115	1 052	476	935	7 114	3 612

注：住宅用地包括农村住宅、城市私人住宅和社区住宅；公共设施用地包括学校、公园、体育馆、道路、水路、铁路、医院等；商业用地包括商店、流通设施、高尔夫球场和其他休闲设施；其他建筑用地包括农林渔业用设施、停车场、放置资材、土石等建筑用地和建设再生能源发电设施等。

资料来源：農林水産省 . 平成 30 年農地の移動と転用（農地の権利移動借賃等調査結果）[DB/OL]. (2021 - 02 - 26) [2021 - 03 - 10]. https：//www.e-stat.go.jp/stat-search.

从农地转用的用途来看，住宅用地和工矿业用地占比较高，特别是20世纪70年代，随着城镇化快速发展，城中村和城市郊区的大量农地转为住宅用地和公共设施用地。20世纪90年代之后，投资性住宅需求减少，住宅用地占农地转用面积的比重下降，2018年仅占当年农地转用面积的23.7%，较1970年减少了12.1个百分点。同时受到劳动密集型产业向海外转移影响，工业用地需求减少的影响，占当年农地转用面积的比重由1970年的15.3%减少到了2018年的2.8%。但受到一二三产业融合发展战略的影响，其他建筑用地需求增加，1955年这一用途的转用农地面积仅占农地转用面积的15.9%，2018年增加到41.1%。另外，绿化用地大部分是因为劳动力不足造成的撂荒地，1970年为8447公顷，之后逐年减少，近些年基本稳定在2 000～3 000公顷。但绿化用地占农地转用面积的比重逐年提升，2018年达到20.9%，较1970年增加了6.1个百分点。

从转用农地主体来看（表7-3），2018年农区农地转用面积11 658公顷，占农地转用总面积的67.4%，其中企业、社团组织6 254公顷，占转用农地转用面积的52.8%，其次是农户以外的自然人，占28.4%。城区农地转用面积为5 646公顷，其中，农户占到城区农地转用面积的49.6%，其次是农户以外的自然人（25.3%）和地方政府（18.1%）。

表7-3　日本农地的转用主体类别

单位：公顷

	合计	中央政府	地方政府	农协	企业、社团组织	农户（含农业法人）	农户以外的自然人
2018年	17 305	296	1 370	48	6 254	4 595	4 742
农区农地	11 658	2	316	42	6 161	1 793	3 314
城区农地	5 646	294	1 024	6	93	2 802	1 428

资料来源：農林水産省. 平成30年農地の移動と転用（農地の権利移動借貸等調査結果）[DB/OL].（2021-02-26）[2021-03-10]. https://www.e-stat.go.jp/stat-search.

三、农地的转让

（一）农地的转让程序

农地所有权转让必须经过农业委员会审批。农业委员会审查的目的是保障农民权益、防止农地资产化和提升农地使用效率。审查内容主要包括：受让人及家庭成员是否能将取得农地用于农业生产；受让人是否是具备持有农地资格的农民或农业法人；受让人是自然人时，本人及家庭成员是否可以经常从事农业生产①；受让人获得农地面积是否符合相关规定。原则上获得转让后的农地总面积应超过 0.5 公顷②；从农业经营和居住地至受让土地的距离等因素来看，受让人及家庭成员是否可以有效使用该农地。另外，日本为防止佃耕变为自耕，禁止佃农以外主体获得佃耕地地权。禁止通过信托或者托管形式取得地权，但农协承办的农地信托和托管业务不受此规定限制。禁止非农主体获得地权，只允许其租地务农，规定只有农地所有适格法人才能获得农地地权。

20 世纪 60 年代，农地转让规模较大，80 年代随着农业经营收益下降和劳动力不足问题日益突出，购买农地需求减弱，1990 年农地转让面积下降到了74 305 公顷（表 7-4）。2018 年转让面积仅为 39 245 公顷。另外，日本农地转让受《农地法》第 3 条和《农业经营基盘强化促进法》制约，其中《农地法》基于保护耕种者权益的基本原则对于农地转让审查标准较为严格，《农业经营

表 7-4　日本农地流转（转让、租赁）面积变化

单位：公顷

	1965 年	1970 年	1980 年	1990 年	2000 年	2010 年	2018 年
《农地法》第 3 条	111 049	104 368	159 444	138 020	73 355	45 733	46 259
转让	—	—	—	55 984	22 092	17 346	17 794
租赁	—	—	—	81 809	51 187	28 288	28 372
《农业经营基盘强化促进法》	—	11	58 784	71 773	123 899	169 638	203 917
转让	—	11	39 463	18 321	21 855	20 157	21 451
租赁	—	—	—	53 453	102 044	149 482	182 465
《农地中间管理事业法》（租赁）	—	—	—	—	—	4 513	44 829
合计	111 049	104 379	257 691	209 793	197 254	215 371	295 005
转让				74 305	43 947	37 503	39 245
租赁						182 283	255 666

资料来源：農林水産省．平成 30 年農地の移動と転用（農地の権利移動借賃等調査結果）[DB/OL].(2021-02-26) [2021-03-10]. https://www.e-stat.go.jp/stat-search.

---

① 经常从事农业生产是指年从事农业生产的时间超过 150 日。

② 北海道地区 2 公顷。2009 年平成农地制度改革之后，《农地法》规定可根据当地实际情况决定最少经营面积，例如平均经营规模较小、不足 0.1 公顷的农户占到 40% 以上的地区，存在大量撂荒地等劳动力极度匮乏地区。

基盘强化促进法》规定相对宽松，符合条件的当事人可以优先基于该法规定转让农地，2018 年受该法限制转让农地面积 21 451 公顷，是基于《农地法》转让农地面积的 1.2 倍。

（二）农地的转让价格

日本农地转让价格受到经济周期变化和各地区发展情况影响，呈现倒 U型变化。如表 7-5 所示，《农振法》规定的农用地区内农地转让价格，1961年为每公顷水田 237 万日元，旱田 169 万日元。20 世纪 70 年代，日本进入经济高速发展阶段，城镇化和工业化导致农地转让价格以年均 5%～10% 的速度上涨。1991 年左右价格趋于平缓，1994 年起至今连续 26 年下调，2020 年农用地区内农地转让价格下跌到水田 1 133 万日元/公顷，旱田 838 万日元/公顷，分别是 1995 年的 57.3% 和 61.6%。城市地区的农地转让价格，水田为3 058 万日元/公顷，旱田为 2 934 万日元/公顷，均为 1995 年的 30.2%。日本政府的调研结果显示，农地转让价格下降的主要原因是农地购买人减少（29.5%）、大米等农产品价格下跌（17.9%）、没有继承人（17.6%）、兼业经营导致劳力不足（12.8%）和社会整体务农意愿不高（10.0%）。

表 7-5　日本农地的转让价格变化

单位：万日元/公顷、%

年份	农业地区农地		城市地区农地	
	水田	旱田	水田	旱田
1961	237	169	—	—
1980	1 310	899	4 757	4 484
1985	1 658	1 129	6 703	6 255
1990	1 873	1 260	9 980	9 254
1995	1 977	1 361	10 115	9 704
2000	1 748	1 210	7 990	7 499
2005	1 153	1 071	5 663	5 384
2010	1 363	957	4 479	4 278
2015	1 270	924	3 589	3 467
2020	1 133	838	3 058	2 934

资料来源：一般社団法人全国農業会議. 令和 2 年田畑売買価格等に関する調査結果 [R/OL]. （2021-03-26）[2021-04-10]. https：//www.nca.or.jp/upload/denpata_r2_youshi.pdf.

从不同地区的价格变化来看，农地转让价格下降最早于 1985 年出现在北海道、东北和九州等农业地区，之后逐渐扩张到城市。这一点以农业地区农地的每公顷水田转让价格的区域分布来看一目了然。2020 年北海道价格最低，只有 242 万日元/公顷，是全国平均价格的 21.4%，其次是东北地区 521 万日元/公顷，是全国平均水平的 46.0%。高于全国平均价格的地区，基本上是日本人口稠密或者工业化水平较高的地区，如东海（2 249 万日元/公顷）、近畿（1 942 万日元/公顷）、四国（1 696 万日元/公顷）、关东（1 393 万日元/公顷）和北信①地区（1 323 万日元/公顷）。

四、农地租赁

（一）农地的租赁权保护制度

日本《农地法》对以耕种为目的的农地租赁有严格限制，主要体现在合同对抗、合同法定更改和限制解约 3 个方面。这些规定和不动产租赁制度一起构成了日本现代不动产租赁权保护制度，也是 1938 年《农地调整法》施行至今始终坚持的基本原则。

1. 合同对抗

指租赁双方当事人即便没有登记农地租赁关系，如果出现了农地所有人转移农地权利的行为，承租方对其后取得该农地所有权的第三者，仍然可以主张其租赁协议的合法性。日本认为如果承租方没有合同对抗条款的保护，出租方把农地所有权转移给第三方之后，承租方就难以向第三方主张原有租赁合同权利，其结果必然是承租人交出农地，或者与第三方重新缔结租赁合同，这样很有可能改变租赁条件，影响农业稳定发展。1970 年修订后的《农地法》规定，农业委员会在审查佃耕地所有权转移时，需要提前 6 个月得到承租方同意，才能允许承租人以外的第三方人员获得佃耕地所有权。

2. 合同法定变更

指对于有租赁期限的合同，在租赁合同满期前 6 个月至 1 年之内，如不向农业委员会提出拒绝变更合同内容的申请，则以之前协议内容延续合同。日本《民法》规定土地租赁期间不得超过 20 年，2009 年《农地法》作为特例，第

---

① 长野县中野市、饭山市为中心的地区，面积 3 677 千米²，约 73.2 万人。

19 条规定在当事人双方同意的前提下，土地租赁期间可延长至不超过 50 年。合同法定变更的目的在于保证承租人经营稳定，变更合同内容需要获得农业委员会的批准。

3. 限制解约

指解除农地租赁合同、申请解除合同、商议解约或通知拒绝更新合同等行为，必须得到都道府县政府审批，未获批准的合同，不产生法律效力。租赁合同变更只有在以下情况才能得到批准，即租赁当事人一方或双方做出不守诚信的行为；具有充分理由要转用农地；承租人将农地用作非农业用途；承租人已不是农地所有适格法人或已不是农地所有适格法人成员等。虽然该规定目的是为了保障农业稳定发展，但由于过于重视保护耕种人的权益，导致农地所有人担心将农地借出后难以收回农地，而不愿意出租农地。20 世纪 80 年代以来，为了推动农地流转，《农地法》经过多次修改，规定由农协开展的信托业务，合同期间超过 10 年或符合《农业经营基盘强化促进法》第 18 条规定农地使用集约规划条件的情况下，解除合同可以免除审批。

2018 年日本共登记租赁申请 26.3 万件，涉及农地面积 14.7 万公顷，平均每件申请 0.6 公顷，其中租赁期间 3～6 年和 10～20 年的申请超过 40%。同期，解约申请 25.0 万件，涉及农地面积 11.9 万公顷。合同终了 13.7 万件，涉及农地面积 6.6 万公顷，其中有 68.5% 续签了租赁合同，涉及农地面积占合同终了农地面积的 75.3%。另外，未能继续续约的合同之中，有 25.3% 是"农地所有人想耕种"，3.5% 是通过农地中间管理机构租借，0.3% 是租借给了农地中间管理机构。

（二）农地的租赁价格

自 20 世纪 30 年代以来，日本农地租赁价格经历了政府严格管制到市场化的发展过程。1939 年日本设立租赁价格管制制度，由政府设置最高租金，防止农地租金过高伤害佃农利益，以便稳定农业生产。

1945 年，日本修订《农地调整法》，允许农业委员会在获得都道府县政府批准的前提下，制定租金价格，并允许承租人在租金超过收获农产品一定比例，即水田 25%、旱田 15% 时，有权要求租金恢复到规定的合理水平；并且要求所有农地租赁必须签署书面协议。

1952 年，日本颁布《农地法》，对租金上限做了强制规定，以标准田为基准从收益中扣除农资投入、劳动投入（家庭成员工资参照城市平均工资计算）、利息和赋税，计算出纯收入，再把从纯收入中减去利润作为农地纯收入，并将其作为制定最高地租的基础。1952 年，标准田的租金是10 910日元/公顷。

1970 年，日本修订《农地法》。一是废止最高地租管制制度。二是建立了标准佃租制度和减额劝告制度。规定由农业委员会将农地划分为若干等级，并参考该农地的产出水平、农产品价格和生产成本等情况，基于稳定农业生产经营的基本原则制定标准租金。虽然标准租金不是强制执行的标准，但《农地法》允许农业委员会在认为当地农户之间签订的实际地租金额与标准租金金额之间偏差较大时，有权对出租方发出减额建议。三是设置了地租变更条款。允许在农产品价格、生产成本或者其他经济因素发生变化，或与邻近农地租金相比有明显差异时，农地租赁双方可以要求对方增减租金。对这一请求，如果当事人之间未能达成协议时，可提交法院审理。四是因不可抗力导致减产，如水田的租金超过米价 25％、旱田的租金超过主要作物价格 15％时，承租人可以请求减低租金。

2009 年日本推行农地制度改革，引入市场机制，强化了农业委员会农地信息收集和发布功能。《农地法》第 52 条规定：各地农业委员会应区分不同农地情况，收集过去一年当地农地租金信息，通过杂志、网络等积极对外发布最高价、最低价和平均价。近年来，日本还构建了全国范围的弃耕地、流转土地信息共享平台，由农业委员会与其他机构合作，实现信息共享。根据日本不动产研究所报告显示，2019 年 3 月，水田租金为 89 180 日元/公顷，旱田为50 560日元/公顷，分别是历史最高纪录 1986 年的 37.16％和 44.6％，相当于1975 年和 1978 年的水平。从不同地区地租金额来看（表 7 - 6），北陆和东北地区较高，中国、近畿和东山地区租金较低，最高租金是最低租金的约 2 倍，这主要是受到农地单产、生产成本和劳动力价格差异影响而形成的，同时也和农地供需关系存在一定关系。

表 7 - 6　日本不同地区农地的租金价格（2019 年）

单位：日元/公顷

地区	水田	旱田
全国平均	89 180	50 560
北海道	101 220	43 420
东北	114 000	468 20

（续）

地区	水田	旱田
关东	97 940	70 780
北陆	118 020	50 470
东山	74 000	49 470
东海	82 720	60 140
近畿	69 140	38 840
中国	60 280	31 310
四国	79 130	47 510
九州	105 350	57 660

资料来源：一般财团法人日本不動産研究所．田畑価格及び賃借料調［R/OL］．（2019 - 10 - 30）［2021 - 03 - 10］．https：//www. reinet. or. jp/wp-content/uploads/2019/10/3baa60aeff00fb0da5a840cf31e038801. pdf

五、推进农地流转的主要措施

（一）设立认定农业者制度

1993 年修订后的《农业经营基盘强化促进法》规定，从保护农地和提升农地使用效率，通过提高农业经营主体的收入水平来吸引归乡务农，培养掌握现代技术的农业经营人才视角出发，创立了认定农业者制度。获得认定农业者资格可优先通过农业委员会等机构获得农地流转信息，租赁或购买农地；优先获得"经营所得稳定政策"补贴；可从政策金融机构获得"强化农业经营基础资金"中长期贷款，帮助其改善农业经营结构；可通过农协系统的合作金融机构获得低息贷款；可获得每月 0.4 万～1 万日元农民养老金补助①。

（二）推动农业法人化经营

"禁止工商资本下乡，非农民不得从事土地经营"是日本土地政策长期以来坚持的基本原则，但在财经界对于开放土地经营者资格限制的呼声下，平成土地制度改革作出了相应的让步，推进农业法人化经营，并缓和了对工商资本

---

① 补助对象为 39 岁前加入保险，年收入少于 900 万日元的认定农业者。

取得农地经营权的规定，原则上允许满足一定条件[①]的企业租地务农。

（三）设立农地中间管理机构

通过加强公共管理能力，促进农地流转，是日本提升农地集约化水平的重要手段。1968年修订后的《农地法》设立了"农地保有合理化事业"，并创立了农地保有合理化法人。该法人是依靠政府的中介组织，法人代表和主要负责人由当地政府行政长官或者涉农团体负责人担任，承担农地资源的再分配工作，并有权从离农农户手中租赁或购入农地，经过平整、改造后租赁或卖给有能力和有意愿从事农业生产的农业经营主体，以促进农地集约，逐步摆脱小规模经营模式。

2013年底，日本废止原农地保有合理化事业，颁布《关于推进农地中间管理事业的法律》（2013年法律第101号），设立了农地中间管理机构（以下简称"机构"）[②]。机构以都道府县为单位，各地设置一家，也称为"农地银行"，推进农地的集约化使用。机构作为农地买卖和租赁的中介组织，对小规模、分散的农地进行整理、集约，然后再以整块地的形式出租给农业经营主体，达到整合农地资源和扩大农业经营规模的双重目标。对出租农户来讲，承租方是政府机构，有信用保障，可以按照合同约定拿到租金，并在到期后如约回收农地租赁权，同时当出租面积达到一定规模，还可以拿到政府每公顷5万日元、最多每户50万日元的奖励。对于承租人来讲，可以省去寻找所需规模农地的精力和费用，还可由机构出面集约平整农地、甚至换地，减少管理成本且租期长达10年以上，有利于开展长期经营。对于政府来讲，可以避免农地摞荒，提升农地使用效率。2020年3月末，机构共向农业经营主体集约农地35 437公顷，占日本农地总面积的0.8%。

（四）开展农地信托业务

1962年修订后的《农地法》允许日本农协开展农地信托业务。农地信托业务对象仅限于农协成员所有的农地、草地、林地和建筑用地等不动产。农地

---

① 签署如将租赁农地用于非农业生产用途时，允许地权人可以即时解除合同；能与周边农户共同分担农业生产所必需的基础建设等工作，并能保证持续稳定的从事农业生产；公司董事中有至少有一人是经常从事农业生产（含销售）个人。

② 实践中，由原农地保有合理化法人，即各地农业公社、农业支持中心变更名称承担相关业务。

信托方式有两种，一是出售土地信托，信托期结束之后，委托方领取农地出售所得价款；二是租赁运营信托，受托方安排农地出租，委托人获得租金，信托结束之后收回土地经营权。采取信托方式优点在于，农地信托为有意愿务农的人员提供了稳定的土地资源。由受托方整备农地，降低了农地集约成本，提升了农地资源的配置效率。土地信托可以把不同供给需求的委托方资源打包合并后出租或者销售，使土地管理手段多样化。农地所有者将农地信托给农协，在信托期内如租赁信托可获取稳定的信托红利。出租农地要求信托期间至少6年，且不受佃耕地所有规定限制，政府也不得征用，因此可以获得较长期的稳定租赁期间，有利于吸引租户流转农地。

20世纪80年代，日本逐步放宽农地信托管制，1986年修订《国有财产法》（1948年法律第73号）和《地方自治法》，土地信托业务得到快速发展。近些年，随着施行《机构法》，机构也可以开展农地信托业务，可将多名小农户的农地集约后，统一委托给信托公司或者银行，再由银行相关机构租给认定农业者等大户经营，对于改善农业经营结构发挥了一定作用。

（五）减少撂荒农地面积

日本将撂荒农地分为"荒废农地"和"耕作放弃农地"，前者是指未能耕种，且今后也很难恢复耕种的农地，后者是指过去1年以上没有耕作，但今后几年还有恢复耕作可能的农地。荒废农地面积2008年达到28.4万公顷之后逐渐减少，2015年恢复到了28.4万公顷，2018年又下降到28.0万公顷。耕作放弃农地自20世纪70年代以来持续增加，2015年达到42.3万公顷，是1975年的3.2倍。截至2018年两者合计规模占日本农地总面积的约16%。

平成农地制度改革促进了撂荒农地的流转。一是增强农业委员会对继承地权的监督职能。《农地法》第3条中强调，"获得地权得农业经营主体必须在10个月内向农业委员会通报备案，如有没有备案或者伪造备案情况，当事人处以10万日元以下罚款"。二是强化了农业委员会对撂荒农地的管理权限。《农地法》规定农业委员会每年必须检查该地区撂荒农地情况。通过指导、劝告等行政手段促使地权人有效使用农地（第32条）。对于1年以上没有耕作且今后也没有耕作计划，或者与周边的农业生产相比明显落后的地块，当地农业委员会可以要求该地权人责令改正（第33条），如拒不按照要求恢复或者改进的，则上报都道府县政府协调。协调未果的，由都道府县政府裁定把农地交给农地中间管理机构处理① （第 35 条）。三是赋予了农业委员会对无主撂荒农地的处理权。四是提升了撂荒农地持有成本。被农业委员会认定为撂荒农地的，将会被取消固定资产税优惠，实际缴纳金额增加到原来的 1.8 倍②。

第四节　农地管理制度

日本《农地法》规定农地管理的行政工作，自中央到基层分别由农林水产省、都道府县地方政府和市町村农业委员会负责。农业委员会最早出现在明治时期，由 1938 年颁布的《农地调整法》规定设立，负责维护自耕农制度、协调佃农关系、检查交换合并农地等工作，但没有行政权力。二战之后，日本将原农地委员会、农业调整委员会和农业改良委员会合并为农业委员会，并制定了《农业委员会法》。该法规定农业委员会是设置在市町村地方政府内部的独立行政委员会，原则上每个市町村都要设立农业委员会③负责农地流转、管理等相关工作。目前，日本 1 741 个市町村之中，有 1 698 个市町村设立了 1 708 个农业委员会，其中有 6 个市町村设立了 2 个农业委员会。另外，有 43 个市町村没有农业委员会，其中因为没有农地的 13 个，未能满足设立标准的 30 个。

一、农业委员会

（一）治理机制

农业委员会是由农业委员和农地使用最适化委员（以下简称"推进委员"）组成，且所有委员都是兼职，地位相当于公务员，报酬由各地市町村地方条例规定，通常都是象征性地每月付酬 0.5 万～6 万日元。截至 2018 年日本共有 23 196 名农业委员和 17 824 名推进委员。

农业委员必须是有农业生产经营经验或者了解农业生产情况，与农业委

---

① 2013 年日本废止农地保有合理化法人制度，相应功能由农地中间管理机构承接。
② 日本农地固定资产税＝农地转让价格×1.4×0.55。如被界定为撂荒农地将会被取消 0.55 的优惠，实际支付固定资产税＝农地转让价格×1.4，是原来的 1.8 倍。
③ 区域面积超过 2.4 万公顷或者农地面积超过 7 000 公顷的大型市町村可以设置两个以上农业委员会。但没有农地或者北海道不超过 800 公顷、都道府县不超过 200 公顷的市町村可以不用设置农地委员会。未设置农业委员会的市町村中的农地相关业务由市町村行政部门负责。

员会所辖业务没有利益冲突，并经过市町村议会审核同意的个人。原则上认定农业者等规模农户，要占到农业委员的一半以上，且必须有本地农协、渔协、森林组合、农业共济组合和土地改良区的理事长，并且要考虑年龄和性别因素，设立一定比例的青年委员和妇女委员。农业委员任期3年，可连任。数量根据当地农业经营主体数量和农地面积决定，通常农业经营主体不足1 100人或农地面积不足1 300公顷的地区，为14～27人；农业经营主体超过600人，且农地面积超过5 000公顷的地区，为24～27人；前两种情况以外的地区，为19～37人。

推进委员是根据2016年修订后的《农业委员会法》设立的新职务，主要职能是基于《农地法》推动农地向新型农业经营主体流转、集约，防止、减少农地荒芜和促进新农人发展工作。《农业委员会法》规定推进委员由农业委员会自行招聘，必须是对务农具有热情和经验的个人，任期以农业委员任期结束为准并按照每100公顷1人的比例配置。没有设立农业委员会的市町村或者撂荒农地面积低于农地总面积1%、新型农业经营主体集约农地面积超过农地总面积70%的市町村，可以不用设置推进委员。

农业委员会的活动经费由地方财政承担，事务性工作原则上由农业委员会聘任员工承担，实际上由当地政府农业行政机构的公务员兼任。农业委员会最高权力机构是农业委员会委员会议，会长由农业委员互选产生。会长或者超过1/3的委员提出书面申请时可召开委员会议，但出席委员不足半数时不得召开。采取一人一票民主管理，表决需要获得出席会议的委员半数以上同意，赞成和反对票数相等时，由会长决定。

（二）业务内容

《农业委员会法》第9条列出了农业委员会所承担的业务内容，可分为根据法律法规规定必须承担的"法令业务"和有关农业振兴方面的"任意业务"。2018年日本农业委员会共处理土地所有权和经营权流转业务6.6万件，涉及农地面积5.0万公顷；处理集约农地业务36.5万件，涉及农地面积20.4万公顷；处理改变土地用途审批业务7.6万件，涉及农地面积0.8万公顷；开展撂荒情况调查，确认荒地面积13.5万公顷。

1. 法令业务

农业委员会根据以下法律法规开展相关业务：

（1）依据《农地法》及其他法律法规规定调整农地使用关系等业务。主要有：审批农地流转；受理城市化区域内农地流转申请；向都道府县政府转呈符合限制佃耕地所规定的农地和已经不是农地所有适格法人的农地公告、通知及相关文件；受理农地所有适格法人年报、警告、调查等；确定标准土地租金；审批以肥料与饲料用草以及以家畜放养为目的的农地进行使用权确权；向都道府县政府转呈农地买卖文件；调停农地利用相关争议等。此外，都道府县政府依据《农地法》规定开展审批工作时，原则上要求农业委员会添附审核意见，提交审批申请书。

（2）依据《农促法》规定的相关业务。《农促法》规定促进农地使用权分离、确权业务中，市町村政府在制定农地集中使用规划，应经过农业委员会同意。农业委员会根据认定农业者申请或农地所有人的申请，为促进认定农业者使用权确权工作顺利展开，可以调整农地权利关系。为此，农业委员会可对农地所有人提出劝告意见，也可请求市町村政府制定农地集中利用规划，可以请求市町村政府通知机构协商购入农地。而且，农业委员会可以为提高撂荒农地使用效率帮助地权所有人，也可以请求市町村政府对地权人发出劝告意见。

（3）依据《特定农山区法》（1993 年法律第 72 号）规定的相关业务。审核农地流转规划，要求其内容要与农业委员会提出的农用地集中使用规划决议内容一致。

（4）依据《农地改良法》规定的相关业务。农业委员会不仅可以促进农地交换合并，而且对土地改良区、农协、农地中间管理机构或市町村政府推进的农地交换合并工作拥有审批权。市町村政府推进《农振法》以及《村落地域建设法》（1987 年法律第 63 号）中规定的农地交换合并工作，也需要获得农业委员会批准。

（5）根据其他法令规定的相关业务。其他涉及农业委员会的法律还有《关于对特定农地租赁〈农地法〉特例的法律》（1989 年法律第 12 号）、《市民农园整备促进法》（1990 年法律第 44 号）、《农振法》《土地区划整理法》（1954 年法律第 119 号）、《农住组合法》（1977 年法律第 86 号）等，都对农业委员会工作内容做出了具体规定。

2. 任意业务

主要包括：调解农地使用方面的争议；调节农地交换合并及改善农地交易

条件；推动制定农业发展和乡村振兴规划，并监督施行；推动农业科技创新、农作物病虫害防除及其他提升农业生产力，改善农业经营活动和农民生活品质；开展农业生产、农业经营及农民生活方面的调研工作；开展农业及农民科普宣传业务。但农业委员会处理乡村振兴相关业务时，不得妨碍市町村政府及其他政府机构根据相关法律法规开展的工作。

农业委员会在开展农村土地流转工作时，必须根据农业振兴地域建设规划，合理开展农地集约工作。《农促法》规定农业委员会、农协、土地改良区及农地中间管理机构必须相互合作，共同改善本地农业经营基础。

3. 公开发表建议和撰写调研报告

农业委员是当地农民组织，农业委员会也是农民利益的代表，可以对农业农村农民相关事宜公开发表意见，向上级行政机构提出对策建议；可开展调研活动，为政府决策提供依据。

二、都道府县农业会议及全国农业会议所

都道府县农业会议是以所在都道府县范围内的农业委员会、农协中央会、农业共济组合联合会、农协联合会、其他农民团体和农业委员会会长指定的学者为成员成立的社团法人。都道府县农业会议的业务内容主要有：依据《农地法》规定的法令业务，包括依据《农地法》规定审批农地转用或审批解除农地租赁合同；依据《农促法》规定制定农业经营基础强化促进基本方针；依据《农振法》进行特殊地块的经营权确权和开发审批；依据《土地改良法》规定审批农地交换和合并。都道府县农业会议本身并不具有实施行政处分的权限。另外，都道府县农业会议还承担对涉及农业农村相关事宜公开发表意见和向行政机构提出对策建议或对行政机构咨询进行答复；开展有关农业农村宣传活动；开展与农业农村相关的调研活动；举办农业委员会委员培训；协助农业委员会处理农业振兴相关业务。另外，《农促法》规定，都道府县农业会议有责任为促进农地流转，基于本地区发展现状，可以向市町村农业委员会提供农地所有、使用状况等信息和相关帮助。

全国农业会议所是由都道府县农业会议、全国农协中央会、全国性质的农协联合会、以推动农业改良业务发展为目的非营利性团体和全体成员认可的学者为成员组成的社团组织。全国农业会议所业务主要有：支持都道府县农业会

议联络交流和提供相应帮助；收集、整理和提供农地相关信息；支持农业经营主体和新农人发展；支持农业法人发展；支持认定农业者等新型农业经营主体组织化和组织运营；开展农业相关调研和提供农地交易等相关信息。

第五节　土地改良区制度

古代日本的农田水利基本建设是以村落为单位由村民共同实施。明治维新之后，日本快速推进土地私有化，原有村社关系逐渐消亡。1890 年颁布《水利组合条例》，允许农户根据用水实际情况成立"普通水利组合"和"水害预防组合"。1908 年，颁布《水利组合法》，赋予水利组合法人地位。另外，在农田整治方面，1899 年颁布《耕地整理法》，要求以土地地权人为成员建立"耕地整理组合"，在财政支持下开展农道、农业用水设施建设和管理工作。二战之后，日本将《耕地整理法》和《水利组织法》合并为《土地改良法》，建立了集农田水利设施建设和管理为一体土地改良区制度。

一、土地改良区

土地改良区是在农民高度自治的基础之上，提升农户参与农田水利基础建设意愿，采取中央政府、地方政府和受益农户三者结合的方式，以完善灌排设施、修整农道、改良土壤等农田基本建设为目的的公法人性质的农民合作组织。截至 2019 年，日本共有 4 403 个土地改良区，土地面积 249.7 万公顷，占日本农地面积的 55.8%，平均每个土地改良区面积 567 公顷。成员总数 350.5 万人，平均每个土地改良区有成员 796 人，其中成员不满 300 人的土地改良区占总数的 53%，300~1 000 人的占 28%，1 000~5 000 人的占 17%，超过5 000 人的占 2%。可见土地改良区是以小农户为主体的农民合作组织。

（一）设立

土地改良区设立需要 15 人以上利益关系人提出申请，在得到都道府县政府批准后成立。发起人大会要公布业务规划概要、章程，且必须获得 2/3 以上管辖区域内受益农民的同意，如果是以开荒为目的的土地改良区，需要获得辖区内所有受益农户的同意。都道府县政府负责对设立申请进行审核。土地改良区一经都道府县政府同意设立，区内的受益农户无论赞成与否，都自动成为该土地改良区的成员，且不得拒绝。土地改良区具有显著地缘特征，由某一灌溉流域范围内的农户组成，辖区范围往往与行政区域不一致，大部分出现跨行政区域的情况。

（二）治理机制

土地改良区治理机制与农协相似，最高权力机构是成员大会，可变更章程、制定农用地用水排水等设施的管理规程、审批收支预算、决算文件等工作。成员超过100人的土地改良区，可以设立成员代表大会，但代表数量不得少于30人。成员（代表）大会分为定期大会和临时大会，采取一人一票民主管理。理事可以召集成员（代表）大会，如获得1/5以上成员的同意也可要求召开成员大会。成员（代表）大会表决事宜，在半数以上成员出席，且同意人数超过一半时可获得通过。有2/3成员出席的成员（代表）大会，且有2/3以上成员赞成时可以修订章程、修订土地改良事业规划、解散或合并土地改良区。

土地改良区的理事和监事由成员（代表）大会选举产生，其中理事至少5人，监事至少2人，且1/5以上的理事和1/2以上的监事可以由非成员担任。成员（代表）大会中1/5的参会成员提出请求时，可改选理事和监事。

（三）业务内容

土地改良区的业务分为建设业务和管理维护业务[1]，2017年建设业务占总工作量比重的2%、管理业务为73%、建设和管理业务15%、其他业务10%。建设业务包括农田基本建设和农村生活环境整治等，其中农田基本建设的内容主要为土地改良综合整治、灌溉排水设施建设、农田道路整治、农地开发等。设立新项目需要15名以上成员提出，经土地改良区公示并获得2/3以上成员同意[2]后，由土地改良区派技术人员做可行性研究，确认确有必要时，由土地改良区向农林水产省提出项目实施申请。农林水产省协调都道府县政府审核，经农林水产省批准立项后，土地改良区组织设计、落实经费和公开招标，并由

---

[1]　陈伟忠，2013. 日本土地改良区的农田基础建设及其对中国的启示 [J]. 世界农业（12）：22 - 27. 本节引用部分该文内容。

[2]　部分项目需要全体成员同意。

中标建设公司开始施工，土地改良区负责项目监管。工程竣工后由土地改良区验收，中央或地方财政补贴的，同时需要两级政府验收。

农田基础建设分为以下 3 类：一是条田整理。日本政府规定以 1 公顷为一个标准条田，一般是 80 米×125 米或 100 米×100 米。通过整理实现条田单灌、单排、靠路，消灭串灌、串排，农业机械可以从田间道路直接进入任何一个条田。同时，进行土地平整，视需要采取掺客土或压实等方法，改造烂泥田、漏水田等不良土壤，整地误差要求在 3 厘米以下。二是农田道路修建。农田道路网一般分为两级，支线位于条田的一头，一般为沙石路面，干线与农村公路相接，一般为沥青或混凝土路面。三是灌排设施建设。以预制钢筋混凝土矩形渠道为主，每节制槽长 3～5 米，断面尺寸一般为 40 厘米×40 厘米或 60 厘米×60 厘米，槽壁厚度为 4～5 厘米，内设螺纹钢构造筋，接口以平接和承插为主。其中，灌溉系统：明渠普遍采用钢筋混凝土衬砌，部分地区开始推行暗管输水灌溉，条田的一头设有与明渠相接的灌水闸门，或者设有与暗管相接金属灌水阀门；排水系统：用于地表排水的明沟普遍采用钢筋混凝土衬砌，骨干排水沟甚至采用钢板桩衬砌，为了创造稻田改种旱作的条件，日本政府还鼓励农户增设稻田暗管排水设施，确保快速把地下水位降低到地表50 厘米以下。

工程管理维护业务由土地改良区、地方水利调节团体和村落水利组合管理维护，目前日本 60％的农田水利设施由土地改良区负责管理。地方水利调节团体、村落水利组合是根据建设和管理需要，由土地改良区内的农民按照村落等自发组成的，每年从土地改良区领取一定补助作为活动费用，负责工程运行和维护。以水利设施管理维护为例，土地改良区负责干渠以上工程，如水库、渠道、泵站、干渠等维修、更新、加固、疏通等；地方水利调节团体、村落水利组合负责支渠及末端的相关渠道（斗、毛渠沟）的维修、更新、加固、疏通等。同时，农户在生产过程中发现农田基础工程损坏而需要维修时，可向土地改良区汇报，土地改良区会同地方政府对申请情况进行确认，属一般维修则由土地改良区负责，较大规模维修则由地方政府统一实施。

在进行诸如农场建设、开垦荒地等工程时，土地改良区可基于公法人的组织性质强制土地所有人置换土地，这在农地私有制国家中较为罕见。另外，随着城镇化快速发展，需要改建土地改良区所管理的农用排水沟及其他土地改良设施的，土地改良区有权要求地方政府和相关企业等提交新设施管理办法、费用分担方案。在无法协商解决时可申请都道府县知事仲裁。改良设施施工结束后，通常由土地改良区负责管理，但农用排水设施或其他设施管理需要制定管理章程并得到都道府县知事审核批准。

（四）费用负担

土地改良区相关业务虽然具有一定外部性，对于保障粮食安全，抗洪防灾具有重要作用，同时，日本是土地私有制国家，农田、土壤整治、农田中的明沟暗渠、局部农道和小水泵等土地改良设施归属私有。因此，日本土地改良费用，即灌排工程、农村道路、农田整治等投入的建设费用[①]和改良之后的土地、设施利用过程中所投入的运营管理费用[②]由中央、地方和受益农户共同承担，具体承担比例如表7-7所示。

表7-7　日本土地改良区项目实施主体、实施内容和建设经费分摊标准

项目内容	实施主体	实施内容		建设费用分摊标准*
		受益面积	工程内容	
灌溉排水	中央	3 000公顷以上	500公顷以上的干渠	＊55%、20%、25%
	都道府县	200公顷以上	100公顷以上的水利设施	＊50%、30%～40%、10%～20%
	市町村**	20公顷以上	5公顷以上的水利设施	＊45%、10%～20%、35%～45%
农地开发	中央	400公顷以上		
	都道府县	40公顷以上	开荒、农道、干渠	
	市町村	10公顷以上		
农地平整	都道府县	60公顷以上	平整农地、农道、水利设施开荒、农道、支渠	
	市町村	20公顷以上		

注：＊中央财政＋都道府县财政＋市町村财政（含受益农民），＊＊市町村包含市町村政府和农协。

资料来源：曹斌，2019.日本促进小农户生产与现代农业有机衔接的经验对我国乡村振兴的启示［J］.西安财经学院学报（2）：88-93.

1. 大型国家工程

大型水库等受益地区面积较大，且受益农户跨行政地区的大型重点国家工程，产权属国家。建设投资主要由中央财政负担45%～55%，剩余部分由都道府县政府和土地改良区负担。运行管理中，技术性要求高的工程由国

---

① 建设费用包括在改良过程中所投入的材料、人工等费用，这些费用以后可变为被改良的土地、设施的固定资产，因此，也称之为土地改良投资。

② 运行管理费用包括改良后的土地、设施的修整、维护费用及管理组织的人工费、办公费等。

家管理，运行管理费由中央财政负担，土地改良区参与协商和提供必要的帮助。

2. 都道府县工程

各都道府县范围内的大型工程，如水库、泵站、干渠和大型蓄水池等工程，产权属都道府县政府，建设投资费用主要由地方财政负担，剩余部分由中央财政补贴和土地改良区分摊。运行管理中，技术性要求较高的工程，由地方政府派人管理，运行管理费由地方财政负担，土地改良区参与协商和提供必要的帮助。

3. 土地改良区工程

市町村级别的小型农田水利工程，如水渠、蓄水池、灌排、水管道、农道和农田整治等，产权属土地改良区，建设投资主要由土地改良区负担，中央、地方财政提供必要的补贴。土地改良区需要负担部分工程建设费用（特别赋课金）和运行管理费用（经常赋课金）。土地改良区本质上是农民合作组织，事先经过成员大会同意修建的设施建设需要受益成员按照一定的标准，如土地面积、产量、实际用水量、工程投资比例和地势标高等均摊相关费用。另外，土地改良区也可以要求非成员的土地改良事业受益人分摊费用。近年来，日本鼓励通过农地租赁扩大经营面积，成员因将其全部或部分土地流转给他人时，成员资格自动丧失，其权利义务则转移到接收其土地的农业经营主体手中。在没有人继承土地时，成员可以与土地改良区清算，并根据清算结果，支付相关费用。2018 年日本土地改良区的平均工程建设费为 16 370 日元/公顷，运行管理费为 31 870 日元/公顷。

土地改良区均摊费用的收缴采取委托市町村政府代征方式，对于逾期未缴的成员，市町村可参照地方税的征缴规定进行处罚，其地位仅次于国税和地税。

二、土地改良区联合会

1957 年修订后的《土地改良区法》允许成立全国及都道府县的土地改良事业团体联合会（以下简称"改良区联合会"）。都道府县改良区联合会由本地区土地改良区、农协和市町村政府等与土地改良工作有关的地方政府和农民团体组成。截至 2018 年，日本共有 47 个都道府县改良区联合会，成员之中有

4 119 个土地改良区、168 个农协和 1 654 个市町村政府。

全国改良区联合会由都道府县改良区联合会和大规模土地改良区组成①。全国改良区联合会会员只能是土地相关法人单位，并从成员中选举产生会长，最高权力机构是成员大会，但不能设置成员代表大会。

两类联合会的业务主要是开展土地改良相关技术服务、业务援助、培训、提供信息、调查研究和协助地方政府推动土地改良业务。1990 年修订后的《土地改良区法》允许全国联合会对都道府县联合会工作进行业务指导，加强了上下级组织之间的联系。

---

① 跨两个县以上地区的土地改良区或者辖区面积超过 1 万公顷的土地改良区。

第八章 CHAPTER 8
日本农业经营体系 ▶▶▶

日本的农业经营体系是以超小规模农户的家庭经营为基础，合作经营、企业经营和社会化服务组织构成的多元化组织体系。明治维新以来，家庭经营始终是支持日本农业发展的主要模式，二战之后，随着工业化、城镇化的快速发展，日本农户数量减少，原本近似均质性的家庭经营内容和结构不断发生变化，同时，以村落地缘关系为纽带的农业生产性合作经济组织增加、农业企业经营初具规模，农业生产性服务组织加快建设，逐渐形成了结构明确、功能互补、动态调整的新型农业经营体系。目前，推进发展各种类型的农业经营主体和规模化经营，已成为日本应对国际经济一体化冲击、加快农业结构调整中长期战略性政策。本章重点介绍日本农业经营体系的特征，首先阐述日本农业经营主体的发展情况，包括家庭经营、合作经营和企业经营的分类特征和组织形式；其次介绍农业生产性服务组织的发展现状、组织类型和服务价格形成机制；最后介绍日本农业人口的数量和质量变化特征和引进外籍劳动力的现状。

第一节 家庭经营

一、超小规模农户和小规模农户

日本是典型的以家庭经营为主体的农业国家，户均农地面积远远低于欧美发达国家，改造农业经营结构，使大多数达不到小农标准的超小规模农户（简称"超小农"）成为小规模农户（简称"小农"），并且促进小农和超小农生产共同发展是日本农业发展面临的长期课题。对于两者的划分标准，北海道帝国大学原校长高冈熊雄教授认为，小农是以家庭经营为主体、不雇用劳动力、也无余力从事其他工作的家庭农场。东京农业大学首任校长横井时敬教授认为，小农是以获取劳动报酬为目的农业经营者。1910年，日本明确了小农是经营面积超过1公顷以上的农户，达不到此经营规模的农户属于超小农。1961年，日本颁布《农业基本法》，将"能够获得与其他职业相等收入的农业家庭经营者"称之为"自立经营者"，即小农，并且，将经营农地的面积标准设定为2公顷。随着劳动力成本以及城镇居民收入水平的变化，这一标准不断调整，1970年增加到3.5公顷、1980年增加到5.5公顷、2010年为10公顷。如表8-1所示，1930年日本农户的户均农地面积只有1.05公顷，其中户均耕地面积1公顷以上的农户有174.4万户，小农户占农户总数的比重为31.1%。1947年日本土地制度改革导致农业经营规模细碎化，1950年日本户均农地面积减少到0.89公顷。20世纪60年代以来，在严格的农地保护之下，日本农业规模化发展较为缓慢，2020年户均①农地面积仅增加到1.26公顷，其中10公顷以上的农户约4万户，占农户总数的比重为1.2%。由此可见，经过90年发展，日本依然没有实现小农生产，超小农比重反而大幅度提升。

表8-1　日本不同农地经营规模农户分布和户均农地面积的变化

年份	农地面积（万公顷）	农户数量（万户）					户均农地面积（公顷/户）
		合计	不足1公顷	1~3公顷	3~5公顷	超过5公顷	
1930	586.7	560.0	385.6	154.4	12.9	7.1	1.05
1947	524.2	591.0	428.7	150.0	7.4	4.9	1.05
1950	520.1	617.6	450.4	154.7	7.7	4.8	0.89
1960	607.1	605.6	424.2	166.3	9.1	6.0	0.85
1970	579.6	540.3	368.5	155.4	9.2	7.1	1.06
1980	546.1	497.7	356.4	123.9	10.2	7.2	1.07
1990	524.3	461.0	340.1	101.7	11.2	8.0	1.12
2000	483.0	421.8	324.5	78.1	10.6	8.6	1.16
2010	459.0	390.1	317.1	55.1	8.9	9.0	1.16
2015	449.6	356.8	295.1	44.6	8.0	9.1	1.18
2020	437.2	324.9	—	—	—	—	1.26

注：为统一口径，1975年之后的农户总数包括农家和持有农地的非农家。

资料来源：農林水産省. 農林業センサス [DB/OL]. (2021-06-30) [2021-06-30]. https://www.e-stat.go.jp/stat-search. 整理制作。

①　为和1930年统计口径一致，2015年农户是指包括农家和持有土地非农家在内的所有农户。

二、农家和持有农地的非农家

如表 8-2 所示，日本把农户分为"农家"和"持有农地的非农家"。农家是以实际经营耕地面积为基础，并根据农产品的销售额对实际经营耕地面积进行若干修正后的统计上的定义。1975 年，日本农林统计普查定义农家是实际经营耕地面积、在东日本拥有 0.1 公顷或在西日本拥有 0.05 公顷以上的农业家庭。1991 年日本将农家认定标准统一为 0.1 公顷。另外，对于养殖户和设施园艺类产品种植等无法仅根据农地经营面积来衡量的农户，日本采用农产品销售额作为判断指标。1965 年定义为年销售额为 3 万日元，之后根据社会经济水平变化数次做出调整，1991 年统一为 15 万日元。需要注意的有两点：一是从国际比较的角度来看，日本的"农家"评价标准略高于国际水平。在欧洲，统计意义上的农家定义是"拥有 0.1 公顷以上土地并进行农产品销售的农户"；在美国，纳入国家统计的农户要求年农产品销售金额超过 1 000 美元，约相当于 11 万日元。与之相比，日本农家要求实际经营耕地面积为 0.1 公顷，而且对销售金额的要求也高于美国。二是日本的"农家"概念具有家庭经营的意义，和欧美国家对农场（Farm，或者 Holding）的理解有很大的差别。例如，对兼业农家的定义，日本规定"家庭成员中有 1 人从事非农工作"，而欧美国家对兼业农家的规定则仅限于户主兼业。而且，日本在土地所有关系、农协成员资格等方面也一直都贯穿着以"家庭"为单位的基本原则，这与欧美国家重视农民个体私权存在本质差别。

表 8-2　日本农户的分类标准

类型	分类标准
农户	务农家庭，农家和持有农地非农家的总称
农家	经营耕地面积超过 0.1 公顷或农产品年销售额超过 15 万日元
销售农家	经营耕地面积超过 0.3 公顷或农产品年销售额超过 50 万日元
主业农家	以经营性收入为主（超过 50%的收入来自农业经营），家里有年从事农业生产 60 日以上且不满 65 岁成员
准主业农家	以非农收入为主（超过 50%的收入来自农业经营以外），家里有年从事农业生产 60 日以上且不满 65 岁成员
副业农家	家里有年从事农业生产 60 日以上且不满 65 岁成员（主业和准主业农家以外的农家）

（续）

类型	分类标准
专业农家	家庭成员之中没有兼业人员（年从事非农工作超过 30 日以上或者自营业人员）
兼业农家	家庭成员之中有 1 人以上从事非农工作
第 1 种兼业农家	经营性收入高于兼业非农工作收入的农家
第 2 种兼业农家	非农工作收入高于经营性收入的农家
自给农家	经营耕地面积不足 0.3 公顷且年农产品销售额不足 50 万日元
持有农地的非农家	农家以外，拥有 0.05 公顷以上耕地或荒地的农户

资料来源：農林統計協会.2018 年版農林水産業統計用語集［M］.東京：農林統計協会，2018.

日本农户数量如表 8-3 所示，二战之后长期维持在 600 万户的均衡水平，1950 年为 617.6 万户。但是，20 世纪 60 年代以后农户数量逐年减少，1965 年减少到 566.5 万户，1980 年为 497.6 万户，2010 年跌破 400 万户，为 390.1 万户，2020 年日本农林业普查显示农户数量已经减少到 324.9 万户，是 1950 年的 52.6%。

日本农家制度设立于 1975 年。当年农家数量为 495.3 万户，占农户比重的 94.8%。1990 年减少到 383.5 万户，2003 年为 298.1 万户，2020 年跌破 200 万户，减少到 174.7 万户。45 年间减少了 71.7%，占农户比重下降到了 53.8%。从不同地区分布变化来看，1975—2020 年的 45 年间，北海道农家数量从 13.4 万户减少 3.7 万户，降幅达 72.3%，而都府县农家数量由 481.9 万户减少到 170.9 万户，降幅为 64.5%，说明北海道地区农户流出问题尤为突出。

另外，持有农地的非农家是指持有 0.05 公顷以上耕地或荒地但达不到农家认定标准的农户。截至 2020 年，日本持有农地的非农家为 150.2 万户，占农户总数的 46.2%。持有农地的非农家所有的农地面积为 77.6 万公顷，占日本耕地面积的 17.7%，占全国农地租赁面积和全国荒地面积的比重都超过了 50%。持有土地的非农家兼业化程度高，基本不依靠农业收入维持生计，但农地流转意愿不强。随着农业人口的老龄化导致养老农业和休闲农业的发展，持有农地的非农家数量和占农户总数的比重将会持续增加。因此，如何推动持有农地的非农家流转出农地，是改善日本农业经营结构的重要课题。

表 8 - 3 日本家庭经营的结构变化

年份	合计 (A=B+C)	持有农地非农家 (B)	农家 (C=a+b) 共计	自给农家 (a)	销售农家 (b=c+d) or (b=e+f+g) 共计	专业农家 (c)	兼业农家 (d) 小计	第1种兼业农家	第2种兼业农家	主业农家 (e)	准主业农家 (f)	副业农家 (g)
1950	617.6	—	617.6	—	—	308.6	309.0	175.3	133.6	—	—	—
1955	604.3	—	604.3	—	—	210.5	393.8	227.5	166.3	—	—	—
1960	605.6	—	605.6	—	—	207.8	397.9	203.6	194.2	—	—	—
1965	566.5	—	566.5	—	—	121.9	444.6	208.1	236.5	—	—	—
1970	540.2	—	540.2	—	—	84.5	455.7	181.4	274.2	—	—	—
1975	522.6	27.3	495.3	—	—	61.6	433.7	125.9	307.8	—	—	—
1980	497.6	31.5	466.1	—	—	62.3	403.8	100.2	303.6	—	—	—
1985	481.9	44.3	437.6	91.3	331.1	62.6	275.0	77.5	197.5	—	—	—
1990	461.0	77.5	383.5	86.4	297.1	47.3	249.7	52.1	197.7	82.0	95.4	119.6
1995	435.0	90.6	344.4	79.2	265.1	42.8	222.4	49.8	172.5	67.8	69.5	127.9
2000	421.7	109.7	312.0	78.3	233.7	42.6	191.1	35.0	156.1	50.0	59.9	123.7
2005	404.9	120.1	284.8	88.5	196.3	44.3	152.0	30.8	121.2	42.9	44.3	109.6
2010	390.2	137.4	252.8	89.7	163.1	45.1	118.0	22.5	95.5	35.9	38.9	88.3
2015	356.8	141.3	215.5	82.5	133.0	44.2	88.7	16.5	72.2	29.4	25.7	77.9
2016	—	—	—	—	126.3	39.5	86.7	18.5	68.2	28.5	23.7	74.1
2017	—	—	—	—	120.0	38.1	81.9	18.2	63.8	26.8	20.6	72.7
2018	—	—	—	—	116.4	37.5	78.9	18.2	60.8	25.2	18.8	72.5
2019	—	—	—	—	113.0	36.8	76.2	17.7	58.4	23.6	16.6	72.9
2020	324.9	150.2	174.7	71.9	102.8	—	—	—	—	—	—	—

注："—" 表示无此数据。因日本多次修订统计口径和四舍五入等计算原因，表中合计值与各分项存在不一致的情况。

资料来源：農林水産省．2020 年農林業センサス報告書［DB/OL］．（2021－06－30）［2021－06－30］．https：//www.maff.go.jp/j/tokei/census/afc.

三、家庭经营的结构变化

20世纪50年代以来，随着城镇化、工业化快速发展，农村劳动力流向非农部门，原本同质性的家庭经营在经过日本高速经济成长之后开始朝着不同的方向分化。

（一）兼业农家持续增加

如表8-3所示，1950年日本农家之中的专业农家和兼业农家分别为308.6万户和309.0万户，占农户数量的比重各为50％。进入高度经济成长之后，日本农家的兼业化速度加快，1960年，兼业农家占总农户比重上升到65.7％。之后，兼业农家数量虽然逐年减少，但是占销售农家的比重逐年上升，1995年达到最高值，为83.9％。自2000年以来，日本兼业农家占销售农家的比重逐年降低，2019年下降为67.4％，较1995年减少了16.5个百分点。这种结构优化主要源于第2种兼业农家的退出。如表8-3所示，2000—2019年，第2种兼业农家由于生产规模普遍不大，又缺乏扩大经营规模的意愿，在政策引导下，放弃农地或者转租给集落营农组织和大户集中经营，总数减少了62.6％，同期占销售农家的比重由66.8％下降到了51.7％。但第1种兼业农家之中，务农人员相对较多，且日本政府政策重点是鼓励其壮大发展，并尽可能地使其转为专业农家，因此虽然数量减少了49.4％，但占销售农家的比重始终维持在15％左右。

（二）家庭经营规模的两极化

如表8-1所示，1960年之后，农户持续分化，其规模分界线1970年为2～3公顷，1980年上升到3～5公顷，2010年超过5公顷。从1950—2015年不同农地规模农户分布情况来看，"不足1公顷"的小规模和"超过5公顷"大规模农户数量占农户总数的比重都有所上升，而1～5公顷中等规模农户占比下降。具体来讲，同期"1～3公顷"和"3～5公顷"的农户数量由167.3万户减少了了52.6万户，降幅为68.6％，占农户总数量的比重由29.9％下降到了14.7％。但"不足1公顷"农户数量虽然减少了23.5％，但占比从72.9％上升到了82.7％，"超过5公顷"的农户不但数量上由4.8万户增加到了9.1万户，且占农户总数的比重也由0.8％上升到了2.6％。其结果是承担日本农业主要经营的大规模农户和大多数的小规模农户所占比重扩大,中间层比重缩小,但大规模农户和小规模农户的户均经营规模的差距越来越明显。

另外,从面积分布来看,农地快速向 5 公顷以上规模层集中。2015 年"超过 5 公顷"农家的耕地面积占到销售农家耕地总面积的 46.3%,"3~5 公顷"占 10.4%、"1~3 公顷"占 22.9%,而"不满 1 公顷"的农家仅占 12.7%。

(三)农产品销售金额分化

在农家内部自给农家、只销售少量农产品的准自给农家和销售巨额农产品的销售农家之间的分化越来越明显。以稻米为例,日本农家的年均销售额在 200 万~299 万日元,以此为分界线来看,如表 8 - 4 所示,1980—2015 年,"无销售额"的农家数量由 84.5 万户减少到了 12.1 万户,占销售农家总数的比重从 18.1% 降到 9.1%;不足 200 万日元 3 个阶段的销售农家量占销售农家总数的比重除个别年份超过 67%,其他年份基本上稳定在 62% 左右;但同期年销售额超过 500 万日元的销售农家所占比重由 5.4% 提升到了 15.4%。由此可见,随着规模化经营发展,日本农业经营主体出现低收入阶层和高收入阶层两极分化,且差距越来越大。

表 8 - 4　日本不同年销售规模的销售农家分布

单位:万户

年份	合计	无销售额	不足 50 万日元	50 万~99 万日元	100 万~199 万日元	200 万~299 万日元	300 万~499 万日元	超过 500 万日元
1980	466.1	84.5	148.9	69.7	75.8	33.2	28.8	25.3
1985	331.5	18.1	93.3	61.7	67.4	30.8	28.3	31.8
1990	297.1	17.7	87.8	55.8	55.7	24.2	22.7	33.1
1995	265.1	16.4	74.6	52.3	42.2	23.1	20.4	36.2
2000	233.7	18.2	75.1	44.1	33.4	17.2	15.0	30.7
2005	196.3	22.7	55.5	34.1	29.1	13.4	13.2	28.0
2010	163.1	15.7	51.5	28.7	22.5	11.3	10.2	23.2
2015	133.0	12.1	45.7	21.0	16.5	8.8	8.4	20.6

资料来源:農林水産省. 農業構造動態調査 [DB/OL]. (2019 - 12 - 20) [2021 - 03 - 10]. https://www.e-stat.go.jp/stat-search.

(四)主业和准主业农家地位下降

主业农家和副业农家是以家庭农业劳动力就业情况考察家庭经营的可持续性。如表 8 - 3 所示,1990—2019 年的 39 年间,各类农家数量都有不同程度的减少，其中降幅最大的是准主业农家（82.6％），其次是主业农家（71.2％）和副业农家（39.0％）。但从占销售农家比重来看，主业农家占比由27.6％减少到了20.9％，准主业农家由32.1％减少到了14.7％，但副业农家由40.3％上升到了64.5％，这说明主业农家在家庭经营中的地位显著下降。

（五）扶持规模农户发展

20世纪90年代以来，日本为改善农业经营结构，提高农业经营效率，放弃了撒胡椒面式的扶持政策，将扶持对象集中在具有一定经营规模或具备进一步扩大经营规模意愿的农户。1993年政府设立了认定农业者制度，规定申请人必须制定"改善农业经营规划"，并提交给市町村政府审核批准。改善农业经营规划内容包括：申请人农业经营现状；合理扩大农业经营规模目标，如种植面积、饲养头数或受托作业面积等；生产方式；拟投入设施、新技术等；经营方式；完善会计制度和改善农业管理体制等，如引入休息日等以改善农业经营结构的具体目标；实现上述目标拟采取措施等。由于该制度不仅着眼农地集约，而且还包括经营因素在内的综合性制度，因此，认定后的有效期长达5年。截止到2019年3月底，日本全国认定的农业经营者数量达到23.9万人，其中登记注册为法人组织的农户有2.5个。从专业化程度来看，专业经营占54.6％，复合经营占45.6％。从产业类型来看，水稻种植占16.5％，设施蔬菜占7.9％，露地蔬菜占6.6％，水果占7.3％。

第二节　合作经营

日本农民合作经济组织类型较多，主要包括成员共同开展农产品种养殖、加工等全部或部分生产经营活动的生产型合作经济组织，以及为成员提供生产环节耕种收、农资统一购买、农产品统一销售和资金信贷等服务的服务型合作经济组织，例如农协、渔协。本节主要介绍日本生产型合作经济组织，包括集落营农组织、入会集团和农事组合法人3类组织。

一、集落营农组织

集落营农组织是以村落为基础，在农业生产部分环节或整个过程中，按照村民之间的约定实现协同作业的生产型合作经济组织。日本规定集落营农组织必须制定章程、明确的农地集约化经营目标、增加成员收入的规划、登记注册为农业法人的计划，并对农业生产进行统一管理。2007 年开始施行的"品目横断经营安定对策"规定集落营农组织经营和托管农地面积须超过 20 公顷。

（一）集落营农组织的发展现状

以地缘关系为基础的农民合作经营模式最早出现在日本封建社会，为了公平公正地使用村落共有的林地、水源等资源，以村落为单位的农户家庭之间形成了较为紧密的组织体系。20 世纪 60 年代，随着农业现代化快速发展，农机具快速普及，但个体农户投资大型农机具等现代化农业资本装备能力不足，出现了农户之间合伙购置、使用农机具的组织形式，使原本在家庭内部完成的农业生产过程，转为村落范围内的合作化生产。日本政府认为这种基于村落范围的合作经营模式是对家庭经营的有效补充，相继出台了一系列政策给予支持。20 世纪 80 年代，日本颁布《农地利用增进法》强调村民之间的合作经营有利于实现以村落为单位的农地集约，有利于提升农地使用效率，并将集落营农组织定义为"农地利用改善团体"。20 世纪 90 年代，在国际经济一体化背景下，日本农业政策面临重大调整，中央政府和工商界主张通过扩大个体农户经营规模，改善农业生产效率，提升农业竞争力。然而，地方政府和农民团体则倾向于在维持农村社会稳定的前提下，通过发展社区性合作经济实现规模效应。两种思想在长期的碰撞中形成了"认定农业者"和"集落营农组织"两种迥然不同、互为补充的农业经营制度。由于日本施行基层政权自治，地方政府具有较强的发言权，集落营农组织发展受到重视。2003 年，日本颁布《大米政策改革大纲》，将集落营农组织列入实现稻米"有效率的、稳定经营"的集体性质的经营主体。2004 年，日本食物农业农村政策审议会明确指出，集落营农组织是实行一体化经营、具有经营实体形式，可实现高效、稳定的农业经营的主体。近年来，几乎所有的日本政策都将集落营农组织列为重点扶持对象。

据农林水产省《2021 年集落营农实态调查结果》显示，截至 2021 年 2 月 1 日，日本共有 14 490 个集落营农组织，较 2005 年增加了 44.0％（表 8-5）。成员农户数量 47.9 万户，占日本农户总数的 27.4％；集约和托管农地面积 46.5 万公顷，占日本农地面积的 10.6％；涉及村落 29 371 个，占日本村落总数的 21.0％。

从地区分布来看，农业劳动力流失较为严重的东北地区推动集落营农组织发展比较积极，共组建了 3 251 个集落营农组织，位居日本第一。第二是北陆

地区，采取统一管理、运营的村落内部的农业生产活动模式，集落营农组织
2 314 个。第三是九州地区，集落营农组织 2 243 个。

表 8 - 5　日本不同成员农户规模的集落营农组织数量变化

单位：个、%

年份	合计	不足 9 户	10～19 户	20～29 户	30～39 户	40～49 户	50～69 户	超过 70 户
2005	10 063	917	2 336	2 074	1 552	926	1 046	1 212
2010	13 577	1 522	3 397	2 918	1 812	1 131	1 221	1 576
2015	14 853	2 481	3 877	2 938	1 779	1 099	1 205	1 474
2018	15 111	2 864	4 019	2 918	1 691	1 084	1 142	1 393
2019	14 949	2 848	3 974	2 862	1 700	1 059	1 140	1 366
2021	14 490	2 875	3 881	2 730	1 643	981	1 083	1 297
占比	100.0	19.8	26.8	18.8	11.3	6.8	7.5	9.0

注：数据截至每年 2 月 1 日，2020 年数据未公布。
资料来源：農林水産省. 集落営農実態調査 [DB/OL]. (2021 - 05 - 28) [2021 - 06 - 01]. https://
www.maff.go.jp/j/tokei/kouhyou/einou.

从社区范围来看，平均每个集落营农组织涵盖 2 个村落。其中，有
72.7% 的集落营农组织由本村农户构成；有 10.6% 的集落营农组织涵盖 2 个
村落；有 5.4% 的集落营农组织涵盖 3 个村落；而涵盖 10 个以上村落的集落
营农组织只有 371 个，占 2.6%。另外，涵盖 2 个村落以上的集落营农组织通
常采取较为稳定的组织形式，其法人化比重达到 34.1%，高于由本村村民构
成的集落营农组织 10.3 个百分点。

从成员农户数量来看（表 8 - 5），2021 年每个集落营农组织平均有 33 户
成员，其中成员数量 10～19 户的集落营农组织占总数的比重最高，为
26.8%；其次是成员数量不足 9 户的集落营农组织，占总数的 19.8%；再次
是成员数量 20～29 户的集落营农组织，占总数的 18.8%。近年来，成员农户
数量不足 19 户的集落营农组织比重显著提升，较 2005 年增加了 14.3 个百分
点，而成员农户超过 20 户的集落营农组织比重则有所下降。另外，参加集落
营农组织的农户数量占全村农户比重之中，不足 50% 的集落营农组织有
5 057 户，占集落营农组织总数的 34.9%；全村农户全员参加的集落营农组织
有 3 435 个，占总数的 23.7%。由此可见，较小规模的村落同质性较强，相互
比较熟悉，往往是全村参加，但距离城区较近的村落之中农业和非农业人口混
居情况比较突出，而人口较多的村落耕种品种和专业化程度不同，内部协调较
为困难，往往参加集落营农组织的农户比重相对较低。

从集约农地面积（含受托面积）来看，受到政府鼓励兼业农家和老龄农户

将农地托管或者流转给集落营农组织的政策影响，平均每个集落营农组织经营农地面积都显著增加，2021 年达到 32.1 公顷，高于政府规定的 20 公顷标准线。但是，经营农地面积不足 10 公顷的集落营农组织占集落营农组织总数比重最高，为 27.3%；其次是经营农地面积 10~20 公顷，占比为 22.6%；再次是经营农地面积 20~30 公顷和 30~50 公顷，都为 17.6%。由此可见，达不到政府规定标准的集落营农组织比重仍然较高。

从组织形式来看，2005 年日本政府推出了非特定产品经营安定政策，加大了对法人形式的农业经营主体的扶持力度，例如法人可优先获得低息免息政策性金融贷款，可获得商品注册费补助，以及获得农地流转补贴等优惠，大大激发了集落营农组织法人化的意愿。如表 8-6 所示，近年来，法人形式的集落营农组织快速增加，2021 年达到 5 564 个，占集落营农组织总数的比重提升到 39.4%，较 2005 年增加了 761.3%，比重增加了 30 多个百分点。其中采取农事组合法人形式的集落营农组织有 4 885 个，占法人形式组织的比重最高，达到 87.8%。但法人形式的集落营农组织财务管理和缴税成本较高，因此较为松散的集落营农组织仍然维持非法人组织形式，有 8 926 个，占集落营农组织总数的 61.6%。

表 8-6　日本不同组织形式的集落营农组织数量变化

单位：个

| 年份 | 合计 | 法人 | | | | | 非法人 |
| | | 小计 | 农事组合法人 | 公司 | | 其他 | |
				股份有限责任公司	合名合资合同公司		
2005	10 063	646	509	3	—	134	9 417
2010	13 577	2 038	1 725	305	8	—	11 539
2015	14 853	3 622	3 147	446	21	8	11 231
2018	15 111	5 106	4 499	545	39	23	10 005
2019	14 949	5 301	4 665	569	41	26	9 648
2021	14 490	5 564	4 885	600	48	31	8 926

注：数据截至每年 2 月 1 日，"—"表示没有相关数据，2020 年数据未公布。
资料来源：農林水産省. 集落営農実態調査 [DB/OL]. (2021-05-28) [2021-06-01]. https://www.maff.go.jp/j/tokei/kouhyou/einou.

（二）集落营农组织的类型

日本农林水产省根据业务内容将集落营农组织划分为 6 种类型，即农机具共同使用型、农业生产服务型、规模化生产经营型、村落农场型、生产托管型、共同劳动型和农地调整型。6 种集落营农组织并非独立存在，往往同时开展若干项服务，其主要类型特点如下。

1. 农机具共同使用型

农机具共同使用型集落营农组织是以共同使用农机具和农业设施设备为目的建立的经营主体。村落内的农户共同出资，共同申请政府补贴，购买农机设备，并共同持有所有权。成员农户共同制定使用规则，并按照约定，使用农机具与设备。成员农户与集落营农组织之间形成的是生产资料的租赁关系，并在租赁农机具时支付相应的费用。如果集落营农组织中有的高龄或者兼业农家不能操作农业机械的，则委托集落营农组织内的其他成员农户代为操作，并向集落营农组织支付相应的劳务费。通常双方农户之间并不发生直接委托关系，避免了熟人之间难以启齿的议价问题。该类型的集落营农组织在购买农机具时，可获得政府补助。以鸟取县为例，经营面积不足 20 公顷的集落营农组织可获得最多 700 万日元农机购置补贴，经营面积超过 20 公顷的集落营农组织可获1 200 万日元农机购置补贴，其中，都道府县财政承担 1/3，市町村财政承担1/6，集落营农组织承担 1/2。如表 8 - 7 所示，截至 2021 年 2 月 1 日，这种类型的集落营农组织有 12 746 个，占集落营农组织总数的 88.0%。

表 8 - 7　日本不同功能的集落营农组织数量变化

单位：个、%

	2005 年	2010 年	2015 年	2018 年	2019 年	2021 年	
						数量	占比
集落营农组织数量	10 063	13 577	14 853	15 111	14 949	14 490	100.0
规模化生产经营型	—	8 718	10 985	11 626	11 587	11 443	79.0
水稻旱稻生产销售	—	6 765	8 774	9 264	9 237	9 212	63.6
麦、大豆、甜菜、原料用土豆生产销售	—	6 368	6 773	6 718	6 630	6 439	44.4
含畜产品在内的其他作物生产销售	—	2 122	4 250	5 421	5 608	8 559	59.1
农产品加工	—	242	496	589	617	631	4.4
农机具共同使用型	8 804	10 836	11 817	12 139	12 054	12 746	88.0
农业生产服务型	—	6 774	7 565	6 726	6 499	6 494	44.8
共同劳动型	3 103	6 119	7 121	7 598	7 574	7 469	51.5
农地调整型	5 565	8 576	8 534	8 555	8 498	8 214	56.7
村落农场型	1 480	3 753	4 114	4 220	4 191	4 128	28.5

注：数据截至每年 2 月 1 日，"—"表示没有相关数据，2020 年数据未公布，调研采用复数选择。

资料来源：農林水産省. 集落営農実態調査 [DB/OL]. (2021 - 05 - 28) [2021 - 06 - 01]. https：//www.maff.go.jp/j/tokei/kouhyou/einou.

2. 农业生产服务型

农业生产服务型集落营农组织是为村落内农户提供耕作、统防统治、收割等生产性服务设立的经营主体。这类集落营农组织根据农机具和设施的所有权归属，可以分为两类。一是集落营农组织拥有农机具和设施所有权，以集落营农组织内部的骨干农户为主体、兼业农户为辅助开展相关服务，作业人员每天可获得一定服务费。这类集落营农组织既解决了成员农户耕种收的难题，也增加了骨干农户的收入，还提高了农机具和设施的使用效率。二是农业机械操作小组拥有农机具和设施的所有权。这类集落营农组织主要发挥中介与担保作用，农业机械操作小组可以独立接受委托，直接向成员农户收取费用，无需向集落营农组织缴纳手续费。此时的农业机械操作小组是该集落营农组织的一个内部合作机构，具有一定的独立性。2021 年开展农业生产托管服务的集落营农组织有 6 494 个，占集落营农组织的 44.8%。

3. 规模化生产经营型

该类集落营农组织逐渐成为日本集落营农组织的主要形态，它是将村落内的全部或部分农地集约起来、视为整体形成一种农场式经营。在机械设备的使用、农地的管理及农业生产过程中，集落营农组织的成员农户按照协议，依靠各自能力进行分工协作。该类组织在组织形式上更为专业，根据生产环节的紧密程度，可分为两类：一是松散型合作。在集落营农组织协调下，成员农户按照约定生产商定好的农作物，农资等统一购买，各自生产，最后交给集落营农组织统一销售。二是将农地所有权流转给集落营农组织，再由其委托给村内大户或者技术能手统一经营。2021 年，开展农产品生产销售的集落营农组织共11 443 个，占总数的 79.0%。从经营品种来看，水稻旱稻 9 212 个，麦类、大豆、甜菜和原料用土豆 6 439 个，荞麦 1 617 个，蔬菜 2 395 个，其他产品（含畜产品）4 547 个，农产品加工 631 个。

（三）集落营农组织的功能

从经济层面来看，集落营农组织将原村落中分散的土地根据土壤状况、位置等因素进行统一规划，分类耕作，并集中使用农机具与设备，使土地使用得到有效规划，提高了劳动生产率。另外，集落营农组织随着实力的增强，不仅可以进行农业品生产，还可以开展农产品深加工、农旅项目等，提高了农产品附加值，增加了收入。从社会层面来看，集落营农组织对于保存村落文化、维护村落功能发挥了积极作用，例如在改善村容村貌、推进儿童教育、扶养老人和促进城乡交流等方面，很多集落营农组织均展开了富有成效的行动。另外，集落营农组织还是农业多功能性的重要载体，在防止水土流失、土壤劣化、生物化学污染和土地弃耕等环境保护问题上发挥了重要作用。2011 年，日本施行环境保全型直接补偿政策，获得生态农业经营者认证的集落营农组织可获得政府直接补贴。

二、入会集团

入会集团，是居住在村社内的农户按照成员协约共同占有、使用山林原野等自然资源，采集牧草、伐木、放牧、植树、采石、捕鱼，或者通过共同经营获得资产性收益的经济主体，类似我国的农村集体经济组织。

15 世纪，日本村落不仅成为领主进行统治的基层行政单位，也成为农业生产单位和村民生产生活的共同体，开始拥有独立的社区团体属性，对内安排成员农户开展农业生产，对外代表村落开展经济活动。1896 年施行的《民法典》第 263 条和第 294 条分别规定了入会权属性，使入会集团获得法律保障。1909 年，日本集体林地面积达到 228.4 万公顷，占森林总面积的 76.9%。1966 年日本颁布了《入会林野近现代法》（1966 年法律第 126 号），推动入会集团组织形式的法人化和所有权私有化，截至 2005 年日本共有 15.6 万个非法人形式的入会集团变更为各类法人组织，涉及林地面积达到 57.0 万公顷，其中变更为合作经济组织的有 3 131 个（30.6 万公顷），合伙公司有 1 229 个（4.5 万公顷），个体经营有 151 164 个（15.1 万公顷）。然而，日本以家庭为单位，小规模分散式的生产经营方式很难完全脱离地缘或血缘组织，独立解决护林、维护水利设施等生产经营问题。目前，日本农村仍然存在大量的入会集团。

入会集团的资源使用方式主要分为以下 3 类：一是集体经营。由入会集团统一经营集体资产，并禁止集体成员私自收取集体资产产物，收入归集体所有的支配方式。例如入会集团经营林场、木材或农产品加工厂、温泉、停车场和办公楼等。目前，日本入会集团经营林场的情况比较普遍，一般采取入会集团管理和成员义务出工出资相结合的经营方式，成员每年义务参加间伐、除草等活动，木材销售所得由入会集团提取必要的公积金、公益金之后，把盈余均分给成员。部分牧区入会集团组织成员统一种植和销售牧草，并对集体成员在牧草价格、托管放牧等服务给予一定的优惠。二是承包。入会集团把山场或土地交给成员开展农业生产或修建住宅。这种方式类似于我国的土地承包制度，集体成员根据协议有偿或无偿使用集体资源，可自由安排生产，收益或部分交给入会集团部分自留，或完全由个人支配。但集体成员未经入会集团允许不能改变土地用途或转租给第三方。三是资产租赁。将集体资产的使用权和收益权租赁给非成员，有完全租赁和部分租赁两种形式。前者是把某地区集体资产租赁给第三方，例如把集体地权租赁给驻日美军修建基地，租赁给企业修建信号塔、高尔夫球场、滑雪场，租赁给国家种植防护林或修建医院、学校等公共设施等。后者是把集体资产的部分权限租赁给第三方，例如仅把土地的地上权租给电信公司修建信号塔，但是不排除集体成员还可以在该土地上取草放牧的用益物权。

三、农事组合法人

农事组合法人是依据 1962 年 5 月修订后的《农业协同组合法》规定，由 3 名以上的农户自愿发起成立，理事最少 1 人，是以农业协作生产为目的，成员以农地或者农机出资入股，统一规划、共同经营以增进共同利益的合作经济组织。农事组合法人采取"一人一票"的民主管理方式决定日常集体事务，成员的加入与退出及所持股份的继承与转让也需其他社员投票表决。农事组合法人以家庭成员为主体开展农业生产，雇用人数不得超过家庭成员中从业人员总数的 50%。农事组合法人分为 1 号类型、2 号类型、1 号和 2 号混合型的 3 种类型，其中 1 号类型农事组合法人以农机具共同使用为目的，与农地所有不发生直接关系，类似于我国的农机合作社。2 号类型农事组合法人以农地集约使用为目的，类似于我国的土地股份合作社。而 1 号和 2 号混合型农事组合法人同时具备农机具共同使用和农地集约两种目的，被划定为农地所有适格法人，并受到政府重视。2019 年日本登记注册的 3 类农事组合法人有 5 489 个（表 8 - 8）。

表 8 - 8　不同组织形式的日本农地所有适格法人数量变化

单位：个

年份	合计	农事组合法人	股份有限责任公司	有限责任公司	合名公司	合资公司	合同公司
1970	2 740	1 144	—	1 569	3	24	—
1980	3 179	1 157	—	2 001	3	18	—

(续)

年份	合计	农事组合法人	股份有限责任公司	有限责任公司	合名公司	合资公司	合同公司
1990	3 816	1 626	—	2 167	7	16	—
2000	5 889	1 496	—	4 366	5	22	—
2010	11 829	3 056	1 696	6 907	12	44	114
2015	15 106	4 111	4 245	6 427	14	43	266
2018	18 236	5 249	6 194	6 289	14	44	446
2019	19 213	5 489	6 862	6 277	13	42	530

资料来源：農林水産省経営局. 農地所有適格法人の参入状況［R/OL］.（2019 - 01 - 01）［2021 - 04 - 10］. https：//www. maff. go. jp/j/keiei/koukai/sannyu/attach/pdf/kigyou _ sannyu - 21. pdf.

第三节　企业经营

20 世纪 50 年代，日本出现农业企业化经营趋势[①]，1962 年修订后的《农地法》首次提出"农业生产法人"的概念，目的在于克服小农户生产和大市场之间的矛盾，提高农业经营主体在市场中的地位。2015 年日本修订《农地法》，把能够持有农地地权的企业称之为"农地所有适格法人"，不能持有农地地权但可以租地务农的企业称之外"一般法人"。本节主要介绍农地所有适格法人之中除去合作经济组织（即农事组合法人）之外的农业企业发展情况。

一、农业企业的类型

依据《农地法》第 2 条第 3 项要件规定满足一定条件的农业企业可以取得农地所有权，开展农业生产经营活动。2009 年日本推动平成农地改革，农业政策从保护耕作者的农地所有权转向促进农地有效使用，由严格限制农地所有权流转转向放宽并推进农地流转。修订后的《农地法》将"农业生产法人"更名为"农地所有适格法人"，成立要件修改为：（1）法人要件。即法人的主体类型包括股份有限公司和持分公司（合名公司、合资公司和合同公司）。

---

① 1957 年日本德岛县胜浦町 103 名柑橘种植户申请成立有限责任公司。

（2）业务内容要件。开展农产品生产、销售和加工的金额超过总收入的 50%。（3）议决权要件。农业从业人员超过股东总数的一半。（4）劳动要件。董事之中要有半数以上经常从事农业生产，且至少有 1 位董事从事农业经营活动。（5）面积要件。含流转农地在内的农地经营面积超过 0.5 公顷（北海道 2 公顷）。同时，该法还允许一般法人在满足一定条件的前提下，通过租地方式开展农业生产。

日本农地所有适格法人根据成立方法的不同，大致可以分为三种类型：一是家庭经营升级为企业经营，是原家庭经营采用了企业的外壳，本质上还是家庭经营，但从家庭生活与农业生产分离以及降低税收成本、享受社保等社会福祉的角度来看，属于现代家庭农业。二是集落营农的法人形式，是农村社区性质的农民共同体。三是成员无地域限制，土地、资本和劳动三者分离，具有强烈的现代企业特征。目前，虽然日本逐渐放开了对工商资本下乡的限制，但出于保障粮食安全和农地用途管制的需要，从政策导向上鼓励扎根于农村的大户和社区农民共同体成为农业企业，不提倡工商资本直接控股开展土地利用型农业生产。

二、农业企业的组织形式

（一）合名公司

依据 1899 年颁布的《商法》成立的人合组织，由 1 名以上的成员组成，成员对公司债务承担无限连带责任，无公司注册最低额限制，成员包括劳动提供者及地权所有者。农民以土地入股公司后，成为公司的股东，对公司盈余具有收益权及分配权；农民以劳务参与公司经营的，需要每年达到 150 天以上的工作时限，才能获得公司的收益权及分配权。合名公司更多强调成员间的血缘关系或社会关系，一般都是家族企业，成员间多为亲属，但因为需要承担无限连带责任，登记注册数量较少。2019 年日本仅有合名公司 13 个。

（二）合资公司

依据 1899 年颁布的《商法》成立的人合组织，由两名以上的成员组成，成员对公司债务承担无限连带责任。合资公司与合名公司都采用"一人一票"方式民主管理，成员转让股份需经其他成员全体同意。合资公司强调成员间的血缘关系或社会关系。成员间基本为亲属，类似于家族企业，但因需要承担无限连带责任，经营风险较高，2019 年日本登记注册的合名公司仅有 42 个。

（三）合同公司

依据 2004 年 4 月修订后的《公司法》设立，是集"资合"和"人合"特点于一身的中间公司形式，由 2 人或 2 人以上出资成立。成员分为普通成员和有限责任成员，其中普通成员也是出资人，负责公司经营管理，以其出资额对公司债权承担无限责任。有限责任成员出资，但不参与经营管理，对公司债务承担有限责任；公司重要事项除非章程有特别规定，几乎强调完全的章程自治；采取全体出资人一致原则决定公司重大事项。这些规定在减轻出资人责任和扩大自治权的同时也加大了债权人的风险，因此日本要求合同公司资本金必须一次性到位；必须按照法律规定制作财务报表；债权人可以随时查阅和复印公司财务资料；可以分配盈余，但如违反规定进行分红，执行相关业务的出资人承担连带赔偿责任。2019 年日本有 530 个合同公司。

（四）有限责任公司

依据 1938 年制定的《有限责任公司法》成立的资合组织，农民以出资额为限对公司债务承担有限责任，由全体成员按股份多少选举出法人代表负责公司运营的营利性法人。日本有限公司与我国的有限责任公司相似，但也有诸多不同。日本有限责任公司没规定股东人数上限，也可以不设立董事和监事。2006 年日本废除了有限责任公司制度，不再接受新的注册登记申请，但已成立的有限公司可以选择保留原组织形式。2019 年日本还剩 6 277 个有限责任公司，较 2010 年减少 630 个。

（五）股份有限责任公司

依据 1899 年颁布的《商法》设立的资合组织，以股份联合形式发起设立的法人组织，是典型的资合组织。2001 年修订后的《农地法》将其列为农地所有适格法人之一。股份有限责任公司不设最低注册资本金要求，采取所有人和管理人分离原则，设立董事会和监事会，重大决议由股东大会采用按股份多少表决的办法执行。出资人对公司债务承担有限责任。2019 年日本共有 6 877 个股份有限责任公司。

截至 2019 年，日本共有农地所有适格法人 19 213 个，共经营农地 54.5 万公顷。在毛收益超过 50% 的产业之中，大米麦类种植法人 8 314 个（43%）、蔬菜 3 635 个（19%）、畜牧 3 264 个（17%）和水果 1 312 个（7%）。另外，日本共有一般法人 3 286 个，同期流转农地面积 1.0 万公顷。

总体而言，日本农业企业制度确立至今已有近 60 年，但受到制度约束，并没有像预想的那样快速发展。根据日本农业法人协会、全国农业会议所调研显示，法人经营存在问题较多的是"扩大销路难""设施设备老化""技术提升困难"和"缺乏资金"。

第四节　农业生产性服务组织

20 世纪 60 年代，随着农业机械化、兼业化发展，日本农村出现大量农业生产性服务组织，为周边农户提供稻米生产环节的耕种收等托管服务。1970 年日本《农业白皮书》首次提到"各地出现了以农户和农协作为受托组织承担稻米生产部分环节托管服务的组织形式"，"在爱知县等地区出现持有大型联合收割机，受托开展稻米生产的新型经营模式"，并且提出"第 1 种兼业农家之中高龄男性已占到 53%，不可能离农从事其他职业，应鼓励通过开展托管服务扩大经营规模，提升农业专业化程度"。1975 年日本将生产性服务的发展情况纳入农林业普查，并且在农业农村发展规划中出台专门的扶持政策，设立农机具购置补贴、托管补贴、政策性融资和税费减免等优惠政策，支持其发展[①]。

一、农业生产性服务组织发展现状

自 20 世纪 70 年代以来，受到农业整体萎缩的影响，日本农业生产性服务组织的数量持续减少，如表 8-9 所示，1975—2015 年，农业服务户数量由 193 222 户减少到 95 880 户，减少了 50.4%。同期，服务户数量占农家比重也由 39.0% 下降到了 5.5%。2005 年日本调整统计口径，销售农家中的服务户

---

① 芦千文，姜长云．日本发展农业生产托管服务的历程、特点与启示 [J]．江淮论坛，2019（1）：59-66.88. 本节引用部分该文内容。

和法人化服务主体被列为"农业经营体"。按新口径计算，如表 8 – 9 所示，2005—2020 年，各类服务组织由 115 517 个减少到 90 686 个，减少了 21.5%。

表 8 – 9　日本农业生产性服务组织发展情况（服务户）

单位：户

年份	合计	种植业									畜牧业
		小计	稻米	麦类	大豆	蔬菜	果树	饲料作物	园艺作物	其他作物	
1975	193 222	193 222	188 651	—						11 760	—
1980	172 185	172 185	163 623	—						17 164	—
1985	174 720	174 720	167 001	—						18 203	—
1990	163 679	163 679	151 299	—						27 842	—
1995	144 770	144 770	139 284	7 570						5 295	—
2000	160 920	160 920	151 874	6 901	—					9 758	1 674
2005	98 128	97 503	93 218	3 090	2 599	766	959	1 266	758	853	761
2010	113 982	113 095	104 490	3 941	3 907	1 942	2 467	2 638	1 381	2 232	1 487
2015	95 880	95 042	86 631	2 537	2 457	1 234	1 708	1 892	932	3 170	1 187

资料来源：農林水産省 .2020 年農林センサス報告書［DB/OL］. （2021 – 04 – 27）［2021 – 05 – 30］. https：//www.maff.go.jp/j/tokei/census/afc.

随着日本调整农业产业结构，各产业需求逐年提升。20 世纪 70 年代，农业生产性服务的主要产业是稻米，如表 8 – 9 所示，1975 年稻米生产性服务户数量为 188 651 户，占农业生产性服务组织总数的 97.9%。2015 年稻米生产性服务户的数量减少到 86 631 万户，同比下降 90.4%。但同期服务产业类型从种植业扩展到畜牧业、林业和渔业，几乎所有产业都出现了生产性服务组织。截至 2015 年，日本有服务户麦类 2 537 户、大豆 2 457 户、蔬菜 1 234 户、果树 1 708 户、饲料作物 1 892 户、园艺作物 932 户和畜牧业 1 187 户。另外，从农业经营体数量来看（表 8 – 10），稻米农业经营体数量由 2005 年的 105 655 个减少到 2020 年的 80 838 个，占总数的比重由 91.5% 下降到了 89.1%，其他作物服务主体数量虽然都有不同程度的减少，但占农业生产性服务组织的比重均有不同程度上升。

随着农民需求多元化发展，农业生产性服务内容不断完善。以稻米为例，如表 8 – 11 所示，20 世纪 70 年代的服务主要集中在耕整地、插秧和收割脱粒等部分作业环节，进入 20 世纪 80 年代，出现了全程托管服务，同时，服务内容也扩大到育苗和防治，20 世纪 90 年代又扩展到干燥加工领域。另外，林业生产性服务也发展较快，不仅提供种植、除草、打枝、间伐和皆伐的育林某一

表 8 - 10　日本农业生产性服务组织发展情况（农业经营体）

单位：个

年份	合计	种植业								畜牧业	
		小计	稻米	麦类	大豆	蔬菜	水果	饲料作物	园艺类作物	其他作物	数量	其中：酪农助手

年份	合计	小计	稻米	麦类	大豆	蔬菜	水果	饲料作物	园艺类作物	其他作物	数量	其中：酪农助手
2005	115 517	113 887	105 655	5 301	4 431	1 582	2 201	1 657	1 495	1 522	1 813	359
2010	130 432	128 813	116 883	5 717	5 893	2 596	3 509	3 128	1 953	2 943	2 286	627
2015	110 969	109 546	98 287	3 979	4 056	1 842	2 377	2 405	1 376	3 983	1 822	377
2020	90 686	89 487	80 838	3 367	3 467	1 993	1 986	2 084	1 131	2 289	1 574	265

资料来源：農林水産省．2020 年農林センサス報告書 [DB/OL]．(2021 - 04 - 27) [2021 - 05 - 30]．https：//www.maff.go.jp/j/tokei/census/afc.

表 8 - 11　日本稻米生产性服务组织数量和服务面积变化

单位：千户、千公顷

年份	全程托管		部分托管													
	数量	面积	小计		育苗		耕整地		插秧		防治		收割脱粒		干燥加工	
			数量	面积	数量	面积	数量	面积	数量	面积	数量	面积	数量	面积	数量	面积
1975	—	—	—	—	—	—	14.4	10.4	5.3	3.4	—	—	9.7	7.5	—	—
1980	48.8	36.2	—	—	—	—	97.1	114.3	63.9	60.7	—	—	96.2	114.4	—	—
1985	32.6	24.1	147.2	36.1	40.5	173.3	160.7	67.8	57.7	18.5	37.6	102.7	114.1	—
1990	35.7	38.9	134.2	30.6	41.6	77.5	81.7	64.4	62.8	16.6	27.2	93.2	131.0	—	—
1995	34.6	31.5	118.6	29.2	55.9	58.8	70.3	57.7	71.6	12.3	29.8	83.4	157.8	55.0	146.3
2000	30.5	31.1	134.1	32.1	58.7	64.7	69.5	69.5	80.5	12.0	30.8	95.4	176.1	64.4	140.8
2005	25.7	30.0	78.4	24.0	45.1	39.5	41.3	44.1	55.5	7.6	25.1	58.1	119.6	44.2	108.9
2010	12.6	21.7	94.9	29.4	55.9	47.4	47.7	51.1	59.9	10.0	50.0	67.4	125.9	52.0	115.9
2015	14.5	21.3	78.3	21.3	43.9	36.4	36.1	41.8	49.0	8.9	53.5	55.4	104.8	42.8	95.9

资料来源：農林水産省．2020 年農林センサス報告書 [DB/OL]．(2021 - 04 - 27) [2021 - 05 - 30]．https：//www.maff.go.jp/j/tokei/census/afc.

环节服务，还有全程托管，极大地促进了农业农村发展。

近年农业生产性服务的规模化水平显著提升。以稻米为例，1980 年全程托管服务户数量 48.8 千户，服务面积 36.2 千公顷，2015 年两者分别减少到了 14.5 千户和 21.3 千公顷，但户均受托面积由 0.7 公顷提升到 1.5 公顷。另外，从不同收入层农业生产性服务组织分布来看，2005—2015 年，经营性农业生产性服务组织占农业生产性服务主体的比重由 5.5% 增加到了 8.1%，其中年服务收入超过 1 000 万日元的农业生产性服务组织数量占农业生产性服务主体总数的比重，由 24.5% 上升到 28.2%。

二、农业生产性服务组织类型

日本的农业生产性服务组织有个体农户、农事组合法人、集落营农组织和服务型的农协、农业等多种类型。其中，个体农户服务大多是基于血缘或地缘关系产生的互助行为，有的免费租借农机具、有的免费提供劳务，截至 2015 年，无任何收入的农业生产性服务组织数量达到 126.7 万个，占农业生产性服务组织总数的 94.5%。

集落营农组织主导的农业生产性服务，其中具有互助性质的非法人形式的集落营农组织规模小、不以营利为目的，通常由集落营农组织受托开展服务，而法人化的集落营农组织规模大，运营成本较高，或由自身提供服务，或作为中介协调组织成员受托开展服务。

根据 1947 年颁布的《农业协同组合法》规定，农协等各类合作经济组织不得开展生产经营活动，只能提供社会化服务。近年来，随着成员老龄化、兼业化问题日渐突出，《农业协同组合法》允许农协设立社会化服务中心，专职为成员提供生产性服务甚至在得到成员（代表）大会批准的情况下，集约农地，开展生产经营活动。例如，广岛中央农协在财政补贴 50% 的情况下购买了除草机器人，可以通过人工远程控制其在倾斜度 45° 以内的斜坡上受托开展除草作业，服务价格仅为每平方米 8 日元，极大地方便了老龄农户。长野县农协针对撂荒问题，设立了股份有限责任公司承接撂荒农地托管服务，提升了农地的使用效率。另外，需要注意的是农协提供的生产性服务具有补充性质，以不与成员中的服务户产生竞争为前提，通常在集落营农组织和农业法人较多、农业生产性服务市场竞争较为激烈的地区，只发挥信息传递和中介作用。

三、农业生产性服务的价格形成机制

农业生产性服务价格以基准价格为参考，由委托方和受托方商议决定。市町村农业委员会负责统计当地交易情况，确定当季或当年的本地区基准价格。全国农业会议所每年选取 1 500 个地区开展问卷调研，并定期形成《农作业料金农业劳动费用调查结果》报告，形成全国性的基准价格，并对外公布。托管作业实际价格会依据不同作业情形由服务双方基于全国和地方政府公布的基准价格，再参考如农产品价格、地租水平、作业条件、服务主体、服务方式和补贴水平等进行灵活调整。

第五节 农业人口

自 20 世纪 80 年代以来，日本农业人口持续减少，如表 8 - 12 所示，2019年销售农家之中农业人口减少到 398.4 万人，其中"不满 15 岁且年务农时间超过 1 天"的农业从业人口为 276.5 万人，从事农业生产的农业就业人员为168.1 万人，而"以农业生产为主要收入来源"的主要农业就业人口[①]为 140.4万人，仅占到农业总人口的 35.2%。

表 8 - 12　日本农业人口的数量变化

单位：万人

年份	农业人口	农业从业人口	农业就业人口	主要农业就业人口		
				小计	男	女
2015	488.0	339.9	209.7	175.4	100.5	74.9
2016	465.3	317.0	192.2	158.6	93.0	65.6
2017	437.5	299.8	181.6	150.7	88.8	61.9
2018	418.6	287.5	175.3	145.1	86.5	58.6
2019	398.4	276.5	168.1	140.4	84.2	56.2

注：农业人口是指销售农家人口。

资料来源：总务省统计局. 第 70 回日本统计［M］. 東京：日本统计协会，2020.

---

① 日语：基本的农业从事者。

从农业人口年龄分布来看，超过 60 岁的农业人口占比持续上升，2010 年为 51.4％，2019 年增加到 65.6％，老龄化问题日益突出。从主要农业就业人口的年龄构成来看，情况更加不容乐观，平均年龄逐年增加，2010 年为 66.2 岁，2020 年增加到 67.8 岁，其中超过 60 岁的主要农业就业人口数量为 108.9 万人，占主要农业就业人口总数的 79.9％。日本农林水产省报告显示，未来 10 年，这些 60 岁人口将成为 70 岁以上的老人，严重的老龄化将造成主要农业劳动力减少近 80％。

近年来，日本为加快促进青年人从事农业生产，2014 年基于《农业经营基盘强化促进法》设立了"青年等就农规划制度"，采取以下措施支持 18 岁至 45 岁，对农业感兴趣的青年人返乡务农。一是为青年人提供在种植、养殖大户或农业企业研修的机会。研修期间最长两年，采取边学边干的学徒方式，每月政府发放 20 万日元生活补贴，薪酬水平与大学本科毕业生基本持平。同时，政府对愿意接受青年人研修的农业经营主体，一次性补贴 50 万日元。二是设立"青年等就农资金"，为其提供无息或低息贷款。三是促进农地向新农人集约，政府通过农地中间管理机构，集约平整农地，并提供补贴。四是为新农人参加农民养老保险提供保险费补贴。截至 2019 年，日本新增务农人口 5.6 万人，其中 49 岁以下的新农人增加了 1.9 万人。

另外，日本通过接收外国劳动者解决劳动力不足，数量和质量下降等问题。1981 年设立研修生制度。1993 年建立"技能实习生"（简称"实习生"）制度，允许外国研修生在完成一年的工作学习后，可以继续以实习生的身份在日本再工作两年。但是不少日本企业受到利益驱使，在实际操作中把实习生当作来自海外的廉价劳动力使用。2010 年，联合国移民人权问题特别报告员指出"日本的研修生和技术实习生制度一定程度上产生了对廉价劳动力的剥削，侵犯了海外劳工的精神和身体权利，在极端情况下甚至存在奴役行为。"2016 年日本厚生劳动省调查显示，被调查的 5 173 个样本企业之中，有约 70％违反了《劳动基准法》或《劳动安全卫生法》等法律法规，存在对研修生和实习生待遇不公正、工伤事故高发、超负荷加班导致"过劳死"等问题。2017 年日本颁布《外国人技能实习生保护法》，对监管团体资格、实习机构认证，实习生权利、薪酬等做出了严格规定，并且进一步放宽了实习生入国条件，允许实习生通过相应培训之后在日本工作 5 年。2019 年日本设立"特定技能"签证，对于具有一定专业技能的外国人放宽签证条件。截至 2019 年，实习生人数达到 41.1 万人，约是 2010 年的 2 倍，其中农业领域共雇用实习生 31 900 人，是 2015 年的 1.9 倍。从实习生的国籍来看，越南籍占比最高，为 53.2%；其次是中国籍（20.0%）、菲律宾籍（8.7%）、印度尼西亚籍（8.6%）和泰国籍（2.8%）。另外，2019 年有 11.1% 的日本农业经营主体雇用了实习生，其中农业企业雇用比重为 20.6%，个体农户雇用比重只有 6.5%；从产业类型来看，劳动强度较大的畜牧业雇用实习生的比重达到 20.2%，而种植业为 8.4%。并且，"今后希望进一步扩大雇用实习生人数"的农业经营主体占受访对象总数的 45.9%，"希望维持现状"的占 49.5%，"希望减少"的只有 4.6%。目前，在北海道、东北地区等日本偏远农村，实习生甚至成为支撑地区农业发展的主力。

第九章 CHAPTER 9
日本农民合作经济组织 ▶▶▶

　　日本将合作经济组织称之为"协同组合""组合"或"金库"①，是日本社会最为重要的市场经济主体之一。如表 9 - 1 所示，日本的合作经济组织种类繁多，覆盖了生产、消费、保险、医疗等各个领域。截至 2018 年，日本各类合作经济组织成员数量为 1.05 亿人，约占日本总人口数量的 83.3％②，其中，农民合作经济组织（简称"农合组织"）如表 9 - 2 所示，共有 17 854 个（基层

表 9 - 1　日本的合作经济组织

名称	法律依据	成员类型
农业协同组合	农业协同组合法（1947）	农民、农业法人和社区居民（准）
渔业系统组合 渔业生产组合 水产加工业协同组合	水产业协同组合法（1948）	渔民、相关团体（准） 渔民 水产加工业者
森林组合 生产森林组合	森林组合法（1978）	森林所有人、林业经营者、从业人员（准）
信用金库	信用金库法（1951）	个人，中小企业经营者
信用协同组合 事业协同组合 事业协同小组合 火灾共济协同组合 企业组合	中小企业等协同组合法（1949）	个人小规模经营者 小规模经营者，法人 小规模经营者（1958） 小规模经营者（1958） 小微企业
消费生活协同组合	消费生活协同组合法（1948）	个人
劳动金库	劳动金库法（1953）	劳动者团体（劳动者组合、消费生活协同组合等）

　　资料来源：農林中金総合研究所. 日本における協同組合の種類［Z/OL］.（2020 - 12）［2021 - 01 - 10］. https：//www. nochuri. co. jp/tokei/2020/chart12. pdf.

---

　　① 从事金融业务的专业性合作经济组织，如农林中央金库、信用金库等。
　　② 存在一个人加入数个不同类型合作经济组织的情况。

社 17 552 个，联合会 302 个），成员 1 246 万人，占日本合作经济组织成员总数的 11.8%。长期以来，日本政府基于保护小农户发展和降低行政管理成本等考虑，积极促进农合组织健康发展，使其承担了面向小农户的农技推广、农资购买、农产品销售、金融保险和医疗等为农服务作用。日本部分专家甚至认为农合组织具有较强的"二政府"色彩，但是，这些农合组织始终坚持民建民管民收益、一人一票民主管理、按惠顾额返还等经典合作经济基本原则，以小农户为主体的基本属性始终未发生变化，既不是政府附属机构，也不依赖任何组织，具有完全的独立性。本章聚焦服务型农民合作经济组织发展，在总结日本农民合作经济组织共同特点的基础上，分别阐述具有代表性的农业协同组合（以下简称"农协"）、渔业协同组合（以下简称"渔协"）和森林组合的发展历程、类型、业务内容、治理机制和运行机制。

表 9-2　日本农民合作经济组织的发展现状（2018 年）

单位：个

类型				数量
合计（A+B）				17 854
小计（A=C+D+E）				17 552
基层社	服务型	总计（C=a+b+c）		4 676
		共计（a）		2 209
		农业协同组合	综合农协	672
			专业农协	1 537
		渔业协同组合（b）		1 850
		森林组合（c）		617
	生产型	总计（D）		12 780
		农事组合法人		9 458
		渔业生产组合		478
		生产森林组合		2 844
	加工型	水产加工业协同组合（E）		96
联合会	小计（B）			302
	农业协同组合联合会			182
	渔业协同组合联合会			65
	信用渔业系统组合联会			1
	水产加工业联合会			7
	森林组合联合会			47

资料来源：農林水産省．農業協同組合及び同連合会一斉調査—平成 30 事業年度総合農協統計表［DB/OL］．（2020-05-27）［2021-03-10］．https：//www.e-stat.go.jp/stat-search.

第一节　农民合作经济组织的基本特征

一、法律体制完善，是农民合作经济组织有效发挥作用的重要保障

日本政府采取基本法与特殊法相互结合的方式，促进各类农合组织稳步发展。《农业协同组合法》《水产业协同组合法》和《森林组合法》等法律法规是指导农合组织开展经营活动的基础法，不仅明确了农合组织的法律地位，而且从不同方面和层次明确了对农合组织的指导和支持，巩固了农合组织基本性质和经营范围。同时，针对不同领域的特点，日本制定和完善相应的特殊法，例如：《农业协同组合法财务处理基准令》（1950）、《农业协同组合合并支持法实施令》（1961）、《农业协同组合法实施令》（1962）、《农水产业协同组合储蓄保险法》（1973）、《关于农林中央金库与信用农业协同组合联合会合并法》（1997）等，这些特殊法即以基础法为基础，保障特定领域政策执行与目标保持一致，同时又与其他部门的特殊法相互关联，保障推进步伐一致，使日本农合组织发展始终处于法律约束之下，做到有法可依，避免了政治因素和人为因素对农合组织市场行为的影响，保障了制度的相对稳定。

二、功能定位清晰，是政府落实农业农村政策的重要抓手

日本《农业协同组合法》规定"政府要促进农协发展，提高农业生产力，提升农民经济社会地位和推动国民经济的发展"，明确了农协在促进农业农村发展中的定位和作用。日本农协在二战后经济恢复时期，执行国家的粮食统购统销政策，有效保障了粮食稳定供应。20世纪70年代，日本粮食生产过剩，农协协助政府执行限产政策，帮助稳定了市场价格。另外，日本农协还承担了政府70%的支农资金及相关政策性贷款的征信、核实、监管和发放任务，在帮助政府推广农业科技、解决农产品销售、推动农村社会经济等发展方面充当了主要平台，是政府实现农业农村发展目标的重要载体。而渔协和森林组合始终承担着部分行政职能，负责当地渔业权、保护森林等管理工作。从实践来看，农合组织的作用得到了很好发挥，较好地解决了政府基层公务员不足、农业政策和技术推广难以落地等实际问题，以及在小农土地所有制情况下引领千

家万户的农民应对千变万化的市场问题。

三、组织结构合理，能够有效提供综合性的为农服务

从纵向来看，日本各类农合组织体系可分为全国联合会、都道府县联合会和市町村基层社 3 个层级，下级农合组织通过出资成为上级联合会的成员，上级联合会对下级组织进行业务及经营指导，并承担下级做不好做不了的为农服务，上下层级关系紧密、运行高效。从横向来看，日本允许基层社兼营农业科技推广、供销、金融和医疗等业务板块，开展综合性为农服务。在全国和都道府县层面设立了专业性很强的经济联合会、信用联合会、共济联合会、厚生联合会等，分别开展生产指导与供销业务、金融业务、保险业务和医疗业务等。并且，还设立了中央会，负责同一层级农合组织和农合组织联合会的组织业务指导和政策协调。另外，各级农合组织还可以设立子公司，子公司可以作为独立的法人按照市场经济原则运营，承担具体为农服务任务。这种网络状构造，克服了东亚地区农业经营规模小、居住分散、服务成本高的难题，将内部各业务板块统一融合，发挥范围经济效应，降低了单位产品成本使得基层农合组织能低成本地满足农民多方面的需求。同时，在达到一定规模后，将专业人才聚集到专业的联合会，发挥规模经济效应，提升了农产品销售、农资购买等领域的竞争力，极大的增加了农民收入。

四、以农民为主体，代表和维护了小农户的利益

日本农合组织坚持"农民的组织"这一基本属性，规定只有从事农业生产的农业经营主体才能成为成员。并且，要求出资基本平等，拒绝大规模企业和农场加入，严防组织体系被工商资本或少数大户异化。

日本各类农合组织坚持民主管理，基层组织的理事长、理事、监事由成员直接投票或成员同意的方式民主选举产生，重大决议采取一人一票民主管理。上级联合会的理事会、监事会由下级农合组织民主选举产生，这就决定了上级要服务于下级，基层要服务于农民，农合组织能够有效反映基层农民成员的诉求，为政府制定农业农村政策提供决策依据。另外，日本地方政府经常委任基层农合组织理事长担任当地农业农村相关机构负责人、顾问等职务，使其在农

业基础建设规划，农业政策制定、执行的各个层面都能有效反映农民意志，避免政策出现伤农问题。

日本农合组织坚持非营利性宗旨，对成员提供的各项服务都不以营利为目的，并通过有效的治理机制和运营模式来确保农合组织与农民利益保持一致。例如：在渔民职业培训方面，渔协开展的技术推广、教育培训等很多服务是免费的。在渔获物销售方面，渔协禁止低收高卖，损害农民利益，只能按照代理制从代理成员销售的交易额中收取一定的手续费，将渔协收益与渔民利益紧密的捆绑在一起，有效保护了渔民的利益。另外，上级联合会的存在是为了帮助下级联合会或者基层农合组织发展，但凡基层农合组织能干好的业务，上级联合会都不参与竞争，只有基层农合组织干不了或干不好的事情，上级联合会才会出面解决。即使政府支持基层农合组织之间存在业务上的竞争，也主要是为了让农民得到更多实惠，防止个别农合组织垄断。

五、提供综合服务，满足了小农生产生活多方面需求

东亚国家耕地面积有限，日本户均耕地面积只有 1.26 公顷，是美国的 1/142，能达到完全依靠经营性收入维持生计的农户仅有 0.6%，并且有 88.4% 的农户都从事兼业化经营，加上存在农业生产和生活消费两方面需求特性，农户更需要的是全方位的综合服务。日本各类农合组织围绕农林渔业产业链各环节提供全方位服务，从农资供应到农作物的售卖，甚至到日常生活用品、金融保险、教育培训、文化福利、医疗保健等业务，使得各类业务范围效应和规模效应显著，相当程度上弥补了土地规模的不足。日本农民不用为购买正品农资、销售产品以及存款、购买生活用品而烦恼，生产生活非常方便。同时，对于整个农村的社会进步和全面发展具有重要的意义，有效地解决了城乡二元化问题。20 世纪 70 年代，日本在东亚地区率先实现了农业现代化，并且基本消除了城乡收入差距，从实践上证明了在人多地少的小农国家，通过建立农业社会化服务体系也可以实现农业现代化。

第二节 农业协同组合

农业协同组合（Japan Agricultural Cooperatives，JA），简称"农协"，是

根据 1947 年颁布的《农业协同组合法》的规定，由农业生产经营主体为成员，以促进农业合作经济组织发展、提升农业生产力水平及农民经济与社会地位、促进国民经济发展为目的的合作经济组织。农协在法律上属于具有经济功能的非营利社团组织，政府在给予其法人税优惠和一定程度的垄断地位的同时，对其经营范围和其服务对象等方面也做了相应限制①。日本农协是政府和农民联系的桥梁和纽带，即代表成员农户利益参与日本农业政策制定，也承担着落实、执行和监督政府支农政策的职能，是日本最为重要的农合组织之一。

一、农业协同组合的发展历程

古代日本农村随着村落制度的建立，出现了以资金互助为目的的社区性合作经济组织。19 世纪中叶，受到西方合作经济思想的影响，日本合作化运动蓬勃发展。1842 年，日本著名农政学家大原幽学（1797—1858）在下总国香取郡长部村创立了日本首家合作社"先祖株组合"。1843 年日本教育家二宫尊德（1787—1856）创立了报德社。1892 年冈田良一郎继承报德思想建立了"挂川信用组合"，成为日本最早的农村资金互助社。1878 年群马县出现了第一家以销售为目的的销售组合。19 世纪末，随着化肥的推广普及，出现了购买组合。1898 年日本共有 39 个购买组合，且大部分集中在距离东京较近的静冈地区。

1900 年，日本颁布《产业组织法》，极大促进了合作化运动的发展。1905年，日本成立了"大日本产业组合中央会"，用以培育和发展产业组合。1907年，日本修订了《产业组合法》，允许信用组合兼营供销等其他业务。1909年，日本允许设立产业组合联合会，使信用组合之间普遍存在资金不足和资金过剩的问题得到解决。1910 年之后，日本相继修订了《农工银行法》《北海道拓殖银行法》和《劝业银行法》，加大了政策银行对产业组合的贷款优惠，极大地促进了产业组合发展。截至 1919 年，产业组合数量达到 13 106 个，平均每个市町村 1.1 个，几乎遍布所有基层乡镇。同时，联合会也快速发展，1919

---

① 农协法人税率为 19%，公司为 23.2%；农协经营范围限于法律规定，公司由章程规定相对自由；农协服务的使用人主要是成员，非成员使用限于农协营业额的 20% 以内，公司对服务使用人没有限制。

年达到 123 个。1925 年日本开展产业组合刷新运动，以当时的地主、大农为核心，吸收包括佃农在内的全体农民成为产业组合的成员，成立了全国购买组合联合会、大日本生丝销售组合联合会等全国性的组织。自下而上、上下贯通的农协体系初具规模。1929 年日本实施农山渔村经济更生运动和《扩充产业组合五年规划》，要求农民全部加入产业组合；鼓励信用、供销一体化的综合性产业组合发展；扩大单社规模，推进"一市町村一组合"，同时，完善产业组合功能，先后设立了全国农产品销售组合、全国农业仓库互助火灾保险组合、全国稻米销售购买组合联合会、全国产业组合制丝联合会和大日本柑橘销售联合会等。这个时期，产业组合得到了快速扩展，形成了综合农协体系的雏形。1943 年，日本颁布《农业团体法》，把产业组合和农民会合并为农业会，产业组合成为政府管控下的肥料、稻米等重要生产生活资料的专营机构。

二战之后，日本对农协进行了民主化改革。1947 年，日本颁布《农业协同组合法》，由农协继承解散后的农业会资产，并着手建设农协体系，1948 年日本几乎所有产业都成立了联合会，1954 年建立了农协中央会。然而，新建农协没有适应战后经济变化，管理混乱、为农服务能力不足等问题十分突出，1950 年有 15.4% 的基层农协和几乎所有的联合会都出现不同程度的赤字。1951 年，日本颁布《农渔业协同组合再建整顿法》（1951 年法律第 140 号），要求整改经营不善的农协，审计不良资产，制定重建规划。1953 年，日本颁布《农林渔业组合联合会整顿促进法》（1953 年法律第 190 号），由政府财政资金补贴联合会亏损。1961 年，日本颁布《农业协同组合合并助成法》（1961 年法律第 48 号），通过财政补贴的方式鼓励农协合并，减少农协数量，提升服务能力。部分地区出现"一县一农协"，甚至出现了基层社和联合会，县级联合会和全国联合会之间的纵向统合。

进入 21 世纪，日本农业兼业农户数量增加，老龄少子化、过疏化问题日益突出，农协收入来源从提供供销服务的收入转为金融、保险收入。2014 年，日本对《农业协同组合法》做出了较大幅度修订，把农协从产业组织定位为社区组织，鼓励其通过与不同行业、领域的农民合作组织合作，在改善供销业务收入的同时，提升生活物资供应、社会福祉等非生产供销领域服务水平；并且允许部分农协在具备条件的前提下变更为企业或者消费者协同组合。截至 2018 年，日本基层农协数量为 2 209 个，联合会数量 182 个，分别减少到 1954 年的 6.2% 和 15.4%。其中，同期部分县级经济联合会和全国联合会纵向合并，县级经济联合会数量由 47 个减少到 8 个，县级信用联合会由 47 个减少到 32 个。

二、农业协同组合的类型

（一）综合农协与专业农协

《农业协同组合等数据统计》规定"综合农协是以特定农业部门为对象，同时兼营金融业务和金融以外业务的农协，而此外的农协是专业农协"。截至 2020 年 3 月，日本农协总数为 1 736 个，其中综合农协为 627 个，占农协总数的 36.1%；专业农协为 1 109 个，占农协总数的 63.9%。如表 9-3 所示，专业农协可分为九大类，其中养殖业相关农协数量最多，其次是种植业类，另外还有农村工业和农村广播等非生产类农协。虽然从农协数量来看，专业农协在农协总数中所占比重远远高于综合农协，但综合农协成员 1 151.1 万人，专业农协成员只有 14.4 万人，无论从覆盖面还是社均成员数量来看，综合农协的影响要远远大于专业农协。但从农户角度来看，综合农协虽然可以提供资金支持，但专业农协提供的技术服务和农资更有针对性，农户往往同时参加两个或两个以上的农协，以实现自身利益最大化。

表 9-3　日本专业农协的主要类型（2017 年）

单位：个

类　型	合计	一般	畜牧	奶业	养鸡	牧场管理	园艺	农村工业	农村广播	其他
出　资	416	31	38	95	33	23	140	4	14	38
不出资	151	20	1	1	—	91	3	—	6	29
合　计	567	51	39	96	33	114	143	4	20	67

注：2017 年日本共有各类专业农协 1 537 个，本表收录其中 567 个有效问卷；"一般"是指不开展信用业务农协之中，不限定特定业务而经营多种品种的专业农协；畜牧农协是指开展养殖、销售、购买、加工业务的猪、兔、牛马、羊、蜂等的专业农协；养鸡农协包括蛋鸡、肉鸡和种鸡；农村加工是以成员劳动为主，经营农产品加工或者农村必需物资加工，或利用农村物资工厂的农协。

资料来源：農林水産省．農業協同組合及び同連合会一斉調査—平成 29 事業年度専門農協統計表 [DB/OL]．（2020-06-11）[2021-01-10]．https://www.e-stat.go.jp/stat-search.

（二）出资农协与不出资农协

《农业协同组合法》第 10 条第 2 款规定，出资农协是指以成员必须交纳股金作为加入条件的农协，不出资农协是指不以成员是否交纳股金作为加入条件的农协。该法同时规定，不出资农协不得开展金融、保险、农地托管业务和农业生产等业务，因此，日本综合农协都是出资农协，只有在专业农协中才有出资和不出资的区别。如表 9 - 3 所示 2017 年日本有 567 个专业农协，其中不出资农协 151 个，占总数的 26.6％。

出资农协的成员必须出资一股以上，且每股金额相等，具体金额由农协章程决定。通常，种植业农协出资要求较少，金额只有数千日元，但养殖业农协要求农户必须饲养一头以上家畜，一股金额往往高达数百万日元。农协为避免内部分裂要求出资股份不能有太大差异，一般要求一户一股，虽然因继承等原因会出现一户多股的情况，但只能享有一票表决权。另外，农协规定出资人未经农协同意不得转让所持股份，退出时只能得到原始出资。非出资农协虽然不要求以出资来承担农协运营，但需要成员均摊实际运营成本。

（三）基层农协与农协联合会

日本农协系统由"市町村基层农协＋都道府县农协联合会＋全国农协联合会"3 个层级构成（图 9 - 1）。

市町村基层农协资金主要来源于成员出资，各项服务手续费和活动均摊费用。基层农协直接面对成员，向成员提供农业生产的产前、产中、产后服务以及生活领域的综合服务。市町村基层农协经过多次合并，截至 2020 年数量减少到了 1 736 个，但经营规模得到了显著提升。

都道府县农协联合会是由两个以上基层农协出资成立，按照"一县一会"的原则，在日本 47 个都道府县内设立的地区性农协合作机构。都道府县农协联合会成员是基层农协等团体成员，没有自然人成员。目前，都道府县联合会由功能相对独立的四大体系构成，即都道府县农协中央会（都道府县中央会）、信用农协联合会（信联）、经济农协联合会（经济联）、厚生农协联合会（厚生联）。

全国农协联合会与都道府县联合会对应组成五大系统，即全国农协中央会（全中）、农林中央金库（农林中金）、全国农协联合会（全农）、全国厚生农协联合会（全厚联）和全国共济农协联合会（共济联）① 组成。另外，还单独设

---

① JA 全国共济联由基层农协直接出资成立，设都道府县层级联合会。

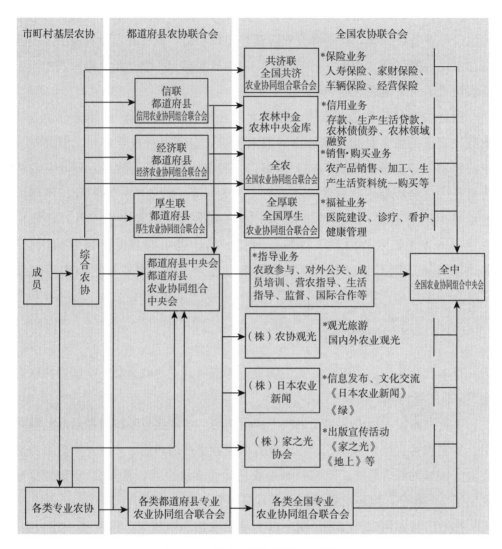

图 9-1 日本农业协同组合体系图

资料来源：李周，张元红，曹斌，等，2017. 食物生产方式向专业化、规模化和组织化转变战略
研究［M］. 北京：科学出版社.

立了专职观光旅游、新闻媒体等企业。所有全国联合会都采取会员制，入会有
一定限制，正式会员只能是都道府县中央会、都道府县联合会的正会员组合、
基层农协和农林中央金库。准会员包括全国性农林渔业合作经济组织、公益法
人及其他相关涉农机构。各个全国农协联合会都是独立的法人主体，但是又以
相互参股形式构建成非常稳定的"JA 系统"。截至 2020 年 3 月日本共有联合
会 180 个，其中出资联合会 175 个，不出资联合会 5 个。

三、农业协同组合的主要业务①

(一) 业务范围

农协自身组织特点决定了业务范围与企业的差别。一是农协业务不以营利为目的。农协成员既是出资人也是农协顾客，这就决定了农协设立的目的是为了全体成员提供更多、更好的服务，在于提升成员的社会经济地位。二是农协业务是全体成员共同利益的体现。农协各项业务是通过成员之间的合作发挥生产要素集约化效果，不仅仅是成员数量集合，还是成员劳动产品的集合。这就决定了农协业务不仅是农协成员劳动合作的体现，也是成员共同利益的一致反映。三是农协业务既是农户之间合作也是农协组织之间的合作。农协业务虽然是基层农协独立的经济活动的具体反映，但单社业务数量有限，往往基于"基层农协＋县级联合会＋全国联合会"的三层组织构架发挥更大范围的规模经济效应。

依据《农业协同组合法》第 10 条规定，农协可以开展以下业务：提供提升成员经营和技术水平的技术；提供成员生产和生活所需资金的借贷服务；接受成员活期或定期存款；提供成员生产和生活所需物资；建设成员生产或生活上所需的共用设施；建设有利于合作劳动和提升劳动效率的设施；开展农用地改造、改良，协调以农业生产为目的的土地买卖、租借和置换，组织农田水利设施建设和管理；运输、加工、贮藏和销售成员的农产品；建设农村工业相关设施；建设农村保险设施；建设农村医疗、卫生、福利设施；建设老人福祉设施；建设改善农村文化、生活环境的基础设施；组建以改善成员经济地位为目的的社会团体；开展与以上条款相关的合作经济活动。

20 世纪 50 年代，日本将农协定位为社会化服务组织，不允许其开展农业生产活动，并对金融业务严格管控。但随着快速老龄少子化和过疏化问题日益突出，日本政府逐步放宽了对农协在土地经营和金融领域的限制，近年来多次修订《农业协同组合法》，逐步扩大了农协经营范围。目前《农业协同组合法》其他条款规定的农协业务还有：接受成员的委托，直接开展农业生产和经营活动；可以买入农地、牧草地以及农业设施地权和产权；接受成员委托，代理农

---

① 章政，1998. 现代日本农协 [M]. 北京：中国农业出版社. 本节引用部分该书内容。

协成员开展土地买卖、租借等经营活动；开展以服务成员为目的的支票汇兑、债务保全业务；开展由金融机关委托的债权交涉、贴现、有价证券的购入和本金、红利的支付业务；开展由农林中央金库或国家主管部门批准的金融代理业务；在不影响农协业务的前提下，开展由《农村工业促进法》规定的，对促进地方经济发展有帮助的贷款和土地经营业务；开展围绕农村生活设施建设有关的资金和土地经营相关业务。

另外，除《农业协同组合法》以外，农协还可以依据其他法律开展以下经营活动：依据《农业仓库业法》（1917 年法律第 15 号）开展农产品保管、包装、改装、运送和销售业务；依据《简易邮政法》（1949 年法律第 213 号），设置邮局开展一般邮政业务；依据《车辆事故保险法》（1955 年法律第 97 号），开展车辆保险业务和赔偿业务；依据《农业者年金基本法》（1970 年法律第 78 号），承办农民养老金相关业务。

截至 2018 年，日本 639 个基层综合农协销售额达 50 389.4 亿日元，经营成本 32 375.4 亿日元，管理成本 16 102.1 亿日元，净收入 1 911.9 亿日元。

（二）主要业务内容

1. 指导业务[①]

指导业务分农业生产经营指导和农民生活指导两种类型，其中农业生产经营指导服务，不仅仅停留在新品种、新技术和新农艺的技术推广方面，还涉及基于本地区农业发展的中长期规划，帮助成员制定合理的经营计划，并提供相应的资金、技术和人力等综合服务。农业生产经营指导工作由农协的"营农指导员"负责，2018 年日本农协共有 13 507 名营农指导员，平均每个农协有 21.4 人。生活指导业务是为改善成员家庭生活水平的一项服务，涉及范围极广，有组织团购、组织健身活动、开展文化和娱乐活动等，主要由农协内设女性部具体承担。

2. 销售业务

销售农产品是由农协把成员分散的农产品集中起来，有计划、成批量上市，提升小农户市场竞争力，争取流通环节利润的经济活动。农协的农产品销售业务有以下特点：一是采取委托销售方式。农协接受成员委托销售成员所产

---

① 详见第十二章第三节。

农产品，按比例扣除一定金额的手续费和其他流通费用后，返还货款的销售方式。大米和水果等账期较长的农产品，农协一般会在约定时间先支付部分费用，便于成员农户准备第二年生产，等到产品全部销售结束后再结算总账。2018 年农协销售的手续费收入共 1 460.9 亿日元，其中代销手续费金额1 191.3 亿日元，占比为 81.5％（表 9－4）。二是统一计算，费用分担。为确保销售活动真正体现公平、合作的基本精神，同时鉴于成员委托的农产品规格等级难以区分，且销售对象、地点难以把握，实际上不可能做到根据每户每批不同质量定价，只能按一定结算期间内的"平均市场价格"进行计算、处理。三是全员参加，系统使用。农协引导所有成员把所生产产品都通过农协销售，增强整体的规模经济效果。如表 9－4 所示，2018 年，日本各类农产品产值45 678.8 亿日元，农协共销售 37 169.9 亿日元，占农产品总产值的 81.4％。其中新鲜农产品的农协经由率较高，牛奶、水果和蔬菜分别占到 97.8％、90.3％和 86.4％；耐储农产品的农协经由率相对较低，如稻米是 69.3％。

表 9－4 日本农协的农产品销售情况（2018 年）

单位：亿日元、％

商品名	产值			农协手续费收入		
	金额 (A)	农协销售额 (B)	占比 (B/A)	金额 (D)	代销手续费金额 (E)	占比 (E/D)
稻米	8 587.4	5 952.3	69.3	364.2	259.4	71.2
麦类	482.3	457.1	94.8	36.9	36.8	99.8
杂粮豆类	653.6	493.7	75.5	49.0	18.6	38.0
蔬菜	13 103.4	11 315.2	86.4	397.0	364.7	91.9
水果	4 210.2	3 800.5	90.3	125.3	110.3	88.0
花卉	1 239.4	966.3	78.0	34.8	33.6	96.5
畜产品	13 498.8	12 232.3	90.6	174.6	169.9	97.3
牛奶	4 735.2	4 631.9	97.8	53.1	—	—
牛肉	5 855.1	5 043.6	86.1	81.8		
生猪	948.8	864.2	91.1	10.3		
肉鸡	41.5	7.0	16.7	0.4		
鸡蛋	179.5	120.2	67.0	2.5		
其他	3 903.6	1 952.6	50.0	279.1	198.0	70.9
茶叶	432.9	345.5	79.8	8.7	—	—
合计	45 678.8	37 169.9	81.4	1 460.9	1 191.3	81.5

資料来源：農林水産省. 平成 30 年事業年度総合農協統計表 [DB/OL]. （2020－05－27）［2021－01－10］. https：//www.e－stat.go.jp/stat－search.

3. 购买业务

购买业务是指由农协统一购买成员所需要的生产和生活资料，有以下特点：一是预约订货，计划采购。基层农协每年年初组织各分支机构确认成员未来一年采购农资的意向数量。基层农协将征集到的订单汇总之后，或自己直接向厂家下单，或报到经济联，再汇总到全农。全农对全国订单进行整理、分类后，形成全国农协采购计划，并在这一基础上和农资生产企业谈判。这是农户→基层农协→经济联→全农→农资生产企业的过程，形成了规模经济，进而降低了整体管理费用。二是无条件完全委托。农协在与农资生产企业谈判中，按照少数服从多数的原则，把少数差异化的需求统一到多数需求中，进而实现合作购买的规模效应。成员不能选择品牌，不能按照自己喜好安排送货时间和对价格提出异议。三是共同计算，费用均摊。是指对于某些价格变动较大的生产资料，按年算出平均价格，使成员之间的价格负担尽量均等。另外，购买活动中产生的各种手续费，如各种保管费和运费等也由成员根据购买数量实际均摊，防止农协出现赤字。四是现金结算。1959 年日本农协引入这一原则，20世纪 60 年代得到贯彻落实，显著提升了农协业务效率。目前，由于农村社会快速市场化，工商资本与农协服务形成了一定程度的竞争，农协购买业务经销额持续下降，2018 年肥料、农药、饲料、农业机械、燃料和车辆等生产资料销售额为 1.8 万亿日元，是 1980 年的 56.3%；食物、服装、日用保健品和家用燃料等生活资料主要通过农协所属 A-COOP 连锁超市和加油站购买。2018年的销售额为 0.7 万亿日元，是 1980 年的 46.7%。

4. 金融业务[①]

农协的合作金融业务主要包括存款、贷款、各种结算业务以及资金运用业务等。农协合作金融体系与销售、购买体系基本一致，由"基层农协＋都道府县信用联合会＋农林中央金库"三级组成，基层农协直接面对成员农户负责吸储和放贷，余款存到上级信用联合会或农林中央金库，由其协助开展金融资金运用。农林中央金库是农协合作金融全国最高业务机构，负责农业资金的融通调剂、管理和组织农协资金的合理运用。2002 年日本各类涉农合作经济组织出资成立了农协银行（简称"JA 银行"）承担为农金融服务。JA 银行和商业银行不同，《农业协同组合法》对其贷款对象和用途有一定限制，要求对非成

---

① 详见第十章第二节。

员的贷款金额不得超过总营业额的 20%，且贷款不得用于高风险行业。截至 2018 年，JA 银行持有存款 103 万亿日元，是日本第五大银行。

5. 保险业务①

农协保险业务是农协成员之间对自己生产和生活上可能会产生的不确定性风险而进行的一种互助保险制度。2019 年农协持有的人寿保险的保险费金额为 103.2 万亿日元，总资产 58 万亿日元，仅次于日本生命株式会社，位居日本保险业第二位。意外伤害保险的保险费金额 1.4 万亿日元，位居全国第四位。农协的合作保险不以营利为目的，坚持通过节约各项业务经费和管理成本等努力降低成员投保负担，在发生保险赔偿时尽可能高地给予成员赔付。因此，与商业保险侧重经济效益相比较，农协的合作保险活动更注重保险的社会效益。农协保险主要涉及农村生活和与农业经营有关的人寿保险、财产保险、车辆保险和农业经营保险。

6. 共同使用业务

共同使用业务是指农协成员按照有偿或无偿方式，有组织有计划地共同使用农协所持有的各种生产生活设施的经济活动。这些设施往往具有资产专用性高、投资金额大、单个成员农户难以购置，但又对增加成员收入有显著影响等特点，通常由成员通过农协所属产业分会等分支机构提出购置意愿，由农协申请政府补贴、贷款统一购置，或直接管理或交给产业分会管理，并按照折旧、维修等实际成本核算征收一定手续费的方式供农协成员共同使用。农协开展共同使用业务可以防止农协成员过度投资和资金浪费，还可以将其与农协农技推广活动有机地结合起来，节约流通费用。日本被称为"共同设施"的设施设备种类较多，据统计，农协社均拥有共同设施 49.3 个，2018 年农协共有精米麦加工设施 1 311 个、大米脱粒干燥设施 1 473 个、谷物储藏设施 768 个、育苗射死 1 343 个、蔬果集货设施 4 308 所、蔬果储存设施 2 070 个、蔬果加工设施 389 个、茶叶加工保藏设施 196 个、火葬场 593 个、农机服务中心 1 179 个、车辆回收设施 322 个、加油站 1 656 个、农产品零售店 1 494 个和餐厅 71 个。

7. 医疗保健业务

日本合作医疗保健制度出现较早。1919 年鹿儿岛县足郡青原村信用购买销售生产组合设立了诊所，1948 年基于《农业协同组合法》相关规定设立厚

---

① 详见第十一章第五节。

生农业协同组合联合会，1951 年被指定为公立医疗机构，并享有一定额度法人税减免。农协拥有自己的医疗体系，截至 2020 年 3 月共有医院 105 所、诊所 60 所、各类养老设施 139 所，共有床位 32 896 个、员工 54 918 人。基层农协不直接开设医疗设施，主要由县级以上厚生联开设并经营管理医疗设施，农协成员包括其家属都可以享受农协医疗机构提供的治疗服务。农协医疗机构是乡村最为重要的医疗机构，有 42.9% 的医院设立在人口不足 5 万人的乡村，并且还购买了 175 台移动地域性惯性病检查车和 46 台偏远地区巡回诊疗车，为成员提供定期体检、医务知识普及和健康教育等服务。2019 年农协接待体检人员 180.6 万人，是日本红十字会医院的约 3 倍。另外，农协还设立了 96 个急救医院、13 个急救中心和 45 个防灾医院，可在发生重大自然灾害和事故时提供紧急救助服务。

8. 其他业务

包括加工业务、观光旅游业务、农业经营托管业务、农地流转业务、农地平整业务、建造和租赁住宅业务、土壤改良业务、婚丧嫁娶业务和文化传播业务等。

四、农业协同组合的治理机制

（一）成员资格

《农协同组合法》第 12 条规定了农协成员的 4 种类型：一是农业者，即拥有一定面积农地的农户或者农业企业。目前，每家基层农协对成员持有的农地面积要求有所差异，其中要求成员必须拥有 0.05 公顷以上农地的农协占基层农协总数的 78.4%。另外，还有部分农协对成员有务农时间要求，其中要求成员年从事农业生产超过 60 日以上的农协占 82.0%。二是居住在农协所辖区域内的自然人或者使用农协设施的自然人或法人。三是该地区的其他农协。四是居住在该农协所辖区域内的生产型合作经济组织，如农事组合法人等。其中，农民、涉农组织和农事组合法人可以个人或者团体形式成为农协正式成员，并拥有选举权、被选举权和对农协重大事宜的表决权。在农协所辖地区内工作的个人可以成为准成员，虽然可以享受农协服务，但不拥有表决权等权利。2018 年日本农协成员数量为 1 049.1 万人，其中自然人成员 1 039.1 万人，法人等团体成员 99 806 个，社均成员数量 16 417.4 人。从不同成员数量的农协的分布来看，成员数量超过 2 万人的农协占 3.1%、成员人数 0.5 万～

0.9 万人的占比最高，为 29.4％，而不足 500 人的小规模农协仅有 15.6％。

（二）成员大会和成员代表大会

成员大会是全体正式成员参加的农协最高决策机构，当正式成员超过 500 人时，可以成立成员代表大会，且每位成员代表最多只能代表 5 位正式成员投票。成员（代表）大会每年至少召开一次，也可召开临时大会。召开临时大会需要 20％以上的正式成员向理事会提出申请，理事会在收到申请后在 20 天之内必须决定是否召开，并提前 10 日通知所有成员。经营管理委员会也可以召集召开成员（代表）大会，没有设置经营管理委员会的农协由理事召集，没有经营管理委员会和理事的农协，由监事召集。《农业协同组合法》第 44 条规定了 8 项必须经由成员（代表）大会通过表决的事项，包括：变更章程内容；变更或废止金融、保险、信托等规程；制定年度规划；决定均摊经费金额和征收方式；财务和审计报告；业务转让；成为农协联合会发起人或者设立准备委员会成员；成员加入和退出。成员（代表）大会对于重要事宜要求 50％以上正式成员出席，且获得 2/3 以上同意才能生效，一般事宜在半数以上的出席者同意的情况下方为有效。农协各部门负责人必须在成员（代表）大会上回答成员质疑，并记录在案，保存 10 年，供所有成员及农协业务相关人员随时查阅。

（三）理事和理事会

1. 理事

农协理事是受农协成员（代表）大会委托，代表农协利益、贯彻和执行农协成员（代表）大会所提方针和任务，并负责农协日常活动的决策人员。《农业协同组合法》对"理事"做出规定：必须忠实于农业合作运动，精通农协经营管理；要由成员（代表）大会以无记名投票方式选举产生；不能是与农协业务有直接或间接的冲突、对抗、竞争关系的经营者（法人代表）或企业代表；且理事成员数中，非农户理事人数最多不能超过理事定员的 1/4。同时，为了提高农协经营效率，规定农协至少要设立 5 名理事，理事之中必须有一半是认定农业者或者在农产品销售、农协相关业务中具有丰富经验的人员。在开展金融和保险业务的农协之中，要推选至少 3 名专职理事，其中必须至少有一位是了解金融行业的专职理事。2018 年，日本平均每个农协有理事 19.9 人，其中专职理事 3.9 人、兼职理事 16.1 人。专职理事之中，认定农业者 0.7 人，具有农业经营经验人员 2.6 人。

理事权力包括"代表权"和"执行权"两个部分。"代表权"是指理事可以代表整个农协对外行使权力;"执行权"是指对于农协的各种日常业务管理活动,拥有处理、协调和决策的权力。为防止各位理事各行其是,《农业协同组合法》规定,理事互选产生常务理事、专务理事等,分别行使管辖范围内的权利。理事未按规定做出决策,导致农协遭受经济损失的,需要由该理事本人承担无限赔偿责任。理事任期一般为 3 年,任期内没有特殊原因不得中途辞职,新任候补理事任期只能是其前任理事所剩余期间,而不是 3 年。

2. 理事会

《农业协同组合法》第 32 条规定,农协必须设立理事会。理事会是全体理事的组织,是负责执行农协成员(代表)大会决议、监督理事履职的部门。理事会召集,一般由理事长负责,特殊时期也可以由理事在认为必要的情况下建议召开。

理事会审议事项由农协章程规定,内容涉及农协治理、业务运营等方面的重要事项,包括:农协经营方针;农协成员(代表)大会召开;农协干部任免;理事之间的分工;农协固定资产折旧、更新和报废;农协融资、贷款;固定资产租借;农协贷款利率;农协助农政策;农协债权债务处理方式;配合政府行政部门、农协系统业务监察;下属机构管理等。《农业协同组合法》第 33 条规定,理事会上所形成的决议,必须在半数以上理事出席、且同意人数过半的情况下方为有效。理事的表决权不能委托他人代理,未参会理事如不在会议记录上签字则认为"同意"。

(四)监事和监事会

监事负责监督理事履职情况,并按照农林水产省令提交监事报告。监事身份要求较为宽松,只要不从事与农协业务有竞争关系的自然人或者法人的代表,经农协成员(代表)大会选举通过,即可成为农协监事。《农业协同组合法》规定,监事不得少于 2 人,具体人数必须在章程中明文规定。监事会由所有监事组成,任期 3 年,可连选连任。2018 年农协社均监事人数 5.1 人,其中专职监事 0.9 人、兼职监事 4.2 人。监事同理事一样,由农协推选聘任。如果因监事失职和过失造成农协经济损失,监事必须承担无限赔偿责任。

监事会是对农协理事会和经营委员会履职情况进行监督的部门,主要工作内容是检查农协理事业务执行情况和审计财务运行情况，以保证农协业务的正常运营和农协组织的健全发展，具体工作有：监督农协资产情况和理事会的业务执行情况；及时向农协成员及有关部门通报农协违法事件；召集成员（代表）大会；审计理事会提出的相关业务报告（如业务年报、财产清单、会计借贷表、盈亏分析报告、收益分配方案等），并提交审计报告。监事有权列席理事会，并在理事会上陈述自己的意见。在发现个别理事存在违法或违反农协章程的行为时，有权召集理事成员召开理事会。

（五）经营管理委员会

经营管理委员会是为了提升农协管理效率，克服理事会召开频度低、兼职理事杂务过多、理事长兼职联合会职务等造成的理事会经营管理能力不足等问题，依据 1996 年修订后的《农业协同组合法》设立的常设机构。经营管理委员会剥离原理事会职能，只承担代表成员利益的职能，负责选任或解聘理事长，召集成员（代表）大会，审核决算报告、各部门财会报告，监督理事和经营委员会委员履职情况，决定农协清算方法和财务情况，审核农协清算时的决算报告。经营管理委员会委员的聘任条件较为宽松，虽然成员之中必须要有3/4 是农协正式成员，但非正式成员的青年部、妇女部负责人和有经营经验的非成员农户也可以成为委员，并且全部委员都可以兼职。任职 3 年可以连任，报酬和理事待遇一样。2018 年，农协社均经营管理委员会委员 22.9 人，其中认定农业者 12.0 人。

五、农业协同组合的运营机制

（一）员工

农协员工主要分为管理人员和一般员工。与企业相比，农协立足农村，每个农协经营规模相对较小，雇用人数也不多；农协服务对象主要是农民，受到农业生产和农村生活节奏变化的影响，很难像企业一样严格上班时间；农协员工基本上是本地农民，在生产生活上和农协存在千丝万缕的关系，更加注重保护农民自己的利益。日本农协员工数量最多时达 30.1 万人（1993 年），之后，随着农协推动减员增效改革，员工数量逐年减少。2018 年，农协有正式员工19.6 万人，社均 306.0 人；临时工 4.2 万人，社均 78.1 人。其中，金融部门员工占员工总数的 26.9%，保险部门占 18.5%，销售部门占 18.1%，购买部门占 8.2%，营农指导部门占 6.9%，其他部门占 21.3%。

农协员工工资主要由职务、年龄、工龄和技能水平等内容来决定，20 世纪 70 年代，随着市场经济向农村渗透，农协工资也逐步向能力主义过渡，一度造成了农民过度购买农机等问题出现，遭到成员投诉。农协劳动条件基本与企业接轨，除了工资以外，还建立了退休金制度，退休时可领一次性奖励和退休金。

（二）业务部门和分支机构

日本农协根据其业务需要，设有总务部、营农指导部、销售部、生活部、信用部、保险部等部门具体承担各项业务。较大规模的农协根据行政区划设立分支机构。基层分支机构通常和营农指导中心、农资销售、农产品分拣、存款和保险部门合在一起办公。2018 年日本农协社均分支机构 27.1 个，其中，分店 12.8 个，办事处 14.3 个。

随着农协规模扩大，农协成员之间联系变得相对困难，为了加强同种作物或相同需求成员之间联系，农协根据自身经营特点设立了大米分会、蔬菜分会、苹果分会等产业分会，2018 年 615 个农协共设立了 16 649 个产业分会，社均分会数量为 27.1 个。另外，还有 95.9% 的农协设立了妇女部，有 87.3% 的农协设立了青年部。农协鼓励达到标准的农户自愿加入适宜分支结构，并鼓励其采取民主方式自行管理，由会员自己分摊所属产业分会的日常运营费用。农协为产业分会免费提供活动设施，并设专人负责联络沟通，必要时以农协名义为分会修建专用设施，协助申请政府补贴。

（三）持股公司和子公司

日本农协为增强实力，常常持有其他公司股份，2013 年农协修改章程，规定出资 100 亿日元以内的投资不需要经成员（代表）大会审议，可由经营管理委员会或理事会决定，大大加快了农协投资速度。2013 年起，日本农协先后与丘比株式会社合作成立了蔬菜加工公司，与丸红株式会社合作成立了肥料生产公司，与三菱商社合作成立了农药生产销售公司，显著增强了农协对农资供应和农产品销售渠道的掌控实力。如四叶乳业株式会社是北海道十胜地区 8 个基层农协出资成立的共同持股公司，也是日本第四大乳业生产企业，主要解决北海道奶农的鲜奶销售难问题。截至 2018 年，日本农协共持有 5 327 个企业的股份，持股金额达到 870.6 亿日元，社均持股 8.4 个公司，社均持股金额 1.4 亿日元。

《农业协同组合法》第 11 条第 64 款规定，由农协持有 50％以上表决权的公司属于农协子公司。子公司是为了补充和完善农协现行业务设立的企业，2018 年 380 个基层农协持有 736 个子公司，社均持有子公司 1.9 个。从经营内容来看，生产资料供应 33 个、生活资料供应 115 个、农产品加工销售 141 个、农产品运输 12 个、租赁 4 个、不动产 47 个、共同使用设施 14 个、其他公司 370 个。农协子公司按照现代企业管理模式开展经营活动，董事长等重要人事任命权由控股农协把控，利润按章程上交控股农协，并由农协根据成员（代表）大会决议进行分配。

（四）业务监管①

业务监管是保障农协业务健全有序运营的重要手段。日本对农协，包括开展信用业务的渔协等其他各类合作经济组织的监管主要集中在信用业务监管，分为政府机构监管、农协协同监管和自我检查 3 个层面。

第三节 渔业协同组合

渔业协同组合（Japan Fisheries Coops，JF，简称"渔协"），是依据《水产业协同组合法》（1948 年法律第 242 号）规定，由渔民、渔民生产组合或住所在渔协所管地区的渔业经营法人组成的渔民合作经济组织。

一、渔业协同组合的发展历程

渔协的形成可追溯到明治维新时期的渔业组合。1886 年，日本农商务省颁布《渔业组合准则》鼓励以渔村渔民集体为基础成立渔业组合维护渔场秩序。1901 年，日本颁布《渔业法》，明确了渔业组合对渔业权的管理地位。之后，日本先后数次修订《渔业法》，完成了渔业组合体系的构建。1910 年，修订后的《渔业法》允许渔业组合开展渔业生产资料的统一采购和渔获物的统一销售业务，使得渔业组合从渔业权管理主体转为经济主体。1934 年，渔业组

---

① 详见第十章第六节。

合改组，并更名为"渔业协同组合"，合作经济组织属性得到强化。1938年，修订后的《渔业法》允许渔协向成员提供储蓄、借贷等金融服务，并促进成立渔协联合会，逐渐在政府扶持下形成了"市町村基层渔协—道府县渔协联合会—全国渔协联合会"的三级体系。至此，渔协初步完成了合作经济主体的体系建设。1943年，日本颁布《水产业团体法》，强制基层渔协与渔村的产业组合等相关团体合并成立渔业会，承担战时国家渔业行政管理工作。

二战之后，日本着手渔业制度改革，1948年颁布《水产业协同组合法》（1948年法律第242号），规定渔协是渔民自建的互助组织，通过渔业权管理和开展各项经济活动，为成员提供综合服务。此后，日本根据不同时期渔区社会经济发展和水产资源变化状况，先后出台了《渔业经营改善及再建整备法》（1951年法律第43号）、《渔业协同组合合并促进法》（1967年法律第78号），并对《水产业协同组合法》进行了多次修订，保障渔协稳定发展。截至2020年3月底，日本共有基层渔协1 823个（表9-5），渔业生产额约为1.0万亿日元，成员约27.7万人[①]，日本渔协已形成了一个包括地方性组织和全国性组织在内的完整体系，成为世界上最发达、最具代表性的合作经济组织之一。

表9-5　各类渔业合作经济组织的发展情况

单位：个

			1995年	2000年	2010年	2019年	2020年
渔业协同组合			3 106	2 900	1 981	1 834	1 823
地区渔协	沿海渔协	出资渔协	2 001	1 829	1 026	943	937
		不出资渔协	7	6	2	2	2
	淡水渔协	出资	720	732	678	647	642
		不出资	165	160	159	154	153
产业渔协	出资渔协		206	167	110	84	85
	不出资渔协		7	6	6	4	4
联合会			98	93	75	66	66
渔业协同组合联合会			96	91	74	65	65
出资渔业协同组合联合会			84	80	65	56	56
不出资渔业协同组合联合会			12	11	9	9	9
信用渔业协同组合联合会			2	2	1	1	1

资料来源：農林水産省．令和元年水産業協同組合統計表［DB/OL］．（2021-04-01）［2021-04-10］．https：//www.e-stat.go.jp/stat-search.

---

① 产值和成员数量按地区沿海渔协统计计算。

二、渔业协同组合的类型

（一）地区渔协和产业渔协

地区渔协是建立在一定行政区域之内，并以成员住所所在地作为判定成员资格的渔协。产业渔协成员可跨不同行政区域，但是必须是依据《水产业协同组合法》18条第4款规定共同从事特殊种类渔业生产的人员成立的渔协。如表9-5所示，截至2020年3月底，日本共有地区渔协1 734个，产业渔协89个。

（二）沿海渔协和淡水渔协

日本将地区渔协根据成员所在地区分为沿海渔协和淡水渔协。沿海渔协成员是在该渔协所辖地区有住所、以海洋渔业经营为生、年从事渔业生产或相关经营活动时间超过章程规定的90～120日的渔民。淡水渔协成员是在该渔协所辖地区有住所，以采集、饲养淡水水产动植物，年工作时间根据章程规定超过30～90日的渔民。淡水范围由《渔业法》第60条第5款第5项规定，不包括海面和由农林水产省划定的类似海面的湖泊。截至2020年3月，日本共有沿海渔协939个、淡水渔协795个。其中淡水渔协成员总数27.1万人，是1983年最高纪录的48.1%。

（三）出资渔协和不出资渔协

根据是否出资，日本将渔协分为出资渔协和不出资渔协。出资渔协要求成员每人必须出资一股以上，每股资金必须相等。成员转让渔协股份必须得到渔协同意，且成员无论拥有多少股份，表决权仅有一票。不出资渔协不要求成员出资，通常是以开展渔业权管理为主要业务的渔协。不出资渔协不能开展金融业务。截至2020年3月，日本共有1 823个各类渔协，其中出资渔协占比很高，有1 664个，占渔协总数的91.3%。

（四）基层渔协和渔协联合会

日本渔协体系和农协基本相同，都是自下而上的三级结构，通过出资形成了紧密的垂直连接关系。基层渔协是以渔民为成员成立的合作经济组织。1977

年日本为提升渔协竞争力，推进渔协合并，截至 2020 年，把日本基层渔协数量减少到了 1 823 个，其中山形县、岛根县、大分县等 11 个县实现了全境基层渔协的合并。但由于渔协之间的经营效益和财务状况参差不齐，实现财务领域的合并存在一定困难。同时，日本渔协大多建立在渔业权基础之上，渔协合并与农协不同，常常伴随着渔场、渔获物等方面管理权限和管理范围的变化，存在一定的地方保护，因此，合并速度要远远低于农协。

渔协联合会是 2 个以上基层渔协为会员成立的合作经济组织，分为都道府县渔协联合会和全国渔协联合会。其中，道府县联合会分为都道府县渔协联合会和道府县信用渔协联合会。目前日本有道府县渔协联合会 31 个、信用渔协联合会 28 个。全国联合会一般由道府县联合会再出资成立，主要有农林中央金库、全国渔业协同组合联合会（全渔联）。但是，全国共济水产业协同组合和产业渔协的全国渔业协同组合联合会由基层渔协直接出资成立。目前，产业渔协的全国联合会有全国海苔贝类渔业协同组合联合会、全国养鳗渔业协同组合联会等 4 个。

三、渔业协同组合的主要业务

依据《水产业协同组合法》第 11 条规定，渔协可开展下列业务：水产资源管理和水产动植物养殖；水产相关经营及技术推广；成员生产经营或生活必需资金的借贷；成员活期和定期储蓄；成员生产或生活必需物资的供应；成员渔获物以及其他生产物的运输、加工、保管或者销售；渔场共同使用（包括为确保渔场稳定使用，使用成员劳力对渔场进行综合开发等）；船舶停靠、存放、废弃等使用成员渔业生产中必要的设备设施；成员防盗、救难；成员互助保险；成员福祉、医疗；提升成员合作意识的教育和提供相关信息；改善成员经济地位的团体协议协调；协调渔船保险组合承办的保险或者渔业共济组合或者渔业共济组合联合会的合作保险业务；与上述各项业务相关的业务。2019 年，日本 922 个渔协开展各类业务总收入 5 027.0 亿日元，总成本 4 084.2 亿日元，总利润 942.8 亿日元。

（一）渔业权管理

日本《渔业法》（1949 年法律第 267 号）规定，渔业权只优先发给渔协等合作经济组织，并由渔协管理成员按法律法规开展渔业生产活动，由此可见，渔协承担了部分政府渔政管理方面的职责。日本渔业权由共同渔业权、区域渔业权和定置渔业权3种类型构成，其中共同渔业权是以海藻类、贝类为对象的渔业及经营小型定置网、地曳网、非机动船的船曳网等特定的渔业权利，共同渔业权仅批准当地渔协负责管理，即渔协作为渔业权的行使主体根据相关法律法规规范成员合法使用渔场。区域渔业权是指经营养殖业的权利，在区域渔业权中，特定渔业权包括贝类、海藻类养殖、条块式养殖、珍珠母贝养殖等权利，渔协可优先获得营业许可，同时不排除其他经营主体申请，即通过发展渔协以解决共同使用、管理渔场等问题。定置渔业权是指经营定置渔业的权利，为排除垄断，在许可优先顺序上，优先批准当地渔协及渔业生产组合。渔协根据相关法律法规，由成员根据长期经验和当地实际情况制定各种管理渔场的规章制度，经成员（代表）大会通过后上报都道府县政府审核批准。

（二）指导业务

渔协在基于成员缴纳的会费、渔业管理费和各种财政补贴，开展与渔业生产和渔村生活相关的技术推广和职业培训等工作。截至2019年，日本888个渔协共有渔业指导员898.0人，社均1.01人。

（三）采购业务

由渔协统一采购渔船用燃料（柴油和机油）、渔需品、养殖业使用的饲料和渔民生活必需品。截至2019年，日本有819个渔协开展统一采购业务，社均销售额2.0亿日元，其中燃料类0.9亿日元、生产资料0.9亿日元，生活物资0.2亿日元。

（四）销售业务

渔获物销售在渔协经营中占重要地位。由于渔获物种类繁多、规格不同，且各类渔获物对鲜度要求很高，在生产阶段必须对渔获物分选，快速将其分为生鲜、加工原料、冷冻冷藏和饲料等用途，并要求迅速投售和配送。日本多数渔协在渔港周边地区建立了产地批发市场推动渔获物销售。2001年，渔协联合会颁布《产地市场统一设想指南》，对扩大产地批发市场的销售规模、支持渔协经营业务发挥了积极作用。目前，基层渔协与成员的交易方式有两种：一是委托销售，渔协收取一定比例的手续费。二是买断。截至 2019 年，日本有 187 个渔协同时采取两种交易方式，534 个渔协只采用委托销售，只有 18 个只采取买断方式。社均销售渔获物 13.0 亿日元、其中鲜鱼贝藻类 10.6 亿日元、水产加工品 2.0 亿日元、其他水产品 0.4 亿日元。

（五）金融业务

渔协设立金融部门，帮助成员设立账户，把鱼货销售额汇入账户，从账户中支付物资采购费用和各种费用，并接受各种财政资金，在成员日常生活收支中发挥了重要作用，极大地方便了渔民生产和生活。日本对开展金融业务的渔协有较高的资本金要求，截至 2019 年，开展金融业的基层渔协只有 117 个，占总数的 7.9%，其中 73 个渔协开展了存款业务和贷款业务，44 个渔协仅开展了贷款业务。社均存款金额 104.6 亿日元，贷款总额 11.3 亿日元。

基层渔协普遍缺乏资金运营能力，通常将富余资金转存到县级信用渔协联合会。信用渔协联合会可自己投资，也可以将富余资金转存至农林中央金库，由农林中央金库进行全国调剂和投资，实现保值增值。成员既能增加存款利息收入，也可以从基层渔协借入生产和生活所需资金。运作方式和农协基本一致。

（六）冷冻业务

渔船作业时间长、水产品鲜度要求高，农协通过自购制冰设备和冷藏设备为成员提供冰块和冷藏、冷冻保管服务，既方便和满足了成员需求，也增加了渔协经营收入。截至 2019 年，日本有 497 个渔协开展制冰业务，社均销售额为 0.2 亿日元；305 个渔协开展冷冻冷藏业务，社均销售额为 1.5 亿日元。

（七）其他事业

除上述业务以外，渔协还开展合作保险业务（渔业保险、船员保险、渔船保险、灾害保险和生活保险等）、共同设施使用业务（包括渔船停泊、上岸、渔需品仓库、育苗设施、补水、船舶修理等设施使用）和其他业务。近年来，部分渔协开始自己从事生产经营活动，还有部分渔协积极发展乡村旅游，开发渔船观光、海钓、滩头捕捞等农旅项目。

四、渔业协同组合的治理机制

日本渔协坚持自愿入社、非营利性、平等互助互利和自主经营原则，必须由 20 人（淡水渔业为 15 名）以上符合正式成员资格的自然人发起成立。依据《水产业协同组合法》第 18 条规定，渔协正式成员条件为：一是在该渔协所在地拥有住所，以渔业经营为生，年从事渔业捕捞、养殖或者渔需品供应、鱼货销售等渔业生产经营活动超过章程规定的 90～120 日（淡水渔业为 30～90 日）的渔民；二是在该渔协所在地拥有住所的渔业生产组合；三是在该渔协所在地拥有住所或开展渔业相关经营活动的企业。但为了排除资本控制，该法规定从业人员超过 300 人或渔船总吨位超过 1 500～3 000 吨的企业不得加入渔协。另外，该法还规定各地渔协可以以章程的形式允许以下个人或企业成为正式成员，即渔民或从事淡水养殖的自然人、正式成员之中使用渔协服务的亲属，在渔协所在地拥有住所且从业人员不超过 300 人的水产加工企业，开展观光渔船经营且从业人员少于 50 人的企业，当地其他合作经济组织。对不符合以上条件的其他人员，例如高龄渔民、正式成员的遗孀、第 2 种共同渔业从业人员和渔业新农人具备准成员资格，可以使用渔协服务，但没有表决权。截至 2019 年，日本社均渔协成员数量 300.6 人，其中正式成员 137.7 人、准成员 162.9 人。正式成员之中渔民 135.3 人，占正式成员的 98.3%，只有少量的团体成员。

渔协最高权力机构是成员（代表）大会。成员可直接对所属渔协重大事宜表决，也可以委托代表投票，但最多不能代表超过 5 名成员，且必须出具书面委托材料。《水产业协同组合法》规定，渔协必须设置理事和监事，理事最少 5 人，监事最少 2 人。开展金融业务的渔协必须有一名理事专职负责金融业务。开展供销业务的渔协必须有一位具备销售经验的理事。理事之中应对性别和年龄有所照顾。监事不得是与渔协有竞争关系的工作人员或者法人代表等，且任职前 5 年没有担任过渔协理事、子公司负责人、财务或者渔协部门经理等职务，不得与理事之间有亲缘关系。理事由成员（代表）大会选举产生，且必须有 2/3 以上正式成员同意，理事和监事任期 3 年。渔协设立组合长 1 名，一般由当地从事渔业生产经营，且具一定声望的渔民兼职。2019 年，日本渔协之中专职理事社均 0.4 人，兼职理事社均 6.9 人，监事社均 2.6 人。另外，理事人数在 5～9 人的渔协占到 84.5%、20 人以上的渔协仅占到渔协总数的 0.5%。

依据《水产协同组合法》第 34 条第 2 款规定，渔协设有经营管理委员会负责组合运行，决定组合业务规划和重要事项，对违反法令和渔协章程的理事，有权请求理事会给予解除其职务。渔协理事会执行经营管理委员会的决定和请求。经营管理委员人数要求 5 人以上，其中，组合理事超过 3 人，且成员的 3/4 以上应为正式成员。

渔协下设总务部、指导部、金融部、共济部、供销部、制冰冷藏冷冻部、加工部和营业支所等内部机构。截至 2019 年，888 个渔协共有员工 1.1 万人，社均 12.4 人。其中，员工不足 5 人的渔协占渔协总数的 52.1%，员工超过 100 人的渔协仅占渔协总数的 1.5%。另外，部分成员较多的渔协根据实际情况还设立了产业分会以加强渔协成员之间的凝聚力和提升经营能力。

第四节　森林组合

森林组合（Forestry Coops）是依据《森林组合法》（1978 年法律第 36 号）规定，由森林所有人、森林生产组合或住所在森林组合所辖地区的林业经营或从业人员成立的合作经济组织。与农协和渔协不同，森林组合不是纯粹合作经济组织，在提升森林所有人的经济和社会地位的同时，还承担着重要的自然环境保护等公益性功能。

一、森林组合的发展历程

森林组合形成于 19 世纪初。明治维新之后，随着西方林业经营思想的传入，合作化运动在日本蓬勃发展，各地相继出现了以保护森林资源、防止森林火灾为目的的合作组织。1907 年，日本修订《森林法》，在第 5 章列入了"森林组合"，并将森林组合按功能划分为造林组合、森林作业组合、土木工程组合和森林保护组合 4 种类型，由政府提供补助支持发展。1951 年，日本再次修订《森林法》，明确了森林组合作为合作经济组织的属性，并追加了实行加入退出自由，一人一票民主管理等原则。同时，该法明确了"森林组合联合会"的法律地位，构建了基层森林组合—都道府县森林组合联合会（简称"县森联")—全国森林组合联合会（简称"全森联"）的三级组织构建。20 世纪60 年代，虽然森林组合和成员数量快速增加，但组织零散、规模效益低下等问题日益突出。1963 年，日本颁布《森林组合合并助成法》（1963 年法律第56 号），通过财政补贴推动跨行政区域的森林组合合并，提高单社经营规模。1978 年，日本在充分研究和借鉴欧洲林业发达国家经验的基础上，颁布《森林组合法》（1978 年法律第 36 号）。该法共分 6 章 123 条，对森林组合及森林组合联合会的设立目的、性质、职能、业务范围和治理机制等做了详细的规定，标志着日本森林组合制度的成熟，对日本林业发展产生了深远影响。

二、森林组合的组织体系

日本森林组合体系和农协基本一致，分为三级。基层森林组合建立在市町村行政区域之内，部分跨区域的森林组合由上级行政部门管理。据《森林组合法》第 27 条规定，森林组合成员，一是森林所有人（或从事林业经营的人员）。二是生产森林组合或者其他拥有林权的法人。三是生产森林组合或者其他拥有林权的法人的主要成员或者出资人。四是森林组合所辖地区内的其他组合，或者使用森林组合服务的人员。五是该组合服务或物资供给、使用的相关自然人或法人。另外，其他不拥有森林，但居住在森林组合所辖地区或者即便在森林组合所辖地区没有住所，但使用组合服务的自然人和法人可以成为准成员。截至 2018 年，日本共有 617 个森林组合，成员数量 150.3 万人，其中，正式成员 144.5 万人、准成员 5.8 万人。另外，按照居住地划分，住所在森林组合所辖地区之内的正式成员和准成员分别为 129.6 万人和 4.8 万人，分别占正式成员和准成员数量的 89.7％和 81.0％。

日本 47 个都道府县除东京和大阪全境合并为一个森林组合之外，另外 45个道府县都设立了县森联为成员提供技术培训、资金和信息服务。县森联由辖区内的基层森林组合或者联合会出资成立，非森林组合的农协等其他产业组合可以成为准成员，但没有表决权。

全森联由 45 个县森联和东京、大阪森林组合共 47 个成员于 1947 年出资成立，向成员提供技术推广和供销服务，出资金额 15.6 亿日元，有员工 62人，其中干部 19 人。2020 年代理销售原木、建筑用木材等 18.1 亿日元，统一购买林业机械、资材、肥料、药剂和生活物资等 11.3 亿日元。

截至 2018 年，日本 617 个森林组合涉及森林面积 1 055 万公顷，占民有林面积的 66%，出资金额 54.3 亿日元。平均每个森林组合有成员 2 436 人、森林面积 17 105 公顷、出资金额 8 800 万日元。

三、森林组合的主要业务

依据《森林组合法》第 9 条第 1 款和第 2 款规定，森林组合可以开展以下业务：森林经营相关业务指导、技术推广；托管成员森林开展相关作业和经营活动；接受成员林地信托；开展鸟兽、病虫害防治等森林保护业务；提供成员林业经营和生活必需的贷款；生产和生活物资供应；成员生产的林产品搬运、加工、仓储和销售；成员生产的绿化苗木的采收、搬运、加工、报关和销售；成员林业经营活动所需的种苗采收、修建林道或生活共同使用设施；促进森林经营合作和提升林业劳动力的活动；成员开展林业活动所需土地的流转、租赁和置换；增进成员森林的公益保健能力；增进成员森林的环境教育能力；开展林产品和林副产品加工；为成员制定营林规划；开展林业经营有关的合作保险业务；开展成员林业劳动有关的安全和卫生活动；提升成员福祉业务；提升成员技术和增进知识的培训和信息供给业务；签订有利于改善成员经济地位的团体协议。另外，《森林组合法》对相关业务开展也有一定的限制，例如：开展信托业务的森林组合必须要求成员出资。森林组合修建的林道无正当理由不能排除非成员使用。非成员的森林组合服务使用金额不得超过成员使用金额等。2018 年，日本 617 个森林组合总销售额 2 417.9 亿日元，总成本 1 855.1 亿日元，总收入 562.9 亿日元，其中社均收入 0.9 亿日元。目前，日本森林组合的主要业务情况如下：

指导业务。森林组合对成员的林业生产经营活动进行指导，开展业务培训、技术推广。全森联负责培养森林组合监查士[①]，组织培训、考试，并对县森联运营情况进行监管。

购买业务。森林组合组织购买苗木、肥料、药剂和林业机械设备，通过规模经济降低购买成本。目前，苗木统购是森林组合的主要业务，2018 年 546

---

① 森林组合监查士是根据《森林组合法》第 102 条第 3 款规定，由森林组合联合会对成员森林组合开展业务检查和会计检查的专业监查人员。参试人员必须具备会计学、法学、合作经济学和监查学等相关学科的理论和实践知识。

个森林组合开展此项业务，共购买约 2 992.8 万株苗木，交易金额达到 36.5 亿日元。全森联开设了网络平台，根据购买数量制定了不同价格，成员通过森林组合团购比例逐年增加。

销售业务。森林组合销售自产或者代售成员生产的立木、原木、林副产品、绿化苗木和住宅等。20 世纪 80 年代以来，受到日元升值的影响，大量低价进口木材冲击日本市场，部分县森联建立了木材批发市场帮助成员销售木材。另外，还有部分森林组合和县森联与大宗木材用户采取定单交易方式，稳定了日本国产木材生产。2018 年，日本森林组合原木生产量为 344.8 万米³，较 2002 年增长了 37.9%，销售额达到 381.5 亿日元。

林产加工。部分具有条件的森林组合设有板材加工厂，可将自产或成员的原木加工成建筑、家具、包装或土木建筑用材和各种规格的木片。2018 年，253 个森林组合销售加工产品 336.3 亿日元，其中有 40.3 亿日元通过各级森联销售，受成员委托加工收取手续费 4.8 亿日元。

林木抚育。森林组合承接成员或地方、国家委托的苗木培育、植苗造林、幼林抚育、抚育间伐、复合林培育、天然林管护、林道建设与维护等林木抚育业务。由于日本重视森林所具有的公益功能，对林木抚育给予一定比例的补助，通常中央财政 50%、地方财政 20%、林权所有人自负 30%。森林组合完成作业后，向地方林业部门提出费用支付申请，地方林政部门现场检查验收，合格后发放相关补贴。2018 年，485 个森林组合承接各类主体委托新植林木1.7 万公顷，604 个森林组合承接各类主体委托的抚育森林面积 15.7 万公顷。

其他业务。林地转用、转租、交换业务，代理发放政策性贷款及补贴申请、债务担保、林地信托和设施共同使用等。

四、森林组合的治理机制

森林组合按照合作经济组织原则运营，治理机制与农协基本一致。森林组合最高权力机构是成员（代表）大会，成员超过 200 人的组合可以设立成员代表大会，但成员最多只能代理 5 人。业务管理和执行机构由理事会和监事会组成。理事最少 5 人，监事最少 2 人，原则上通过成员（代表）大会的正式会员投票选举产生，也可以根据章程规定的方式选举。理事原则上应是正式会员，为了让有经营管理能力的人才进入森林组合管理层，也允许吸收部分非正式会员担任理事，但不得超过理事人数的 2/5。森林组合必须成立理事会，可设立组合长、专职理事、兼职理事和监事，部分森林组合还设有参事。组合长从理事会中选举产生，其他的专职理事由理事会选举或者由组合长任命。在组合的业务经营管理上，组合长执行理事会的决议，并接受监事会的监督。截至 2018 年，日本 429 个森林组合共有专职理事 497 人、兼职理事 6 544 人、监事 1 773 人，合计 8 814 人。

森林组合的资金是由成员出资、服务费和附加费组成。《森林组合法》规定，成员必须根据成员（代表）大会确定的标准，至少向森林组合缴纳一股以上出资，并可在年终获得出资返还。服务费是由成员根据成员（代表）大会总会决定的比例，在成员使用森林组合服务、销售或购买生产生活物资时征收的费用。附加费是在组合进行如技术服务等不产生经济收益的活动时，向成员均摊的成本费用。森林组合会计核算标准由政府统一规定。经营利润在扣除公积金后，按照出资比例和惠顾额（量）比例分配，出资返还比例不能超过 8%。2018 年 85 个森林组合按出资返还 3.2 亿日元，30 个森林组合按惠顾额返还 1.2 亿日元。

森林组合雇有专职员工和临时员工，人数根据组合规模和业务有所区别，2018 年专职员工共 6 777 名，社均 11.1 人。员工大部分是森林组合成员亲属，在组合长的领导下完成日常的经营管理工作。森林组合根据业务内容设有总务部、业务部等，并在业务部下设销售、指导、加工等不同部门。森林组合通常下设技术队伍，由拥有土木建筑师执照、产业废弃物处理执照等资格的员工承担修建林道等作业工作。

第十章 CHAPTER 10
日本农村金融体系 ▶▶▶

　　日本是世界上较早建立农村金融体系的国家之一。明治维新之后，日本从德国引入农村金融制度，目前已有上百年历史，对推进日本农业农村现代化产生了深远影响。日本农村金融体系由合作性金融、政策性金融和商业性金融三大体系组成，其中合作性金融体系发展历史悠久，为农业经营主体提供短期、小额资金支持，目前已经形成遍布乡村的组织网络和健全的管理体制。政策性金融体系由政府出资建立，主要提供机械设备购置、农地购买平整等大额中长期资金。商业性金融体系的机构种类繁多，但专营农村金融的机构和涉农贷款金额较少。这些金融体系互为补充，形成了以合作金融和政策性金融为主体、商业性金融为辅的东亚农村金融模式，共同推动了日本农业农村发展。本章首先阐述日本农村金融体系的发展历程，其次分别介绍合作性金融体系、政策性金融体系和商业性金融体系的特点和业务内容，最后介绍农村金融保障和监管制度的概况和相关运行机制。

第一节　农村金融体系的发展历程

　　16 世纪，日本村落出现了具有合作性金融特点的"赖母子会"，组织村民共同出资为本村村民提供短期资金帮助。1838 年大原幽学设立"先祖株组合"，1843 年二宫尊德设立"报德社"，这两个组织是封建社会后期农民从自身情况出发，并基于自助精神共同创建的小规模合作经济组织的尝试。这个时期，自给自足的小农经济受到商品经济冲击，对于消费金融的需求逐渐增加，农村地区以农地和农产品为担保，开展高利贷活动的商人和放贷人有所增加。

　　明治维新之后，日本参考德国经验，加快构建近代农村金融制度，19 世末，先后颁布了《日本银行条例》（1882）、《兑换银行券发行条例》（1885）、《货币法公布金本位制》（1897）等法律法规。1897 年成立劝业银行，通过地方政府向资金不足的农民提供政策性贷款。1898 年成立农工银行，并在全国建立了 46 个分行，为农民提供长期低息贷款和定期存款服务。

1900 年，日本颁布《产业组合法》，允许设立信贷组合，为成员提供存款和贷款服务。1906 年，修订后的《产业组合法》允许信贷组合兼营供销业务，满足了不具备充分信用成员的资金需求，奠定了综合性合作经济组织的发展基础。1909 年，日本再次修订《产业组合法》，允许设置信用组合联合会及产业组合中央会。1923 年，日本颁布《产业组合中央金库法》，以政府出资 50％和免除 15 年分红的扶持方式，支持各地产业组合和联合会共同组建中央金库，开展协调全国合作金融机构的资金供给平衡和剩余资金运营等业务。至此，"基层产业组合＋县信用产业组合联合会＋全国中央金库"的三级合作性金融体系基本成型。1943 年，处于战争状态的日本将产业组合中央金库改组为农林中央金库。

二战之后，日本基于市场机制推进农村民主改革。1947 年，日本颁布《农业协同组合法》允许农协开展存款和贷款等金融业务。1950 年，政府出资 20 亿日元，成员增资 4 亿日元，扩大了农林债券发行范围，显著提升了农林中央金库经营实力。同时，日本政府开始着手提升政策性金融的为农服务能力，1953 年成立农林渔业金融公库①为农业产业发展提供中长期低息资金，并在农林中央金库等融资困难时作为必要补充。1955 年，日本颁布《自耕农维持资金融通法》（1955 年法律第 165 号），提供了维持自耕地和防止自耕地零碎化所需资金的融资。1956 年，日本颁布《农业改良资金法》（1956 年法律第 102 号），提供无息贷款帮助农民引入新品种新技术。通过一系列制度构建，日本建成了以合作性金融为主体、政策性金融为辅、商业性金融为补充的现代农村金融体系。

20 世纪 70 年代，随着日本经济快速发展，合作性金融的存款和贷款出现双增加，生活等非农资金需求超过农业资金需求，合作金融资金逐渐集中在满足短期流动性资金和修建农舍、购置农机具等简易设备资金需求方面。农业现代化资金、畜产特别资金等政策性资金则侧重对合作性金融融资的利息补贴和

---

① 公库是指由政府出资成立的金融机构。

222

对农户提供修建农田水利基本设施、购置大型农机具等的低息或无息贷款。20世纪80年代，随着金融市场化加深，为商业性金融进入农村创造了良好机会，日本农村金融机构之间的竞争日趋激化，合作性金融的运营风险加大、套利空间缩小、呆账准备金增加，导致信贷业务出现结构性收缩。

20世纪90年代，随着GATT多哈回合谈判推进，金融市场的国际一体化进程加快。1998年，日本颁布了《金融系统改革法》（1998年法律第107号），加快推进国内金融体系与国际金融体系接轨步伐。2000年10月，日本第22届JA全国大会提出，为提高农协金融系统的竞争力和风控能力，组建JA银行。2002年，由基层农协、信农联和农林中央金库共同出资成立JA银行，为成员提供高质量的金融服务和策划开发基础金融商品。在完善政策性金融体系方面，2007年日本颁布了《株式会社日本政策金融公库法》（2007年法律第57号），将原国民生活金融公库、农林渔业金融公库、中小企业金融公库和国际协力银行的金融业务合并为政策金融公库，并采取完善融资条件、促进融资渠道的多元化、缩短审查时间等措施提升为农服务效率。另外，商业性金融机构加快进入农村市场，以设施、农产品预期收入等作为担保面向种植、养殖大户开展放贷业务，农村金融系统出现多元化发展趋势。如表10-1所示，目前日本农村金融体系形成了合作性金融提供中短期生产生活所需资金支持、政策性金融作为补充提供中长期低息或无息涉农资金、商业性金融服务规模农户的发展格局。

表10-1　日本主要农村金融机构特点

科目	合作性金融	政策性金融	商业性金融
主体	农林中央金库、信农联、信渔联、农协、渔协等合作经济组织	政策金融公库	商业银行、信用公库等
服务对象	农业经营主体、农村居民	农业经营主体和农村金融机构	大规模农业经营主体
金融工具	短期贷款	中长期政策性贷款、政策性补贴	贷款
资金来源	成员存款、债券发行、股权集资、借款	政府预算、政府担保债券、央行等同业借款	居民存款
营利性	非营利	非营利	营利
风险防范	存款保险、担保再保险	担保、担保再保险、政府托底	规模控制、担保、抵押管理、存款保存、担保再保险
监管	农林水产省和金融厅双重监管	金融厅监管	金融厅监管

资料来源：温信详，2011. 日本农村金融及其启示［M］. 北京：经济科学出版社. 有补充完善。

如表 10－2 所示，截至 2018 年，日本三大农村金融体系的贷款余额为 6 103 857 亿日元，其中向农林渔产业的贷款余额为 65 304 亿日元，占全国贷款余额的 1.1%。其中，合作性金融向农林渔产业的贷款余额 24 735 亿日元，占农林渔产业贷款余额的 37.9%；政策性金融向农林渔产业的贷款余额为 28 886 亿日元，占 44.2%；商业性金融向农林渔产业的贷款余额为 11 683 亿日元，占 17.9%。然而，合作性金融不但支持农林渔产业项目，还向农民提供生活和流通环节的资金支持，贷款几乎都用于服务农业农村发展，因此合作性金融贷款余额达到了 404 562 亿日元，是政策性金融贷款余额的约 8 倍。

表 10－2　日本各类农村金融机构的贷款余额（2018）

单位：亿日元

科目	贷款余额	农林水产业贷款余额			
		小计	农业	林业	渔业
合计（A＋C＋C）	6 103 857	65 304	56 636	98	8 570
合作性金融（A）	404 562	24 735	20 361	98	4 276
农林中央金库	106 600	5 254	4 473	98	683
信用农协联合会	74 426	4 162	4 162	—	—
信用渔业联合会	4 626	2 718	—	—	2 718
农协	217 492	11 725	11 725	—	—
渔协	1 418	874	—	—	874
政策性金融（B）	52 033	28 886	27 254		1 632
日本政策金融公库	29 458	25 501	24 528		973
冲绳振兴开发金融公库	8 491	195	173		22
其他	46 084	3 190	2 553		637
商业性金融（C）	5 647 262	11 683	9 021		2 662
商业银行	4 897 471	9 497	7 379		2 118
信用金库	709 634	1 842	1 298		544
其他	40 357	344	344		0

注："—"表示没有数据；政策性金融和商业性金融将农业和林业贷款合并为"农业"计算。

资料来源：農林中央金庫. 農林漁業金融統計 2020 年版［DS］. 東京：農林中央金庫，2020.

農林水産省. ポケット農林水産統計—令和元年版［DS］. 東京：農林統計協会，2020.

第二节　合作性金融体系

合作性金融体系适合东亚小农经济的传统型农村社会，对农业农村发展发挥着重要作用，并且相继在日本、韩国等地区的实践中获得了成功。目前，日本合作金融体系主要由农协系统和渔协系统构成，并在全国层面共同组建了农林中央金库。2002 年，日本各类合作金融机构共同出资成立了 JA 银行，制定了全国统一的金融商品，致力于信贷系统的一体化发展。截至 2020 年，农协存款余额 1 077 741.9 亿日元，贷款余额 222 345.2 亿日元；渔协存款余额 7 659.5 亿日元，贷款余额 1 321.5 亿日元。

一、农协合作性金融体系特征

日本农协依据《农业协同组合法》第 10 条规定开展吸收农村存款和农村信贷业务，是农协参与农业生产和经营活动的重要方式。农协合作性金融体系具有以下明显的特征[①]：

（一）参与农户生产生活过程

农协合作性金融体系一方面表现为在资金上促进成员的各类农业生产活动发展，另一方面，各种合作经济活动的结果最终表现为成员收入增加和农协存款金额增加。合作金融就是农协以资金的方式参与整个农业生产和农村生活循环的一个过程。

（二）具有封闭性特征

农协金融服务活动是封闭性的，只面对农协成员。虽然随着农村社会变化，也允许非成员使用农协的融资服务，但要求不得超过农协营业额的 20%。

（三）具有社区性特征

农协金融业务的服务对象是农协成员，但农协要求成员必须是在其所辖区内拥有住所或开展主要经济活动的自然人，因此农协金融业务的服务对象也就具有了区域性特征。这一规定主要是为了防止农业资金外流，保障农民资金能够留在农村。另外，农协通过供销等业务掌握成员家庭的生产生活情况、家庭成员情况和资产情况，可以规避融资风险，也有利于开展有针对性的融资活动。

（四）成员家庭存款比重大

农协存款和贷款总额中来自农户家庭的比重较高，构成了农协金融活动的

① 章政，1998. 现代日本农协 [M]. 北京：中国农业出版社 . 本节引用部分该文内容。

基本特色。由于农业生产的不稳定性，导致农业收入具有较大波动，农户家庭能够用于担保的资源相对不足，这也决定了农村金融活动存在着较大的风险，致使商业性金融机构有意回避农村信贷活动。然而，农协为农户提供从生产到生活、从种子供应到产品销售的全方位服务，了解农户家庭经济情况，征信成本低、贷款风险低。

（五）中长期性信用所占的比重较大

2020 年，基层农协存款中定期存款总额为 64.9 万亿日元，占储蓄总额的 62.5％，远远高于商业性金融机构，这表明农协资金在运用方面具有较高的稳定性，有利于农协制定中长期资金使用规划。当然，由于长期存款比重较大，资金运用成本相对较高，对根据市场条件变化灵活调整利率提出了较大挑战。

（六）存贷比率低和资金过剩问题较为突出

2020 年，基层农协存款 105.5 万亿日元，贷款仅有 21.1％，存贷比为 20.0％；信联存款 77.3 万亿日元，贷款 6.3 万亿日元，存贷比为 8.2％。可见在农协信用结构中存在存贷比较低、资金过剩较为严重的问题。然而，需要说明的是，基层农协和信联资金过剩并不等于资金限制，两者通过"再存款"的方式将过剩资金存入农林中央金库，委托其开展资金运营，就解决了基层农协信息收集能力弱、人才不足等问题。

二、农协合作性金融的主要业务

日本合作金融业务范围由《农业协同组合法》《渔业系统组合法》等法律法规详细规定，主要有存款、贷款、结算业务以及资金运用业务等，以下以农协合作性金融体系为例进行说明。从形式上看，农协金融业务类型与一般商业银行业务非常相似，但具体业务内容和处理方式上又与商业银行存在一定的差别。农协的存款业务不仅是为了吸收成员农户存款，更主要的是通过农协的金融服务活动，把农户的生产和生活活动有机地结合起来，将其全面地纳入农协整体合作体系之中。

（一）存款业务

农协金融业务的基础是广泛吸收农村存款，存款有以下几种：

1. 活期存款

存款和提款自由，存取款金额也无限制。普通存款每年 6 月和 12 月计息，存款利率按当时的市场公定利率为标准，2021 年存款利率为 0.001%。《农协利率计算要领》规定，支付普通存款利息的最低存款额为 1 000 日元。截至 2018 年，日本 639 个综合农协共设立 3 818 个分店，设置 11 165 台 ATM 机，平均每个基层农协有 5.97 个分店和 17.47 台 ATM 机。

2. 定期存款

吸收农村定期存款是农协的一项重要工作，截至 2018 年共吸纳定期存款 67.6 万亿日元，平均每个基层农协定期存款金额为 1 057.9 亿日元，占农协存款总额的 65.5%。定期存款种类有 1 个月到 10 年等多个档位可供选择，利率按存入时点的市场利率计算，一般以约定利率为标准计算，且与存款期间内的利率变动不连动。2021 年日本 1~3 年期定期存款利率为 0.002%。

3. 结算存款

结算存款多用于农户在生产活动方面的账务结算和处理，包括农产品销售收入的入账，支付各种农业生产资料购置费用等。结算方式为异地汇兑、支票转账等。日本农协成员的农产品销售采取完全委托农协代销的方式，在销完后，贷款首先被转入成员账户。农协从中扣除农户未付款和均摊的各种费用，剩下贷款则为农户的实际收入。农协与农户之间的经济往来实际上是通过"结算存款账户"进行。结算账户中的存款一般不计息。为了明确各种经济往来之间的关系，日本规定农协每年必须向成员汇报每个季度的账户变动情况。当结算账户余额不足或出现农户对农协负债时，对负债部分计息，并由农户承担相关费用。

4. 专项存款

专项存款是用于应付各种特殊需要的农户资金储备，如子女的教育存款、医疗专项存款、住宅购置存款等，是农协在帮助农民开展生活规划，引导农民有计划理财的一种方式。专项存款采取 1 年复利的计息方式。

5. 综合存款

综合存款又称综合存款账户，它是集普通存款、定期存款、结算存款、专项存款等账户功能为一体的多功能存款账户。开设这种账户的目的是为了方便使用者，防止发生结算余额不足等问题，同时也是为了简化农协金融业务手续，提高农协金融管理工作效率。目前，在农户经营活动中实际上是综合账户与上述各种账户并存、同时使用。

（二）贷款业务

农协贷款业务是基于存款业务的吸储金额，促进农户增收，最终增加农协存款的市场行为，因此，农协的存贷业务相辅相成，紧密联系。目前，农协金融业务已经成为重要的营收部门，是维持农协组织运营的重要手段。根据日本农林中央金库调研结果显示，1950—1975 年，农协贷款每年以 20% 的速度递增，1970 年农业贷款占农协贷款总额的 47%。进入 20 世纪 80 年代，由于日本国内外经济环境变化，农林渔业资金需求逐年减少。1975—2019 年，农协贷款规模减少，2019 年的农林渔业贷款总额为 20 961 亿日元，仅占农协系统贷款总额的 4.3%；而各种生活和住宅性贷款比重明显增大，占到农协信贷总量的一半以上。目前，日本农协贷款种类主要有票证贷款、结算贷款和抵押贷款。

1. 票证贷款

票证贷款是指不直接用现金支付的各种农协信贷业务，有支票、期票和汇票等。在农协票证性贷款中，较少采用支票和期票贷款，而汇票使用比率较高。票证性贷款多用于各种短期资金需求。

2. 结算贷款

结算贷款是指农民在购买农业机械、肥料、农药和饲料等农业生产资料时，在收到物品之后还没有来得及付款转账，因而在账户上出现的一种挂户现象。结算性的未付款，从性质上来看可理解为农协向成员提供的一种短期信贷，所以也称之为"结算贷款"。在农协金融业务中结算贷款占比很高。

3. 抵押贷款

抵押贷款又称为担保性贷款，是通过借贷人承诺以动产或不动产作为担保条件而提供的农协信贷。抵押贷款时间一般较长，返还方法多样，可以采用分期还款方式。农协的贷款商品可分为三类。

（1）代为发放和代办政策性贷款。主要有政策性金融机构的金融商品，如强化农业经营基础资金（超级 L 资金）、培育农业经营主体资金、农业改良资金和新农人务农资金等。农协代办手续，协助征信，并收取一定金额的代办费。

（2）农业现代化资金。该资金是在 1961 年颁布的《农业现代化资金助成法》基础上制定的金融商品，由各级政府对农协融资、提供利息补贴和信用担保，是农户以低息获得中长期融资的多元化金融商品组合，包括农业设施设备的购买和修缮、农牧业用地的购买和改良、牲畜和种苗的购买培育、农村基础设施的新建与改善等，几乎涵盖了所有与农业生产相关的领域。农业现代化资金的最高利率仅为 0.2％，如果是认定农业者可降至 0.16％～0.18％，且贷款额度与融资率较高。规模农户可以申请到所需资金的 80％或限额中金额较低的一项，即最高可贷 1 800 万日元，认定农业者可申请到所需资金的 100％或限度额两者中较低的一项，最高可贷 2 亿日元。此外，农业现代化资金的贷款期间较长，最多可达到 20 年，且大部分农业贷款都配套有贷款期间 1/3 甚至更长的贷款利息减免期间，能够让农户在贷款初期专注于农业的生产经营。但与农业政策性金融商品相比，农业现代化资金贷款期短，资金规模小。20 世纪 80 年代，农业现代化资金融资余额达到历史最高纪录的 13 293.6 万日元，利息补贴达到 3 042.9 万日元，随着农业经营规模萎缩，2017 年融资余额下降到了 1 657.3 万日元，利息补贴也减少到了592.6 万日元（表 10 - 3）。

表 10 - 3　日本农业现代化资金和渔业现代化资金的融资余额和利息补贴金额变化

单位：万日元

年份	农业现代化资金		渔业现代化资金	
	融资余额	利息补贴金额	融资余额	利息补贴金额
1970	4 120.4	1 351.8	—	—
1980	13 293.6	3 042.9	—	—
1990	—	2 701.7		
2000	6 145.4	962.0		
2010	2 145.4	355.1	883.8	247.5
2015	1 580.5	413.9	1 046.2	349.9
2016	1 512.2	479.4	1 120.7	349.9
2017	1 657.3	592.6	1 209.1	409.5

资料来源：農林水産省 . ポケット農林水産統計—令和元年版［DS］. 東京：農林統計協会，2020.

另外，日本还设立了渔业现代化资金支持渔民更换渔具渔船等，2017 年融资余额 1 209.1 万日元，利息补贴金额 409.5 万日元。

（3）农协开发的金融商品。农协贷款是农协以自有资金开展的贷款活动，

表10-4 日本基层农协主要金融商品一览表

名称	贷款对象	贷款用途	贷款额度	贷款期间	还贷方式	担保方式
农协农机大棚资金	自然人。18岁以上，有稳定收入（满期时不足80岁）；法人等。上年度决算无亏损的法人、团体	农机具购买、修理资金，大棚资材、建筑费用、偿还其他金融机构的农机具贷款	10万~3600万日元（实际适用范围之内）	1~15年（偿还其他金融机构的农机具贷款必须在还款剩余期内）	按月平均偿还本金；按年平均偿还1次或2次本金；按年平均偿还1次本金和利息	基金协会担保
营农资金	收入稳定，20~79岁	农业生产所需营农资金	300万日元以内	1年（自动更新，但79岁之后自动终止）	账户自动还款	基金协会担保
援助经营者贷款	自然人。收入稳定，20~79岁。上年度决算无亏损的法人	自然人。和农业生产直接有关的周转资金；法人。农业经营相关的周转资金	1000万日元之内	1年（自动更新，但79岁之后自动终止）	账户自动还款	基金协会担保（超过500万元不需要抵押）
超级农业资金	自然人。收入稳定，20~79岁。上年度决算无亏损的法人、团体	自然人。和农业生产直接有关的周转资金；法人。农业经营相关的周转资金	实际到账的补贴和销售金额之内	1年之内	账户自动还款	基金协会担保
农业发展贷款	自然人。收入稳定，18岁以上（满期时不足80岁）；法人。上年度决算无亏损的法人、团体	用于农业生产、农产品加工需要的设备购置、流动资金；获得可循环资源的设备购置等资金	10万~3600万日元。其中，贷款人为农业企业的，贷款10万~7200万日元；购置可循环资源设备的，贷款额度限于5000万日元之内	20年以内	按月平均偿还本金；按年平均偿还1次或2次本金；按月偿还本金和利息；按年平均偿还1次本金和利息	基金协会担保（必要时需要担保）
农业经营资金	收入稳定，20岁以上（满期时不足71岁）	成员合作项目所需要的设备购置、流动资金	10万~1000万日元（流转资金500万日元之内）	1~10年（流转资金1~5年）	按月平均偿还本金；按月偿还本金和利息	基金协会担保（原则上不需要质押）

注：农业信用基金协会。
资料来源：曹斌、郭芸芸．日本综合农协在落实"口粮绝对安全"政策中发挥的作用[J]．现代日本经济，2019（6）：68-79．

根据资金来源又可分为 JA 银行金融产品（要纲资金）和基层农协金融产品（普通资金）。前者是由 JA 银行打造的农协统一金融商品，有住房贷款、租房贷款、教育贷款、购车贷款和信用卡贷款等，有全国统一的贷款金额、贷款利息和贷款期间等融资条件、审查程序和表格样式，使用方便。后者则是各地基层农协或信联根据自身实际情况设计的金融商品，其中涉农金融商品类型较为丰富（表 10-4）。

（三）结算业务

农协的结算业务与存款、贷款业务构成了农协合作金融的三大主要业务活动。农协结算业务相对资金流动较强、风险高，因此，日本对农协开展结算业务有一定的法律约束。1953 年修改后的《农业协同组合法》首次允许农协开展结算业务，但要求开展此业务的基层农协存款总额必须超过 10 亿日元，并规定农协的结算业务范围仅限定国内，禁止开展国际结算业务。1982 年之后，日本数次修订《农业协同组合法》，缓和了对农协结算业务的管制，目前，农协的结算业务主要有普通汇兑、电信汇兑、支票转账和托收承付等。

（四）资金运用业务

依据《农业协同组合法》规定，农协结余资金不得用于股票、企业债券、有价证券等非农投资活动，并要求对非农协成员信贷规模不能超过农协营业额的 20%，但农协可以从事各种国债、地方债等投资。2019 年，农林中央金库的有价证券投资总额为 60.5 万亿日元，占到总存款的 60.1%。今后，随着日本农业生产条件变化，农协资金运用范围将会逐渐扩大，但农业资金运用比重仍将进一步降低。

三、农协合作性金融组织体系

农协的合作性金融体系分为三级，即基层农协、都道府县信用农业协同组合联合会（简称"信联"）和农林中央金库，各级业务情况开展情况见图 10-1。

2020 年，日本 649 个基层农协存款余额为 105.5 万亿日元，平均每个基

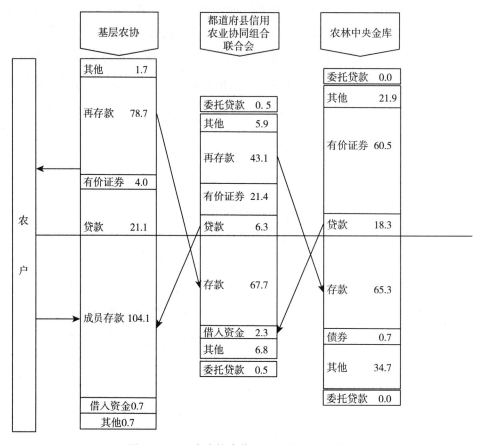

图 10-1 日本农协合作金融业务的基本结构

注：金额为 2020 年 3 月 31 日统计结果，单位为万亿日元。

资料来源：農林中央金庫. 農林漁業金融統計［M］. 東京：農林中央金庫，2020.

层农协存款余额 1 625.6 亿日元。基层农协贷款余额为 21.1 万亿日元，约占
基层农协存款余额的 20.0%；剩下约 74.6% 的存款由各基层农协以"再存入"
的方式存入信联账户，3.8% 的存款由基层农协投资到国债、地方债、公司债
券和股票市场。

信联是农协资金运用的第二级组织，其主要功能是帮助县内各基层农协进
行资金管理，组织都道府县范围内农业资金的调剂和使用。2020 年，信联的
资金规模为 77.3 万亿日元，资金来源有 3 处：一是接受来自基层农协的再存
款，即基层农协将自己吸收的部分存款委托信联进行资金运用，但在会计处理
上由于是以存款方式记入信联账户，因此可理解为是基层农协将吸收的存款进
行的一次"再存款"，金额为 67.7 万亿日元，占信联资金规模的 87.6%。二

是从农林中央金库贷款，金额为 2.3 万亿日元，占金额的 3.0％。三是承接政策性金融机构委托的专项政策性资金贷款，金额为 0.5 万亿日元。信联支出途径为：一是向农林中央金库再存款，金额为 43.1 亿日元，占总支出的55.8％。二是购买有价证券 21.4 万亿日元，占支出额的 27.7％。三是向农业生产融资，金额为 6.3 万亿日元。四是发放政策银行专项贷款 0.5 万亿日元。五是其他农村贷款 5.9 万亿日元。信联与基层农协同样，在资金使用方面对其上级机构的依存程度比较大。

农协金融的全国最高机构是农林中央金库，其基本功能是进行全国范围内的农业资金的融通和调剂、开展农协系统内的资金管理、组织农协资金的合理使用。2020 年来自这两级组织再存款总额为 65.3 万亿日元，来源主要有：一是基层农协和信联的再存款。二是其他自筹资金，总额为 34.7 万亿日元。三是发行农林债券 0.7 万亿日元。其资金支出结构是：一是组织农业生产性贷款18.3 万亿日元。二是购买政府债券等 60.5 万亿日元。三是提供各种社会信贷等 21.9 万亿日元。

农协合作性金融体系的三级构造，分别承担的职能和作用有着明显的区别。基层农协的合作金融活动主要偏重于筹集资金，信联和农林中央金库主要侧重于资金运用。基层农协和信联两个层次上同时出现的较大规模的资金剩余现象，到了农林中央金库通过资产有效运用得到了解决。2002 年，日本农协等出资成立 JA 银行，成员有 585 个基层农协、32 个信联和农林中央金库，截至 2020 年店铺数量 7 670 个，占日本银行店铺总数的 14.2％，位居全国银行第 2 位；存款余额 104.1 万亿日元，占日本全国储蓄总额的 10.3％，位居日本第 3 位。

第三节　政策性金融体系

一、政策性金融机构

（一）地方的政策性金融机构

北海道东北开发金融公库是为了促进地广人稀的北海道地区和东北地区经济发展提供长期资金成立的政策性金融机构，1999 年与日本开发银行合并为日本政策投资银行。

地区振兴整备公团是以推动返乡创业和地方经济开发为目的的特别法人，前身是 1962 年成立的产碳地区振兴事业团，1972 年和 1974 年两次改组，以振兴矿区、工业地区资源再配置和地方城市经济开发为主要业务。2004 年解散，分别组建为独立行政法人都市再生机构和中小企业基盘整备机构。

冲绳振兴开发金融公库成立于 1972 年，是为促进冲绳县内经济发展成立的政策性金融机构，也是目前日本唯一存在的地区性的政策性金融机构。

（二）日本政策金融公库

二战之后，日本在不同领域设立了由政府财政资金、政府借款和政府担保债券为本金的各类金融公库，负责发放政策性贷款，如中小企业金融公库、国民金融公库、农林渔业金融公库和地方公营企业金融公库等。2008 年日本改革政策性金融体系，压缩业务范围，将大部分公库合并为日本政府独资的株式会社政策金融公库（Japan Finance Corporation，JFC），承担政策性资金的借贷等工作。JFC 虽然从机构和业务量来看只起到辅助作用，但是不但直接支持农业农村发展，而且通过支持合作性金融机构发展，保障了农村金融体系的平稳运行。政府不但在农村金融立法中起到主导作用，而且通过财务支持、政策支持、税收优惠等措施，实现了日本农村财政资金、金融资金和商业资金的有效运转。2019 财年①，JFC 注册资本 43 242 亿日元，储备基金 20 522 亿日元，在日本国内设置有 152 个分支机构，在海外有 2 个办事处，员工人数为 7 364 人。

JFC 不以营利为目的，但机构运营管理与一般金融机构在方法上相类似。其信贷资金来源：一是财政资金。《株式会社日本政策金融公库法》（2007 年法律第 57 号）对 JFC 的资本金有具体规定，每年变化不大，2020 财年为 1 922 亿日元，其中财务省持股 96.77%、经济产业省持股 2.80%、农林水产省 0.38%、厚生劳动省 0.05%。二是财政借款。财政借款是 JFC 的主要资金来源，但随着债券发行的增加，从 2008 财年起财政借款的金额呈下降趋势，同年财政借款为 3.9 万亿日元，2020 财年减少到 3.2 万亿日元。三是债券。2020 财年债券余额为 2 500 亿日元，是 2008 财年的 83.4%。

JFC 业务属于政府总体预算框架中的一部分，以上一年度预算为基数，乘

---

① 日本会计年度从 4 月 1 日至次年 3 月 31 日。

以一定的比例形成，与上年预算实际执行情况没有直接关系。因此，JFC贷款计划变动曲线呈平滑上升或下降，但预算总额中的各个组成部分因政策重点调整有增有减。目前，JFC贷款项目主要包括五大板块，分别为国民生活事业板块、中小企业事业板块、农林渔业板块、危机应对板块及特定商业领域增长板块。这五大板块分别针对不同的服务群体提供金融服务，并发挥强大的协同作用。2019财年，日本政策金融公库发放的各项贷款合计金额为170 433亿日元，其中，农林渔业板块贷款为31 961亿日元，占JFC贷款总额的18.8%。

二、政策性金融商品

（一）主要金融商品

JFC农林渔业板块的金融商品按照产业划分，含农业6项、林业3项、渔业1项、农林渔业通用项目7项，主要金融商品的贷款条件等如表10-5所示，其特点为：一是融资对象主要集中在认定农业者、青年农户等新型农业经营主体，具有明显的政策导向性。二是融资金额较高，大多数超过千万日元。三是融资期间长，平均12年，其中农业12.5年、林业18.6年、渔业12.2年、农产品流通业14.3年。四是年利率较低，普遍是无息或者低息贷款，只有部分超过1%。

JFC农林渔业版块较为重要的金融商品有：

1."强化农业经营基础资金"和"培育农业经营主体资金"

两种农业金融商品具有高度的用途指向一致性，都是针对农地、机械、设施、长期营运资金的使用而开发的农业政策性金融商品，用于补充其他金融机构涉农融资。前者的贷款额度较大，服务对象为认定农业者，后者最高额度只为前者的一半，但包含的适用主体范围更广泛，普通农户也可以申请。认定农业者或农业法人在申请和使用"强化农业经营基础资金"时，如果满足下列条件，贷款期限的前5年可享受特定农户免息优惠：一是在当地农业发展中起到引领作用的大户。二是主要的农业生产用地来自农地中间管理机构租借。三是积极扩大农业经营规模、提升农产品品质的新型农业经营主体。2018年强化农业经营基础资金贷款额为3 310.9亿日元，占农林渔业项目当年贷款发放总额的59.3%。

表10-5 日本政策金融公库农林渔业金融商品一览表

	金融商品	融资对象	融资额度	融资期间（免还本期间）	年利率
农业	强化农业经营基础资金	认定农业者	自然人3亿日元（特例6亿日元；法人10亿日元（特例20亿日元）	25年以内（10年以内）	0.16%～0.30%（特例免息）
	新农人务农资金	认定新规务农人员	3700万日元（特例1亿日元）	17年以内（5年以内）	免息
	农业改良资金	获得节能农户认证、《6次产业法》认证的农业经营主体	自然人：5000万日元；法人或团体：1.5亿日元	12年以内（3年、5年以内）	免息
	培育农业经营主体资金	农业经营主体、向金融机构提出改善经营现状的资金经营规划或经营规划认定的新农人和农业企业	负担80%，但自然人与法人1.5亿日元	25年以内（3年以内）	0.30%
	超级W资金	认定农业者为销售、加工农产品设立农业企业	项目经费的80%以内（特例项目可提升到90%）	设备资金：25年以内（5年以内）；其他相关项目：10年以内（3年以内）	0.30%
	促进改善畜产经营环境资金	基于建设高性能畜能养殖设施规划，或者基于市知事认定的畜牧业设施规划、都道府县知事认定生产组织和社团组织农协联合会、畜产合作生产组织和社团组织	负担金额80%（特例90%）或者自然人3500万日元；法人1.2亿日元（特例4亿日元）	20年以内（3年以内）	0.30%
林业	林业基础整治资金（造林资金）	林业经营主体、森林组合、森林组合联合会、农协	负担80%	55年以内（35年以内）	0.16%～0.30%
	森林整治活性化资金	林业经营主体、森林组合、森林组合联合会、农协	负担2/7	30年以内（20年以内）	0.16%～0.45%
	林业经营育成资金（获取林地、森林）	林业经营主体	负担金额的80%，或者各类融资项目中限额最低的	35年以内（25年以内）	0.30%～0.45%
渔业	改善渔业经营环境资金（经营改善）	渔业经营主体、自然人或法人、渔业生产组合、渔协、渔协联合会（仅限共同使用设施）、一般社团法人（仅限共同使用设施）	根据船舶种和融资用途不同，融资额有所差别	15年（3年以内）	0.30%、0.45%

（续）

金融商品	融资对象	融资额度	融资期间（免还本期间）	年利率
东日本大地震特保融资	除满足基本融资条件以外，需要提交受灾证明；重要融资对象受次超过一定金额等 认定农业者、新农人、林业经营改善规划认定者、渔业经营规划认定者；农林渔业经营收入占总收入超过 50%，或者农林渔业毛利润超过 200 万日元的自然人；农林渔业经营收入占总收入超过 50%，或者农林渔业毛利润超过 1 000 万日元的法人	各融资制度规定的融资额度之内（部分资金额度可以提高）	各融资制度规定的融资额度，度延长 3 年，最长 18 年	免息
农林渔业保障资金		600 万日元（特例年经营费用的 50%之内）	10 年以内（3 年以内）	0.16%~0.30%
资本贷款	经营新领域的自然人、农业企业	自有资本比例超过 40% 或者总额 1 亿日元两项之中最少的金额	18 年（8 年）	资本收益不足 0% 时 0.40%；0~10%时 2.65%；超过 10%时 4.90%
农林渔业通用　特色乡村振兴资金	农林渔业经营主体开展的特色乡村振兴项目	负担 80%以内	15 年以内（相关费用 10 年以内）（3 年以内）	
改善山村过疏地区经营环境资金	根据改善农林渔业经营现状规划、都道府县知事认定的农林渔业经营主体（自然人或法人），或者基于振兴农林渔业规划、都道府县知事认定的农协，森林组合和次产协等	自然人：1 300 万日元（特例 2 600 万日元）；法人 5 200 万日元（特例 0.6 亿~5 亿日元）	25 年以内（8 年以内）	0.30%~1.45%
农林渔业设施建设资金（共同设施、农商共建、6 次产业化）	农林渔业经营主体、农协、农协联合会、农业共济组合、农业共济组合联合会、土地改良区、土地改良区联合会和农业振兴法人等	负担 80%	20 年以内（3 年以内）	—
支持开拓国外市场资金	农林渔业经营主体为改善经营情况，振兴国内农林渔业、开拓国外市场，销售日本国产农产品	各融资制度规定的融资额度之内	各融资制度规定的融资期同之内	—

资料来源：政策金融公库．農林水産事業 [EB/OL]．(2021-01-01) [2021-03-10]．https：//www.jfc.go.jp/n/finance/search/index.html＃af.

2. "农业改良资金"和"新农人务农资金"

两种金融商品在用途指向性上都具有改善产业结构的特点，属于政策调控型金融商品。"农业改良资金"主要用于生产和流通环节的新品种新技术的开发与应用，贷款使用目的必须和《六次产业化法》《农林渔业节能燃料法规》等5部法规所规定的农业可持续性发展重点支持方向相符，旨在通过金融支持引导农户创新经营模式和提高农业科技水平。"青年等务农资金"主要用于满足新农人从事农业生产初期所需的土地改良、购置和租用机械设施等资金需求，旨在引导和培养中青年农业经营主体稳定开展农业生产经营活动，解决长期以来困扰日本农业发展的后继者短缺问题。该产品贷款期限最长17年，贷款金额最多1亿日元，且全部免息。

3. 援助性金融商品

为了解决农业生产中部分特殊领域的需求，政策资金设置了"家畜疾病经营维持资金""农林渔业保障资金""农业经营负担轻减支援资金"等金融商品，帮助农业生产经营主体减轻经营风险。此外，当自然灾害等特殊情况发生时，JFC和地方政府会在政策上开发应对灾害型的金融商品，通过对已经发放和正在审批中的贷款降低利息、延长偿还期限、加快办理速度等方式向受灾地区的农户提供援助，帮助农户和农业企业尽快地恢复生产。如"东日本大地震特别融资"限定贷款对象为2011年受灾的7县农业经营主体，贷款期限最长18年，部分利息可以获得2%的贴息。

（二）涉农金融商品的融资情况

如表10-6所示，1980—2018年的38年间，1990年JFC的融资金额达到最高纪录的5 291.3亿日元，之后逐年下降，2018年减少到3 122.9亿日元，是1990年的59.0%。从贷款结构来看，农业融资占融资总额的比重由1980年的73.6%减少到了2018年的62.2%，渔业融资由11.5%下降到了3.4%；随着社会整体对森林资源保护意识的提升，林业融资金额占融资总额的比重由1980年的13.6%上升到了2018年的20.6%。另外，随着日本积极推动一二三产业融合发展，对农产品加工流通领域的扶持力度加大，2000年之前，日本政策性金融只设有"水产业加工资金"，2000年增加了特殊农产品加工资金、改善食品流通资金和中山间地区振兴资金等金融商品，加工流通业的政策性融资金额增加，2018年为434.6亿日元，占总融资金额的 13.9%，是 1980 年的 31 倍。

表 10-6 日本政策性金融机构涉农金融商品的融资金额变化

单位：亿日元

金融产品名称	1980 年	1990 年	2000 年	2010 年	2017 年	2018 年
合计	3 881.1	5 291.3	3 969.8	2 632.0	2 945.8	3 122.9
农业	2 857.3	3 813.5	2 219.4	1 432.1	1 794.5	1 941.3
强化农业经营基础资金	—	—	—	663.6	1 154.6	1 296.9
农业改良资金	—	—	—	7.5	20.6	16.1
购置农地资金	—	—	255.4	31.1	3.3	2.2
农业基础整治资金	—	2 239.4	1 021.2	246.6	118.1	113.4
培育农业经营主体资金	—	—	—	84.2	67.2	68.7
农林渔设施建设资金	—	219.5	278.0	264.7	285.6	300.5
林业	527.6	931.9	1 010.2	757.5	658.3	642.3
林业基础整治资金	—	850.4	849.0	355.1	328.4	328.2
森林整治活性化资金	—	—	—	36.4	28.4	27.7
林业设施建设资金	—	20.7	34.5	17.2	69.2	69.6
林业稳定经营资金	—	—	—	342.4	228.1	213.1
渔业	446.2	496.8	144.4	63.3	97.3	104.8
改善渔业经营基础资金	—	—	—	30.4	59.2	68.2
重建渔业经营整备资金	—	—	47.5	0.9	—	—
渔业基础整治资金	—	37.5	17.2	6.4	0.9	2.0
渔业设施建设资金	—	39.0	20.3	9.1	11.7	12.9
渔船	71.7	76.9	38.5	5.6	9.2	7.7
稳定近海渔业经营基础资金	10.3	6.7	—	2.2	0.3	0.2
加工流通业	14.0	38.8	595.8	379.2	395.6	434.6
中间山地区振兴资金	—	—	128.4	55.8	76.8	92.6
促进特殊农产品加工业发展资金	—	—	180.6	139.6	136.4	137.9
促进水产品加工业发展资金	14.0	38.8	52.2	23.8	41.8	42.3
改善食物流通资金	—	—	173.5	110.3	115.0	131.0

注：2008 年之前数据为农林渔金融公库资料，之后为日本政策金融公库涉农业务版块资料。

资料来源：農林水産省.ポケット農林水産統計—令和元年版［DS］.東京：農林統計協会，2020.

三、政策性金融的融资渠道

JFC 的政策性资金通过委托合作金融机构或者与合作金融协作的方式，调动更多的金融资源服务农村实体经济发展。JFC 融资渠道有两条：一是直接贷款。2019 年为 3 509 亿日元，占贷款总额的 72.5%。但 JFC 缺乏基层网点和精准的征信能力，大多是委托农协系统或者信用金库等代办手续，占贷款总额的 67.3%。二是委托其他机构贷款。2019 年委托贷款总额为 1 330 亿日元，占贷款总额的 27.5%。其中通过农林中央金库、信联、基层农协和基层渔协等合作性金融机构的融资金额占融资总额的 19.7%，通过银行、信用金库和信用组合等商业性金融机构的融资金额占 7.3%，其他渠道占 0.5%。近些年，随着金融市场的国际化，日本政策性金融机构加快改革步伐，逐步加大直接融资比重，并开始探讨提供担保和保险等方式支持农村金融发展。

第四节　商业性金融体系

商业性金融体系是按照现代企业制度改造和组建的，以营利为目的的银行和非银行金融机构组成的金融体系，主要承担了农村生活类金融服务。近年来，随着日本农业经营规模扩大，商业性金融逐渐向农业领域渗透，在部分地区已经对合作性金融体系造成了一定冲击。目前，日本主要的涉农商业金融机构如下：

（一）都市银行和地方银行

都市银行是根据《银行法》设立的全国性商业银行，总部设立在东京、大阪等大城市，业务遍及日本全国。截至 2021 年获得日本金融厅批准的都市银行，只有 Mizuho Bank, Ltd. Mizuho Bank, Ltd. MUFG Bank, Ltd. 和 Resona Bank, Limited，共 4 个。地方银行是地方性商业银行，总部通常设立在省会城市，业务范围只限定于所在都道府县及周边地区，截至 2021 年有 99 个。这两类银行在吸储方面以农户兼营收入以及土地等固定资产出售款存款为主，在放贷方面以住宅贷款、消费贷款等非农用途的融资为主。近些年，商业银行加大了对种植、养殖大户和农业企业的融资活动，并且开始承接政策性金融机构的代融资，与合作性金融机构产生了一定程度的竞争。但农业农村金融信息具有非对称性特征，征信成本较高，因此，商业银行在农村金融中发挥的作用相对有限。

（二）日本邮政储蓄

日本邮政储蓄是日本第一大金融机构，在吸收存款业务方面是农协的有力竞争对手。20 世纪 70 年代以来，日本农村人口快速减少，乡村企业和商业银行相继退出农村，邮政储蓄对于维持农村社会稳定具有极其重要的意义。虽然邮政储蓄也开展贷款业务，但因其与农民之间缺乏经济领域联系，业务缺乏竞争力。2007 年日本邮政民营化，邮政储蓄改组为日本邮政公社，并成立了 6 个子公司，其中日本邮政株式会社是控股总公司，株式会社邮政储蓄银行是承担存款、资产运营服务和汇款结算的专业公司，邮电局株式会社是邮电窗口、也是邮政储蓄银行和保险代理窗口公司。

（三）非银行系统金融机构

非银行系统金融机构是指法律规定不能开展存款业务，只能从事合法信贷业务的公司。这类金融机构必须在规定条件下开展放贷业务，例如放债公司必须依据《管理接受出资、存款及利息法》[①]（1954 年法律第 195 号）和《放债业法》[②]（1983 年法律第 32 号）向金融厅或者都道府县政府申请金融牌照。非银行系统金融机构之中，不少是金融机构、证券公司和保险公司设立的子公司。

1. 消费信贷公司

向消费者放债或对消费者购买的物品、服务等款项的支付提供一定期限贷款的非银行金融机构，分为信用卡方式和对每项销售合约签订信贷合约的个别服务方式。根据开展的业务内容可分为：

（1）消费金融公司。公司成立依据《放债业法》登记注册。公司业务以向消费目的贷款为主，又被称为"高利贷"公司。1983 年日本颁布《放债业法》对放贷利率做出封顶要求。1991 年修法将放贷年息由 40.0% 降低到 29.2%。目前，依据《利息限制法》（1954 年法律第 100 号）规定，利息最高不超过 20%。但日本农村仍然存在高利率、不当讨债、因随意放贷造成多重债务人员增加、以人寿保险为担保以及因此造成的自杀等社会问题。

（2）信贷销售公司。采取分期付款销售产品和服务的经营主体必须获得经济产业省执照。除赋予消费者采用分期付款方式购买产品和服务之外，同时开展信用卡业务、消费金融和信贷担保业务的公司也较多。

---

① 日文：出資の受入れ、預り金及び金利等の取締りに関する法律。
② 日文：貸金業法。

（3）信用卡公司。分期付款销售与信用卡结合，必须依据《分期付款销售法》[①]（1961 年法律第 159 号）注册登记。开展信用卡贷款等资金放贷业务时，必须依据《放债业法》注册登记。早期信用卡公司主要是银行、信贷销售公司和流通企业，近年来随着消费金融公司增加，市场主体出现多样化发展趋势。日本农协系统成立了信用卡公司，并在成员刷卡购买农资、燃油等物资时给予一定优惠，受到成员欢迎。

（4）当铺。主要以动产和不动产作为抵押开展放贷活动的公司，且因抵押物品中可能存在失盗物品被抵押的问题，公司成立必须依据《当铺经营法》[②]（1950 年法律第 185 号）向都道府县公安委员会注册登记。20 世纪 60 年代，当铺曾是部分农村地区最为重要的非银行金融机构之一，但随着日本消费金融业的发展其地位快速下降。

2. 企业信贷公司

企业信贷公司业务主要有票据贴现、票据放贷、租赁、贷款保收、再融资等。

（1）租赁公司，即以中小企业为对象，开展以动产租赁为主的租赁公司。企业无须获得政府特别批准，只要在公司章程中规定业务范围内即可开展经营活动。目前，日本开展租赁业务的公司几乎都是银行、商业企业和制造企业设立的子公司。1972 年日本全农出资成立了协同租赁株式会社向基层农协租赁超市设备、电脑和汽车等。2002 年，该公司投资三井集团的租赁业务成立"JA 三井租赁株式会社"，不仅向农业经营主体提供农机具、设施设备和奶牛等租赁服务，还投资了租车和半导体产业。

（2）贷款担保公司，即通过买进企业的赊卖债权赋予信用。在日本，担保赊卖债权的融资和票据贴现较多。

（3）风险投资公司，即通过获得股份的方式投资研发、推广新技术等项目的公司。项目往往存在一定风险，但是当项目成功时，可通过企业上市、转让股份套现等方式获得资本收益。2013 年 2 月，日本中央财政出资 300 亿日元、11 个私营企业出资 19 亿日元成立了政策性风投公司——株式会社农林渔业成长产业化支援机构（A-FIVE），用以支持一二三产业融合发展。

---

① 日文：割賦販売法。
② 日文：質屋营业法。

（4）其他贷款公司等，即以小微企业、中小企业为对象，以高利率信贷开展融资业务的贷款公司。与消费金融公司类似，高利率和非人道的讨债有时成为社会问题，但农业企业普遍缺乏有效抵押，使用得较少。

总体而言，非金融机构因业务内容不同，企业形态有所差异，但共同特点是放贷利率较高。另外，农业企业的经营风险较高，投资能够获利的保障有限，因此在日本除了租赁业务之外，专职面对农村市场的非金融机构业务较少。

第五节 农村金融保障制度

1937 年，日本以德国制度为范本，由东京政府和工商团体、金融机构出资 20 万日元建立了日本信用补完制度，通过地方政府补贴金融机构对中小企业的贷款损失来疏通中小企业的融资渠道。目前，日本农村金融保障制度包括存款保险制度、信用保证保险制度和农地等抵押担保制度。

一、存款保险制度

1973 年，日本依据《农水产业系统组合储蓄保险法》（1973 年法律第 53 号）规定设立"农水产业协同组合贮金保险机构"（简称"储保机构"）。储保机构由开展金融业务的农协、渔协、水产协、信农联、信渔联、水产联和农林中央金库出资成立①，成员按照存款金额投保，缴纳保险费建立存款保险准备金。当成员发生经营危机或面临破产倒闭时，由储保机构向其提供财务救助或直接向存款人支付部分或全部存款，从而起到保护存款人利益，维护农村金融机构信用和稳定金融秩序的作用。截至 2020 年，储保机构注册资本 22.81 亿日元，其中政府出资 20.55 亿日元，日本银行出资 0.75 亿日元，农林中金出资 0.75 亿日元，信农联等出资 0.68 亿日元，信渔联等出资 0.08 亿日元。理事长由农林水产省和大藏省共同任命，员工 18 人。2019 年储保机构成员共751 个，包括 615 个农协、75 个渔协、32 个信农协、28 个信渔协和农林中金，

---

① 银行、长期信用银行、信用公库、信用协同组合、劳动金库、信金中央金库、全国信用协同组合联合会、劳动金库联合会、商工组合中央金库加入存款保险制度（日文：预金保险制度）。证券公司加入日本投资者保护基金。生命保险公司加入生命保险契约者保险机构。损害保险公司加入损失保险契约者保护机构。

存款余额 2 409 443 亿日元，被保险储金余额 1 104 001 亿日元，参保率为 45.8％，保险费 89.1 亿日元。

存款保险对象限于活期存款、定期存款、通知存款、零存整取存款、农林债券（专用商品）和年金，但不包括外币存款、机构存款和无记名存款等。保险额为每人本金 1 000 万日元和利息，超出 1 000 万日元部分由破产清算机构根据偿还债务之后的破产机构资产情况决定。参保机构每年 6 月 30 日之前根据上财年存款余额缴纳保险费。保险费率由运营委员会根据存款事故发生情况、审计结果、存款变化和包括农林中金资金运用情况在内的 JA 银行经营状况综合评定。之后，将结果提交农林水产省、财务省和金融厅批准后生效。2019 年保险率下调，目前普通存款保险费率是 0.013％，其他储蓄是 0.008％。

发生合作性金融机构破产，储保机构采取资金援助和支付保金两种方式应对，其中资金援助是依据《破产法》（2004 年法律第 75 号）规定促进当事人将金融业务转让、合并时承担的必要费用，又分为赠予现金、贷款、购买资产、债务担保、债务继承、有限担保和损失担保 7 种方式。另外，支付保金按照破产发生日计算储户账户资金额度，因为参保金融机构储户基本上都是农户，为了不影响农业生产，在接到破产通知后 1 周内，先支付不超过 60 万日元用于农户周转，剩余部分在清算结束后支付。自储保机构成立至今共发生 32 次合作经济组织破产事件，其中农协 26 件、渔协 6 件，都通过推动合并等资金援助方式得到解决，未发生支付保金的情况，截至 2019 年，储保机构共计支付现金 939.6 亿日元，收购资产 88.6 亿日元，提供债务担保 62.9 亿日元，贷款 27.7 亿日元。另外，储保机构自身不具备资产处理能力，通常将破产机构的动产和债权委托株式会社整理回收机构（The Resolution and Collection Corporation，RCC），[1] 或者由系统债权管理回收机构[2]处理。

储保机构为防止收缴的保险费贬值，根据相关规定开展投资保值工作。截至 2020 年储保机构总资产为 4 421.3 亿日元，其中有价证券投资按当期价格计算为 3 993.3 亿日元，占总资产的 90.3％。储保机构收入主要来自保费等收入，资产收入仅有 22.3 亿日元，占总收入的 20.1％。

---

[1] 1999 年由住宅金融债权管理机构兼并整理回收银行，是存款保险机构的全资子公司。负责房地产、金融机构的不良债权收购和处理业务。

[2] 2001 年由农林中央金库、全国农协联合会、全国渔协联合会和全国共济农业协同组合联合会出资 5 亿日元成立，是农协系统的不良债权收购和处理的子公司。

二、信用保证保险制度

日本农业贷款担保制度称为"农业信用保证保险制度"。二战之后，日本《农地法》采取了严格的农地保护制度，造成农地流动性受阻，失去了商品价值。1961 年，日本为解决农民贷款难问题，颁布《农业信用担保保险法》（1961年法律第 4 号），由各都道府县政府成立农业信用基金协会（以下简称"基金协会"）来解决农业生产经营主体贷款信用不足等问题。1966 年，由各地基金协会成立全国农林渔业信用基金（以下简称"信用基金"），对基金协会的债务担保提供保险，减少基金协会的融资风险，增强并补充基金协会的担保能力。

（一）农业信用基金协会

基金协会由各都道府县地方政府、辖区内的农村金融机构出资建立，经费由会员出资、准备金余额、地方政府补贴和担保费等组成，目前日本共有基金协会 47 个。成员仅限于所辖区域内的农业经营主体或地方政府，且成员必须出资 1 股以上，但担保业务结束之后可以申请返还出资。法律规定的农业经营主体有 10 种，即农民、农协（含成员）、农协联合会、农事组合法人、农业共济组合及联合会、土地改良区及联合会、烟草耕作组合、农业振兴事业协同组合、农业振兴民法法人和农业协同会社。其中农协等合作经济组织成员可自动享受基金协会服务。

基金协会依据《农业信用保证保险法》规定可为政策性金融资金和非政策性金融资金担保。可担保的政策性金融资金主要有政策金融金库资金和农业现代化资金，担保费用根据融资项目类型和融资金额有所差别，通常为融资金额的 0.5%～1.0%。非政策性金融资金的担保费为担保金额的 2.0% 以内，根据贷款商品有所差异，可担保的贷款商品主要是设施资金和营农资金。被担保的农业经营主体在贷款到期 3 个月后仍未偿还，且贷款机构要求代位偿还时，基金协会须立即代位清偿。但偿还期限到期 1 年以后，代位清偿的请求权不予承认。基金协会代位清偿担保贷款之后获得债权，对被担保人有权要求偿还相同金额。对受灾地区，日本中央财政通过补贴第 6 年之后的担保费方式，减轻贷款人负担和降低基金协会的经营风险，2021 年此项预算总额为1.13 亿日元。

（二）农林渔业信用基金

1987 年，依据《农林渔业信用基金法》规定，农业信用保险协会、林业信用基金和渔业信用基金合并，成立农林渔业信用基金，负责全国范围内的农林渔业信用保险业务。该组织资金来源于中央政府、47 个基金协会和农林中央金库等相关金融机构，2019 年注册资金 1 836 亿日元，其中中央政府出资 1 489 亿日元、基金协会出资 52 亿日元、相关金融机构出资 295 亿日元。现有理事 9 人，员工 113 人。

信用基金主要业务包括：一是农林渔业信贷保险业务，对基金协会受理的担保进行保险；二是对融资机构未通过基金协会，发放超过 2 亿日元的大额借款，进行保险；三是对农业共济会和受灾渔民提供贷款，保险费根据贷款资金不同有所差异，按年息计算，政策性金融资金之中的农业经营改善资金有 0.09%、0.20% 和 0.27%3 个选择，维持农业经营资金为 0.51%。非政策性金融资金之中，农业设施资金为 0.27%，农业运转资金为 0.27% 或 0.35%。如果遇到自然灾害，信用基金允许适当下调保险费，最多可优惠到仅支付 70% 的本金和利息。

（三）信用保证保险制度的运行程序（图 10-2）

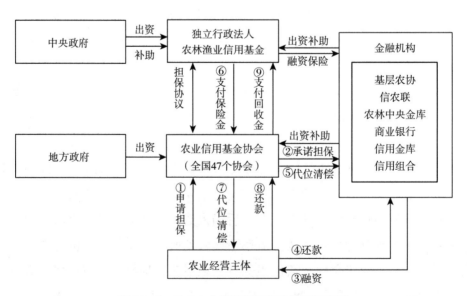

图 10-2　日本农业信用保证保险制度运行图

资料来源：農林漁業信用基金.農業信用保証保険制度のご案内［Z/OL］.（2021-03）

［2021-03-10］.https：//www.jaffic.go.jp/guide/nou/index.files/pamphlet.pdf.

农业经营主体在向农协等贷款机构借款时，可以先向基金协会提交委托担保申请，在获取基金协会担保的承诺之后向农协等贷款机构办理借贷手续。此时，农业经营主体按规定向基金协会交纳担保费。此后，若因某种原因无法偿还借贷时，基金协会要代替该农业经营主体向贷款机构偿还贷款。基金协会为了减轻自身风向，在受理债务担保后，加入信用基金的担保保险。基金协会需按规定向信用基金交纳保险费。此后，需要代位清偿时，信用基金向基金协会代位清偿70%的资金。基金协会在回收债权以后，需按同样的比例向信用基金缴纳回收的资金。

（四）业务开展情况

20世纪80年代以来，农林渔业信用基金的保险金余额逐年上升，1982年为1 763亿日元，2019年处理申请66 038件，金额增加到4 188.0亿日元，保险余额27 123.7亿日元，代位清偿185.0亿日元，代位清偿余额368.0亿日元。2019年，农协贷款的83.7%、商业银行贷款的4.1%都通过农业信用担保保险。但从基金协会与合作银行占商业金融机构数量的比例来看，地方银行的56.8%、信用金库的38.3%和信用组合的19.6%都和基金协会有合作关系。农林渔业信用基金因对这部分政策性贷款资金提供保险，具有较高的风险，目前每年都是保本微利，部分时候出现亏损。近年来，随着金融市场的不断开放，信用协会一方面加大与非农信用协会合作，共同开展对新农人、新型农业经营主体的涉农和非农领域混合贷款的资金担保业务；另一方面加强与商业性金融机构合作，推进涉农贷款保险业务代办窗口的多元化。

三、农地等抵押担保制度

日本《民法》规定，包括土地及其附着物的不动产可作为担保向金融机构申请抵押贷款，也可以在主管部门办理抵押登记。贷款人在借款人违约时也可以通过拍卖处置回收资金。在法律流程上农地抵押贷款完全可以操作，但是，由于日本对农地采取严格的用途管制，农地的流动性及变现性较差，农村金融机构普遍不愿接受此类抵押物。2005年日本设立动产转让登记制度，使用作担保的动产所有权归属请求成为可能。

ABL 融资（Asset Based Lending），是着眼于借款人的经营活动内容，以农畜产品（牛、猪、蔬菜等）动产或应收账款为担保手段融通资金的方式。目前，畜牧业由于采用了食品生产履历追踪制度，使用牛、猪作为担保，借入育肥期间周转资金成为常态。根据日本银行调研显示（表 10-7），2017 年采取 ABL 融资的项目之中，农林业有 328 件，渔业有 437 件，虽然在对农林水产业总贷款额中占比仍然不大，但整体上表现出了一定的生命力，满足了市场的需求。

表 10-7　日本农林水产业 ABL 融资数量变化

单位：件

	2015 年	2016 年	2017 年
农业、林业	544	861	328
渔业	—	459	437

资料来源：帝国データバンク. 企業の多様な資金調達手法に関する実態調査報告書［R/OL］．（2019-02）［2021-04-10］. https://www.meti.go.jp/meti_lib/report/H30FY/000333.pdf.

ABL 融资流程如下：农林渔业经营主体向金融机构提出以牛、猪、蔬菜或者水产品等作为担保的申请；金融机构委托评估机构进行担保评估，设定贷款额度；农业渔业经营主体在贷款额度内融资；借款人根据贷款合同，定期向金融机构汇报经营情况、担保物的存留情况；金融机构根据借款人报告再次评估，如担保物价值下降则调整贷款额度。随着 ABL 融资方式的普及，目前手续相对简单，大部分情况下借款人只需要提供书面资料即可获得贷款。以千叶县铫子商工信用组合"肉牛 ABL"融资为例，融资主体为经营肉用牛的自然人和法人，融资时间为 2 年以内，融资金额 2 000 万日元以内，年息 1.35% 固定利息。另外，自然人申请贷款需要提供纳税证明、销售记录证明和固定资产评估证明。法人申请需要在自然人提供资料之上再补充公司营业执照和章程复印件[①]。

第六节　农村金融监管制度

日本农村金融体系主要是合作性金融体系为主，即便是政策性金融资金也需要借用农协或者渔协系统的渠道发放，因此，农村金融系统的风险防

---

① 铫子商工信用组合. 肉用牛 ABL（譲渡担保融資）［EB/OL］.（2019-04-01）［2021-03-10］. https://www.choshi-shoko.co.jp/wp/wp-content/uploads/2018/08/hojin_ushi_abl.pdf.

控，主要是对合作性金融体系进行监管。根据监管施行主体的不同，日本对合作性金融体系的监管分为政府机构监管、农协系统监管和基层农协自我检查3个层面。

一、政府机构的监管

日本政府为体现对合作经济组织金融业务检查的必要性和合理性，相继制定了《农业协同组合法》《农业协同组合法实施令》（1962年政令271号）、《农业协同组合法施行规则》（1962年农林水产省令第27号）、《农林水产省协同组合等检查规程》（2011年农林水产省训令第20号）、《农林水产省协同组合等检查基本要纲》（2011年农林水产省检查第1号）、《系统金融机构检查指南》（农林渔业者及中小企业融资篇）等法律法规，用来指导政府相关部门对合作性金融体系的检查工作。其中，依据《农业协同组合法》规定，农林水产省和金融厅共同监管农协日常业务。中央政府检查农林中央金库和各地信联，地方政府受农林水产省等委托检查存款超过1 000万日元以上的农协和存款金额超过当地平均金额以上的农协和发生过重大事故的农协，且年检查比例为当地农协总数的30％。

政府监管方式依据《农业协同组合法》第94条1～5款规定分为6类，其中：请求检查是农协成员对所属农协相关业务产生怀疑时，向政府提出申请开展的检查；认定检查是在政府认为农协可能违反法律法规和章程规定的事宜时开展的检查；随时检查是为了保障农协经营安全，政府认为有必要时展开的检查；常规检查是每年1次开展的定期检查；子公司共济代理店检查是在对农协进行检查时，检查组认为必要时对该农协所属子公司等开展检查；要请检查是地方政府认为有必要，且获得主管部委批准后，对开展金融业务的农协开展的检查。另外，政府要求检查组之中必须有7名以上农协指导检查员、至少1名精通金融业务人员和至少1名注册会计师。

政府监管根据金融厅颁布的《开展存款业务金融机构检查指南》和《开展保险业务机构检查指南》重点检查以下内容：一是经营管理及内部管制情况。检查农协遵纪守法态度、相关体制建设情况；对信用风险、市场风险、流动性风险等风险的防控体制建设情况；内部管制制度；突发事件应对机制；各业务部门经营情况；基于农协发展和当地乡村振兴规划的业务实施情况。二是资产管理制度。自我检查机制完备程度，自我检查标准的适切性和检查结果的准确性。三是财务制度。折旧、折扣标准的正确性及施行结果的正确性，自有资本及内部留存的充实情况。四是监事及内部检查制度。监事制度及监事体系的完备情况，信息公开情况。

二、农协系统的监管

《农业协同组合法》规定，农协中央会有权利审计存款额超过 200 亿日元以上的农协。但 2015 年修订后的《农业协同组合法》废除了农协中央会对基层农协和各级联合会的检查权限，修改为"2019 年之后，存款余额超过 200 亿日元基层农协和负债超过 200 亿日元以上的联合会必须每年由注册会计师或检查专职公司进行审计"。2017 年，农协中央会出资成立"绿色检查法人"，承担《农业协同组合法》规定的检查工作。

近年来，日本积极推进金融机构监管制度改革创新。2002 年，农林中央金库制定了《JA 银行基本方针》，建立了农协金融机构信用分级标准，要求各级农协的金融机构和金融部门参照执行。其中主要评判标准：一是自有资本比例。设立 1～3 个等级，资本自有率低于 4% 的合作经济组织属于Ⅲ级，要在 6 个月内将业务转交信连或农林中央金库托管；超过 8% 的农协符合国际标准，为Ⅰ级，表示经营情况正常。二是资金运用限制。Ⅰ级的基层农协可以正常开展规定的信贷和有价证券业务；Ⅱ级和Ⅲ级的基层农协资金必须全部存到信连和农林中央金库，且只能开展规定的融资业务。三是加强自身管理和检查监管体系。要求建立包括信贷风险、运营风险和市场风险、流动性风险等综合风险的管控体制；要求基层农协建立早期警诫制度，对各类风险进行监管、调查，并在低于基准时采取防控措施。四是通过提升信息透明度开展市场评估。要求主动公开自有资本比例、资产构成（如固定资本、信贷余额、利率风险等）的信息，并定期更新。建立合理的资产评估方法和风险防控原则和实施步骤等。

三、基层农协的自我检查

基层农协根据相关法律法规、农协系统制度和自身情况开展金融业务，为防止出现金融事故，通常采取以下方式进行风险防控[1]。

（一）贷款审查

农协在审查贷款申请时，信用部门根据系统内成员日常现金流等进行偿还能力评估，同时，依据担保评价标准等审查标准，判定信用等级，提出相应的担保条件。对大额贷款，负责农协金融部门的专职理事将会同其他理事共同讨论决定。此外，基层农协的信用部门还会与同系统内部的供销、保险等部门沟通，通过提升风险控制水平来降低信贷的风险。

（二）贷款信用风险控制

在预防坏账方面，对于一般性资金回收，还款的风险保障措施主要以抵押担保物为主，同时基层农协利用兼营生产生活物资的统一采购、农产品销售和保险等业务的优势，原则上每周召开有金融部门、保险部门、经济部门和管理部门等责任人员参加的 ALM（生命周期管理）委员会，交换信息，讨论解决问题。同时，每月召开全体管理人员参加的 ALM 委员会，讨论日常检查情况，力求第一时间发现金融部门的问题，遏制和化解重大风险。农协金融部门严格进行资产自我审查，根据资产自我鉴定结果，预留必要资金作为坏账准备金，并定期公开和接受审计监督，健全资产及财务情况。此外，农协对农户的经营销售所得及分红利润收入也有一定的把握，通过增强成员使用农协服务的黏性，减小贷款风险。

（三）金融业务内部监管

农协金融部门的内部监管：一是来自监事会的监督和监察。包括向成员（代表）大会提交预算、检查会计文件的合规性；检查金融业年度的资产损益表、年度业务报告等结算文件；检查理事会决议和金融部门日常经营行为。《农业协同组合法》要求农协理事之中必须有一名主管金融的专职理事，有条件的农协会配置一名非成员监事，负责对内监督。二是由农协监察员组成的监察部门监督。日本农协设立了"监察士资格"认证，由中央会负责培训，通过

---

[1] 田杰，李佩哲，彭建仿，等，2020. 日本农协信用合作治理与风险防控的经验借鉴［J］. 亚太经济（1）：87 - 95. 本节部分内容参考本文。

考试的监察士可检查农协金融业务运营情况；配合内部监察部门每季度进行定期监查以及无通知监查。农协定期或不定期地安排对总店、分店工作的检查，并把检查结果向代表理事以及监事报告。农协定期安排第三方审计部门检查农协财务状况，并向理事会、成员（代表）大会提交审计报告，对于重大问题，立即向理事会、常务理事和监事报告，并迅速采取适当措施。内部监察部门还兼任法规制定部门，完善修订相关法令等各基础规章，制定本农协业务手册，确保农协金融业务平稳运行。

第十一章 CHAPTER 11
日本农业农村保险体系 ▶▶▶

　　农业农村保险是农民规避农业生产和农村生活风险最为有效的手段。日本农业农村保险开始较早，也是世界上农业农村保险制度最为健全的国家之一。目前，日本农业农村保险所涉及的险种内容相当丰富，既有与农业生产息息相关的农业灾害保险、农业收入保险、农民养老保险和农业经营保险，还有涉及农民生活的人身保险、财产保险和车辆保险，且大部分保险是政策性保险和合作性保险，运营成本低、效率高，有效保障了日本农业农村的可持续发展。特别是随着国际经济一体化进程加快，农业生产类保险被列为 WTO 允许政府财政扶持的"绿箱"政策，受到日本政府高度重视，发展较为迅速。本章围绕农业生产和农村生活相关环节，首先介绍农业生产保险制度，包括农业灾害保险、农业收入保险和农民养老保险的发展历程、组织体系和运营方式等。其次介绍农业经营保险的发展和保险商品，主要聚焦对新型农业经营主体影响较大的农业赔偿责任保险和食品加工类保险。最后以农协共济制度为例，介绍主要的农村生活相关保险商品内容和保险费运用方式。

第一节　农业灾害保险

一、农业共济保险的发展历程[①]

　　日本农业灾害保险是以农民为主政府为辅的政策性保险，是为农业生产主

---

① 江生忠，费清，2018. 日本共济制农业保险制度探析［J］. 现代日本经济（4）：23-34. 本节引用该文部分内容。

体在从事农业生产过程中遭受自然灾害、意外事故和瘟疫疾病等保险事故所造成的经济损失提供保障的一种互助性保险制度。早在 18 世纪，日本幕府为了巩固统治，设立应急仓储，用以在自然灾害发生后维护社会秩序的稳定，赈灾济贫，支援农业恢复生产。明治维新之后，日本借鉴欧美国家经验建立起公共救济制度。20 世纪初，日本政府认识到农业风险分散与灾后重建的重要性，加快农业灾害保险体系建设和相关立法进程。1929 年颁布《牲畜保险法》对牛、马等大型牲畜死亡进行保险。1938 年颁布《农业保险法》将水稻、小麦、桑树等种植业作物纳入农业保险体系。

二战之后，日本将《牲畜保险法》《农业保险法》等法律法规整合为《农业灾害补偿法》（1947 年法律第 185 号），明确了农作物共济①、蚕茧共济和家畜共济 3 类保险项目，并建立了公法人性质的农业共济组合（简称"共济组合"）。1949 年追加农业设施共济，1951 年追加农机具共济。1952 年，日本颁布《农业共济基金法》（1952 年法律第 202 号），对农业共济基金的理赔使用与增值进行详细的规范。1957 年，日本进一步完善农业保险法律体系，改进了灾后赔付机制，提高了部分险种的保额。截至 20 世纪 60 年代初，日本农业灾害保险制度基本成形，覆盖了几乎所有农户且保障能力基本可以满足当时农业农村发展需要。

20 世纪 70 年代，日本为提升农业灾害保险效率，根据农业农村内在矛盾的发展变化，推进共济组合合并，共济组合总数由 1967 年的 3 707 个减少至2000 年的 372 个。同时，日本农业灾害保险险种与运行机制不断优化，先后追加了果树保险（1971）、旱田作物保险（1975）和园艺设施保险（1975）。2017 年再次修订《农业灾害补偿法》，从减轻投保农户负担角度大幅度修改了承保方式等规定，并更名为《农业保险法》。如表 11－1 所示，2019 年日本水稻、麦类等粮食作物参保率达到 83％和 96％，家畜保险超过 90％，年赔付保险金金额超过 1 000 亿日元，有力保障了农业稳定发展。

---

① 共济是保险的意思，日本为区别合作保险和商业保险的实行主体和保险商品，与合作保险相关的组织和保险商品都冠名为"共济"。如农业保险组合，因为是农民合作组织，因而称之为"农业共济组合"。又如护理保险，如是农协系统的商品称之为了"介护共济"，如是商业保险则成为"介护保险"。

表 11 - 1　日本农业灾害保险赔付和参保情况（2019 年）

保险类型		出险数量（万件）	出险面积、头、栋	参保率（%）
水稻		96	118 万公顷	83
麦类		3	23 万公顷	96
奶牛	死废	1	180 万头	92
	伤病		121 万头	
肉牛	死废	4	304 万头	91
	伤病		156 万头	
果树共济（收获）		4.5	2.7 万公顷	24
旱田作物共济		6	27 万公顷	75
园艺作物共济		14	58 万栋	60

资料来源：農林水産省. 農業共済制度の概要［R/OL］.（2021 - 05）［2021 - 05 - 20］. https：//www. maff. go. jp/j/keiei/nogyohoken/nogyokyosai/attach/pdf/index - 82. pdf.

二、农业灾害保险的组织体系

日本农业灾害保险由农业共济组合负责运作，组织体系由基层农业共济组合＋都道府县农业共济组合联合会＋全国农业共济组合联合会构成。

（一）基层农业共济组合

农业共济组合（简称"共济组合"）由 15 名以上相关农户自发成立。最高权力机构为成员大会，根据章程规定也可以设立成员代表大会，成员代表不得少于 30 人，且成员代表必须是正式成员。成员（代表）大会可审议变更章程、决定征收办公费额度和征收方法以及业务报告、财务报告、决定盈余分配方案等重大事宜。共济组合采取一人一票民主管理，有关组合章程变更、解散和合并相关事宜必须获得 2/3 以上代表同意。成员（代表）大会选举理事和监事，理事至少 5 人，监事至少 2 人，分别成立理事会和监事会，且理事之中必须有3/4 是业务负责人。

（二）农业共济组合联合会

共济组合出资成立都道府县一级或全国一级农业共济组合联合会（简称"共济组合联合会"）。理事和监事由基层共济组合选举产生，并分别设立理事会和监事会。共济组合联合会原则上采取一人一票民主管理，但特殊情况下可赋予 2 个以上表决权和选举权。共济组合联合会起到承上启下的作用，共济组合将大部分保费交给共济组合联合会再保险，共济组合联合会再以再保险费形式上交给中央政府。

（三）农业共济再保险

依据《农业保险法》规定，政府委托独立行政法人林渔业信用基金承担农业灾害保险中再保险功能。在"一县一组合"的两层级模式下，农林渔业信用基金对各都道府县农业共济组合进行再保险保障；而在三层级模式中则存在着多层次再保险体系，即共济组合联合会对共济组合进行再保险，农林渔业信用基金对共济组合联合会进行再保险。根据农业灾害发生的危害程度，农林渔业信用基金承担的保险赔付比例不同，一般情况下，农林渔业信用基金通过再保险机制承担的保险赔付率为 50%～70%，对于特大灾害造成的损失，可提升到 80%～100%。

近年来，随着日本人口老龄化、过疏化等问题日益突出，为提高共济组合运营效率，日本强力推动共济组合之间横向合并和共济组合与共济组合联合会之间的纵向合并。如表 11-2 所示，共济组合数量从 1947 年的 10 541 个减少到 2020 年的 54 个，共济组合联合会数量也从 46 个减少到 2 个。在部分地区出现了"1 县 1 组合"的情况，目前只有 1 个共济组合的县的数量增加到 45个。在两层农业共济体系下，共济组合直接向政府购买再保险，并在出险后直接从政府特别账户领取保险金，赔付效率显著提升。

表 11-2　日本农业共济组合和农业共济组合联合会的数量变化

年份	1947	1967	1987	1990	2000	2010	2015	2020
农业共济组合	10 541	3 707	1 633	925	372	258	215	54
农业共济组合联合会	46	46	47	47	46	46	42	2

资料来源：農林水産省．農業共済制度の概要［R/OL］．（2021-05）［2021-05-20］．https：//www.maff.go.jp/j/keiei/nogyohoken/nogyokyosai/attach/pdf/index-82.pdf.

日本政府以提供保险费补贴和办公经费补贴方式，促进农业灾害保险发展。保险费补贴原则上补贴保险费的 50%，但不同险种财政补贴比例有所差异，例如生猪的保险费补贴只有 40%。办公经费补贴主要用于共济组合日常工作中的人员和办公经费支出，减少农民负担。2020 财年日本用于支持农业共济的财政预算为 834.7 亿日元，其中保险费补贴 501.1 亿日元，办公经费补贴 333.6 亿日元。

三、农业灾害保险的运营方式

（一）保险范围

日本对农业灾害保险险种的范围划分，基于保障粮食安全的基本原则，首先对影响国民经济发展的重要粮食作物进行安排；然后，将产量大、种植范围广、农民需求迫切的品种纳入农业灾害保险的保障范围；最后，将可以进行保费精算厘定的品种纳入保险，但对于灾害发生率无法计算、市场价格不明确或年产量有较大统计偏差的品种，则不予考虑。如表 11-3 所示，日本农业灾害保险的保障对象非常广泛，既有农作物、家畜、果树和旱田作物等，还包括了农机具、大棚等生产设施。另外，日本对被保险人设定了一定条件，其中，水稻、旱稻和麦类种植面积要求合计超过 0.1～0.4 公顷（北海道地区超过 0.3～1 公顷）[①]；旱田作物共济要求被保险人种植面积超过 0.05～0.3 公顷（北海道地区超过 0.3～1 公顷），蚕茧要求超过 0.25～2 箱；果树共济要求种植面积超过 0.05～0.3 公顷；家畜共济较为复杂，牛原则上要求出生后或受精后超过 24 月龄；马原则上要求出生超过 36 月龄；种猪出生超过 5 个月，肉猪出生 20 日之后 8 个月之内可加入共济；园艺设施共济要求塑料大棚面积超过 0.02～0.05 公顷，玻璃温室要求面积超过 0.01～0.025 公顷。

表 11-3　农业灾害保险的险种

险种	对象品种	保险期限	保险责任范围
农作物共济	水稻、陆稻、麦类	移栽（直播时从发芽开始）至收获	风灾、洪水、冷害、雪灾、旱灾等气候原因，地震或火山喷发、火灾、病虫害和鸟兽侵害
旱田作物共济	甜菜、大豆、土豆、圆葱、甘蔗、小豆、荞麦、豌豆、南瓜、甜玉米、茶、啤酒花、蚕蛹		

---

①　日本农业灾害保险根据参保作物用途、栽培方式对可参保方式有所差别，即便是同一农作物，在不同地区使用不同的参保方式对被保险人的种植面积要求有所差异。日本政府只给出一个基本面积区间，具体面积由各地共济组合根据实际情况规定具体条件。

（续）

险种	对象品种	保险期限	保险责任范围
果树共济	温州蜜橘、苹果、梨、葡萄、青梅、桃、柿、橘子、猕猴桃、李子、栗子、枇杷、菠萝、其他指定的柑橘	花芽形成期（春枝生长停止期）至果实收获期 由共济组合规定的日期开始1年内	产量保险：风灾、洪水、冷害、雪灾等气候原因，地震或火山喷发、火灾、病虫害和鸟兽侵害 树体损伤保险：气候灾害造成的树木枯死、消灭、掩埋、损伤等
家畜共济	牛、猪、马	支付保费次日起1年内	死亡废用保险：家畜死亡、废弃时，赔付资产价值 疾病医疗及意外伤害保险：家畜因疾病、受伤时，赔付治疗费用
园艺设施共济	园艺设施（玻璃温室、塑料大棚和避雨设施等）	支付保险费次日起1年内	风灾、洪水、冰雹、雪灾等气候、地震或火山喷发造成的灾害；火灾、破裂、爆炸、航空器坠落及接触：航空器坠落物、车辆及承载物品冲击、接触；病虫害和鸟兽侵害
建筑物共济	建筑物及附属设施、家具、农机具和储藏的农产品等	支付保险费次日起1年内	建筑火灾保险：火灾、雷击、破裂爆破；建筑物之外的物体坠落、撞击、倒塌；建筑物内车辆或其承载物造成的撞击、摩擦；供水或排水系统漏水、放水造成的积水；偷盗造成污损等；骚乱等暴力、破坏行为造成的损失 建筑综合保险：风灾、洪水、雪灾、滑坡等自然灾害；地震、火山喷发和海啸等
农机具共济	农机具（5万日元以上）	支付保险费次日起1年内 3年或7年	农机具损害保险：火灾、雷击、高空坠物、破裂、爆炸、偷盗、鸟兽造成的损失；台风、洪水、滑坡等自然灾害；碰撞、坠落等作业中的事故 农机具更新保险：保险期满后支付更新金额

资料来源：農林水産省. 農業共済制度の概要［Z/OL］.（2021-05）［2021-05-20］. https：//www.maff.go.jp/j/keiei/nogyohoken/nogyokyosai/attach/pdf/index-82.pdf.

農林水産省. 農業共済に加入しましょう［Z/OL］.（2020-04）［2021-05-20］. https：//www.maff.go.jp/j/keiei/nogyohoken/nogyokyosai/attach/pdf/index-63.pdf.

（二）承保方式

日本农业灾害保险有多种承保方式，不同方式对应不同的损失评估方法、支付标准。农民可以根据自己的不同需要及农产品种类，选择适宜的承保方式。如表11-4所示主要方式有全相杀方式、半相杀方式、地区指标方式、灾害收入方式、特定危险方式和一笔方式等。不同险种采取不同的计算方式，例如稻米、小麦等农作物和旱田农作物大部分采取全相杀方式、半相杀方式或者地区指标方式。

表 11-4 日本农业共济的承保方式

承保方式	承保内容
全相杀方式	不同农户，产量损失超过 20%时，进行赔付
半相杀方式	不同农户，产量损失超过 30%后进行赔付
地区指标方式	不同农户，发生赔偿事故且根据当地统计，产量损失超过 10%时，进行赔付
灾害收入方式	不同农户，产量减少，且当产值损失超过 20%时，进行赔付
特定危险方式	保险合同内列举一种或多种特定危险的保险，出险后保险人的赔付仅限于合同所列举的自然灾害和意外事故
一笔方式	不同地块，产量损失超过 30%时进行赔付

注：特定危险方式和一笔方式于 2021 年废止。

资料来源：農林水産省．農業共済制度の概要［R/OL］．（2021-05）［2021-05-20］．https：//www.maff.go.jp/j/keiei/nogyohoken/nogyokyosai/attach/pdf/index-82.pdf.

赔付保险金计算方式因承保方式而变化，以水稻为例，全相杀方式以该农户所有地块减产数量超过历年平均收获量 10%时，按照：

保险金＝［（标准产量－当年产量）－标准产量×0.1］×每千克保险费，计算赔付保险金金额。

半相杀方式以该农户投保地块减产数量与不同地块年平均收获量进行对比，当损失超过 20%时，按照：

保险金＝［（受灾耕地标准产量－受灾耕地当年产量）－标准产量×0.2］×每千克保险费，计算赔付保险金金额。

地区指标方式参考当地统计数据，当年减产数量超过 10%时，按照：

赔偿金＝［（标准单单产－当年统计单产）×投保面积－标准产量×0.1］×每千克保险费，计算赔偿金额。

家畜共济支付方式与农作物不同，分为死亡事故保险和伤害事故保险两种。其中，死亡事故保险计算方式为：

保险金＝［事故家畜价格－（皮肉等残存物价格或报废家畜评估额）］×保额/保险费。

意外事故保险金赔付较为简单，承担 90%的治疗费用。

园艺设施共济、农机具共济和建筑物共济采用消费性保险，扣除一定免赔金额后，对实际损失足额赔付。

（三）损失评估

发生灾害需要赔付保险金时，共济组合为掌握损害程度开展损失评估工作。评估按顺序分为共济组合评估、共济组合联合会评估和农林水产省最终评估 3 个阶段。农户遭遇自然灾害受损后，及时向共济组合提出赔偿申请。共济组合委派 3 人一组的评估小组，在 2 日之内对被害项目进行检查、测量并调查核算当年收获量，向评估委员会报告。评估委员会和共济组合员工，对该受灾地区的被害情况进行抽样调查和实际测量，在此基础上上报共济组合召开损失评估会议，确定赔付保险金金额。全国共济组合联合会根据基层共济组合上报的灾害损失报告，在必要的情况下再进行抽样调查、核实之后确定减收数量，向农林渔业信用基金报告。农林渔业信用基金参考农林水产统计资料，对灾害损失报告考核后决定赔付保险金金额。保险金通过农林渔业信用基金拨付，经全国共济联合会、共济组合到被保险人农户的途径进行赔付。

第二节　农业收入保险

20 世纪 90 年代以来，日本积极扩大"绿箱"政策、缩小"黄箱"政策范围，逐步将生产者保护政策由价格支持转向收入支持。1998 年，日本首次引入"水稻种植经营稳定政策"，拉开了改革序幕。之后，日本施行的"水稻种植收入基础保障政策"和"骨干农户经营对策"继承了这一政策精神。2007年这两项政策被合并为"跨作物品种的稳定经营政策"，这一政策由"缓解收入减少造成影响的相关措施"（填平损失）和"弥补不利生产条件的措施"（抬高基数）两部分构成。前者不分品种，对农业经营主体使用由国家和经营主体均摊保险费收入保险填补由于米价下跌造成的收入损失。2014 年日本探讨引入收入保险制度的可能性，通过数据收集、模拟实验和法制化 3 个阶段完成了前期周密的系统调研和必要的准备之后，2019 年 1 月 1 日起正式实施。该保险参考农户的务农收入并事先锚定务农收入金额，较传统农业保险具有承保广、赔付高、适用性强的特点，并且在保险对象、赔付条件以及赔付标注等具体运行机制上，尽可能与 WTO "绿箱"政策规则保持一致。

截至 2021 年 4 月，日本共有 57 184 个农业经营主体参加农业收入保险，占提交蓝色报税①经营主体的 16.2％，其中农户 52 590 户，农业法人 4 594 个。另外，稻米经营主体加入数量最多，为 35 542 个，占总数的 62.2％，其次是蔬菜（26 635 个、46.6％）和果树（14 183 个，24.8％）。2020 年理赔 5 622 件，赔付保险金金额 132.0 亿日元，平均每件赔付 235 万日元。

一、农业收入保险实施主体

日本农业收入保险实施主体和农业灾害保险相同，都由农业共济组合负责。基层农业共济组合、农业协同组合等办理收入保险的申请、保险金赔付等相关手续。都道府县和全国农业共济组合联合会负责收入保险的监管和协调工作。日本政府通过公共财政补贴的方式，维护农业收入保险制度的平稳发展。具体而言，日本政府对投保农业经营主体缴纳保险费提供 50％～75％的补贴，并对农业收入保险实施主体提供运营费用补贴。日本政府根据 2022 年参保人 40 万个计算，2021 年度拨付农业收入保险政府财政补贴预算 188.4 亿日元，其中保险费补贴 98.6 亿日元、储蓄方式补贴 67.9 亿日元、保险实施主体运营费用补贴 14.6 亿日元、收入保险推广费用补贴 3.9 亿日元和收入保险业务处理系统整备项目 3.3 亿日元。另外，由于农业经营风险通常具有系统性特征，即经营风险通常在同一时间、同一区域的多数农业经营主体中发生，因此，日本政府委托农林渔业信用基金承担农业收入保险再保险业务，分散极端情况下承保主体可能面临的巨额集体赔付风险，保障农业收入保险的稳定运营。

二、农业收入保险的运行机制

日本农业收入保险具有显著的政策性农业保险特征，日本政府对农业收入保险的运行机制给予了明晰安排，充分考虑了如何规避运行中的逆向选择和道德风险问题。以下从投保人、保险对象及保险责任范围、保险金赔付和保险费核算 4 个方面介绍日本农业收入保险的运行机制。

---

① 自营业者等自己核算成本提交纳税材料的市场主体。

（一）投保人

日本农业收入投保人限定为进行蓝色报税的农业经营主体，包括农户和农业法人。日本原则上要求连续报税 5 年以上的经营主体才能参保，但考虑到 2019 年刚刚开始施行该制度，符合条件的农业经营主体数量有限，于是放宽了参保条件，允许有 1 年蓝色报税记录的农业经营主体也可以破例参保。蓝色报税是对自营业者采取的报税制度，有两种方式，一是采取复式记账，纳税人需要提交流水账、总分类账、损益表、资产负债表和库存表等记录其日常农业生产行为的账簿和相关文件，手续较为烦琐，但可以获得每个会计年度 65 万日元抵扣。二是采取单式记账，手续较为简单，但抵扣额仅有 10 万日元。采取以报税额为依据的保险方式，能够全面、系统地反映纳税人资金变动及生产经营状况，便于查证与审核，申报信息可信度高。另外，由于农业收入保险的申报手续较为烦琐并且需要缴纳税金，不依赖农业维持生计的兼业农户往往不感兴趣，起到了分流作用，有利于提升政策资金向专业大户等农业核心经营主体倾斜。

（二）保险对象及保险责任范围

农业收入保险将农业经营主体的农业收入作为保险对象，主要承保自然灾害造成的产量减少、市场原因导致的价格暴跌、被保险人在经营过程中因伤病无法工作、仓储设施浸水造成农作物无法销售、买方破产、盗窃、运输事故和汇率变化等原因导致的收入减少。承保对象农产品主要是自然生长的农产品，原则上不接受加工品参保。但在日本税法上列为农业收入统计范围的初加工农产品可以作为投保对象，主要有：精米、年糕、鲜茶、梅干、精制茶、白萝卜条、蔺草加工品、柿子干、红薯干、干香菇、牛奶等。农业收入保险是集多因素于一体的农业保险，但对于故意压低价格导致的收入减少，没有制作、没有保存农耕日志、没有及时通知修改农耕计划以及未按时缴纳保险费等情况，不予赔付。2020 年，因新冠病毒造成农户无法正常种植或者因来店人数减少，导致的销售额下降所引发的收入减少部分也可获得赔付。

（三）保险金赔付

日本收入保险采用消费型保险方式（以下简称"消费保险"）和储蓄型

保险方式（以下简称"储蓄保险"）相结合的方式承保，其中，消费保险为必选方式，储蓄保险为可选方式。消费保险如当年未发生理赔，缴纳的保险费不予返还，赔付限度根据蓝色报税年限划分，参加蓝色申报年数越久赔付限额越高。储蓄保险缴纳的保险费具有返还性质，在赔付保险损失后如有结余可返还给投保人。

1. 基准收入

是以投保人购买收入保险，含参保当年的前 5 年蓝色报税农业收入的平均值为依据，并参考投保人实际营农规划做出相应调整。同时，日本还综合考虑了农业经营主体调整生产经营规模、经营品种、经营范围可能引起的收入变动，给出了发生上述情况时基准收入的调整方案。其中，投保人在保险期间扩大经营面积或者较过去收入有明显增加的，年底上调 5 年平均基准收入。但如果收入下降且低于平均收入的，则下调基准收入，并采用平均收入和当年收入中最低金额作为基准收入。

2. 赔付方式

如图 11-1 所示投保人的收入在保险期间低于基准收入 90% 时，按照一定的支付比例（即：赔付比例）赔付实际收入与基准收入之间的差额。公式为：赔付金额＝基准收入×赔付限度×赔付比例。其中"赔付限度"和"赔付比例"设置了多档标准供投保人选择。消费保险的赔付限度以基准收入的 80%（进行 5 年以上蓝色报税）为上限，共分为 80%、70%、60%、50% 4 档，储蓄保险的赔付限度可选择 10% 和 5% 两个档。"赔付比例"以 90% 为上限，其中，消费保险的赔付比例分为 5 个档，每档递进 10%，即 50%、60%、70%、80% 和 90%，储蓄型赔付比例分 9 个档（每档为 10%），即 10%～90%。

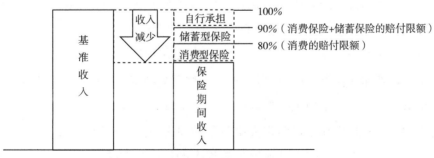

图 11-1　日本农业收入保险的赔付方式

资料来源：農林水産省経営局保険課，収入保険制度の実施［Z/OL］.（2021-04）［2021-05-01］.
https://www.maff.go.jp/j/keiei/nogyohoken/attach/pdf/index-166.pdf

农业收入保险的保险金赔付充分考虑投保人实际务农情况的变化、支付能力等多种因素，在有效降低保险费的原则下，为投保人提供尽可能高的收入保障。依据不同赔付方式、是否选择免赔额等，收入保险的赔付分3种情况：一是基本类型赔付。该赔付方式下，投保人同时选择消费保险和储蓄保险，不设定免赔额，即实际收入为零也可获得赔付，该类型赔付的保险金金额高，但缴纳的保险费也高。二是选择免赔额下限。投保人同时选择消费保险和储蓄保险，规定消费保险免赔额，低于免赔额不予理赔，该类型赔付的保险金金额和缴纳的保险费金额均低于基本类型赔付。三是选择低赔付限度。投保人仅选择消费保险且取较低赔付限度，不设定免赔额，该类型赔付的保险金金额最低。

（四）保险费核算

农业收入保险需要缴纳的费用包括保险费、赔偿准备金以及手续费。因储蓄方式是选择性的保险，因此根据农业经营主体的选择结果缴纳的保险费存在一定差异。

1. 保险费

保险费计算公式为：保险费＝基准收入×赔付限度×赔付比例×保险费率

由于保险费可获得政府50％的补贴，目前扣除财政补贴之后的保险费仅为赔付额的1.08％。另外，为鼓励农业经营主体努力减少收入损失进而降低出险概率，保险费率实行浮动制，不同的出险状况对应不同的风险级别，不同风险级别则对应不同的保险费率。以选择赔付率为80％的情况为例，保险费率以标准保险费率（风险级别为0）为中心，上下各设置10个阶段，共21个阶段。风险级别最低的阶段（－10）的保险费率为0.540％，是标准保险费率1.080％的50％。每个农业经营主体加入收入保险的第一年均适用标准保险费率。如果农业经营主体在第二年未出险，则风险级别向下移动一级，如之后每年都如此，则加入保险10年后保费比例将降为标准值的50％。如果农业经营主体在第二年出险，则根据其领取的保险金金额计算保险损失率（＝赔付保险金/保险费），并相应地由保险损失率所处的损失率区间确定危险级别及对应的保险费率。由于农业经营主体遭受经营损害的程度存在差异，有些农业经营主体一年内可能存在危险级别上移多级的情况，为避免其保险费负担增加过快，农业收入保险规定一年内风险级别最多只能向上移动3级。

2. 赔偿准备金

赔偿准备金计算公式为：赔偿准备金＝基准收入×赔付限度×赔付比率×(1－75％)

赔付比例与保险费的计算公式规定都分为 5 个水平，即 90％、80％、70％、60％和 50％；(1－75％) 指扣除国家财政负担后农业经营主体需自行承担的赔偿准备金比例。

3. 手续费

手续费的计算公式为：手续费＝参保人的人均负担费用＋按赔付金额负担费用

参保人的人均负担费用是指扣除政府财政补贴所支付的手续费，按规定加入保险第一年需缴纳 4 500 日元，其后下调为 3 200 日元；关于按赔付金额负担费用的规定是，按照赔付金额每 1 万日元缴纳 22 日元的手续费。

以基本类型赔付为例，该类型不设置免赔金额即保险期间实际收入为零的情况下也可获得赔付。如投保人采取蓝色报税 5 年，选择基准收入的 90％为赔付保险金上限，假设投保人基准收入为 1 000 万日元，消费保险赔付限度选择 80％，储蓄保险赔付限度选择 10％，赔付比例选择 90％。最终，投保人缴纳 32.5 万日元，其中：保险费为 7.7 万日元，积累金为 22.5 万日元，手续费 2.2 万日元，可获得 810 万日元的收入保险赔付。

第三节　农民养老保险

日本是亚洲最早建立养老保险制度的国家，1939 年颁布《船员保险法》(1939 年法律第 73 号) 建立"船员保险"制度，1942 年颁布《劳动者年金保险法》(1941 年法律第 21 号) 建立"居民养老金保险"。20 世纪 50 年代，随着国民健康保险制度的建立，日本着手研究养老保险制度，并于 1959 年颁布《国民年金法》(1959 年法律第 141 号) 初步实现了全民养老保障。1970 年日本颁布《农业者年金法》(1970 年法律第 78 号) 设立特殊法人的农业者年金基金专职负责农业养老保险工作[①]。2002 年颁布《独立行政法人农业者年金基金法》(2012 年法律第 127 号) 对原体制进行了大幅度改革，由收益确定模式

---

① 日本将农民养老保险称之为农业者年金，下文采用日语表述。

(Defined Benefit，DB) 改革为缴费确定模式（Defined Contribution，DC），同时废除经营农地面积 0.5 公顷以上农户强制加入，保费定额等条件。

一、日本养老保险制度的构成

日本养老保险制度由三个制度构成，第一层是国民年金，也称之为"基本养老保险"，要求全体国民强制加入。中央财政承担行政费用等补贴。第二层包括厚生年金、共济年金、农业者年金和国民年金基金。其中，厚生年金参加对象为大中型企业员工。共济年金参加对象为公务员。这两类年金都是补充性保险，由中央财政承担全部行政管理费用，缴费基数与收入挂钩，劳资各负担一半，并要求全部强制加入。农业者年金对象是低收入农民，属于个人储蓄性养老保险，农民可以自愿加入，政府承担部分养老保险费，并承担相关机构的全部行政管理成本。国民年金基金的参保对象是个体工商户和农民，但是农民不能同时参加农业者年金和国民年金基金。第三层养老保险可选择性较强，主要是企业年金。农民除可以参加农业者年金之外，还可以参加商业性保险作为补充。

二、农民养老保险运营方式

（一）加入条件

农业者年金要求被保险人必须是：全年务农时间超过 60 日，超过 20 岁且未满 60 岁，已加入国民年金的农民。另外，日本政府从改善农业生产经营结构的视角，允许认定农业者或参与其经营的配偶或子女，雇工不超过 5 人，且年农业收入不超过 900 万日元的农业经营主体参保。但农业法人属于中小企业，其主要负责人、成员中从事农业生产的人员属于企业雇工，不得加入农业者年金，只能强制加入厚生年金。农业者年金可以自由申请加入或退出，批准后一次性支付退保费。截至 2019 年，农业者年金被保险人累计达到 41.7 万人[①]，其中 39 岁以下青年参保率为 29.4%。

（二）保险费缴纳

农业者年金采用个人账户模式，由参保农户和中央财政共同承担保险费，

---

① 改革前被保险人总数为 29.0 万人，改革后新加入被保险人 12.7 万人。

其中中央财政补贴 50%。缴费标准根据年龄、性别、预期利率的不同设立不同的档次，月缴保险费金额 2 万～6.7 万日元，由投保人自由选择。截至 2019 年，获得政策支持的被保险人之中，月付保险费 2 万日元的被保险人占被保险人总数的 51.1%、月付保险费 6 万日元以上的被保险人占 11.1%。

（三）养老金领取

农业者年金是缴费储蓄型个人账户养老金，依据个人账户积累的保险费及其运用效益来决定将来可领取的养老金比例。农业者缴纳到 60 岁之后停缴，原则上 65 岁开始至生存期间可领取养老金，也可以申请 60 岁开始领取，但收益相对较差。被保险人在 80 岁之前过世的，继承人可一次性领取养老金。按被保险人 20 岁加入农业者年金，每月缴纳 2 万日元，到 60 岁共缴纳 40 年，缴纳保险费总额 960 万日元。如果生存至 86.5 岁的话，养老金现金价值可达到 1 628 万日元。2020 年日本农业者年金运用收益率为 2.08%，远远高于国债和银行存款收入。

（四）优惠政策

日本农业者年金制度承担着促进调整农业结构的功能，设立了"特例附加年金制度"。一是面向认定农业者提供保险费补贴，例如月缴保费 2 万日元时，投保人实际缴纳的保险费金额可降低到 1 万～1.6 万日元，其差额由中央财政补贴，且补贴期限长达 20 年。二是鼓励老人退出农业生产，加快农地流转。对于缴纳保险费超过 20 年，且退出农业经营，将农地和残存耐用期限超过 10 年的设施转交给继承人或流转给第三者的被保险人给予一定的养老金补贴，提升养老金的现金价值。2020 年，日本中央预算支付 1 191.5 亿日元提供两项补贴，受益人有 46 041 人。

（五）业务开展

农业者年金基金通过基层农协面向农户开展业务。由基层农协金融部门具体办理相关手续。农协将农业者年金当作为农服务的一项主要工作给予重视，部分农协为了吸引成员使用农协服务，还向符合条件的农户提供保险费补贴。另外，农业委员会、各类农协联合会和农林中央金库等涉农组织也从不同侧面配合农业者年金制度平衡发展。

三、农民养老保险资金运用

农业者年金由农业者年金基金会管理。该基金成立于1959年，原为特别法人，2003年改组为公法人性质的独立行政法人，无注册资本金，运营资金由中央财政全额拨付，2020年总预算为34.1亿日元。总部设在东京，现有3名理事（含理事长）、2名监事和74名员工。理事由农林水产省司局级干部、全国性农业团体负责人和学者兼任，监事由农林水产省负责人和注册会计师担任。

农业者年金基金会负责农业者年金运用，实现保值增值。2020年运用资金规模3 367亿日元资金，主要分为4部分，一是商业投资2 321亿日元，投资结构为：国内债券71%，国内股票12%，国外股票12%，国外债券5%。二是国债和短期资产，918亿日元。三是付利准备金等99亿日元。四是风险准备金30亿日元。2020年资产收益49.1亿日元，综合收益率2.08%，远高于同期银行存款。但比2005年最高值减少了7.72个百分点。

第四节 农业经营保险

农业经营类保险商品由农协和其持股子公司——共荣火灾海上株式会社共同开发销售，以消费型保险商品为主，包括农业生产、流通和经营管理等领域的各类险种。

（一）农业赔偿责任保险

该保险保障被保险人在农业生产中因事故对第三方造成的损失，保险责任范围包括，一是因农地或农业设施存在缺陷发生事故。例如观光农场放置器材导致客户碰撞受伤、农产品直营店的电梯故障、地板湿滑或者指示牌坠落造成顾客受伤、玻璃温室玻璃坠落导致行人受伤、蓄水池没有安装栅栏导致儿童溺水、出货用纸箱损坏或仓库农机具放置不当导致来访人员受伤。二是在农事作业中对第三方造成损害或伤害。例如除草作业中石子蹦出导致他人车辆损坏、在农场错误操作农机导致他人受伤、因监管不完善导致参观中的学生、家长等被镰刀割伤或者被家畜踢伤、喷洒农药污染周边农地导致周围农产品农残超标，无法出货等。三是在朋友农场帮忙造成他人受伤。四是销售农产品存在质量问题或混入异物导致客户食物中毒或受伤。五是借用他人的农机具被盗、因自然灾害或自己操作不当损坏以及在观光农场内保管的客人用品遗失。

农业赔偿责任保险为消费型保险，适合观光农场和规模农户，既可以由农业经营主体购买，也可以通过农协购买团体保险。设有 3 000 万日元、5 000 万日元和 1 亿日元 3 个保额档位可供选择，保险费按照农地面积计算，面积越大保险费越高。例如经营农地面积 0.5 公顷的农户购买保额 3 000 万日元的保险，保险费为 6 380 日元。另外，随着日本农村民宿产业发展，农协共济还设立了"民宿赔付附加险"，帮助农业经营主体规避经营民宿业务中发生的经营风险。

（二）食品事业者综合保险

该保险保护农业生产和食品加工主体规避在生产经营中出现的风险。被保险人限于农产品销售额超过总销售额 50％的经营主体，并且对获得 ISO 认证（ISO9000、14000 和 22000 系列）、HACCP 认证、GAP 认证（GLOBAL、JGAP、生协 GAP 等）的经营主体酌减 10％保险费。该保险的保险责任范围部分与农业赔偿责任保险相同，但也有自身特点，主要有：一是赔付因偶发贴错标签、食品质量问题、农残超标、异物混入或根据法律法规政府要求召回所售产品时，产生的媒体广告费、调查费、产品修复再生产费用、顾客通信费、替代产品购入费、寄送费用、仓储费用、人工费、差旅费、废弃费，以及恢复信誉广告费、聘请专家的顾问费和对中间商造成的产品目录修改、重新印刷等费用。二是停业损失。因自然灾害、盗窃、打砸抢、电路设施故障或者因为食品安全等问题被政府下令停业整顿造成的预期收入损失。赔付保险金金额为平时交易额的 10％，且可以连续赔付 3 个月。三是因计算机感染病毒或者管理上的问题导致顾客信息泄露，遭到索赔。赔付法律规定的保险金。四是租赁设施损坏，租用期限超过 1 个月以上的仓库、办公设施、温室、塑料大棚等发生损坏，赔付被保险人重建或修缮费用。另外，该保险还赔付上述保险事件有关的调查取证、诉讼费、律师费、防止损失扩大、紧急处理等费用和事故现场清扫恢复费用、工作人员赴现场的差旅费、通信费和看望受害人的礼品费。该保险设有 1 亿日元、3 亿日元、5 亿日元 3 个保额挡位可供选择。

（三）JA 共济劳动灾害保险

该保险的被保险人限于在规模农户、小微农业企业务工的正式员工、临时工、人力公司外派员工和外国人技能实习生等。保险责任范围包括务工人员在务工中受伤、死亡、残疾、后遗症、住院、手术、门诊、精神疾病和心血管疾病的治疗费用，甚至过劳死的死亡赔付。另外，也对解雇员工引起的纠纷诉讼和相应赔偿责任发生的费用承担赔偿责任。

（四）农药散布用无人机综合保险

农药散布用无人机综合保险是近年来推出的新险种，投保对象是具有农药散布功能，且达到一定重量和价格要求的商用无人机。保险费根据无人机价值确定。保险责任范围包括，一是机体保险责任，因火灾、落雷、爆炸、冰雹、雪灾和洪水等自然灾害，操作不当造成的坠落、碰撞或者外部冲撞、盗窃等造成的机体损伤，需要进行修理或重新购买的费用。二是对人赔偿责任，如无人机操作失误导致他人受伤，需要支付的赔偿金和诉讼费用等。三是对物赔偿责任，因操作失误导致着陆失败并导致他人物品损坏产生的修理费。四是寻找突然失踪的无人机所发生的交通费和住宿费等。

第五节　农村生活保险

农村生活保险是指与农民生活密切相关的人身保险、财产保险和车辆保险，主要由日本农协等合作经济组织承担[1]，是合作经济组织成员对自己生产和生活上可能会产生的不确定性风险而进行的一种互助保险制度。农协的合作保险称为"农协共济"，源于 1912 年产业组合设立的简易保险制度。1947 年颁布的《农业协同组合法》允许农协开展合作保险业务，1948 年北海道成立共济联合会专职开展成员保险业务，1951 年日本成立全国共济农业协同组合联合会，构建了自下而上、上下贯通的合作保险体系。截至 2019 年，日本农协共济持有生命综合共济保单 2 163 万件，保险费金额 103.2 万亿日元；建筑物更新共济保单 990 万件，保险费金额 142.2 万亿日元；车辆共济保单 823 万

---

[1]　渔业协同组合共济业务也涉及生产、生活两个方面。

件，参保车辆 658 万台。其中长期保单金额 245.4 万亿日元，短期保单金额
3 734 亿日元，为成员提供农村生活领域的几乎所有的保险服务。

一、农协共济的运营机制

日本农协构建了两级组织体系，最大限度降低保险风险。农协共济的运营
由基层农协共济部门＋全国共济农协联合会（简称"全国共济联"）组成，2
个机构既各自独立，又密切配合，既有业务分工，又有组织协调，从而构成了
运营良好的农协合作保险体系。其中，基层农协共济部门是整个合作保险系统
的窗口，业务内容主要是普及保险知识和促进成员加入合作保险；办理参保手
续；调查、了解成员的生产生活情况，指导成员正确合理地使用保险权利。全
国共济联现有会员 747 个（有表决权的会员 699 个①），注册资本 7 656 亿日
元，负责运营基层农协上缴的保险费，增强全国合作保险体系实力；统一管理
保险合同，进行保险费的全国范围调剂；开发保险商品，制定全国保险业务规
程、监督经营管理，设置相关机构；配合和支持各项合作保险活动；承担农协
共济的资料统计和汇总等基础工作。另外，基层农协将收到的保险费只留下部
分维持基层农协日常管理，大部分交到全国共济联进行"再保险"。当需要赔
付时，由全国共济联经基层农协向被保险人进行赔付。其中，基层农协起到了
筹集保险费的作用，全国共济联分别发挥对保险费的管理、运用和决算作用，
两者之间有机的分工和合作关系构成了完整高效合作保险体系。

农协共济区别于商业保险在于对保险收益的分配处理方式。农协共济基于
农协经营活动的非营利性和服务性原则，经营利润分配主要包括，对于因实际
事故发生概率小于计划发生概率而产生的经营利益，百分之百返还给成员；对
于因节约实际管理费用，包括各种事务性开支产生的收益，最低 20％返还给
成员；对于因保险资金运作产生的利润，在扣除农协成本之后，剩下部分百分
之百返还给成员。2019 年日本农协共济分配盈余 2 025 亿日元，其中出资返还
按照 2％支付 151 亿日元，按惠顾额返还 98 亿日元，其他 1 187 亿日元作为农
协共济的公共积累。

---

① 基层农协 610 家、县信用联合会 32 家、县经济联合会 8 家、县厚生联合会 33 家、其他联合会 14
家、全国联合会 2 家。

二、农村生活类保险的主要险种

农协共济的农村生活类保险商品主要可分为人身保险、财产保险和车辆保险3个类型（表11-5），其主要险种如下：

表11-5　日本农协合作保险的主要保险商品

	保险目的	保险商品名称
人身保险	减轻突然过世给家里生活造成的压力	终身共济
	减轻老后的生活压力	养老人寿共济
	减轻老后的生活压力	定期人寿共济
	减轻因疾病或健康问题对生活的压力	缓和型终身共济
	储蓄型保险，希望集中使用资金	生存给付型临时支付终身共济
	减轻因疾病和意外伤害治疗对生活的压力	医疗共济
	减轻健康问题导致生活窘迫	缓和型医疗共济
	减轻癌症治疗对生活的压力	防癌共济
	减轻常见病治疗对生活的压力	指定疾病共济
	减轻身体残疾对生活的压力	生活保障共济
	做好看护准备	长期看护共济
	储蓄型保险，希望集中使用资金	短期看护共济
	减轻老后的生活压力	约定利率变动型养老金共济
	减轻子女教育对生活的压力	教育金共济
财产保险	减轻火灾及自然灾害造成的建筑物和家庭财产损失	建筑物更生共济
车辆保险	减轻车辆事故造成的赔偿、受伤、修理损失	车辆共济
农业经营保险	减轻第三者赔偿损失	农业者赔偿责任保险
	减轻召回已售农产品造成的损失	食品召回保险
	减轻雇工受伤治疗，劳务纠纷造成的损失	JA共济工伤保险制度 雇佣惯行灾害保障制度
	减轻因泄露顾客信息造成的赔偿损失	个人信息泄露赔偿责任保险
	减轻因买方破产造成的收入损失	交易信用保险
	减轻农产品出口中发生意外造成的收入损失	海外PL保险、出口货物海上保险
	减轻因交通事故造成的货物损失	运输保险
	减轻使用无人机造成的机体、第三方赔偿损失	农药散布用无人机综合保险
	减轻因仓储设施损坏造成的农产品损失	收获农产品动产综合保险
	减轻因盗窃、自然灾害等造成的办公设施、财产损失	企业财产保险

资料来源：JA共济.2020JA共济のごあんない［R］.東京：JA共济，2020.

(一)人身保险

人身保险分为人寿保险、医疗保险、意外伤害保险、生活保障年金、看护保险和教育金保险六大类。

1. 人寿保险

农协共济的人寿保险以被保险人的寿命为保险标的，且以被保险人的生存或死亡为给付条件的人身保险。其中最为常见的是终身共济，保险期间以被保险人生存为期，保险期间如被保险人因发生意外事故而死亡或发生1级残废时，农协按合同约定给付保险金。该保险的保险费金额标准较低，比较受农民的欢迎，但该险种规定最少缴费年限必须超过15年。另外，还有定期人寿共济，由被保险人从5年、10年、15年、20年、25年和30年的时间段中自由选择缴费年限，使个人资金得到最有效的利用。在做法上这款险种与前述保险相似，即在选择的缴费年限内按一定的比例缴纳保险费，一旦发生意外死亡或1级残废时，农协共济支付约定金额的保险金。

养老共济是常见的储蓄型保险，投保人在约定的缴费年限结束后可得到一笔养老金作为退休后的长期生活费。该保险的缴费年限为5~25年。按30岁男性农民年缴纳10.1万日元计算，到60岁可领取800万~1 000万日元养老金。另外，养老金支付共济与养老共济区别主要在于缴费年限结束后被保险人的养老金可以按年或按月领取。如70岁男性农民一次性缴纳1 495.7万日元保险费，从第二年起可以每年领取100万日元，10年后再一次性领取500万日元养老金。领取期间可由投保人选择，有5年、10年、15年和20年4个档位可供选择。

2. 医疗保险

医疗保险由医疗共济、重疾共济和癌症共济组成。医疗共济保障疾病或事故引发住院治疗的费用，只要住院超过1日即可申请赔付。赔付责任范围包括住院准备费用、住院前后一定期间的门诊、急诊费用和居家治疗的费用。且一生最多理赔4次，每次保障住院90天费用。癌症共济是保障加入保险度过91日观察期之后，因癌症产生的诊断、住院、手术、放射性治疗和长期治疗费用。重疾共济保障心血管疾病、脑血管疾病、糖尿病、肝硬化和慢性肾衰竭等生活习惯型疾病住院及治疗费用，保险期间最多可理赔4次，每次最多赔付300万日元。

3. 意外伤害保险

意外伤害保险是指外来的、突发的、不可预见的、非故意的和非疾病的导致被保险人身体受到伤害的赔偿。农协共济不仅推出了一般性意外事故共济，还设立了"农作业伤害共济"和"特定农机具伤害共济"两种产品，前者是对农业生产事故造成的人身伤害进行赔偿，后者是对操作拖拉机、插秧机、联合收割机、除草机、脱粒机等指定农机具发生的人身意外事故进行赔付。被保险人为农业经营主体及雇工。

4. 生活保障年金

生活保障年金是为因糖尿病并发症、心血管疾病、因病丧失语言能力或者受伤不能从事农业生产，造成收入减少或者无收入农业经营主体提供生活保障。被保险人在连续缴纳 5 年保险费之后，如发生意外事故，可申请领取生活保障金，如到缴费期满没有发生理赔的，可以一次性领取 30% 的保险金，之后再按保险合同规定每年领取一定金额的养老金直到领取完毕。另外，农协共济设计了万能型＋分红型相结合的定额定期年金。该保险约定养老金金额，缴纳 10 年后可以领取。同时，投报人同意保险金用于投资，农协共济约定前 5 年最低分红利率为 0.3%，6 年后上浮到 0.5%，如运营收益高则将提高分红收益。该年金可以选择 5 年、10 年或 15 年，金额一定、加入简便、年金有保障。

5. 看护保险

看护保险被称为"介护共济"，是保障中老年人得病后不能自理时获得看护服务。日本原有看护保险制度将 40～65 岁之间人员定为"1 号介护被保险人"，65 岁以上人员定为"2 号介护被保险人"。1 号看护被保险人无论患有何种病症都可以享受看护服务，但 2 号护理被保险人只有患有指定的 16 种疾病才能获得服务。农协共济是对国家看护保险制度的补充，规定无论 1 号还是 2 号看护被保险人，只要满足不能离开病床附近走动，且不能独自脱衣、入浴、吃饭和大小便无法自理，或者存在对时间、场所和人的认知困难的症状，即可获得看护共济赔付。保险期限截至被保险人身故，且在发病后，可按照看护服务要求，获得房屋结构改造的赔付金。

6. 教育金保险

日本调研显示子女从幼儿园到大学毕业需要 1 071 万～2 518 万日元学费，该保险主要为子女上学提供资金保障。以缴费期间 18 年，每年缴纳 16.2 万日元计算，可领取保险金为 292.4 万日元（包含利息）。被保险人 18 岁起连续 5 年每年可以领取 60 万日元教育金。

（二）家财保险

日本的家财是指建筑物及建筑物内的动产。日本农协的建筑物保险对象不仅包括住宅等生活设施，还包括仓库、温室大棚、圈舍、堆肥车间等农用设施，主要有"建筑物更新共济"和"建筑物事故共济"。建筑物更新共济是对筹集建筑物更新改造资金的保险商品，当保险期限终了后，被保险的建筑物没有发生任何意外损害事故的，由农协一次性赔付一定金额的保险金，用于建筑物维修改造。"建筑物事故共济"是指对因火灾、落雷、爆炸、水管破裂、建筑物遭受外部（高空坠物、碰撞等）或内部冲击、漏水、盗窃、暴动所带来的建筑物和家具等动产损失、整理残存物品费用、修理费用和因上述灾害造成的人身伤害的治疗费用。保险期间可以选择 1 年、2 年或 3 年，事故发生后，按照取得相同财产价格之中的最高金额赔付。

（三）车辆保险

农协共济的车辆保险可分为车辆共济和第三方共济。日本规定纳入保险的家用车辆有 8 种，农协根据农村实际情况增设了"季节性农用车辆保障"附加险，将插秧机、收割机、用药喷洒车辆、除草机和农用货车等也纳入到了保险范围。车辆保险的保险责任范围，一是车辆损伤，因碰撞、自燃、火灾、自然灾害、玻璃和车体损坏、被盗。二是对人赔偿，因交通事故而导致第三方人员死亡、伤病治疗费用。三是对物赔偿，因交通事故而导致第三方车辆、建筑物等损坏。农协共济对人死亡赔付最高 3 000 万日元，后遗症治疗赔偿最高 4 000 万日元，对物赔付不封顶，还可在事故发生后一次性支付 15 万日元丧葬费。对物赔付按照实际购买价格计算。另外，农协共济设定了各种优惠措施，例如成员农用车辆参保酌减 10%、没有出险最高酌减 63%、和交强险一起参保酌减 7%、自动续约酌减 2% 等。

三、农协合作保费的运用

农协共济对日本农业农村发展有着重大影响，为保障资金安全，日本政府对农协开展保险业务，一是严格审批，不允许非出资农协或非出资联合会开展合作保险业务。二是严格审查，由农林水产省监管合作保险业务，对农协共济的章程制定、变更和废止等手续以及保险商品的对象范围、保额、保险费等进行审查。三是严格监管。要求：投资同一项目的资金，不得超过其总资产额的10％；取得股票、证券、土地买卖以及外币资产等，不得超过总资产额的20％；抵押方式贷款的，不得超过总资产额的30％；鼓励农协共济投资农业生产和农村生活项目，但不得超过总资产额的80％。另外，为了保证农协共济业务的运转，对保险费的运用和管理做出了安全性、流通性和收益性规定，要求保险费运用上必须充分考虑到发生突发事件的可能性，对可能发生的情况必须在事前形成一定的对策，尽量把损失范围控制在最低程度；要求在任何时间点上都必须留有充分的可支配的现金；要求保险费运用，必须增加对参保成员的利益返还，降低保险费金额。总体而言，农协共济是在兼顾安全性和流动性的前提下，提高收益性的农村保险体系，2020年日本农协共济运用资产55.5万亿日元，其中投资国债、地方政府债券和国营机构债券比重为83.2％、其次是国外证券（6.9％）、国内有价证券（4.1％）、现金存款（1.6％）、贷款（1.4％）、股票（1.9％）、不动产（0.6％）和其他投资（0.5％）。

第十二章 CHAPTER 12
日本农业科技推广体系 ▶▶▶

　　农业科技推广是将农业科研成果转化为现实生产力的重要环节。日本农业资源异常短缺、环境容量有限和经营规模小，大量超小农不具备独自研发符合市场需求的新技术新农艺和提升自身农业经营水平的能力，与先进农业科技对接也存在推广成本高、管理难度大等难题。明治维新之后，日本积极引入欧美国家先进农艺技术，建立了由中央和地方政府主导，以国有和民间农业科研机构为依托，由政府农业科技推广员、农民合作经济组织和农业企业等多元主体配合的农业科技推广体系。这种"政府公益性农业科技研发＋政府公益性农业科技推广＋农协营农指导制度"为主体的农业科技推广体系，极大地提升了农业科技的推广效率。本章首先介绍日本农业科技推广制度的发展历程。其次分别阐述日本公益性农业科技推广体系、合作经济组织的营农指导制度和民间农业科技推广部门的组织框架和运营模式。最后对日本农业教育体系，包括农业教育机构和学术团体的发展情况进行较为详细的介绍。

第一节　农业科技推广制度的发展历程

　　日本农业科技推广体系始建于明治时期。1885 年，日本建立了农事巡回教师制度，标志着全国有组织的农业科技推广活动的开始。1893 年日本颁布《农会法》，在各地设立了"农业会"负责农业科技推广工作。1893—1899 年，日本建立了国家农业试验研究体制，由国有科研机构在从事科研工作的同时承担农业科技推广工作。1926 年日本农林省成立了经济更生部，管辖全国 1 049 个农业实验站，政府主导的农业科技推广体系初具规模。二战期间日本农业科技推广工作陷入停滞。

二战之后，日本重建农业科技推广体系（表 12 - 1）。1948 年日本颁布《农业改良促进法》①（1948 年法律第 165 号），该法由 3 章 23 条构成，对农业科技推广制度的目标、任务、性质、特点、组织形式和管理机制做出了详细规定。农林水产省依法设置由中央到地方的三级农业科技推广体系，即"农林水产省农业改良局普及部＋都道府县农业改良课＋市町村农业改良委员会"。1949 年，日本设立改良普及员（即农业科技推广员）认证制度，初步建立了科技推广人员的评价体系，并且按照 2 村 1 人的标准配置改良普及员，配备自行车便于在乡间巡回访问农户。

表 12 - 1　日本《农业改良促进法》历次修订的主要内容

年份	修订的主要内容
1948	颁布《农业改良促进法》，详细规定了农业科技推广制度的目标、任务、性质、特点、组织形式和人员管理等内容
1952	修订《农业改良促进法》，增加了专业技术员和普及技术员的设置、职务、任用资格等规定；扩大了辅助对象业务范围；建立了"社区制技术推广制度"
1958	设置"农业改良普及所"
1963	充实了专门技术员的职务内容；设立了农业改良普及员的考核、报酬机制
1977	充实强化农业后继者的研修教育制度；完善国家补贴和协同农业普及业务经费管理制度
1983	明确化协同农业普及事业的运营方针；修改了普及员的报酬标准
1994	将农业改良普及所和蚕业改良普及指导所合并为"农业改良普及中心"；完善农业科技推广业务内容；建立普及协力委员制度；完善研修制度和农户上门访问制度等
2004	取消各地必须设置农业改良普及中心的硬性规定，改为由地方政府根据实际情况自行裁定；合并改良普及员和专业技术员为"普及指导员"
2008	废止技术推广报酬上限制度
2015	放宽对普及指导员的资格要求，允许有农产品加工、销售等领域经验的人员破格成为普及指导员

资料来源：冈部守，章政，等，2004. 日本农业概论 [M]. 北京：中国农业出版社．
農林水産省．協同農業普及事業をめぐる情勢 [R/OL]．（2021 - 01）[2021 - 03 - 10]. https：//www. maff. go. jp/j/seisan/gizyutu/hukyu/h _ about/attach/pdf/index - 31. pdf.

1952 年之后，日本多次修订《农业改良促进法》，不断完善农业科技推广制度。1952 年建立"社区制技术推广制度"，在全国设立了约 3 000 个农业科技推广区，按照每市 2 人每町村 1 人配置技术人员开展农业科技推广工作。1958 年设立"农业改良普及所"，在壮大农业科技推广队伍的同时，围绕旱地

---

① 日语：農業改良助長法。

灌溉、蔬菜无土栽培和中型农机具使用等技术内容，把工作细分为高新技术推广、农业经营指导、产地指导和政策宣讲。1963 年推动农业改良普及所合并，围绕适度规模经营的农业生产技术和高附加价值的设施园艺栽培技术的推广，以及经营管理知识传播和改善新农人培育环境等工作任务，把员工划分为地区普及员和专业普及员。1977 年，理顺了各类农业科技推广机构之间的关系，加快建设地方农业职业高中、农业技校，建立了联结国家、县、所之间的农业科技推广信息系统。1994 年将农业改良普及所和蚕业改良普及指导所合并为"农业改良普及中心"，创设了"普及协力委员"制度，增设了提供农业相关信息、支持返乡务农服务等工作内容。

　　1999 年以来，日本推动行政机构改革，赋予地方政府更多的财权和决策权。2004 年日本对《农业改良促进法》进行了较大幅度修订，取消了各地必须设置农业改良普及中心的硬性规定，改为由地方政府根据实际情况自行裁决。2006 年将农业科技推广业务的财源由国税划为地税，交由地方政府灵活使用。2008 年取消专业技术员和改良普及员的职务设置，合并为"普及指导员"。2011 年取消中央政府的规划权，赋予地方政府因地制宜制定农业科技推广规划的裁决权。2015 年日本进一步打破僵化的农业科技推广体系，一方面要求普及指导员承担更多政策性工作，例如推进六次产业化和发展农旅结合项目；另一方面放宽对普及指导员的资格要求，允许具备农产品加工、销售等经验的人员破格成为普及指导员，增强为农技术服务能力。

第二节　公益性农业科技推广体系[①]

　　农业生产本身除增加农业经营主体自身收入，还承担着保障粮食安全、环境保护和文化传承等多种功能，因此，决定了农业科技推广的公益性性质。1999 年 7 月 16 日施行的《食物农业农村基本法》第 2 章第 3 节第 29 条规定"为了有效促进与农业生产、食品加工和流通相关的技术研发，国家应制订明确的研发目标，强化中央与地方的科研机构、大专院校和民间企业之间的合作，因地制宜，普及推广必要的农业科技。"即把农业科技创新和推广定位为

---

　　① 宋敏，陈廷贵，等，2009. 日本农业推广体系的演变与现状 ［M］. 北京：中国农业出版社. 本章引用该书部分内容。

实现农业可持续发展的重要手段。另外，日本现行《农业改良促进法》第6条第1款规定："为使农业经营主体获取、交流并有效使用农业经营及农村生活有益的适用知识，促进中央和地方政府合作开展农业相关技术推广工作，中央承担地方政府农业推广所需财政资金。"由此可见，日本公益性农业科技推广体系是由中央财政承担部分经费，中央和地方政府划分责任，共同实施的利民项目，因此日本将农业科技推广又称之为"协同农业推广"。当然，法律并不排除中央政府、地方政府或者私人企业独立开展农业科技推广活动。

日本公益性农业推广体系的目的由《农业改良促进法》规定。该法第1条规定："为使农业经营主体获得与农业生产和农村生活密切相关，有益且适用的知识，并能推广普及，本法以促进农业科研创新和技术推广工作发展，推进环境友好型农技普及、培育高效稳定的农业经营主体、振兴具有地域特点的农业产业、改善农村生活为目的。"虽然，随着经济发展和农业农村内外环境的不断变化，日本政府多次修订《农业改良促进法》，但坚持通过农业科技推广促进农民自力更生、积极主动地提升农业生产效率和改善农村生活水平的理念始终没有发生变化。

日本公益性农业科技推广任务随着社会经济环境变化有所调整。2020年农林水产省颁布的《协同农业普及业务运营方针》（令和2年农林水产省告示1693号）规定，农业科技推广的主要任务是：确保、培养核心农户；通过智慧农业实践推进农业生产和流通技术革命；应对气候变化等环境变化、保障粮食安全和推进乡村振兴。

一、运行机制

日本农业科技推广工作依据《食物农业农村基本法》《农业改良促进法》和相关法律法规规定，如表12-2所示，中央政府和地方政府职能划分如下。

表12-2　日本中央政府和地方政府在农业科技推广活动中的职能划分

科目	中央政府	地方政府
工作内容	制定全国协同农业普及工作运营方针；制定提升项目实施效率的宏观政策；提供、收集必要的技术信息为制定农业政策提供参考；提供信息服务；开展大范围农业科技推广活动	制定都道府县协同农业普及工作施行方针，落实开展农业科技推广工作；与科研机构合作研发、推广新技术；培育普及指导员；加强与农业农村相关机构和人才合作；向本地区提供信息服务，开展基于农业经营者视角的外部评估活动

（续）

科目	中央政府	地方政府
运营方针	制定运营方针、通知等	基于运营方针制定实施方案
资金负担	承担协同农业普及工作补贴	承担业务顺利施行的财政资金
素质提升	组织普及指导员资格考试；开展高水平专业技术研修；提供技术服务	配置普及指导员、开展研修活动、按计划培育普及指导员、选任经验丰富人员
推广体制	构建全国联席机制，推进科研机构、民营企业、地方政府之间"产官学"合作	因地制宜地完善农业科技推广体系

资料来源：農林水産省．協同農業普及事業をめぐる情勢［R/OL］．（2021-01）［2021-03-10］． https：//www.maff.go.jp/j/seisan/gizyutu/hukyu/h_about/attach/pdf/index-31.pdf.

先由地方政府提出农业科技推广相关建议，再由中央政府汇总制定5年规划，即"协同农业普及工作运营方针"，内容包括农业科技推广活动面临的问题、普及指导员的配置原则、提高普及指导员素质基本原则、农业科技推广方法和其他农业科技推广相关事宜等。

地方政府再根据本地区特点因地制宜地制定"协同农业普及工作施行方针"，并具体组织开展农业科技推广工作。"农业科技推广施行方针"内容包括未来5年开展农业科技推广工作的基本原则、当地开展农业科技推广工作面临的问题、当地普及指导员配置原则、提高普及指导员素质基本原则、农业科技推广措施和其他有关农业科技推广工作的相关事宜等。

地方政府下设"普及指导中心"，即农业科技推广中心，根据"协同农业普及工作施行方针"进一步制订详细的"农业科技推广指导规划"，有条不紊地开展农业科技推广活动。中央财政为了保证地方政府顺利开展相关工作，每年向地方政府划拨付一定金额的补贴。各地方政府根据自身实际情况预算配套资金，推动开展农业科技推广工作。

在机构设置方面，中央一级农业科技推广工作由农林水产省生产局技术普及课负责。该课属于处级单位，由新技术负责科、组织运营科、普及推广推进科、研修指导科和生产资料科等部门组织，分别负责农业科技推广各领域工作。地方一级农业科技推广工作由都道府县政府所属农林水产部经营技术支援科负责，下设经营总务组、经营企划组、经营支援组和研究调整组，部分地区设立了农业改良技术推广中心和农业综合试验场。

另外，农林水产省设立"普及指导员"资格考试和专业培训制度，地方政府根据自身需求，设置普及指导员岗位编制并安排具体工作。

二、基层农业科技推广机构——普及指导中心

普及指导中心是基层农业科技推广机构，直接面对农民开展农业科技推广工作，并把工作中遇到的问题和农户需求反映给上级行政机关和科研单位，协调各方力量共同解决。都道府县农林主管部门制定本地实施方针，设置普及指导中心，配置具备相应资格的农业科技推广员，即普及指导员，制定农业科技推广规划并负责实施。

依据《农业改良促进法》第12条规定，普及指导中心承担：普及指导员根据该法第8条第2项各款规定（调查研究和技术推广）开展工作，并总结所获得的成果，综合开展其他农业经营或农村生活有关科技知识的推广工作；向农业经营主体提供提升农业经营或农村生活水平的相关信息；向新农人提供信息、咨询等业务活动（不包括研修教育活动）。2005年随着日本推进行政制度改革，中央政府赋予地方政府更多的自治权，2006年规定将农业推广业务经费财源由中央交予地方政府，总额度达到182亿日元。

1958年日本全国有1 630个农业改良普及所。1965年起随着农业推广从小区域推广体制转向中区域推广体制，农业改良普及所相继合并，1969年减少到630个。之后，随着日本农业规模缩小，农业改良普及所的数量不断减少，1993年减少到591个。2000年更名后的普及指导中心减至485个，2019年仅剩360个，派出机构121个。另外，中央承担的协同农业普及事业补贴金额持续减少，2020年只有24亿日元，是2005年的11.0%（表12-3）。

表12-3 日本普及指导中心等发展情况

	2005年	2010年	2015年	2017年	2018年	2019年	2020年
普及指导中心（个）	457	369	365	361	360	360	—
派出机构（所）	34	131	125	121	121	121	—
普及指导员（人）	8 886	7 206	6 568	6 378	6 351	6 289	5 987
具备农业实践经验的人员（人）	—	450	784	943	941	978	1 282
协同农业普及事业补贴（亿日元）	218	36	24	24	24	24	24

资料来源：農林水産省. 協同農業普及事業をめぐる情勢［R/OL］.（2021-01）［2021-03-10］. https://www.maff.go.jp/j/seisan/gizyutu/hukyu/h_about/attach/pdf/index-31.pdf.

三、农业科技推广人员——普及指导员

（一）普及指导员的设置

2004 年修订后的《农业改良促进法》把"专业技术员"[①] 和"改良普及员"[②] 两种职务合并为"普及指导员"，并在第 8 条第 2 项规定：普及指导员负责协调科研机构、市町村政府、农业团体和大专院校等机构；开展专项课题和技术推广活动相关技术与方法调研；通过巡回指导、咨询服务、农场示范、培训等方法，向农户普及推广适宜农业生产方式，以及提升农业经营水平和农村生活质量所必需的科技知识。另外，该法废除了普及指导员必须隶属普及指导中心和普及指导员中心负责人必须由普及指导员担任的硬性规定，使普及指导员可以更多地分担地方农业行政部门工作，提升地方政府行政管理水平。2015 年日本进一步扩大普及指导员的任用资格范围，允许了解六次产业化发展情况和具备相关经验的专业人员破格成为普及指导员。

（二）普及指导员任用资格

普及指导员属于国家或地方公务员，人员招聘实行严格的考试录用制。《农业改良促进法》第 9 条规定："根据农林水产省令规定通过普及指导员资格考试或依据其他政策规定有资格的人员，可成为普及指导员。"申请考试资格对学历和工作经验有一定要求，其中高中毕业要求 10 年工作经验、大专毕业要求 6 年、本科毕业要求 4 年，研究生毕业要求 2 年。普及指导员工作地点如表12－4所示，主要有：普及指导中心、地方政府相关科室、地方科研机构、农业大学等高校和其他机构。

---

① 依据《农业改良促进法》规定，由市町村设置，从事农业科技推广的专职人员，主要工作内容是协调科研机构、农业团体和大专院校等机构，开展调研活动，并在专业知识及农业科技推广的方式方法上指导改良普及员工作。专业技术员根据工作内容分为两类，一是承担专项业务调研活动；二是指导改良普及员提升其专业业务水平，改进农业科技推广方式方法。

② 依据《农业改良促进法》规定，由市町村设置，通过巡回指导、咨询服务、农场示范、举办培训班和器材演示等方法，向农户推广适宜农业生产方式，改善农业经营水平和农村生活质量所必需的科技知识的专职人员。改良普及员根据业务内容分为"农业改良普及员"和"生活改良普及员"，各自开展相关工作，后合并。

表 12-4　日本普及指导员就职部门分布（2019 年）

	合计	普及指导中心	地方政府相关科室	科研机构	农业大学等高校	其他机构
都道府县	—	47	26	11	23	10
人数（人）	6 289	5 687	226	61	252	63
占比（%）	100.0	90.4	3.6	1.0	4.0	1.0

资料来源：農林水産省. 協同農業普及事業をめぐる情勢［R/OL］. （2021-01）［2021-03-10］. https：//www.maff.go.jp/j/seisan/gizyutu/hukyu/h_about/attach/pdf/index-31.pdf.

普及指导员要求掌握农业基础理论和专业知识。农业基础理论包括农业农村政策、农业科技、农业经营和农业生活相关知识，专业知识考核科目细分为种植、畜牧、园艺、土肥、植保、农机、地区规划、流通加工和经营管理。普及指导员一旦通过考试，终身录用，因此考试难度较大，2019 年报考人员 612 人，合格率只有 62.3%。

（三）普及指导员培训

日本非常重视对普及指导员的培训，针对不同专业领域制定不同的培训计划。培训计划对培训范围、培训方式和培训绩效也都有详尽的规定，并且编入国家和地方规划。日本对普及指导员的培训，按培训实施主体分中央政府培训、都道府县培训和普及指导中心培训 3 类。按培训内容可分为专业领域培训、特定课题培训和地区课题培训。日本农林水产省负责普及指导员的业务培训工作，每年覆盖 17%～19% 的普及指导员。都道府县举办的培训比较多，2019 年达到人均 2.2 次，培训人次 15 837 次。

普及指导员培训根据培训目标的不同内容也有所差异。入职培训内容主要有：农业政策、农业科技推广制度、农村区域开发、推广指导活动方法、推广指导规划管理和各专业技术（包括促进乡村振兴、发挥女性和老人作用等）。对普及指导员的日常培训目的是提升为农服务能力，根据当前农业农村发展情况和农业科技推广中遇到的问题设定课程，内容包括最新技术发展动向，调查研究活动及其成果研讨，农业科技推广面临的共同课题等。

四、农业科技推广方式

农业科技推广方式主要有两种。一是专业化推广方式。改良普及中心内设不同专业领域，如蔬菜、果树、花卉和畜牧等领域，分别由不同业务专长的普及指导员负责对农民进行指导。近年来，改良普及中心机构不断精简，管辖地区范围不断扩大，为便于开展农业科技推广工作，又按区域对人员工作内容进行细化，建立了普及指导员之间的合作机制。农业科技推广原则上采用巡回推广方式，工作对象是农户时采取上门巡访，工作对象是农协等农民组织成员时采用讲座，对象是农民组织负责人时采取座谈等方式。从推广方法来看，有经验介绍和实地教学两种。经验介绍一般基于文字材料和技术资料采用 PPT、图表、照片和电视录像等演示。实地教学采取组织参观、实物展示和技术示范等方式。对于生产中产生的实际问题，采用座谈的形式针对具体问题深入探讨，提出改进意见。

二是网络推广方式。随着网络技术快速发展，网络推广已成为日本农业科技推广的一种重要方式。目前，农业普及协会管理的 EK-SYSTEM（Extension Knowledge SYSTEM）系统建立了链接日本各地的改良普及中心和农业科技推广相关科研机构的数据库，便于向农户提供最新技术信息。近年来，各地改良普及中心相继开设了自己的网站，主动发布新品种新技术新农艺信息，农民可以通过阅读网络资料，或者电话、邮件的方式向改良普及中心咨询更为详细的信息，目前这种方式正在逐渐替代上门巡访。

第三节　合作经济组织的营农指导体系

日本公益性农业科技推广员数量少，工作任务重，很难经常上门开展农业科技推广工作，实际工作大多通过农协、渔协和森林组织等农民合作经济组织作为中介，汇总农户意见，联系组织农户开展培训工作。农业科技推广服务虽然不能给各类农民合作经济组织带来直接经济收入，甚至都是亏本经营，但日本合作经济组织把农业科技推广服务作为对成员传播合作经济理念的实践活动，并将其定义为"教育"活动，力图通过为农服务，唤起成员自主、自觉的经营行为，提升成员"人人为我，我为人人"的奉献精神。因此在理念上将农业推广工作作为提升农业经营和农村生活必不可少的基础工作，并在整个业务活动中占有极其重要的地位。

日本各类合作经济组织都建有相对独立的农技推广体系。如农协的营农指导，渔协的水产改良普及体系、专业奶协等的经营指导体系和森协的林业普及指导体系等。虽然，业务内容受行业特点制约有所不同，但发挥的作用基本相同。本节以农协为例进行阐述。

日本《农业协同组合法》第 10 条规定农协必须开展以农业科技推广为主的社会化服务工作。1949 年农协颁布《关于农协技术员活动和整顿要领》对农技推广工作做了明确规定，要求各地农协根据成员需求设立营农指导部门，负责农业科技推广工作。20 世纪 50 年代，日本基本形成了"政府公益性农业科技研发＋政府公益性农业科技推广＋农协营农指导体系"相结合的农业科技推广体系。其中，政府部门负责研发投资周期长、回报慢的新品种、新技术，并负责信息传播。农协营农指导员负责协调、辅助政府和成员农户对接，组织成员参加培训，解决农业生产中的技术问题。

日本农协的营农指导业务，主要是配合落实国家农业政策。20 世纪 50 年代，日本国内经济处于极度混乱状态之中，日本政府把增加粮食产量作为农业发展的主要目标。农协营农指导部门协助政府以粮食增产为目标，积极开展良种和新型农技推广工作，帮助日本度过了粮荒。60 年代，日本农产品供给过剩，政府推动供给侧结构性改革。农协营农指导部门深入调查消费端的需求变化，为成员农户提供差异化、周年化和高品质农产品生产规划。目前，日本农业生产中的老龄化、过疏化问题日益突出，农协营农指导部门不仅开展例如推广新农艺、新品种和新农法的技术推广工作，还参与制定所在地区农业振兴规划，引导成员农户制定生产经营规划；开展农地整治；帮助推动农地集约经营，因地制宜地推动农业产业化发展；提升当地资源使用效率；统一农畜产品的品质，引进优良品种、统一农艺工艺或饲育标准；指导农户购买生产生活资料；提供相应的信用支持；统一农产品规格，组织农户分级筛选；组织同业成员组建产业分会，促进交流种植或饲育技术、信息，提升成员整体素质和经营能力；培育中青年农业继承人和农村主力；帮助成员组织各种助农活动，培育农民带头人。

农协农业科技推广服务不带有任何强制性，完全由成员自己决定是否愿意接受服务。营农指导业务经费主要来源于地方政府补贴、上级农协联合会补助、会员均摊费用、农协拥有的大型机械和公共设施使用费收入和农协其他业务的盈余等。其中来自金融和保险业务的盈余是主要资金来源。如表 12-5 所示，2018 年日本综合农协总收入 50 389.4 亿日元，纯利润 18 014.0 亿日元，其中金融、保险、农业生产和生活物资部门均有不同程度的盈利，但营农指导业务净亏损 175.4 亿日元。

表 12 - 5 日本综合农协不同部门的盈余情况（2018 年）

单位：亿日元

业务部门	合计	金融	保险	农资供给和农产品销售	生活物资供给	营农指导
总收入	50 389.4	9 222.2	4 960.3	24 782.7	11 124.6	299.6
总成本	32 375.4	1 579.9	318.3	20 750.3	9 251.8	475.1
纯利润	18 014.0	7 642.3	4 642.0	4 032.3	1 872.8	−175.4

资料来源：農林水産省 . 平成 30 事业年度総合農協統計表［DB/OL］.（2020 - 05 - 27）［2021 - 03 - 10］. https：//www.e-stat.go.jp/stat-search.

农协营农指导体系由全国和都道府县联合会、中央会和基层农协构成。其中全国和都道府县农协中央会分别设置了营农指导部门，指导全国或本地基层农协开展营农指导工作，举办相关业务培训，提升营农指导部门工作人员的整体素质。全国和都道府县农协经济联合会是承担基层农协农产品销售和生产资料购买的专业联合会，主要提供与农产品销售和生产资料购买紧密相关的技术推广服务，部分地区的农协经济联合会为了细分市场，设置了农业科技研发部门，研发适宜本地自然特征的种苗和农艺技术。例如 20 世纪 70 年代末，长野县农协联合会设立的食用菌研究所开发了白色金针菇品种，曾垄断市场近 20 年，极大地增加了成员农户的收入。另外，部分专业农协全国联合会也有相同设置，例如，日本全国香菇农业协同组合联合会在鸟取县设立了菌蕈研究所，专门培育适宜小农户生产的椴木香菇菌种，大大降低了菇农菌种购置成本。这些农协系统的科研部门同时兼任技术推广工作，通常通过基层农协的营农指导体系面向农户提供农技推广服务。

基层农协的农业科技推广由营农指导员负责。日本农协为提升农技推广质量，制订了"营农指导员"认证制度，要求必须掌握基本农业农村相关知识。虽然从制度上来看，获得营农指导员在工资待遇上和其他员工没有任何差别，但可以优先获得晋升机会，受到农协员工的关注。日本农协把营农指导员划分为营农咨询员、营农技术员、营农技术专员和营农规划员 4 个级别，要求相关级别的营农指导员必须具备学识、经验和人品三个条件（表 12 - 6）。日本农协中央会制定了相关考察标准，农协员工结合自身条件，自由报考相应资格。为提升营农指导员的业务水平，农协根据自身需求派遣营农指导员到相关部门实习。截至 2018 年，日本有 639 个综合农协，配备了营农指导员 13 507 人，其中蔬菜种植类营农指导员 3 951 人（29.3%）、耕种类 3 229 人（23.9%）、农户经营指导 1 613 人（11.9%）、畜牧养殖 1 428 人（10.6%）、果树种植 1 389 人（10.3%）、农业机械技术指导 157 人（1.2%）和其他 1 740 人（12.9%）。

表 12-6　日本农业协同组合的营农指导员资格条件

名称	营农咨询员	营农技术员	营农技术专员	营农规划员
参考条件	Ⅰ. 农业专科大学本科毕业 Ⅱ. 高中毕业且具备一定的农业经营经验	Ⅰ. 农业专科大学本科毕业，且具备 2 年以上营农指导经验 Ⅱ. 高中毕业且具备 6 年以上营农指导经验	Ⅰ. 获得营农咨询员资格 5 年以上 Ⅱ. 参加 2 门以上专业培训或者实习	Ⅰ. 获得营农技术专员资格 5 年以上 Ⅱ. 参加专业研修
其他条件	学识条件：农业经济学知识、栽培饲养等专业知识、法律、税务、金融专业知识、经营知识、流通知识等 技能条件：栽培管理实践能力、农业机械操作能力、调研分析能力和农业经营管理能力 人品条件：责任感、正直、诚实、亲和力和协调能力			

资料来源：西井賢悟.JA営農指導員のキャリア形成実態と人材育成の課題［J］. 農林業問題研究，2008（6）：99-104.

近年来，随着基层农协合并，单社成员数量不断增加，农协把所管地区划分成不同片区，在各个片区内设置了"营农综合中心"，通过集中配置营农指导资源强化为农科技服务能力，一方面根据各片区农业发展特点，配置相应专业的营农指导员，另一方面设置农机中心、育苗中心、选果工厂等基础设施，方便成员农户使用。另外，为了更为有效地开展营农指导工作，农协加强组织建设，让成员农户充分反映自己意见，发挥成员农户的主人翁作用，一是鼓励成员农户按行业设立各种产业分会，例如稻谷分会、苹果分会等配合农协营农指导员开展工作。这些产业分会都是由从事同一农产品生产或者提供同一服务的成员组成。营农指导员收集相关信息，提供专业咨询服务，并和成员一起制定生产规划、销售规划，管理加工分级包装设施设备和帮助组织申请国家补贴。二是以村落为单位帮助成员农户成立分支机构，例如"农家协会"等，和营农指导员共同商议改善农业经营和生活环境等方面事宜，并提交农协协助解决。三是协助成立青年成员的"青年部"和妇女成员为主的"女性部"等。四是设置由大户和职业经理人组成的"运营委员会"，指导成员农户开展经营活动。农协还选出部分优秀员工和技术能手担任营农顾问，辅助营农指导员的工作。营农指导员从以往主要面对农户提供服务，转为同时面对各类农协内部组织和农户开展农技推广服务，效率得到显著提升。

日本农协营农指导业务不仅仅只限于农技推广业务，还包含生活指导业务，即提升成员农户生活水平，促进区域社会快速发展。农协帮助成员制定生活规划，提供改善生活水平和健康管理等方面的服务。随着工业化、城镇化快速发展，农业衰退，部分地区对农业生产技术的需求减弱，而在购买生活物资、康养和医疗等方面提出了新的需求。农协通过和兼业成员农户合作，向成员提供生活用品团购、老人看护、婚葬礼仪、生活与教育文化活动，以及生活保险、消费贷款等相关服务，既增强了成员和农协的黏度，同时基于服务的多元化发挥范围经济效益，也降低了人员成本，增加了农协收入。特别是在偏远地区，农协生活指导服务帮助成员农户团购食物、制定养老规划，在提升成员生活品质和推进乡村振兴方面发挥了重要作用。

第四节 民间农业科技推广体系

一、行业协会

行业协会是日本农技推广体系中不可缺少的重要组成部分，是介于政府与农民、市场与农户之间的中间组织，作为一种市场和社会中介，具有较强的非政府性和非营利性特点，不仅具有调节市场主体的利益关系、弥补市场缺陷的功能，还可以调节公共关系，监督和约束公权运行，实现社会权力的均衡化和民主化。日本农业行业协会组织非常发达，普及面广且组织严密。例如：在奶业领域有中央酪农会议、全国酪农协会、乳业协会、乳业技术协会、日本乳制品牛奶协会等全国性组织以及各地的酪农畜产协会、酪农检定检查协会等。这些行业组织分别承担生产、流通、消费中的某一特殊环节或几个环节的技术推广和信息交流工作，相互之间既有合作也有竞争。通常全国层级的行业协会成员是地方团体法人，不接纳自然人入会。而地方行业协会成员基本上是本地农户，团体成员较少。全国性行业协会承担中央政府或者地方政府委派项目，并汇总成员诉求形成政策建议，较地方协会享有更大的发言权。地方行业协会有偿或无偿开展具体的农业科技推广工作，两者都是依据《宪法》《民法》和其他法律法规成立的社团组织，所有活动受法律保护。财务收入主要来自会费收入、业务收入和各类投资收入，除少数行业协会之外，大部分行业协会都没有财政补贴，但可以通过承担政府委托的项目获得管理收入。行业协会会长通过选举产生，也有部分行业协会会长由政府退休官员担任，因此，日本大部分行业协会和政府多多少少保持着一定程度的协作关系。

以日本中央畜产会为例，该协会是由地方畜牧协会、畜产品卫生指导协会以及畜牧相关农协、农协联合会、农业共济组合联合会为成员成立的公益性财团法人。截至2020年4月共有会员242名，其中全国层级的团体会员60人（如日本养猪协会、全国和牛登录协会等）、地方畜牧协会会员52人、赞助会员71人（如酪农政治联盟、森永酪农振兴协会等）和机械设施部会员59人。目前，会长由全国肉牛振兴基金会会长兼任，副会长由畜牧环境整备机构理事长等担任。1955年协会成立之后，有组织地协调科研机构，普及指导中心和成员团体技术人员开展畜牧经营、技术和卫生防疫等技术推广工作，普及降低畜牧经营成本和家畜饲养方面的基础知识，促进畜产品生产、流通和消费。

中央畜产会的农业科技推广工作主要由"中央畜产顾问团"承担。该部门由相关领域专家和具备丰富经验的技术人员组成，对地方成员的技术推广工作提供帮助。2020年中央畜产会开展各类业务、技能培训和承担相关项目共12项，支出经费29 581.5万日元。中央畜产会承办"综合畜产顾问"国家资格认证考试，每年举办一次，应试资格要求达到农业院校的大专或本科毕业水平。考试内容涉及经营学、会计学和法学等经营类科目及畜牧、土肥管理和病虫害等畜牧相关技术科目，注重理论和实践相结合。合格率在80%左右，获得国家资格证书后可在地方畜牧协会工作，负责技术推广工作，2020年通过该资格考试的只有13人。另外，中央畜产会鼓励成员协会成立"畜产顾问团"，具体负责对农户的经营业务指导工作。顾问团由总畜产顾问、畜产顾问和外聘畜产顾问组成。其中总畜产顾问是顾问团负责人，要求必须持有"综合畜产顾问"证书。畜产顾问是综合畜产顾问的助理，没有资格要求，只要地方畜产协会批准即可录用，负责面向农户的具体咨询工作。外聘畜产顾问是畜牧相关团体、大专院校和科研单位的畜牧专家。地方畜牧协会对成员农户提供技术咨询一般收取少量费用，收费标准各地有所差异，例如宫崎县畜牧协会为农户提供技术服务，通常收取肉牛类2 000～7 000日元，生猪养殖1万日元的服务费。

另外，中央畜产会鉴于畜产品从生产到销售周期长，融资成本高等问题，设立了专项资金，对农户改善养殖环境、加强防疫、取得 HACCP 认证、GAP 认证等提升技术水平的经营活动提供贴息服务。在成员农户申请贷款之前，派综合畜产顾问等了解农户经营情况，对其提供相应的技术、经营和信息等方面的咨询服务，帮助农户合理筹划贷款，规避经营风险。2020 年中央畜产会共承接 17 个项目，提供贴息共 249 089.8 万日元。

二、民营企业

在日本，无论是政府主导，还是农协、行业协会主导的农业科技推广体系基本上是非营利性的，民营企业进行的有偿技术推广业务并没有多少市场空间。但随着农业经营向规模化、企业化方向发展，对于差异化农业技术的需求日益增加，现行均质性的农业科技推广体系服务已无法满足其需求，民营企业的作用变得越发重要。

民营企业主要从事种子、化肥、农药、农业机械等产品研发、经费自负，开展农业科技推广工作，根据其具体内容可分为以下 3 种类型。一是进行生产技术相关咨询服务。民营企业的农业科技推广大多数是以推销产品为目的，并且借助农协或者行业协会组织开设讲座、试种等方式推广技术。例如：北研株式会社是日本香菇菌种的专业研发生产企业，占日本香菇菌种市场份额的60% 左右。公司员工 200 余人，在全国设立 7 个分支机构，定期通过农协开办培训班介绍新品种特性和栽培技术，还组织种植大户成立了生产者联盟，定期召开全国性商品推荐会和现场技术指导活动。另外，授权农协菌包生产中心制作栽培种，卖给成员农户种植。不定期巡访农协，解决种植问题，传授相关的种植技术。二是提供农业经营方面的业务咨询服务。例如，农业企业需要定期向日本税务部门报税，代记账公司提供相应的咨询服务，帮助整理提交税务申请书、申报书等材料，提供合法避税建议等会计知识。另外，随着雇工农业的发展，为公司员工提供保险的需求增加，专业公司向农业企业提供劳务、人才派遣等方面的法律、人事及劳务管理咨询，促进农业企业健康发展和提高劳动者福祉。三是进行市场销售指导的营销型农业咨询服务。例如，批发商或者零售商定期将顾客建议反馈给农协或农户，同时帮助一起改进生产流程，提供满足市场需求的农产品。

<h1 style="text-align:center">第五节　农业教育体系</h1>

日本重视农业教育在推进农业现代化中的作用，明治维新之后积极引进西方农学思想和先进农法，并逐步建立起了现代农业教育制度。二战之后，日本引入美国 6 - 3 - 3 - 4 单线教学体制，并且不断完善，目前基本形成高、中、初级农业学校相结合的农业教育体系。

一、农业教育机构

（一）高等农业教育机构

1. 农业专科大学

1876 年设立的札幌农学校（现北海道大学）、1877 年设立的三田育苗场、1887 年开设的驹场农学校（现东京大学农学部）是日本最早的农业教育机构。二战之前，农业专科大学只有东京农业大学 1 所，设立农学部的综合大学有东京帝国大学、北海道帝国大学、京都帝国大学和九州帝国大学 4 所。二战之后，部分大学吸收当地农业技校成立农学部，含有农学专业的大学数量显著增加。截至 2018 年，日本农业专科大学有 3 所：公立性质的东京农工大学和私立性质的东京农业大学、新潟食料农业大学。拥有农学专业的国立或公立大学有 23 所，私立大学 9 所。但随着农业研究领域的不断扩大，使用"生物""生命""资源""环境"等名称，课程设置上与食物和农业农村相关的学科有所增加，按照农学部检索，包含大专在内，目前日本共有 97 所大学含有农林水产业有关专业，学生总数约有 8 万人。

2. 农业大学校

农业大学校是面向农村青年，使其获得提升农业经营能力和农村生活水平的技能及相应知识，成长为现代农业经营主力的大专学历教育机构。农业大学校由地方政府出资成立，截至 2018 年，除东京都、秋田县、富山县、石川县和福井县以外，日本共有 42 个都道府县设立了农业大学校。如表 12 - 7 所示，课程安排分为培训课程、研究课程和研修课程。目前设培训课程的农业大学校有 15 所，其中 2 年制的 10 所、1 年制的 4 所，1 年或 2 年都有的 1 所。

农业大学校教学内容根据农林水产省制定的协同农业普及工作方针设置，

一般 2 年课程要求授课时间达到 2 400 小时以上，其中理论学习和实习要求各占一半。各地课程设置具有鲜明的地方特色，例如北海道立农业大学校课程基于北海道农业发展特点设置有畜牧经营、旱田园艺作物、农业经营和稻谷经营 4 个专业，其中畜牧经营主要传授奶牛和肉牛饲养管理、卫生管理、人工授精、削蹄、饲料作物栽培和使用、受精卵移植等实用技术和农场 HACCP 认证等管理制度。

表 12 - 7　日本农业大学校的教育课程安排

	招生对象	学习时间	教学内容	教学方式
培训课程	高中毕业或同等学力以上	2 年 2 400 小时（80 个单位）	专业课程（稻谷、旱田作物、蔬菜、果树、花卉、牛奶、肉牛、生猪、养鸡等）	课堂学习和实践各 50%
研究课程	农业大学毕业生或大专毕业生	2 年 2 400 小时（80 个单位）以上。也有 1 年制学校	专业课程（稻谷、旱田作物、蔬菜、果树、花卉、牛奶、肉牛、生猪、养鸡等），课程内容较难，培养高水平农业科技和经营能力人员	课堂学习和实践各 50%
研修课程	希望提升技术和知识水平的农民或者新农人	1 日以上（根据课程内容不同有所差异）	不同领域的课程不同（农业科技、农机操作、经营管理和农业体验等）	根据学员经营情况和发展阶段安排

资料来源：農林水産省. 道府県の農業大学校における研修教育［EB/OL］.（2020 - 04 - 01）［2021 - 03 - 10］. https：//www.maff.go.jp/j/keiei/nougyou _ jinzaiikusei _ kakuho/kyoiku _ syoukai.html.

近年来，随着高等农业教育机构的发展，农业专科大学和综合大学农学相关专业招生人数增加，农业大学校招生人数持续减少，2019 年约为 2 000 人左右，是 20 世纪 80 年代末的约 25%。目前爱知县立农业大学校招生人数最多，每年 100 人。其他学校年招生人数参差不齐，大部分仅有 5～10 人。农业大学校采取书面论述和面试为主的入学考试，低收入家庭或者受灾地区学生可以申请学费减免，免除额最多为 50%。

农业大学校以技能教育为主，毕业生可以以大专学历参加公务员考试，也可以参加农业大学 3 年级插班入学考试，但 40% 以上毕业生都选择了返乡务农。近年来，非农民入学人员增加，大多在毕业后选择在农场就职或者自己务农。

（二）中初等农业职业教育机构

1. 农业高中

农业高中是学习农业专业技术和农业经营管理知识的职业高中，大部分源于二战之后原实业学校和养蚕学校改制成立。1965—1969年，农业高中主要以培养青年农民为主，授课时间集中在农闲期的白天，目前基本上改制成为了全日制高中。农业高中课程设置具有浓厚的地方特色，基础课程主要有农业生产技术、园艺、农业土木工程、农业机械和畜牧等专业课，部分地区的农业高中根据当地农业农村发展情况设立了农业经营学、家政学、会计学等经营类课程，还有部分农业高中具有明确的就业培训色彩，如新潟县立吉川高等特别支援学校设立清酒酿造学科，为当地酒厂输送人才①。随着经济高速发展、农业从业人员减少和机械化、规模化经营的快速发展，农业高中地位有所下降，据农林水产省统计显示，1954年日本共有农业高中541所，2018年减少到367所，降幅为32.2%；学生数量最多时达到约20万人，2018年减少到88 650人，降幅约为60%。农业高中毕业生除部分返回农村继承家业从事农业生产之外，大部分都在涉农领域工作，如政府农业部门、农协、食品工厂和造园公司等。另外，随着日本高学历化，选择报考大学继续深造的毕业生数量增加，2002年已经达到毕业生的41.6%。

2. 农业技校

日本农业技校数量不多，总共只有十余个，如表12-8所示比较知名的有：TAKII研究农场附属园艺专门学校、OISCA开发教育专门学校、农业环境简况研究所农业大学校、岐阜县立国际园艺专科学院、中央农业绿色专门学校、新潟农业生物专门学校、北海道农业专门学校和亚洲农村指导者养成专门学校等。农业技校招生对象主要是初中毕业生或高中毕业生，课程设置适应农业生产和市场发展的实际需要，因此非常重视学生实践能力的培养，农业社会实践课程往往要占到多半时间。

农业技校设立主体非常复杂，既有地方政府、也有营利性教育集团，还有科研院所、企业和行业协会。目前，由地方政府设立的农业技校只有岐阜县立国际园艺专科学院1所，主要以培养花艺人才为目标，设立切花生产、花卉装饰和造园绿化等专业，理论教学和社会实践的时间比例是4：6，而且还安排了学生赴荷兰和英国实习，并要求学生在相关领域实习25天以上。学生毕业之后，主要在花店、造园公司、公园或者农业企业工作②。

---

① 新潟農業バイオ専門学校. [2021-03-10]. https：//abio.jp.
② 岐阜県立国際園芸. [2021-03-10]. アカデミー. https：//www.horticulture.ac.jp/.

表 12-8 日本主要农业技校概况

学校名称	TAKII 研究农场附属园艺专门学校	OISCA 开发教育专门学校	农业环境简况研究所农业大学学校	岐阜县立国际园艺专科学院	中央农业绿色专门学校	新潟农业生物专门学校
成立年份	1947 年	1986 年	1990 年	2004 年	2011 年	2011 年
设立主体	TAKII 种苗株式会社	学校法人中野学园	公益财团法人农业环境健康研究所	岐阜县政府	学校法人有坂中央学园	学校法人国际综合学园
学校类型	专门学校	专门学校	非法人	专门学校	专门学校	专门学校
学校地址	滋贺县	静冈县	静冈县	岐阜县	群马县	新潟县
学习期限	基础课程 1 年 + 专业课程 1 年 2 年	2 年	基础课程 1 年 + 营农技术课程 1 年 2 年	2 年	2 年	2 年或 4 年（含广播大学）
学员数量	基础课程 60 人；专业课程 30 人	40 人	基础课程 15 人；技术课程 15 人	20 人	80 人	2 年 100 人；4 年 30 人
学费	免费	入学金：7 万日元；学费：36 万日元	入学金：5 万日元；学费：24 万日元	入学金：16.2 万日元；学费：11.9 万日元	入学金：8 万日元；学费：48 万日元	入学金：7 万日元；学费：113 万日元或 87 万日元
集体宿舍	必须	可选择	必须	无	无	无
住宿伙食费	免费	1 年 55 万日元；2 年 30 万日元	住宿费：7 万日元；伙食费：29.2 万日元	—	—	—

资料来源：上野忠義. 日本における農業教育 [J]. 農林金融, 2014 (4). 26-47.

由农业企业设立的技校只有 TAKII 研究农场附属园艺专门学校。该校是日本著名种苗生产企业 TAKII 种苗株式会社附属农场设立的培训机构，目的是通过培养青年农户传播公司经营理念和推广园艺产品。学校年理论教学时间为 370 小时，社会实践时间 1 500 小时，学费住宿等全免。毕业生之中 70% 自己务农，成为 TAKII 种苗株式会社的客户，30% 在批发市场、种苗商店、农协或者农业企业工作，成为 TAKII 种苗株式会社经营理念的传播者①。

日本大部分技校由营利性教育集团投资成立，例如中央农业绿色专门学校由群马县中央教育集团投资成立，以培养农业六次产业化和农工商一体化人才为主。科目设置以商品研发、销售等市场营销学课程为主，稻田或旱田作物种植为辅，每周理论教学 3 天，社会实践 2 天，由学校安排交通。毕业生需要取得农业科技鉴定 3 级、销售士资格 3 级及农业机械士、会计鉴定士 3 级等国家资格认证中的 3 个以上认证证书，才能领取毕业证②。但新潟农业生物专门学校虽然也重视理论和实践相结合，但对学生是否获得国家资格认证没有特别要求。

3. 日本农业经营大学校

日本农业经营大学校前身是 1968 年成立的农民大学，2012 年 3 月 14 日解散。但日本农学界普遍认为原农民大学对农民培训贡献巨大，因此以一般财团法人 Asian Forum Japan（简称 AFJ）名义在原农民大学基础上重新组建了日本农业经营大学校，并于 2013 年 4 月开始运营。学校以培养农业经营型人才为目的，招纳高中毕业以上学历，19～40 岁的学生。学校开设人文社会学、经营学科目，其中经营学占到理论学习的 40% 以上，并且每周邀请产业界知名人士开设专题讲座。为提升社会实践能力，学校要求学生在校期间至少参加 4 个月以上的农业实习和 3 个月以上的企业实习，通常一年级暑假派遣学生赴各地农场社会实践，二年级暑假派遣学生在非农企业实习。学校要求学生入住集体宿舍以便集中管理。由于 AFJ 出资人主要是全国农协中央会、全国农协联合会、全国供给农协联合会、农林中央金库等农业团体，因此学生毕业后大多在农业企业、政府涉农机构和农民团体中就业。

---

① タキイ研究農場付属園芸専門学校. ［2021 - 03 - 10］. https：//www.takii.co.jp/school/sch _ menu.html.

② 学校法人有坂中央学園専門学校中央農業大学校. ［2021 - 03 - 10］. https：//www.chuo.ac.jp/cag/.

二、学术团体

日本农业科技推广和教育并非局限于政府、农协和其他行业协会等机构开展的实践活动，学术界也组织了各种学术团体，在理论和实践多重角度对其进行研究，从更高的层面上推动农业农村发展。目前，与日本农业科技推广相关的学术机构主要有农业信息学会（Japanese Society of Agricultural Informatics，JSAI）和农业普及学会（Agricultural Extension Research Society Of JAPAN，AERSJ），两者都属于非法人形式的社团组织。

农业信息学会成立于 1989 年，是以加强农林水产领域信息科学、信息技术进步和学术研究，促进食物产业和乡村信息使用为目的的学术团体。下设信息使用推广分会、生产经营信息分会、环境信息分会、信息工学分会、食物体系分会和经济社会信息分会 6 个分会，其中，信息使用推广分会专门负责食物产业和乡村信息使用，以及生产流通领域的研究活动。截至 2021 年，JSAI 有表决权的正会员 304 人、学生会员 40 人、终身会员 5 人，赞助会员 6 个和其他团体会员 9 个。学会活动主要有：每年举办 1 次学术论坛，定期出版《农业信息研究》杂志，推进开展农业信息领域相关理论和实践研究、调研，交流国内外农业推广相关经验。

日本农业普及学会成立于 1994 年，是以开展与农业科技推广相关的理论和实践研究，推进农业科技推广服务和农业农村振兴为目的的学术团体。成员主要是农业科技推广技术员、科研机构、大专院校和行政部门工作人员。截至 2021 年，共有个人会员 299 人，团体会员 8 个。办公室地点设立在全国农业改良普及支援协会，学术活动主要有：每年举办 1 次学术论坛，不定期召开研究会和讲演会等；定期出版《农业普及研究》杂志，编印农业科技推广相关学术书籍；开展农业科技推广相关的调查研究；收集与农业科技推广相关的文献；开展农业科技推广相关的国际交流活动。

第十三章 CHAPTER 13
日本农产品流通体系 ▶▶▶

农产品从生产角度来看具有季节性强、区域性强和不易储存等特点，从需求角度来看具有高频度、少量消费的特征，是消费者必不可少的生活必需品，保障农产品充足、安全、稳定供给是满足居民生存的基本要求，也是维持国家社会政治经济正常运转的重要制度。农产品始于农户，经过各类批发商、加工企业和零售商，加上长途运输、质量检验等众多环节，最后到达居民餐桌上，这一过程中的一系列主体之间的农产品所有权转移、空间转移和信息转移，共同构成了农产品流通体系。日本农产品流通具有主体多、规模小、渠道长和分布散的特点，导致交易过程过于复杂，建立高效的农产品流通体系，对促进国民经济发展具有重要的现实意义。本章基于商品特性选取了对国民经济影响较大，且具有明显日本特色的粮食作物（大米）、生鲜农产品（蔬果、畜产品、水产品、花卉）和初加工农产品（茶），并对其流通体系的发展历程、流通政策、流通主体和流通渠道等进行详细的阐述。

第一节　大米流通体系

大米是日本最为重要的"主粮"，维持大米稳定供给是日本最为重要的农业政策之一。从封建社会开始，大米流通始终被置于严格的监管之下，在农业政策中一直占据着重要的位置。

一、大米流通体系的发展历程

日本大米流通始终围绕保障粮食安全和满足消费需求两条主线，经历了自由买卖、国家统购统销、双轨制和市场化流通的演变过程（表13-1）。

表13-1　日本大米流通制度的变迁

时期	粮管法时期 （食粮管理制度—1995年）	旧粮食法时期 （计划流通制度1995—2004年）	新粮食法时期 （新粮食法2004年至今）
		基于政府需要和贸易协议管控大米进口	
政策目标	解决大米供给不足，政府管制大米流通 严格管控大米流通渠道	以消定产，设立计划流通制度（仅允许登记注册的流通主体经销大米） 计划外流通。不对经销主体设限，但要求提供数量申请	稳定大米供给，原则上撤销大米流通管制。 为提升政府米销售和紧急情况下大米储备制度的实施效率，要求一定规模经销商有义务报备并保存账目备查
生产者	有义务向政府交售大米。违法者处以2年以下拘役或300万日元罚款	有义务按计划向第一种登记集货商销售供应所需大米 有义务申报计划外大米的出货数量。违反时，处以10万日元以下罚款	—
收购商	指定法人制度（全农、全集连） 集货指定制度 一级集货商（农协等） 二级集货商（经济联等） 未经许可从事大米批发业务，处以3年以下拘役或300万日元以下罚款	指定自主流通法人（全农、全集连） 出货商登记制度 一级出货商（农协等） 二级出货商［经济农业协同组合联合会（简称"经济联"）］等 未注册登记经销大米，处以50万日元以下罚款	收购、销售商报备制（年经销20万吨精米以上） 未注册登记经销大米，处以50万日元以下罚款
销售商	销售商许可制度 批发商（年经销4 000吨以上精米）；零售商（年经销15~25吨以下，超过当地县政府规定的数量） 未注册登记经销大米，处以3年以下拘役或300万日元以下罚款	销售商登记制 批发商（年经销4 000吨以上精米）；零售商 未登记开展出货业务的，处以50万日元以下罚款	

资料来源：農林水産省. 米流通をめぐる状況［R/OL］. （2008-10）［2021-03-10］. https：//www.maff.go.jp/j/study/ryutu_system/01/pdf/data8.pdf.

20世纪20年代之前，日本大米流通施行自由买卖，但频繁的价格波动带来社会动荡，1918年由于米价暴涨引发全国暴动，迫使日本政府采取大米流通管制。1921年日本颁布《米谷法》，采取以市场价格为基准，政府购销大米调剂市场供需的方法，但收效甚微。1933年日本颁布《米谷统制法》，由政府设立大米最高价格和最低价格，允许米价在此区间内浮动交易。1939年颁布《米谷配给统制法》设立粮食经销商登记审核制度，政府对流通渠道全面管制。

1942 年日本颁布《食粮管理法》（简称"《粮管法》"）由政府对大米统购统销。二战之后，随着殖民地的日本士兵和农民大量被遣返回国，日本陷入严重饥荒，大米流通被政府长期监管。20 世纪 60 年代，日本大米产量大幅度增加，1967 年达到 1 440 万吨的历史最高水平，结束了长期以来困扰日本的大米自给问题。同时，大米消费量在 1963 年达到 1 341 万吨之后，出现递减趋势。由此造成政府储备米急剧增加，1970 年日本大米库存高达 720 万吨，造成严重的财政赤字。

通常，实现农产品供给均衡的措施，一是压低农民出货价格。二是削减政府收购数量间接调节供需结构。三是基于计划经济原理，控制生产数量。日本为解决大米供给过剩问题，虽然对三种方式都进行了尝试，但压低农民出货价格无法阻止米价下跌，易引发农民收入下降。减少政府采购数量，易加重大米供给过剩，导致米价进一步下跌。因此，日本于 1969 年建立自主流通米制度，实行政府统购统销和农民自主销售相结合的双轨制，在维持原《粮管法》框架的前提下，既满足了消费者对差异化优质大米的需求，也削减了财政负担并解决了大米过剩问题。

1972 年，日本放宽对大米流通的管制，规定大米批发价和零售价原则上全部由市场机制调控；放宽了对大米零售商的资格管制，允许生活协同组合、超市和百货公司等流通主体经销大米。1975 年引入了政府米招标制度。虽然这些制度对于提升流通效率没有明显作用，但象征着市场化浪潮开始波及大米流通领域。1981 年，日本修订《粮管法》旨在维持粮管制度的前提下，在零售环节激活市场竞争机制。具体措施包括：允许批发商跨都道府县交易大米及批发商开展零售业务；建立直销店制度，允许农民直销大米；将经销商注册登记制度变更为许可制；废除大米配给制；赋予大米赠与行为的合法性等。

1994 年，日本颁布《主要粮食需求及价格稳定法》（1994 年法律第 113 号）（简称"《粮食法》"），政府逐步放宽大米流通管制，允许农民自主销售自产大米。大米流通形成了自主流通米、政府储备米和计划外流通米的多元化流通格局。同时，日本政府通过补贴等多种措施引导稻农减少水稻种植，转种其他作物以缓解大米过剩带来的压力。

2004 年，日本修订《粮食法》，规定除进出口和紧急情况以外，政府不再对大米流通进行管控。大米流通只剩下政府米和民间流通米两条渠道，基本实现了大米流通的市场化。

二、大米流通渠道

大米具有较好耐储性，从收获到销售完毕可以储藏数年，现金回收慢，并对于流通主体的加工和仓储能力有较高要求，从历史上来看无论是在《粮管法》时期还是《粮食法》时期，虽然经销商名称有所变化，资格认定标准也有所差别，但大米流通始终都是由农协负责大部分农户的大米精选、储存和销售，私营性质的批发商和零售商承担后期流通。目前，日本大米流通分为政府米和民间流通米两个渠道，其流通方式和价格形成机制完全不同（图 13-1）。

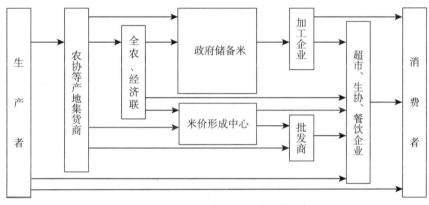

图 13-1 日本大米流通体系

资料来源：藤島廣二，安部新一，宮部和由幸．現代の農產物流通［M］．東京：社団法人全国農業改良普及支援協会，2006：30.

（一）政府储备米的流通

政府米主要包括政府储备米（简称"储备米"）和 MA 米，其中储备米依据《食粮法》规定按照 10 年 1 次大灾测算，要求每年 6 月末的大米储备量必须达到 100 万吨以上，相当于日本居民约 1.5 个月的消费量。储备米由日本政府每年 2—4 月公开招标，通过竞价方式收储 20 万吨大米[①]。为了不影响秋后大米市场价格，招标结束后，日本政府和中标方签署收购合同，以便农户按照订单生产。储备米要求必须是市场流通的畅销品种、通过检查的 3 等以上糙

---

① 2018 年起受全面与进步跨太平洋伙伴关系协定（简称 CPTPP, Comprehensive and Progressive Agreement for Trans-Pacific Partnership）影响，增加了澳大利亚产大米进口数量，实际储备米增加到 21 万吨。

米、且含水量不超过 15％。

储备米收购先由竞标者根据预期销售量和投标单价综合决定是否投标；竞标分为优先产地竞标和一般产地竞标，并由各地农协等作为中介投标。竞标者根据预期销售量和中标单价综合决定投标。通常优先产地竞标，如未能达到预期采购量，则把剩余份额转入一般产地竞标，对全国开放竞标。中标农协根据中标合同数量组织成员农户生产，并与所有农户分别签订生产合同。中标者与农户依据交易数量进行换算，确定生产储备米的种植面积，安排种植。秋收后，如果受到气候影响产量发生变化，政府则统筹考虑签约农户的实际种植情况，收购合同区域内所生产的大米。如果产量低于签约数量，不收取违约金。如果产量高于签约数量，则全量收购。2021 年 3 月日本计划购入 20.7 万吨大米，其中都道府县优先产地竞标 18.5 万吨，一般产地竞标 2.2 万吨。

日本政府在遇到突发灾情，导致大米供给不足时，及时向市场投放储备米，确保市场价格稳定。依据《粮食法》规定，日本建立了信息收集分析、紧急调查、召开粮食部门会议、投放储备米等一整套周密而详细的储备米市场投放流程。农林水产省下设的消费安全局粮食流通监测室，具体负责粮食市场运行监测。该部门对库存、大米价格进行调查，监测大米生产状况，并根据分析结果推断当年丰收或者歉收，如有可能出现歉收导致大米供给出现问题，则启动紧急调查，并扩大信息收集对象样本数量、加大调查频率，提交详细而全面的分析报告。如需要投放储备米，则由农林水产大臣签发命令，开始拍卖程序。储备米原则上储存 2 年，最多 4 年，储备期超过 3 年的陈米，只能作为饲料或加工原料投放到非主食性消费市场，或者通过对外援助等投放国外市场。2019 年日本通过招标形式销售陈米 17 万吨。

（二）民间流通米

民间流通米是政府米以外的大米，相当于旧《粮食法》时期的自主流通米和计划外流通米。民间流通米之中，约 95％是通过农协系统销售，剩余部分由农户和零售商对接或者通过网络直销（图 13 - 1）。

农户将稻米交给基层农协脱粒、干燥、储存，再由基层农协销售给零售商或者委托经济联、全农销售。基层农协按签订的合同预付给农户大部分预付款（暂定收购资金），然后，再委托经济联出售农户大米，同时向经济联、经济联向全农索要货款。全农为防止新米集中上市引起米价暴跌，每年 11

月至翌年 10 月期间，通过全国主食集荷组合联合会逐批向批发商抛售大米。如果因市场变化，市场批发价低于基层农协与农户订立的合同价格，原则上全农要将受托出售的大米退还给农户，同时索回预付款，但这种情况比较少见。

民间流通米货款结算由两部分构成，即农协系统支付农户的大部分预付款和全农受托出售民间流通米后，结算的尾款[①]。具体过程是：每年大米收获前，农林中央金库通过向大藏省出售折扣农林债券取得短期资金，以稍高于农林债券的利率但略低于金融市场短期的利率贷给全农，用来支付预付款。农协给农户支付完预付款之后，即向经济联提出索款要求；经济联再向全农索款。全农向农林中央金库借入短期贷款后，指示农林中央金库总行、支行付给经济联预付款；经济联指示农林中央金库分行将预付款从自己账户划拨到信联账户，再通过信联向基层农协支付预付款。全农在出售完民间流通米之后，先归还农林中央金库借款，并且将尾款通过农林中央金库、信联、农协支付给农户。其中农协系统发生的借款利息、仓储费等流通成本由政府补贴，但农户委托出售的大米清理、脱壳、碾米、分级、色选、包装等流通成本由农户之间均摊。

随着日本大米经营规模的扩大，种植大户更愿意树立自有品牌，生产差异化大米，并越过农协等流通中间组织，直接和生协、超市、餐饮公司直接对接，并倾向于采用订单农业的方式有计划的安排生产。目前，日本大米的直销方式呈现多样化发展趋势，有超市联营、宅配、消费认领农地的 CSA 方式和观光农业等。

民间流通米的价格在"米谷价格形成中心"（简称"中心"）交易中形成。中心的交易主体必须是年精米经销数量超过 10 吨以上的经销商，交易大米必须是经过检疫超过 2 等的大米或者销售商预先申报品级的大米。交易方式有三种方式，一是竞价拍卖。原则上每月 1 次，9—10 月秋收后 2 次。出货规模每次不得少于 200 吨，出货商可提出希望交易大米的价格或者最低交易价格，但以实际竞拍价格交易。交货地点原则上在东京或大阪，价格之中包括包装和拍卖手续费。二是销售商定价方式。由销售商用邮件的方式把产地、品牌、数量和交货方式等交易条件提交给中心，中心把相关资料汇总后发给购货商。购货

---

① 孙文君，2000. 日本的稻米流通资金制度［J］. 金融研究（6）：125-129. 本节引用该文部分内容。

商如有购买意向则以电子方式回复中心确定购买。如果买卖双方希望协商定价时，中心可介绍双方自己谈好价格，进行交易。三是购货商定价。与销售商定价方式相反，由购货商用邮件的方式把产地、品牌、数量和交货方式等交易条件提交给中心。中心把相关资料汇总后发给供货商。供货商如有供货意向则以电子方式回复中心确定交易。中心汇总 3 种交易方式形成的价格计算出日本大米批发价格的参考价格，供直销和国家储备米交易等参考。2020 年日本各类大米平均批发价格受疫情影响，下跌到每 60 千克大米批发价格 14 963 日元，较 2019 年下降 4.8%。

第二节　生鲜农产品流通体系

生鲜农产品是指水果、蔬菜、畜产品、水产品和花卉等储藏性较差，产品标准化较为困难的农产品。这类农产品多数是由分散在日本各地的小农户生产，经过农协等产地收购商运送到产地或销地批发市场交易，经过估价、分销，再由零售商提供给消费者。日本根据在批发环节是否通过批发市场销售为标准，把生鲜农产品流通体系分为"市场流通体系"和"市场外流通体系"。

一、市场流通体系

日本生鲜农产品的市场流通体系形成于 20 世纪 20 年代。1921 年，日本颁布《中央批发市场法》，将分散到城市各个角落的个体批发商集中在新建的批发市场内营业，实现了国家统一管理生鲜农产品流通的目标。1927 年首家公益性质的中央批发市场在京都成立后，横滨和大阪（1931 年）、神户（1932 年）、东京（1935 年）、高知（1935 年）等大城市也相继建成了中央批发市场。1940 年日本施行生鲜农产品配给制度和价格管制，批发市场流通发展受挫。二战之后，日本基于市场机制逐步恢复了批发市场流通体系。1971 年将《中央批发市场法》修改为《批发市场法》（1971 年法律第 35 号），增设了由私人企业修建的营利性的地方批发市场制度，并对批发市场的交易场所面积和交易方式做出了规定。之后，日本根据农产品流通外部环境变化，多次修订《批发市场法》，构建了完善的市场流通体系。如表 13-2 所示，截至 2019 年，日本共有各类生鲜农产品批发市场 1 089 个，年交易额达到 67 010 亿日元。

表 13-2　日本生鲜农产品批发市场数量、交易金额和市场主体数量（2019 年）

	市场数量（个）	分布城市（个）	交易金额（亿日元）	批发商（个）	二级批发商（个）	买卖参与人（个）
中央批发市场	64	40	37 481	159	2 957	22 668
蔬果	49	37	18 829	68	1 263	10 447
水产品	34	29	14 504	55	1 550	3 183
肉类	10	10	2 821	10	58	1 824
花卉	14	10	1 149	18	76	6 546
其他	6	5	178	8	10	668
地方批发市场	1 025	—	29 529	1 212	2 556	99 498
蔬果	472	—	12 459	520	—	—
水产品（销地）	240	—	6 185	269	—	—
水产品（产地）	314	—	6 945	328	—	—
肉类	27	—	1 469	29	—	—
花卉	146	—	2 214	155	—	—
其他	—	—	287	—	—	—

注：中央批发市场交易金额和地方批发市场所有数据为 2018 年数据，地方批发市场之中有 149 个是公益性批发市场。

资料来源：農林水産省 . 令和元年卸壳市場データ集［R/OL］.（2020-08）［2021-03-10］. https：//www. maff. go. jp/j/shokusan/sijyo/info/attach/pdf/index-148. pdf.

（一）生鲜农产品批发市场的类型

日本的生鲜农产品批发市场可分为"中央批发市场""地方批发市场"和"其他批发市场"三类。

"中央批发市场"是指人口超过 20 万人的城市，由地方政府申请并得到农林水产省批准之后建立的批发市场。其设立、运营机制和交易方法等均受到法律严格制约，例如，依据《批发市场法施行令》（1971 年农林水产省政令 52号）规定，中央批发市场仓储设施必须满足一定面积条件，即：蔬果和水产品超过 1 万米^2，肉类和花卉超过 1 500 米^2。中央批发市场由政府出资建立，是公益性批发市场，由地方政府负责运营管理。场内交易的流通主体由批发商、二级批发商、买卖参与人和采购商构成，每个中央批发市场由 1～3 个批发商负责集货和拍卖，10～30 个二级批发商以及数量不等的买卖参加人和采购商投标购货。截至 2019 年，日本 40 个城市共有中央批发市场 64 个。

"地方批发市场"是指地方政府、社会团体和企业（株式会社）等得到都道府县政府批准开设、并达到一定面积要求的批发市场。截至 2019 年，日本共有地方批发市场 1 025 个，其中地方政府建立的 149 个、社会团体建立的 33 个、企业建立的 843 个，主要经销蔬菜和水产品，2018 年两类产品经销额 18 614 亿日元，占地方批发市场总经销额的 63.0%。地方批发市场的运营方式和主要流通主体与中央批发市场相同，但由于经营规模较小，部分地方批发市场没有二级批发商或采购商，交易方式也相对简单。

"其他批发市场"是指中央批发市场和地方批发市场以外的批发市场。这类批发市场在《批发市场法》中没有具体规定设立条件，但受都道府县政府相关条例管理。目前，其他批发市场数量尚没有确切的官方统计，估计有 200 个左右。这种批发市场的交易较前面两种简单，仅在批发商和二级批发商之间进行。

中央批发市场和地方批发市场不仅设立程序、管理机制有所不同，在生鲜农产品交易规模上也有很大差异。1971 年颁布的《批发市场法》要求由农林水产省负责制定流通规划，并有计划地清理、合并生鲜农产品批发市场，提升中央批发市场的集货和分货能力。因此，中央批发市场数量从 1970 年的 43 个增加到目前的 64 个，中央批发市场交易额占批发市场总交易额的比重也从 1970 年的 41% 增加到 2018 年的 55.9%。另外，从单位市场交易额来看，2019 年日本批发市场平均交易额为 61.5 亿日元，其中中央批发市场平均交易额为 585.6 亿日元，是地方批发市场的 22.6 倍（25.9 亿日元）。由此可见，日本生鲜农产品流通是以中央批发市场为主，地方批发市场和其他批发市场为辅的流通体系。

（二）批发市场交易的流通主体

批发市场内的流通主体众多，通常商流渠道为批发商→二级批发商→买卖参与人和采购商（图 13-2）①。依据《批发市场法》的相关规定，批发商、二级批发商和买卖参与人在市场内开业均要呈报当地政府登记注册，严格遵守相关法规和市场同行组织的有关规定开展营业活动。截至 2019 年，日本共有各类市场主体 129 050 个，其中批发商 1 371 个、二级批发商 5 513 个、买卖参与人 122 166 个。

---

① 日语：卸壳业者、仲卸业者、壳买参加者、一般买出人。

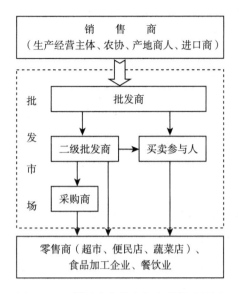

图 13 - 2 鲜活农产品市场流通体系简图

1. 批发商

是获得农林水产省批准，专职开展生鲜农产品批发业务的大型股份有限责任公司，承担接受生产经营主体、农协、产地批发商以及国内进口商委托销售生鲜农产品，并以公开竞价销售等方式将其卖给二级批发商、买卖参与人或者转卖给其他批发市场的批发商。根据《批发市场法》规定，为保障充分竞争，批发商总数受到限制，2019 年平均每个中央批发市场有 2.5 个批发商。地方批发市场大部分是私人企业或社会团体设立的营利性批发市场，对于批发商数量没有硬性规定，2019 年平均每个地方批发市场有 1.2 个批发商。

2. 二级批发商

是在地方政府注册登记，获得批准可以参加竞拍活动的批发商。二级批发商既可以从所属批发市场的批发商处进货，也可以从其他市场的批发商、二级批发商和生产经营主体或农协进货，将生鲜农产品转卖给其他买卖参与人或采购商，在流通中起到分货的二次批发作用。二级批发商数量要远远多于批发商，2019 年平均每个中央批发市场有二级批发商 46.2 个，其中水产品市场的二级批发商最多，为 45.6 个，花卉批发市场的二级批发商最少只有 5.4 个。目前，东京大田市场的二级批发商数量最多，有 225 个。

3. 买卖参与人

是在地方政府注册登记，获得批准可参加竞拍活动的零售商和餐饮企业。

买卖参与人既可参加所登记批发市场内的竞买交易，从批发商进货，也可以在同市场或不同市场的二级批发商处进货。2019年每个中央批发市场有354.2个买卖参与人，地方批发市场有97.1个。

4. 采购商

虽然与买卖参与人性质一样，都是零售商或餐饮企业等，但因为没有在地方政府注册登记，不能参加竞买交易，只能从二级批发商进货。

（三）批发市场的交易方式

批发市场流通的目标是把生鲜农产品需求和供给集中到设定的场地之内，按规定的方式公正公平交易，从而确保物流、商流和信息流的通畅，最终实现降低流通费用和提升流通效率的目的。为实现这一目标，日本《批发市场法》对场内交易方式做出了如下规定：

1. 无条件受托交易

日本《批发市场法》规定农业生产经营主体或供货商只能将生鲜农产品委托给批发商代销。同时要求批发商不得拒绝接受农业生产经营主体或供货商的委托。这是因为，一是排除生鲜农产品价格形成中的外部影响。在生鲜农产品流通过程中由供需双方集结和交涉确定其价格，而过多流通主体的介入容易影响供需双方交易的意愿，排除批发商对价格形成的影响，更容易获得公平公正的市场价格。二是形成有利于小农户的竞争结构。相对于大量小规模的生鲜农产品生产经营主体而言，批发商规模巨大，拥有明显竞争优势，如不排除批发商的影响，容易形成对小农户不利的价格。特别是批发商如果根据自己喜好采购或者拒绝进货，可能弱化批发市场根据供需定价的功能。日本《批发市场法》规定批发商只能收取手续费，将小农户利益和批发商绑定在一起，由批发商代表小农户和二级批发商竞争，易于形成有利于小农户的批发价格。三是有利于培养生产经营主体的经营意识。通过拍卖可以让生产经营主体把握市场动态，避免无视行情、运输等方面的经济因素而盲目生产和发货。目前日本《批发市场法》允许批发商根据市场需求变化规律自己寻找货源，这一比重有所提升。截至2018年，委托销售仍然是主要方式，其中蔬果农产品占60.0%、新鲜水产品占29.5%、肉类占93.4%、花卉占90.8%。

2. 当日上市销售

《批发市场法》规定委托批发商代销的生鲜农产品必须在当天全部上市交

易，且全部销售完毕。生鲜农产品需求价格弹性较小，供给变动对价格形成造成的影响较大，且种类繁多，标准化程度低，耐储性较差，当天销售完毕有利于最大限度降低委托品品质下降带来的销售风险。尤其是日本规定委托方有权设立委托销售的交易条件，例如生产经营主体会规定最低拍卖价格等，而这些条件又要优先于无条件委托销售。因此，在实践中，批发商为避免生鲜农产品质量随时间变化造成价格变动，通常先从相对不耐储存的生鲜农产品开始拍卖，相同品种的农产品按照到达批发市场的时间顺序上市销售，最终将受托的大量生鲜农产品在当天销售完毕。

3. 以拍卖为代表的多元交易方式

日本《批发市场法》规定在商流、物流和信息流完全公开的环境下，由买方（批发商和买卖参与人等）对委托销售的生鲜农产品进行估价，再通过同行竞标的方式，以标价最高的顺序，当场决定生鲜农产品价格以及销售数量。这种方式可以解决蔬果农产品生产和发货从投入到产出时间较长，且产量和收获期又受到自然条件影响，难以做到有计划地生产和发货，以及蔬果消费需求所得及价格弹性较小，消费者重视鲜度，购买频度高、数量少、品种多等问题。但随着日本超市的快速发展，对稳定货源的需求日益增强，批发商逐渐倾向于通过订单稳定货源，对手交易比重不断提升，特别是在蔬果农产品交易中这一倾向尤为突出，2018 年拍卖金额占蔬果农产品总交易额的比重下降到了9.4%，水产品为 15.0%，但肉类仍然高达 85.6%。

4. 当天结算货款

《批发市场法》规定，批发商在完成交易后，必须向委托方结款，且账期原则上应在交易结束后当日支付给委托人。农产品销售款项结算期限依赖于商品特征，蔬果农产品价值随着时间会迅速发生变化，结算期限越短，越容易保障交易的公正和效率。实践中，当天交易单据都会传到各方确认，实际结算期限由双方协商决定。目前，蔬果农产品结算期限为 5 天，水产品 7 天、畜产品2 天、花卉 17 天。

5. 市场信息公开

批发市场集中的生鲜农产品生产和消费信息是在大范围内的不特定多数人、物以及制度相互关系中产生的，属于社会公共财产，公开和有效利用这些信息有利于改善流通效率。日本批发市场不仅公布当天进货数量、批发数量和拍卖价格，还通过结算信息系统将这些信息迅速、准确地传送到生产、批发、零售的各个环节。生产者则综合各类信息改善农艺技术，争取不同季节、不同目的地的产品供给以获得超额利润。受此影响，20 世纪 80 年代以来的日本生鲜农产品季节间、销地之间的价格波动逐年缩小。

6. 禁止歧视性交易

对各类流通主体、生鲜农产品的处理、交易业务以及市场运营必须坚持公正公平的原则，除存在安全、卫生等方面瑕疵等正当理由之外，必须对所有参加交易的生鲜农产品合理评估，尤其是委托收购、定价、分销、货款结算和业务运营等方面，禁止对生产者、委托人、承购人等以非经济理由进行区别对待。

二、市场外流通体系

市场外流通是排除批发市场的各类流通主体，缩减流通环节，节约流通经费的流通形式。1970 年因初冬蔬菜价格暴涨，日本部分学者认为经由批发市场的流通渠道过长，开始重视排除批发市场推动产销直接交易的流通方式。近年来，随着生产端的农户经营规模逐渐扩大，消费端的在外就餐比重上升，生鲜农产品的市场外流通比重逐年上升，如表 13 - 3 所示，日本生鲜农产品的市场经由率逐年下降，相应的市场外流通比重相对提升。目前，日本主要市场外流通渠道有以下 6 类（图 13 - 3）。

表 13 - 3　日本生鲜农产品的市场经由率变化

单位：%

年份	蔬果			水产品	肉类			花卉
	合计	蔬菜	水果		合计	牛肉	猪肉	
1990	81.6	84.7	76.1	72.1	22.6	38.2	14.0	82.3
1995	74.0	80.5	63.4	67.6	15.5	21.5	11.1	81.9
2000	70.4	78.4	57.6	66.2	17.1	23.3	12.6	79.1
2005	64.5	75.2	48.3	61.3	10.3	16.4	4.5	82.8
2010	62.4	73.0	45.0	56.0	9.9	15.1	7.2	83.4
2015	57.5	67.4	39.4	52.1	9.2	14.3	6.8	76.9
2017	55.1	64.3	37.6	49.2	8.3	12.3	6.4	75.0

注：市场经由率＝包含加工品在内的日本产和进口生鲜农产品（含加工品）经由批发市场销售数量÷批发市场总交易量（花卉按照交易金额计算）。

资料来源：農林水産省．令和元年卸壳市場データ集［R/OL］.（2020 - 08）［2021 - 03 - 10］. https://www.maff.go.jp/j/shokusan/sijyo/info/attach/pdf/index - 148.pdf.

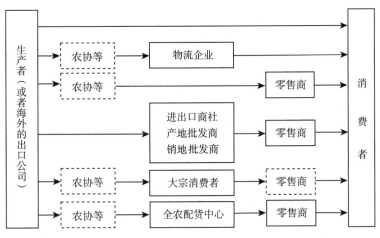

图 13 - 3 日本生鲜农产品批发市场的场外流通体系简图

资料来源：藤島廣二．青果物市場外流通の形態と動向［J］．中国農業試験場研究資料，1991（19）．

（一）基本流通型

生产者和消费者直接对接定价的流通方式，也称为"直销"，是批发市场体系建立之前就存在的生鲜农产品流通方式，有乡村早市、晚市等露天市场交易、观光农场和直销店等形式。虽然，直销看似可以节约流通经费，实现交易双方的利益最大化，但在实践中，生产者面对消费者的多样化需求，很难做到精细分拣和包装，交易量很少，管理成本提升，最终导致产品价格高昂。因此，日本只有部分高档生鲜农产品采取直销方式，其原因从生产者角度来看，可以销售不符合上市规格的生鲜农产品，减少损失；可通过议价方式自由定价，获得流通环节的利润。从消费者角度来看，产品比较新鲜、产地和生产来源明确、可增加对农业生产的了解，甚至确信他们的购买活动是在保护社区居民自身生活和生命安全。因此，直销目的不仅在于降低流通效率，还包括了消费者支持农业发展的理念。

（二）物流企业中介型

是指物流企业参与流通，接受生产者委托，在配送生鲜农产品的同时代为回收货款，或者从生产者和农协采购蔬果农产品，再利用自己的营销网络对客户开展宣传和销售的流通方式。这种流通方式始于 1976 年宅急便物流公司，目前主要有邮局、宅急便等快递企业仍在使用。

（三）零售商主导型

生产者或者农协、农事组合法人和零售商直接交易的流通方式。根据零售商业态不同又可分为"农超对接""生活协同组合主导"等方式。这一流通方式历史悠久，但随着批发市场制度的建立、其重要性有所降低。1960 年，这种方式又被作为提升流通效率的方式重新得到重视，且市场占有率逐年上升。

（四）批发商主导型

进口商、产地批发商或者销地批发商等流通主体介入到生产者与消费者之间，主导销售的流通方式。日本大部分产地批发商只经销生鲜农产品，而进口商社以及销地批发商大多同时经营加工农产品，对品质要求较高。另外，这种流通方式形式多样，比较常见的是"生产者→产地批发商→销地批发商→零售商→消费者"。

（五）大宗需求型

食品加工工厂、餐饮店等大宗需求者与生产者、农协之间用生鲜农产品的流通方式，通过订单，购买加工原料。近年来，日本加工食品需求旺盛，原料用农产品需求激增，特别是价格较为便宜的进口蔬果在这种流通类型中所占比重持续提升。

（六）准市场流通型

通过全农、专业农协或批发商建立的集配中心或批发市场，采用将从农户购入的新鲜蔬果销售给零售商的流通方式。目前，全农出资 29.4 亿日元设立了 JA 全国青果中心株式会社，并在埼玉县户田市、神奈川县大和市和大阪府高规市设立了三处配送中心经销日本产蔬果产品。

三、主要生鲜农产品流通体系

（一）蔬果农产品流通

历史上，日本蔬果流通受到生产规模制约，不仅流通数量少，而且流通范围也较为有限。20 世纪 70 年代，随着大规模生产基地和中央批发市场的相继建立、保鲜储藏技术的快速进步，日本蔬果农产品实现了全国范围内的运输配送。20世纪90年代，随着日本消费结构变化和进口量的快速增加，蔬果农产品流通量和流通范围不断扩大，流通渠道也呈现多样化发展趋势，其特征如下。

在收购环节主要有3条渠道，一是直销。近些年，日本提倡地产销售，即农产品就近销售，并由政府补贴建立了直销网点。农户可将自产蔬果农产品自己定价摆放到直销网点销售，网点管理方从销售额中提取10%～15%的管理费。农药低减产品和有机蔬果农产品主要采取宅配方式。二是委托农协代销。农户将产品运到农协分选中心筛选分级，或者由农户自己先对其产品筛选分级再运到分选中心，由农协检查农残，进行预冷处理后，再运往产地或者销地批发市场或采购商销售。农协在开拓销售渠道、价格谈判、组织货源等方面能够发挥单个生产者所不具备的优势，因此，通过农协代销蔬果农产品大大提升了流通效率。三是产地经济人收购。这种方式所占比重较低，主要集中在苹果、橘子等少数蔬果农产品产地。

在批发环节主要有批发市场的批发商、二级批发商和全农集货中心、销地批发商等流通主体。其中，经由批发市场流通是蔬果农产品销售的主要流通渠道，截至2018年，日本共有49个中央批发市场和472个地方批发市场经销蔬果农产品，经销额分别达到18 829亿日元和12 429亿日元。近年来，随着进口蔬果农产品增加和农业经营结构变化等外部环境影响，中央批发市场的蔬果农产品市场经由率有所下降，2017年为55.1%，其中蔬菜的市场经由率为64.3%、水果的市场经由率为37.6%。如果扣除进口产品交易量，日本国产蔬果农产品的市场经由率仍然很高，为81.2%。批发商通过拍卖和对手交易的方式，将蔬果农产品销售给二级批发商。二级批发商一方面起到分货作用，把筛选分级后的蔬果农产品销售给零售商，另一方面也是其他小规模批发市场的集货商，将中央批发市场的蔬果农产品销售给地方批发市场的二级批发商或者零售商，这种销售方式称之为"转卖"。另外，全农集货中心主要销售农协系统的蔬果农产品，销售对象是零售商、餐饮企业、加工企业和分装商等。在产品不足时也从批发商或二级批发商补货，有时也向批发市场或二级批发商供货。

在零售环节，家庭经营的小规模蔬菜专卖店数量急剧减少，而大型综合性连锁超市、生鲜超市和生协等零售主体迅速发展，并成为蔬果农产品零售的主要渠道。20世纪70年代，超市销售额仅占蔬果农产品总销售额的27.8%，1984年这一比例提升到56.5%。20世纪90年代，日本低价格竞争变得更加激烈，日本修订《大规模零售店铺法》（1973 年法律第 109 号）放松了对大规模零售商①的管制②，2000 年颁布《大规模零售店立地法》（1998 年法律第 91号），零售业管制进一步放松，家乐福、沃尔玛等跨国零售巨头纷纷进入日本市场，并不断发展连锁网点，超市得以迅速发展并成为蔬果销售的主要渠道。目前，超市、蔬果专卖店的蔬果基本来自批发市场。加工企业的原料主要来自进口或者产地中间商。生产者建立的大型直销网点，为了保障商品丰富程度，必要时也会从地方或中央批发市场进货。

（二）畜产品流通

畜产品的商品形态从生产者到消费者的不同流通环节会发生很大变化，如表 13-4 所示，离开生产者时称之为"活体"，经过屠宰分解之后成为带皮白条肉、去皮白条肉等，分切之后又可以分为前腿肉、后腿肉等。日本把牛肉分割为 13 个部分，猪肉分割为 5 个部分，每个部位经过再处理变为"精肉"，用作牛排、烧烤等不同用途，牛肉精肉率为 31%，猪肉为 43%。日本为了保证公平公正的价格形成，成立了日本食肉格付协会（JMGA），制定了严格的评级标准，用精肉率（Yield Grade）和肉质（Meat Quality）两个指标给肉类定级。其中，精肉率又称作"步留等级"，是将左半部第 6～7 根肋骨间切开，观察切面的白条肉情况，并根据"胸部最长肌肉面积""牛腹肉厚度""皮下脂肪厚度"和"枝肉冷藏处理后的重量" 4 项指标划分 A、B、C 三个等级，其中 A 为最佳。肉质等级分为 5 级，主要依据"霜降度（BMS）""色泽""紧致度"和"脂肪色泽" 4 项指标来决定，等级 5 最高。日本每头牛和猪的白条肉都由 JMGA 注册登记人员评定等级，作为交易定价标准。

表 13-4 日本牛肉、猪肉屠宰标准

名　称	活体	白条肉	分解	精肉
处理工序	—	屠宰分解	加工	—
剔除部分	—	头、皮、血液、内脏等	骨头、脂肪、内脏等	筋、脂肪等
剩余比例（牛肉）	100%	57%	42%	31%
（猪肉）	100%	65%	49%	43%

资料来源：社团法人日本食肉協議会. 新編食肉の知識［M］. 東京：日本食肉協議会，1998.

---

① 店铺面积超过 1 000 米² （不包含办公、餐饮、停车设施）的零售商。
② 2000 年废止，改为《大规模零售店立地法》。

1. 牛肉流通

日本牛肉流通经过"肉牛饲养→肉牛销售→肉牛屠宰→牛肉批发→牛肉销售→牛肉消费"6个环节。

养殖户的肉牛销售主要有4条渠道。一是养殖户直接把肉牛拉到屠宰场屠宰后销售，占活体总销量的18.2%。二是委托综合农协、经济联等农合组织代销。农合组织指导养殖户提升饲养技术，检测完活体相关指标后再集中贩卖，是肉牛最主要的销售渠道，占40.2%。三是销售给各类家畜经销商，占14.5%。四是销售给商社、饲料公司和肉类加工公司，占18.2%。

肉牛屠宰环节有3条渠道，一是产地肉类中心。20世纪60年代，日本为打破工商资本对牛肉流通的垄断地位，采取政府财政支持，农合组织承建的方式建立了肉类屠宰设施。农合组织代售的活体基本通过产地肉类中心屠宰上市，约占活体总销量的42.8%。屠宰费用由农户承担，农合组织负责中介，委托屠宰。屠宰后的牛肉由农合组织负责销售。大型产地肉类中心设有冷藏设施，可承担部分肉类的储备功能。二是肉类批发市场。市场内通常设有屠宰车间，肉牛被屠宰分解后于当天或次日拍卖，起到了价格形成、结算和信息传递等作用，占34.9%。三是屠宰场，占22.3%。

屠宰分解后的牛肉进入批发环节，销售渠道主要有肉类批发商（50%）、全农系统的肉类公司（22%）和肉类加工公司（13%），只有少量牛肉直接进入餐饮或超市等零售环节。肉类批发商会进一步分解牛肉，按照不同规格批发给零售商，其中高档牛肉大部分销售给肉类专卖店，占11.3%；普通牛肉销售给超市和生协等零售商，占79.7%；碎肉等销售给加工企业做原料，占9.0%。另外，从消费端来看，日本家庭消费的肉牛之中，购自肉类专卖店的，占消费者购买总量的12.4%、超市等零售商的占86.4%、通过电商等平台购买的占1.2%。

2. 猪肉流通

猪肉流通渠道与牛肉基本相同，但因产品分级较少，流通渠道也较为简单。活体销售有如下4条渠道，一是养殖户将活体拉到屠宰场，处理后销售，占活体总销量的17.1%。二是委托各农合组织承办屠宰业务，并代为销售白条肉，是最为重要的销售渠道，占41.5%。三是销售给各类家畜经销商，占16.5%。四是销售给商社、饲料公司或肉类加工公司等企业，占24.9%。近年来，随着户均养猪规模不断扩大，养殖户直销比重逐年提升，经由家畜经销商的比重逐年下降。

生猪屠宰环节，产地肉类中心发挥的作用最大，约占生猪屠宰量的50%，屠宰场和批发市场合计50%。屠宰分解后的猪肉销售给肉类专卖店的比重最高，占40.5%；其次是肉类加工公司，占23.2%；农协系统的肉类公司占18.0%；超市等占9.2%。

在零售环节，超市销售的猪肉量最多，占62%，肉类专卖店的猪肉销售量只占到猪肉销售总量的8.8%。从消费端来看，家庭消费占猪肉总消费量的41%，餐饮公司消费占30%，加工消费占29%。近年来，随着工商资本进入畜牧业，日本猪肉销售出现产业链前移的趋势，部分超市通过订单和养殖企业签约，形成稳定的供货体系。

3. 价格形成

不同流通环节的肉类价格形成方式有所差别。猪肉和牛肉的白条肉价格在批发市场以拍卖的方式形成，在产地肉类中心和屠宰场以对手交易的方式形成。但对手交易价格通常参照东京、横滨和大宫食肉中央批发市场平均价格，部分地区会综合考虑大阪食肉中央批发市场或者当地批发市场平均价格。近年来，虽然肉类的市场经由率不断下降，但批发市场在价格形成中仍然发挥着重要的锚定作用。

肉类由批发商进入零售环节的价格有两种形式，一种是把牛肉的13个部位或猪肉5个部位打包销售的价格。该价格在参考若干批发市场白条肉平均价格的基础上，综合考虑白条肉加工的精肉率、加工费和材料费等因素，再乘以1.3、1.35或1.40核算打包价。另一种是特定部位价格。根据季节、供需关系商定。目前，肉类批发商的毛利润为6%～10%。肉类零售价格形成较为复杂，通常采用"成本＋利润"的经典模式，牛肉毛利率为20%～25%，猪肉为30%。

4. 食品安全

受到疯牛病、口蹄疫等疫情影响，日本不断加强流通环节的肉类食品安全监管。2003年颁布《食品安全基本法》（2003年法律第48号），由中央和地方政府、社团组织、企业、农协和生协共同构建了肉类食品安全体系。其中，农林水产省负责推进食品流通结构改革，在肉类批发市场中设立卫生检查所，负责日常食品安全检查。全国畜牧养殖中心、肉类事业协同组合、肉类生活卫生同业组合、日本肉类价格协会和日本家畜副产品协会等组织依法参与肉类市场防疫检疫监管、等级划分、定价、加工和运输的各个环节。日本农协依据《日本农林规格法》（1950 年法律第 175 号）、《牛个体识别信息管理及传播法》（2003 年农林水产省令第 72 号）等法律法规推行食品追溯系统，借助该系统可以迅速查到肉类生产、流通各个环节的信息。不仅使肉类食品安全得到保障，并在发生食品安全事故时，能够及时找到事故的原因、解决根源问题并及时召回已售肉制品。日本生协建立了完善的质量安全认证体系，为成员提供肉类安全信息，另外，日本在畜牧产品屠宰各个环节建立了完善的检查体系，包括活体检查、屠宰前检查、屠宰后检查、BSE 检查和最终检查，任意一环初检出现质疑，立刻进行精密检查，如果确定发生食品安全事故，立即停止流通，屠宰后的肉类会被随即废弃处理。

（三）水产品流通

日本水产品流通体系较为复杂，一是水产品供给不稳定。水产品捕获具有很强的季节性，且容易受到自然条件影响。二是商品规模不统一。即便是同一网捕获的水产品也存在大小、种类差异，难以保障水产品规格一致。三是易腐坏。水产品上岸后需要尽快销售或者加工处理，价格受鲜度影响极大。四是日本渔民经营规模小，且较为分散，资金周转困难，难以长期储存水产品。因此，维持水产品稳定供给和提升流通效率较为困难。

日本水产品上岸后的流通渠道主要有 2 条，一是渔民直接配送给渔港周边料理店或消费者，大型渔业企业筛选分级后运往销地批发市场或者销地超市销售。二是通过设立在各个港口的产地批发市场交易。截至 2018 年，日本共有 314 个水产品产地批发市场，年交易额 6 945 亿日元，其中渔协设立的产地批发市场超过 80%。渔民将渔获物交给渔协委托销售，通过拍卖或对手交易的方式，卖给场内二级批发商、零售商或加工公司。水产品规格的标准化水平较低，目前有 14.2% 的水产品采取竞拍方式，大部分都采取实物对手交易。批发商一般拥有丰富的渔获物分类和定价能力。但因为水产品供给不稳定，价格波动较大，难以满足大规模批发商和零售商的进货需求，整体议价能力较弱，导致部分小规模地方批发市场赤字。近年来，日本大力推进渔协之间的同产地批发市场合并，力图通过提升集货能力改善市场经营情况。

水产品离开产地批发市场之后主要有 3 条流通渠道，一是中央批发市场。

目前日本 29 个城市有 34 个水产中央批发市场，年交易额 14 504 亿日元，部分进口水产品和产地批发商的水产品也通过中央批发市场交易。二是销地二级批发商。三是大规模连锁超市。近些年，随着沿岸和河川养殖业的发展，部分水产品供给相对稳定，商品规格也较为统一，加上大量进口冷鲜冷冻水产品的增加，超市、加工企业和供应商之间的产销对接已成为常态，导致水产品的市场经由率逐年降低，2017 年已经下降到 49.2%。

在零售环节，20 世纪 70 年代水产品主要是通过专卖店销售，占水产品零售数量的 50% 以上。近年来大规模连锁超市快速发展，约占水产品零售量的 70%。由于超市对水产品的稳定供给提出了较高的要求，而批发市场拍卖价格、品质和数量变动较大，超市倾向于从市场外批发商、场内中间商，渔协、水产公司和进口商处直接进货，降低寻货成本。

（四）花卉流通

日本花卉种类繁多，用途各异，批发市场制定的《蔬菜水果统一种类目录》中登记的切花品种约有 280 种，东京都大田市场的批发商所经销的切花品种则达到 700 种。近年来，随着宾馆、企业等法人需求的增加和花卉消费习惯不断普及，花卉产业向差异化、多样化方向发展。另外，日本花卉流通具有两头小中间大的特点，生产和零售主体规模小，从集货、分货和零售过程中需要不断筛选分级、流通渠道较长。

日本花卉流通可分为切花流通和盆花流通，虽然流通渠道都是通过批发市场，但各个环节又有自身的特点。在出货环节，切花由于农户生产规模较小，大部分交给农协等农合组织，在农合组织的设施内完成花卉的分级筛选工作。也有部分有实力的花农在家中做好分选工作后，再交给农合组织代销。盆花生产主体的规模普遍比较大，而且也不需要太多分选，大部分是生产经营主体自己配送到批发市场委托批发商代销或直接和花店对接。

在批发环节，切花和盆花大部分都通过批发市场销售，市场经由率高达 75.0%。日本花卉批发市场流通体系在二战之前就已经有了雏形，1973 年《批发市场法》施行之后，地方花卉批发市场增加，且规模不断扩大。2018 年，日本开展花卉批发业的地方批发市场有 146 个，中央批发市场有 14 个。

日本花卉批发商往往经销 20 种以上的花卉来满足下游零售商制作花束、

花篮等礼品或装饰物的需要。鉴于每株花的情况大相径庭，需要确认实物制定价格，因此通过批发市场交易的比重仍然较高。花卉批发市场为了提高拍卖速度采取电子降价拍卖方式，由批发商用电子显示牌自高向低报价。二级批发商和交易参与人在价格跌落到自己理想价位时投标。这种交易方式既缩短了交易时间，也降低了各类竞拍人员参与拍卖的门槛。另外，大部分二级批发商是坐商，在批发市场内设有门店，拍卖结束当天将切花配送到下游零售商。盆花需要保存，对仓储设施有一定要求，因此竞拍人大部分是市场外二级批发商。

日本花卉零售业态主要有花店、超市、园艺中心、花卉生产农户和农协直销等渠道。20世纪90年代，花店快速发展，并且大部分分布在居民生活区和商业中心，总量曾达到4万多个，布点密集，购物方便，是花卉销售的主要渠道。进入21世纪，随着超市发展，推动"一站式购物"，也引进设立了切花、盆花，甚至花束销售专柜，对花店经营造成了一定冲击，以大型超市等为主的新型销售渠道占花卉销售额的比重逐年上升。而小规模花店为降低采购费用，采取抱团取暖的方式，相继组建连锁花店，近年来，规模化的花卉连锁经营企业不断增加，并且以网络为纽带发展花卉快递业务。另外，日本公司租摆和专业婚庆公司及丧葬公司对于花卉的需求较高，但限于玫瑰、菊花和康乃馨等少数品种，大部分通过批发市场对手交易，部分从花店或者农协、甚至规模花农手里直接进货。

近年来，日本花卉零售价格整体呈现上涨趋势，如表13-5所示，2018年康乃馨197日元/枝、菊花224日元/枝、玫瑰334日元/枝、盆花600日元/盆，分别较2015年上涨了3.6%、3.2%、6.0%和3.4%。

表13-5　日本主要花卉零售价格（东京都）

	品种	单位	2015年	2016年	2017年	2018年
切花	康乃馨	日元/枝	192	195	194	197
	菊花	日元/枝	217	223	222	224
	玫瑰	日元/枝	315	317	328	334
盆花		日元/盆	580	552	555	600

注：盆花是直径15厘米的土培观叶植物。

资料来源：総務省統計局 . 小売価格統計調査年報（2019）［DB/OL］.（2020-04-24）［2021-03-10］. https：//www.e-stat.go.jp/stat-search.

第三节　初加工农产品流通体系

茶

　　茶是初加工农产品的代表，类似农产品还有干香菇、辣根和灯心草等。这类产品的商品特征与生鲜农产品大相径庭，以茶为例来说明，一是茶叶采摘后不能直接食用，要经过加工才能进入流通领域。二是茶的种类繁多、根据栽培和加工方法，可分为煎茶、玉露等，品质差异较大。三是同种茶因制茶方式不同，口感、品质差距很大，标准化生产较为困难。四是茶具有显著的地域性特征，从产地来看，静冈县和鹿儿岛县 70％是煎茶、京都以煎茶为主还生产玉露等。而从消费角度来看，东北和关东地区喜好煎茶，关西地区喜好番茶和糙米茶，九州地区喜好玉绿茶。因此，日本茶的流通具有渠道长，主体多，效率低的特点。

　　日本茶流通分为鲜茶流通、毛茶流通和成品茶流通 3 个环节，每个环节又有大量的中间商存在，分别承担每种茶的集货、分货、仓储、运输和筛选分级等功能。以下以日本茶最大产地静冈县茶流通体系为例，介绍日本茶的流通体系特点。

　　鲜茶流通始于茶叶采摘之后，有 3 条流通渠道。一是直销。部分茶农自己杀青、揉捻、干燥，并打造品牌直接销售给消费者。通常这类茶园面积不大，以打造差异化、高品质成品茶为主，约 3 000 吨，占静冈县茶总产量的 8.9％。二是茶农委托各类农协（茶叶专业农协、综合农协）和加工组合销售。农协向茶农提供茶园改造、耕作施肥、防霜防冻、防治病虫、更新改造和茶叶采制等全方位技术支持，给予贷款，并设有分拣、储藏设施帮助成员农户储存。2020年经销量 12 440 吨，占总产量的 37.1％。三是销售给产地经纪人。这种流通方式形成于江户时期，产地经纪人入户确认鲜茶品质，然后转卖给茶叶初制工厂。四是销售给个体茶厂或者毛茶加工厂。后两者渠道的销售总量 18 060 吨，占总产量的 53.9％。由于鲜茶采摘之后需要尽快处理，制茶厂通常在茶园附近。

　　鲜茶经过杀青、揉捻和干燥之后成为毛茶，毛茶流通有 4 条渠道。一是销售给精制茶加工工厂。二是通过农协销售。三是销售给批发商。四是通过茶交易市场销售。茶市场都是产地市场，其中静冈茶市场规模最大，由批发商（25%）、地方政府（17%）、农协（14%）、银行（7%）和农户（37%）于1951年出资3 000万日元修建。该市场主要采取对手交易的方式，通过鉴别、品尝之后，再一批一批分别商定交易价格。目前，日本茶叶价格由毛茶作为参考价格，其中静冈县茶叶市场的交易价格是最重要的基础价格。鲜茶价格按毛茶价格的20%核算得出。成品茶价格则在毛茶价格加上相应的成本，再考虑供需关系决定。2020年，静冈茶市场年交易量为3 666吨，交易金额28.7亿日元，平均单价981日元/千克。

制茶加工厂购入毛茶精制成各类成品茶。日本市场上流通的成品茶之中由各类制茶加工厂生产的，占总量的90%，农协系统生产成茶的品牌化水平不高，仅占10%。制茶加工厂把收购的毛茶冷藏储藏，并根据零售商订单逐次出货，流通渠道主要有3条，一是茶叶专卖店，约占一半以上。二是超市、便利店、消费地专业茶商和百货店。三是饮料加工企业。2019年日本茶饮料消费金额40.4亿日元，是2008年的1.2倍，主要使用品级较低的毛茶。

第十四章 CHAPTER 14
日本农产品贸易 ▶▶▶

　　日本是一个四面环海的岛国，资源匮乏，对农产品进口依赖程度较高。为了保障粮食安全和满足消费者多元化需求的政策目标，日本积极调整贸易政策，持续提升市场化水平，降低关税，使农产品贸易取得了长足发展。本章首先介绍日本农产品贸易发展历程，其次分析日本进口农产品贸易和出口农产品贸易的发展现状和现行贸易制度。最后在对中日农产品贸易发展现状进行分析之后，详细阐述影响两国农产品贸易的主要因素，展望今后发展的前景。另外，本章所指"农产品"包括种养殖产品、林产品、水产品的未加工产品和加工后的食品在内的食物集合。

第一节　农产品贸易的发展历程

　　二战之后，日本通过经济自立和国际贸易实现了经济恢复。1945 年，大量士兵和原殖民地农民被遣返回国，日本国内粮食供给严重短缺，农产品进口金额占到日本商品总进口金额的 50％～60％。自 1950 年，稻谷和畜产品自给率逐年提升，粮食匮乏问题逐渐得到缓解，但小麦仍然依靠从美国进口。1955 年 9 月日本加入关贸总协定（General Agreement on Tariffs and Trade，GATT），开始参与国际市场竞争，但受到国内外汇管制的影响，实际解除进口数量限制进展缓慢，截至 1959 年农产品自由化比率①仅为 43％。

　　1960 年日本颁布《贸易外汇市场化规划大纲》，大幅度降低关税。1960 年

---

　　① 自由化比率是指一自由进（出）口货品占其进（出）口货物总额的比率。该比率是表示这一国贸易自由化程度的重要指标，有两种计算方式，一是以产品项目计算，二是以进（出）口实绩的金额计算。日本采用产品项目计算。

日本先后开放黑麦、咖啡豆、大豆和新鲜蔬菜等农产品进口。1964 年日本加入国际货币基金组织（International Monetary Fund，IMF）和经济合作与发展组织（Organization for Economic Co-operation and Development，OECD），经济全面走向市场化。但日本农业的国际竞争力匮乏，仍然继续维持以限制进口数量为主的各项贸易保护政策。随着 GATT 肯尼迪回合谈判的推进，1968 年日本宣布降低整体关税 40%，并根据国际协议加速调整国内政策，逐步放宽饲料高粱、可可粉和部分乳制品的进口限制。日本农产品进口数量快速增加，1965 年进口额达到 12 425 亿日元。

20 世纪 70 年代，以美国为首的欧美国家要求日本进一步开放农产品市场的呼声愈加强烈。1971 年日本开放猪肉、苹果和葡萄等重要农产品进口，限制进口的农产品数量减少为 28 个品种。1973 年至 1979 年 GATT 东京回合谈判期间，日本进一步消减关税并撤销进口数量限制，修订进口规格和标准等限制性措施，截至 1978 年限制进口的农产品数量减少到 22 个，自由化比率提升到 95.4%，农产品进口金额达到 63 187 亿日元，而出口金额仅有 3 960 亿日元，日本一跃成为世界上最大的农产品进口国。

20 世纪 80 年代，日本经济在工业品出口的支撑下，积累了大量贸易储备，再次出现新的增长热潮，贸易顺差进一步加大。美国等欧美国家要求日本"发展国际协调型经济"和"进一步开放市场"的呼声越来越高，在强大的外部压力下，1985 年日本签订广场协议①，日元大幅升值。日本国内外农产品价差在短期内被迅速拉大，农产品进口数量快速增加。1986 年日本在 GATT 乌拉圭回合谈判期间，进一步下调了稻米、小麦和加工原料乳等产品的政府收购价格，并逐步放松牛肉、柑橘等农产品进口限制，截至 1993 年，日本未允许进口的农产品只剩下 12 个品种。

1994 年乌拉圭回合第 8 次贸易谈判决定将 GATT 变更为具有国际贸易管理能力，可以对违约方具有制裁权力的世界贸易组织（World Trade Organization，WTO）。1995 年日本放开小麦、大麦、奶制品、魔芋和生丝的进口限制，限制进口的农产品仅剩 5 种，同时，日本为避免全面开放大米市场，承诺

① 1985 年 9 月 22 日，美国、日本、联邦德国、法国和英国的财政部长和央行行长（简称 G5）在纽约广场饭店举行会议，达成五国政府联合干预外汇市场，诱导美元对主要货币的汇率有秩序地贬值，以解决美国巨额赤字问题的协议。实质上是为了打击美国的最大债权国——日本，要求日元升值。因协议在广场饭店签署，史称"广场协议"（Plaza Accord）。

6年内实现大米进口关税化，作为交换条件，承诺每年以国有贸易方式进口MA米，1995年进口42.6万吨。同时日本认识到开放农业市场难以避免，加快了国内农业政策调整，1999年颁布《食物农业农村基本法》，引入农业多功能概念，最大限度利用绿箱政策保护国内市场。

进入21世纪，随着WTO多哈回合贸易谈判开始，日本，一是提高技术性贸易壁垒，先后颁布修订了《食品安全基本法》（2003年法律第48号）、转基因食品标识制度、肯定列表制度、《日本农林规格法》（1950年法律第175号）（简称"JAS法"）等法律法规，利用WTO规则提升技术性贸易壁垒。二是在多哈回合谈判受阻的情况下开始推进双边谈判，创造良好的贸易环境。2010年推动跨太平洋伙伴关系协定（Trans-Pacific Partnership Agreement，TPP），并在随着特朗普政府宣布退出后，全面加快了与美国以外几乎所有国家的贸易谈判速度，力图减少日美自由贸易协定（Free Trade Area，FTA）带来的负面影响。2017年11月，在没有美国参与的情况下，日本牵头与澳大利亚、新西兰、越南等11个国家签署了全面与进步跨太平洋伙伴关系协定（Comprehensive Progressive Trans-Pacific Partnership，CPTPP）意向书，2018年12月30日生效。2017年12月12日，日本—欧盟的经济伙伴关系协定（Economic Partnership Agreement，EPA）获得批准，2018年2月1日生效。根据协议规定，日本和欧盟分别取消94％和99％的关税。2020年10月与脱欧后的英国签署日英EPA协定，并于2021年1月1日生效。2020年11月签署区域全面经济伙伴关系（Regional Comprehensive Economic Partnership，RCEP）协定。另外，日本还在推进中日韩FTA、日本—土耳其EPA、日本—古巴EPA、日本—韩国EPA等贸易谈判速度。截至2020年年底，日本已与多个国家和地区完成谈判，签署了21份EPA和FTA合作协议。日本出于保障食物安全的目的，在各项双边或多边贸易谈判之中，都将大米、麦类、肉类（猪肉、牛肉）、乳制品和砂糖5种产品列为重点保护对象。例如：CPTPP协议将5种产品全部排除在撤销关税对象之外，在日欧EPA协议中不仅把大米排除在撤销关税对象之外，还维持了乳制品国家贸易制度、糖类价格管控制度和猪肉差额关税制度，甚至获得了施行临时性关税措施的权利。三是积极推动农产品出口。2013年日本提出增强农产品竞争力，增加出口的国家战略。2016年颁布《强化农林水产品出口战略》，并不断完善相关制度和运行机制，如表14-1所示，2020年日本出口农产品金额达到9 860亿日元，是1955年的9.1倍。但同期农产品进口金额为 88 942 亿日元，农产品贸易逆差高达 79 082 亿日元。

表 14 - 1 日本农产品贸易发展情况

单位：亿日元

年份	出口金额	进口金额	农产品贸易差额
1955	1 089	5 696	-4 607
1960	1 817	6 959	-5 142
1965	2 168	12 425	-10 257
1970	3 158	22 495	-19 337
1975	3 084	46 394	-43 310
1980	5 062	66 193	-61 131
1985	4 895	62 884	-57 989
1990	3 536	72 806	-69 270
1995	2 820	71 170	-68 350
2000	3 149	69 140	-65 991
2005	4 008	76 574	-72 566
2010	4 920	71 194	-66 274
2015	7 451	95 209	-87 758
2018	9 068	96 688	-87 620
2019	9 121	95 198	-86 077
2020	9 860	88 942	-79 082

注：2020 年出口统计之中追加了"少于 20 万日元的农产品（643 亿日元）的出口金额"。

资料来源：農林水産省 . 輸出累年実績［DS/OL］. （2020 - 04 - 01）［2021 - 05 - 10］. https：//
www. maff. go. jp/j/kokusai/kokusei/kaigai _ nogyo/k _ boeki _ tokei/ex _ ruinen. html.

第二节 农产品贸易发展现状

一、农产品贸易金额变化

日本自然资源相对贫乏，劳动力成本高，优势出口产品主要是技术先进、品质精良的汽车、电子元件、电器和化工类产品，农产品出口金额相对较少。如表 14 - 1 所示，日本农产品进出口金额持续增长，特别是 2010 年之后农产品出口额快速增加，2020 年达到 9 860 亿日元，是 1955 年的 9.1 倍，占所有商品总出口金额的比重为 1.4%，较 2000 年增加了 0.8 个百分点，但整体比重仍然不高，可见日本经济发展对农产品出口的依赖程度极低。

日本是农产品进口国。2000 年日本农产品进口金额为 69 140 亿日元，占总进口金额的 16.9%，2020 年农产品进口金额增加到 88 942.0 亿日元，占商品总进口金额的比重下降到 13.1%。

二、农产品贸易结构变化

（一）农产品出口情况

日本出口农产品主要是具有日本特色的酒精饮料、调味料、清凉饮料、扇贝等水产品和牛肉等畜产品。如表 14-2 所示，2020 年日本农产品的出口金额为 9 265.3 亿日元，较 2016 年增长 23.5%。其中，酒精饮料出口排名第一，2020 年出口数量 113 945 千升，出口金额 710.3 亿日元，虽然出口数量较 2016 年有所减少，但因单价提升，出口金额增长了 65.2%，出口品种主要是日本清酒，其次是啤酒、烧酒和少量葡萄酒，主要出口国家（地区）为中国、美国和中国香港。出口排名第二的是芥末等日本特有调味料，出口数量和出口金额实现双增长，2020 年的出口金额 365.4 亿日元，较 2016 年增长 33.5%，主要出口国家（地区）为美国、中国台湾和中国香港。

如表 14-3 所示，从出口对象国家（地区）分布来看，近 5 年来，日本农产品主要出口国家（地区）的集中度有所提升。2020 年前 20 位出口对象国家（地区）合计出口金额为 8 720.8 亿日元，较 2016 年增长 22.4%。同期，前 20 位出口对象国家（地区）合计出口金额占农产品总出口金额的比重为 94.2%，增加了约 1 个百分点。日本出口农产品大部分集中在东亚地区，2020 年出口中国香港的农产品为 2 066.1 亿日元，占总出口金额的 22.3%。其次是中国，为 1 645.3 亿日元，占总出口金额的 17.8%。第三位是中国台湾，为 980.5 亿日元，占总出口金额的 10.6%。三地合计占日本农产品总出口金额的 50.7%。第四位的是美国，出口金额 1 191.7 亿日元，占总出口金额的 12.9%。另外，东亚地区的越南、韩国、泰国和新加坡分别位列第 5 至第 8 位。

（二）农产品进口情况

日本进口农产品主要有烟草、肉类、饲料、蔬菜、水产品和木材等商品。如表 14-4 所示，2020 年日本农产品进口受新冠肺炎疫情影响而有所减少，为 88 864.0 亿日元，较 2019 年减少 6.7%，但较 2016 年增长 4.0%。其中前 20 种农产品进口金额为 45 676.1 亿日元，占农产品总进口金额的比重为 51.4%，与

表14-2　日本主要农产品出口情况

单位：亿日元

顺序	品种	数量单位	2016年 数量	2016年 金额	2017年 数量	2017年 金额	2018年 数量	2018年 金额	2019年 数量	2019年 金额	2020年 数量	2020年 金额
1	酒精饮料	千升	124 710	430 0	168 938	545.0	175 495	618.3	152 983	660.8	113 945	710.3
2	调味料	吨	51 931	273 7	55 156	295.9	60 097	325.4	63 191	336.6	66 350	365.4
3	清凉饮料	千升	86 860	194 3	104 979	245.1	109 560	281.7	126 747	303.9	145 238	341.6
4	扇贝（生鲜、冷藏、冷冻、腌制、干燥）	吨	62 301	548 3	47 817	462.5	84 443	476.8	84 004	446.7	77 582	314.5
5	牛肉	吨	1 909	135.5	2 707	191.6	3 560	247.3	4 340	296.8	4 845	288.7
6	鲭鱼（生鲜、冷藏、冷冻）	吨	210 675	179.9	232 084	218.9	249 517	266.9	169 458	206.1	171 739	204.4
7	鲣鱼金枪鱼类（生鲜、冷藏、冷冻）	吨	24 236	97.9	37 434	142.6	56 076	179.4	41 654	152.6	63 910	203.9
8	糕点（除米制糕点）	吨	13 883	181.6	13 694	182.2	14 998	203.6	14 423	201.6	13 503	188.1
9	海参（调制）	吨	649	181.8	749	207.4	627	210.7	613	207.8	671	181.2
10	噁鱼（生鲜、冷藏、冷冻）	吨	8 036	134.7	9 047	153.8	9 000	157.7	29 509	229.2	37 673	172.6
11	原木	千米^3	650	84.7	971	136.8	1 137	148.0	1 130	147.1	1 384	163.4
12	绿茶	吨	4 108	115.5	4 642	143.6	5 102	153.3	5 108	146.4	5 274	161.9
13	烟草	吨	14 550	218.7	8 491	138.2	7 170	185.1	5 574	163.8	6 565	142.0
14	奶粉	吨	5 026	77.3	5 357	84.0	5 953	88.3	7 449	112.6	9 524	137.1
15	播种用种子等	吨	1 352	146.2	1 222	151.7	1 002	127.5	990	131.1	898	125.2
16	苹果	吨	32 458	133.0	28 724	109.5	34 236	139.7	35 888	144.9	26 927	107.0
17	汤料	吨	13 050	83.3	15 580	95.0	18 667	115.1	17 624	109.8	16 610	106.7
18	园林植物	吨	—	80.3	—	126.3	—	119.6	—	92.9	—	105.5
19	鱼肉等磨碎搅拌其他材料制成的熟食品	吨	11 146	92.7	11 451	95.2	12 957	106.7	12 776	111.7	11 639	103.8
20	速溶咖啡	吨	1 457	24.2	1 365	23.6	1 482	28	2 014	34.9	6 170	92.3
	前20位出口农产品合计（A）			3 413.7		3 748.8		4 179.0		4 237.3		4 215.7
	农产品总出口金额（B）			7 502.1		8 070.6		9 067.6		9 121.0		9 265.3
	占比（A/B）			45.5		46.5		46.1		46.5		45.5

注：—表示无此统计数据。
资料来源：農林水産省．品目別貿易実績—農林水産物輸出 [DS/OL]. (2021-04-01) [2021-04-10]. https://www.maff.go.jp/j/kokusai/kokusei/kaigai_nogyo/k_boeki/sina_betu.html.

表14-3 日本出口农产品的主要贸易对象国家和地区

单位：亿日元，%

排序	国家（地区）	2016年 金额	2016年 占比	2017年 金额	2017年 占比	2018年 金额	2018年 占比	2019年 金额	2019年 占比	2020年 金额	2020年 占比
1	中国香港	1 853.0	24.7	1 876.9	23.3	2 115.0	23.3	2 036.8	22.3	2 066.1	22.3
2	中国	898.7	12.0	1 007.2	12.5	1 337.6	14.8	1 536.8	16.8	1 645.3	17.8
3	美国	1 044.6	13.9	1 115.5	13.8	1 176.4	13.0	1 237.9	13.6	1 191.7	12.9
4	中国台湾	930.8	12.4	837.8	10.4	903.4	10.0	903.8	9.9	980.5	10.6
5	越南	322.9	4.3	395.2	4.9	457.9	5.0	453.9	5.0	534.8	5.8
6	韩国	511.3	6.8	596.7	7.4	634.8	7.0	501.4	5.5	415.1	4.5
7	泰国	329.0	4.4	390.6	4.8	435.2	4.8	395.0	4.3	402.6	4.3
8	新加坡	233.9	3.1	261.3	3.2	283.7	3.1	305.7	3.4	296.4	3.2
9	澳大利亚	123.6	1.6	148.1	1.8	161.3	1.8	173.8	1.9	165.3	1.8
10	菲律宾	115.4	1.5	143.8	1.8	165.5	1.8	153.8	1.7	154.0	1.7
11	荷兰	114.2	1.5	134.3	1.7	137.8	1.5	143.5	1.6	142.3	1.5
12	马来西亚	73.4	1.0	76.7	1.0	86.5	1.0	106.0	1.2	122.0	1.3
13	加拿大	83.3	1.1	97.6	1.2	100.1	1.1	109.9	1.2	109.1	1.2
14	柬埔寨	35.0	0.5	57.9	0.7	74.7	0.8	108.7	1.2	106.0	1.1
15	印度尼西亚	61.3	0.8	64.9	0.8	67.2	0.7	69.1	0.8	78.4	0.8
16	法国	64.9	0.9	72.1	0.9	74.5	0.8	78.8	0.9	77.0	0.8
17	德国	66.7	0.9	67.1	0.8	72.2	0.8	72.2	0.8	74.5	0.8
18	俄罗斯	31.3	0.4	38.7	0.5	50.1	0.6	36.1	0.4	67.9	0.7
19	英国	61.3	0.8	71.6	0.9	72.0	0.8	67.9	0.7	55.9	0.6
20	阿拉伯联合酋长国	54.9	0.7	65.3	0.8	33.7	0.4	34.6	0.4	35.8	0.4
	前20位国家（地区）出口农产品合计	7 009.4	93.4	7 519.1	93.2	8 439.5	93.1	8 525.8	93.5	8 720.8	94.2
	农产品出口金额合计	7 502.1	100.0	8 070.6	100.0	9 067.6	100.0	9 121.0	100.0	9 256.8	100.0

资料来源：農林水産省·品目別貿易実績—農林水産物輸出 [DS/OL]. (2021-04-01). (2021-04-10) [2021-04-10]. https://www.maff.go.jp/j/kokusai/kokusei/kaigai_nogyo/k_boeki_tokei/sina_betu.html.

单位：亿日元

表14-4　日本主要农产品的进口情况

排序	品种	数量单位	2016年 数量	2016年 金额	2017年 数量	2017年 金额	2018年 数量	2018年 金额	2019年 数量	2019年 金额	2020年 数量	2020年 金额
1	烟草	吨	129 691	4 396.0	125 888	5 296.6	119 339	5 893.9	117 652	5 987.0	108 990	5 809.8
2	猪肉	吨	861 182	4 528.3	932 069	4 910.5	924 993	4 868.0	958 997	5 050.8	891 848	4 751.1
3	牛肉	吨	504 384	2 887.6	573 978	3 504.8	608 551	3 847.2	616 435	3 851.2	601 132	3 573.7
4	玉米	千吨	15 342	3 331.5	15 306	3 458.0	15 802	3 721.8	15 983	3 841.1	15 770	3 515.9
5	生鲜干燥水果	千升	1 721 221	3 174.6	1 749 744	3 248.1	1 790 047	3 478.3	1 830 003	3 470.5	1 864 791	3 468.9
6	酒精饮料	吨	669 273	2 666.4	674 899	2 867.6	596 358	2 925.5	582 447	3 056.0	522 563	2 562.2
7	调制品	吨	422 149	2 097.5	486 935	2 521.4	513 789	2 670.5	512 642	2 637.7	469 734	2 379.1
8	三文鱼鲑鱼（生鲜、冷藏、冷冻）	吨	230 149	1 795.3	226 593	2 235.3	235 131	2 256.7	240 941	2 218.2	250 762	1 996.1
9	木片	千米^3	11 900	2 324.7	12 170	2 363.4	12 449	2 520.0	12 171	2 600.1	9 491	1 877.1
10	冷冻蔬菜	吨	944 811	1 693.6	1 010 554	1 876.9	1 053 718	1 956.8	1 091 248	2 014.7	1 033 989	1 870.7
11	木板等	千米^3	6 315	2 314.8	6 323	2 509.5	5 968	2 584.2	5 700	2 293.9	4 933	1 844.8
12	小麦	千吨	5 447	1 481.1	5 706	1 714.7	5 652	1 811.0	5 331	1 605.9	5 374	1 627.6
13	鲣鱼金枪鱼类（生鲜、冷藏、冷冻）	吨	238 246	1 891.2	247 448	2 053.1	221 216	2 001.0	219 530	1 909.1	210 584	1 603.2
14	虾（活、生鲜、冷藏、冷冻）	吨	167 380	1 987.3	174 939	2 204.8	158 488	1 941.1	159 079	1 827.7	150 406	1 600.3
15	大豆	千吨	3 131	1 662.4	3 218	1 735.3	3 236	1 700.9	3 392	1 673.2	3 163	1 591.6
16	天然干酪	吨	248 399	1 011.2	263 437	1 247.7	276 177	1 361.8	293 570	1 385.4	282 507	1 307.3
17	鸡肉	吨	551 181	1 213.0	569 466	1 509.1	560 321	1 312.6	562 888	1 356.8	534 995	1 172.7
18	咖啡豆	吨	435 140	1 433.5	406 330	1 491.7	401 144	1 276.4	436 546	1 252.9	391 611	1 133.5
19	菜种	千吨	2 366	1 133.8	2 441	1 293.3	2 337	1 242.7	2 359	1 125.3	2 252	1 030.4
20	牛器官、舌	吨	66 171	830.4	69 443	871.7	72 820	873.6	79 343	993.4	76 719	960.2
前20位进口农产品合计（A）				43 856.3		48 913.4		50 243.9		50 150.7		45 676.1
农产品进口总金额合计（B）				85 479.6		93 732.2		96 687.9		95 197.6		88 864.0
占比（A/B）				51.3		52.2		52.0		52.7		51.4

资料来源：農林水産省·品目別貿易実績—農林水産物輸入 [DS/OL]. (2021-04-01) [2021-04-10]. https://www.maff.go.jp/j/kokusai/kokusei/kaigai_nogyo/k_boeki_tokei/sina_betu.html.

表14-5 日本进口农产品的主要贸易国家和地区

单位：亿日元，%

排序	国家（地区）	2016年		2017年		2018年		2019年		2020年	
		金额	占比	金额	占比	金额	占比	金额	占比	金额	占比
1	美国	15 777.3	18.5	17 116.1	18.3	18 077.0	18.7	16 470.1	17.3	15 577.8	17.5
2	中国	11 642.3	13.6	12 109.8	12.9	12 477.5	12.9	11 910.0	12.5	11 907.8	13.4
3	加拿大	5 088.8	6.0	5 627.4	6.0	5 874.8	6.1	5 694.9	6.0	5 193.5	5.8
4	泰国	5 183.9	6.1	5 693.9	6.1	5 715.5	5.9	5 661.2	5.9	5 193.0	5.8
5	澳大利亚	4 860.8	5.7	5 386.2	5.7	5 703.4	5.9	5 463.0	5.7	4 543.3	5.1
6	越南	2 303.6	2.7	2 627.6	2.8	2 763.5	2.9	2 965.3	3.1	3 424.5	3.9
7	巴西	3 201.1	3.7	2 983.9	3.2	2 625.1	2.7	3 620.7	3.8	3 398.5	3.8
8	印度尼西亚	3 042.4	3.6	3 631.8	3.9	3 714.3	3.8	3 570.9	3.8	3 332.4	3.7
9	意大利	1 580.4	1.8	2 885.1	3.1	3 281.4	3.4	3 032.7	3.2	3 118.3	3.5
10	韩国	2 276.7	2.7	2 735.0	2.9	2 778.6	2.9	2 891.3	3.0	2 780.2	3.1
11	智利	2 278.3	2.7	2 709.3	2.9	2 698.7	2.8	2 766.8	2.9	2 497.6	2.8
12	菲律宾	2 272.4	2.7	2 274.8	2.4	2 400.1	2.5	2 410.4	2.5	2 195.0	2.5
13	新西兰	1 930.7	2.3	2 090.2	2.2	2 130.8	2.2	2 245.3	2.4	2 093.2	2.4
14	法国	1 917.1	2.2	2 092.1	2.2	2 174.3	2.2	2 264.1	2.4	1 987.7	2.2
15	马来西亚	1 968.2	2.3	2 055.7	2.2	1 984.0	2.1	1 915.5	2.0	1 784.6	2.0
16	俄罗斯	1 698.7	2.0	1 871.1	2.0	2 012.6	2.1	1 842.2	1.9	1 529.7	1.7
17	墨西哥	1 159.2	1.4	1 234.5	1.3	1 328.0	1.4	1 436.2	1.5	1 373.9	1.5
18	西班牙	1 055.2	1.2	1 236.2	1.3	1 276.0	1.3	1 358.7	1.4	1 201.6	1.4
19	挪威	1 051.4	1.2	1 059.8	1.1	1 067.7	1.1	1 104.5	1.2	969.9	1.1
20	中国台湾	958.4	1.1	1 035.8	1.1	1 039.0	1.1	1 019.7	1.1	905.4	1.0
前20位国家（地区）进口农产品合计		71 246.8	83.3	78 456.2	83.7	81 122.2	83.9	79 643.4	83.7	75 007.7	84.3
农产品进口金额合计		85 479.6	100.0	93 732.2	100.0	96 687.9	100.0	95 197.6	100.0	88 942.0	100.0

资料来源：農林水産省·品目別貿易実績—農林水産物輸入 [DS/OL]. (2021-04-01) [2021-04-10]. https://www.maff.go.jp/j/kokusai/kokusei/kaigai_nogyo/k_boeki_tokei/sina_betu.html.

2016 年基本持平，但较 2019 年下降了 8.9%。其中烟草进口金额位居第一位，为 5 809.8 亿日元，虽然较 2016 年进口数量下降了 16.0%，但进口金额增长了 32.2%，主要来源于意大利、韩国和塞尔维亚。第二位是猪肉 4 751.1 亿日元，较 2016 年增长 4.9%，主要来源于美国、加拿大和西班牙。第三位是牛肉 3 573.7 亿日元，较 2016 年增长 23.8%，主要来源于澳大利亚、美国和加拿大。

如表 14-5 从进口对象国家（地区）分布来看，近 5 年来，日本农产品进口国家（地区）的集中度略有提升。2020 年前 20 位进口对象国（地区）合计进口金额为 7 1246.8 亿日元，较 2016 年增长了 5.3%。同期，前 20 位进口对象国（地区）合计进口金额占农产品总进口金额的比重为 84.3%，增加了 1 个百分点。日本进口农产品主要来自北美和亚洲地区。2020 年从美国进口各类农产品 15 577.8 亿日元，较 2016 年减少了 1.3%，占农产品总进口金额的 17.5%，主要进口商品是牛肉、猪肉、饲料玉米、小麦等。其次是中国，进口金额为 11 907.8 亿日元，较 2016 年增长了 2.3%，占农产品总进口金额的 13.4%，主要进口农产品是冷冻、干燥、新鲜等形态的蔬菜和水产品。第三位是加拿大，进口金额为 5 193.5 亿日元，较 2016 年增长了 2.1%，占农产品总进口金额的 5.8%，主要进口商品是猪肉、牛肉、木板、小麦、大豆等。

第三节　农产品出口贸易制度

日本农产品普遍缺乏价格竞争力，2000 年之前的年出口金额徘徊在 4 000 亿日元左右，且主要以日本特色食品出口为主。日本预测全球食物需求量将由 2015 年的 890 万亿日元增加到 2030 年的 1 360 万亿日元，但日本国内食物支出金额受到老龄少子化影响将较 2010 年减少 3%，只有扩大出口才能维持农业的可持续发展。小泉内阁时期开始，日本政府提出"转守为攻"的农业发展思路，不断上调农产品出口预算，并积极开展海外市场调查等相关活动。2005 年，日本食物农业农村政策推进总部公布《关于 21 世纪新农政的推进——向进攻型农政转变》报告，明确指出日本农业的发展方向要由"防守"转向"进攻"，特别强调要重视国际经济一体化发展趋势，促进高品质和高附加值的农产品出口。同年 4 月，日本成立"农林水产品出口全国协议会"。2006 年，新版《21 世纪新农政》提出"农产品出口金额五年内实现倍增"的目标。2014 年，农林水产省公布《农林水产业地区活力创造规划》，提出"2020 年农产品出口金额突破 1 万亿日元，2030 年达到 5 万亿日元"的政策目标[①]。2019 年颁布《农林水产品及食品出口促进法》（2019 年法律第 57 号），加强农产品出口体系建设。目前，日本促进农产品出口的贸易政策如下。

一、推进双边和多边贸易谈判，优化出口环境

2004 年 6 月和 11 月，在 WTO 多哈回合贸易谈判受阻的情况下，日本为促进国际农业贸易发展，先后出台了《关于 FTA/EPA 谈判中农产品问题的基本方针》和《绿色亚洲 EPA 推进战略》，表示愿意在不对本国农业结构改革产生负面影响的前提下，积极参与双边贸易谈判。截至 2021 年 3 月，日本已与 21 个国家和地区签署了各类贸易协议，极大地改善了日本农产品出口环境。如表 14 - 6 所示，TPP11 协议使各国关税水平有所下降，为日本高品质牛肉、水果、茶叶和切花出口创造了近 4 亿人口的出口市场。另外，日欧 EPA 谈判使日本获得几乎所有农产品关税的免除。日英 EPA 谈判获得牛肉、茶叶和水产品等日方关心品目的关税减免。日美 FTA 谈判中，美方撤销了 92% 的关税，日本获得 65 005 吨牛肉出口权和 42 种品目关税减免，预期可为日本增加 4 万亿日元 GDP，增幅为 0.8%。2020 年 11 月日本签署区域全面经济伙伴关系协定（Regional Comprehensive Economic Partnership，RCEP），于 2022 年

表 14 - 6　TPP 协定中，日本出口产品税率变化

名称	国家	市场准入	
		基础关税	协议内容
牛肉	加拿大	26.5%	6 年内撤销
	墨西哥	20%～25%	10 年内撤销
鰤、鲭、秋刀鱼	越南	18%	撤销
梨	加拿大	免税或 2.81 分/千克（10.5% 以上）	撤销
茶	越南	40%	4 年内撤销
巧克力	越南	13%～25%	5～7 年内撤销
切花	加拿大	免税～16%	撤销

资料来源：農林水産省大臣官房国際部. 経済連携交渉等の状況について（農林水産関係）［R/OL］. (2021 - 03)［2021 - 04 - 10］. https://www.maff.go.jp/j/kokusai/renkei/fta _ kanren/attach/pdf/index - 33. pdf.

---

① 2020 年日本完成了目标出口数量的 98.6%。2020 年设定 2025 年出口金额为 2 万亿日元，2030 年突破 5 万亿日元。

1月1日实施，不仅获得中国减免包括大米、酱油、切花等品目关税的承诺，并就加强植物新品种保护和地理商标等知识产权保护达成共识。

二、构建出口促进机制，统筹出口产业发展

2019年颁布的《农林水产品及食品出口促进法》规定，在日本农林水产省设立农产品出口总部，负责制定出口促进政策，制定促进出口规划并监管其执行。日本农林水产大臣兼任该总部部长，总务大臣、外务大臣、财务大臣、厚生劳动大臣、经济产业大臣和国土交通大臣均兼任该组织成员。在日本农林水产省食料产业局新设50人规模的出口市场法规对策处，作为出口总部的办事处。出口总部处理管辖事务时有权要求相关行政部门协作配合。出口总部负责的工作主要包括：把握促进农产品和食品出口措施的基本方向；针对出口市场的边境要求，例如食品卫生、检疫要求等进行磋商；签发出口证明书和简化出口程序；支持企业出口；与促进出口有关的其他事宜。日本选择了具有国际竞争力的牛肉、猪肉、鸡肉、牛奶乳制品、苹果等水果、茶、板材、合板、珍珠和扇贝等27个品种作为重点扶持的出口品种。

三、搭建信息共享平台，提高资源使用效率

日本满足进口国相关认证及标准、完善信息平台建设、优化出口环境（ENTER），支援建立（ESTABLISH）与扩大（EXPAND）商流的3个方面，加强出口支持体系建设。2012年，日本贸易振兴机构（Japan External Trade Organization，JETRO）成立"农产品食品出口促进总部"，与农林水产省联合开设"出口咨询窗口"，组建由政府主导和企业参与的日本食品海外宣传中心（The Japan Food Product Overseas Promotion Center，JFOODO），下设大米、和牛、水产品、绿茶和日本酒等7个工作组，制定日本农产品出口规划。另外，由JETRO在55个国家的73个事务所、日本驻各国使馆和海外相关民间机构，承担信息搜集的主要工作，并向日本国内企业免费提供出口目标市场的进出口制度、食品安全及检疫制度、市场偏好等相关信息。2016年，由首相担任部长的"农林水产业及地区创造总部"公布《加强农产品出口战略》，提出将海外相关信息通过JETRO集中汇总，提升挖掘海外需求的能力，并由

JETRO 向日本国内农林渔业组织提供"一站式"服务。2018 年 8 月，农林水产省与 JETRO 共同建立"GFP（Global Farmers/Fishermen/Foresters/Food Manufacturers Project）论坛"，通过该平台，为出口企业提供免费出口能力诊断、出口商社介绍和同行信息。截至 2020 年，GFP 成员企业达到 4 572 个，获得出口能力诊断服务的农产品出口企业有 2 622 个。另外，JETRO 多次举办国内外洽谈会及国外进出口商品博览会，提升信息交流效率。

四、构筑融资平台，降低市场开拓成本

日本政策金融金库为促进出口农产品生产、改善流通设施，设立了"食品产品品质管理高度化促进资金"，对于申请 HACCP 认证的农产品出口企业给予项目总额最高 80% 的免息长期贷款。2014 年农林水产省召开的"全球化食品价值链战略研讨会"提出要完善农产品出口的商业投资环境，通过国际协力机构(JICA)和国际协力银行（JBIC）等机构对海外贸易投融资提供资金支援并与当地市场官产学联合开展技术开发、人才培育项目，降低市场开拓成本。

五、宣传"和食"文化，扩大出口市场

2013 年 10 月，日本推动"和食"成为联合国非物质文化遗产，"和食"文化在世界范围内得到认可。在此基础上，日本农林水产省提出 FBI 战略，将普及日本"和食"文化和发展"和食"产业作为促进农产品出口的抓手，以期扩大全球范围内的日本农产品消费市场规模。2015 年 2 月，农林水产省联合各相关机构，组成"日本食文化普及、继承官民合同协议会"，并制定"宣传日本饮食魅力行动计划"。2016 年 4 月，农林水产省制定了"日产食材支持认证制度"，旨在对国外使用日本产农产品的餐厅以及零售商进行认证，允许其使用可视化的"日本产"标签，促进提升国外"和食"餐厅质量，提升日本农产品影响力。截至 2020 年，获得认证的国外日本料理店达到 6 069 个。另外，日本加大对访日游客的日本饮食文化宣传力度，并积极吸引国外厨师来日学习日本料理的烹饪方法，2020 年共有 1 719 名外国厨师取得"日料调理技能认证"证书（表 14-7）。

表 14-7　获得日产食材支持认证和日料调理技能认证数量（2020 年）

	合计	欧洲	非洲	亚洲	中东	大洋洲	北美洲	南美洲	日本
日产食材支持认证	6 069	700	0	4 236	69	138	603	323	—
日料调理技能认证	1 719	173	6	1 337	7	13	137	46	—
日本食物普及亲善大使认证	145	31	1	22	5	6	12	10	58

资料来源：農林水産省. 令和 2 年度食料農業農村白書［R］. 東京：農林統計協会，2020.

六、完善知识产权保护制度，支持特色品牌建设

日本认为细分市场推动建立日本品牌，是促进农产品出口的有效手段。2014 年，日本颁布《特定农产品名称保护相关法律》（2014 年法律第 84 号），从法律层面加大了对日本农产品地区品牌的知识产权保护，提升国外消费者对日本产品的信赖水平。截至 2020 年有 40 个都道府县和 2 个国家共申请 106 个品种的地理商标。另外，日欧 EPA 协定保护日本 72 个商品，EU89 个商品。2021 年生效的日英 EPA 协定保护日本 47 个商品和英国 3 个商品，其中包括富山柿子、河北水芹和物部橘子等。另外，日本农林水产省成立"农产品食品知识产权保护联合会"，通过植物新品种保护条约防止国外企业非法使用日本种苗生产的农产品侵蚀日本国内外市场。2020 年修订《种苗法》（1947 年法律第 115号），加强了种苗出口管制，并提供专项补贴支持日本育种公司积极申请国外植物新品种保护。

七、鼓励获取国内外质量认证，提升企业竞争力

2014 年，针对出口农产品安全问题，农林水产省召开"食品产业国际标准战略研讨会"，制定食品安全管理认证计划，改革国内食品安全体制，避免日本产农产品在国外遭受诋毁等舆论中伤。2010 年，农林水产省联合内阁府食品安全委员会和厚生劳动省，推行"食品链"一体化管理，要求在农产品的生产和加工过程中，引入 GAP、HACCP 体系，对农产品的质量安全进行管理。2020 年修订后的《食品卫生法》（1947 年法律第 233 号）要求食品加工和销售企业原则上全部按照 HACCP 要求进行卫生管理，目前已有约 40％以上的企业采用了 HACCP 管理体系。另外，日本鼓励农业企业取得 GAP 认证，

并将是否取得 GAP 认证作为 2021 年东京奥运会供应商的认定标准。截至 2019 年年末，取得 GAP 认证的农业企业已达 7 171 个。另外，截至 2021 年 3 月，获得 JGAP 认证的畜牧产品认证数量达到 217 个。

第四节　农产品进口贸易制度

日本农产品进口贸易制度由食品检验制度、关税制度和食品标识制度构成。其中食品检查制度建立在《食品卫生法》《植物防疫法》《家畜传染病预防法》（1951 年法律第 66 号）和其他相关法律法规基础之上。关税制度和食品标识制度则分别由《国外外汇及国外贸易法》（1949 年法律第 228 号）《关税法》（1954 年法律第 61 号）《JAS 法》和《食品标识法》（2013 年法律第 70 号）等法律法规规范（表 14-8）。

表 14-8　日本农产品进口贸易相关法律法规

进口产品	《食品卫生法》	《植物防疫法》	《家畜传染病预防法》	《国外外汇及国外贸易法》	其他
蔬菜、水果、果实类、谷物、豆类、茶、咖啡豆等	○	○①		△③	
肉类、肉制品、乳制品等	○		○	△③	
水产品	○			△③	
水产动物	○				《水产资源保护法》
酒类	○				《酒税法》
稻米、麦等	○	○①			《主要粮食需求及价格稳定法》
盐	○				《盐事业法》
糖、淀粉、加糖条制品	○				《砂糖及淀粉价格调整法》
黄油、脱脂奶粉	○				《畜产经营稳定法》
其他加工食品	○	△②	△②	△③	

注：①精深加工品除外，例如小包装茶叶，烘焙后的咖啡豆等；②根据加工状态可能有必要检查；③根据进口公告目录；④鲜活水产动物中可食用（鲍鱼、杜蛎等）的水产品属于适用于公共水面或排他性设施保管的类型；○表示适用，△表示部分适用。

资料来源：一般财团法人对日贸易投资交流促进协会. 食品输入の手引き2019 [R]. 東京：一般财团法人对日贸易投资交流促进协会，2019.

一、进口食物检疫制度

（一）进口食物检疫机制

日本负责进口食品安全的行政管理机构主要由内阁府所属食品安全委员会、厚生劳动省和农林水产省组成。其中食品安全委员会是食品安全风险评估和对立法提供依据的独立机构。农林水产省负责防止危害动植物健康的病虫害侵入，厚生劳动省负责防止危害人体健康化学药品输入。

食品安全委员会依据《食品安全基本法》规定建立，由 7 名食品安全领域专家委员组成，经国会批准，由首相任命，任期 3 年。委员会下设事务局和专门调查会，其中专门调查会有 16 个分会 250 名专门委员，负责评估食品安全风险，指导和监督风险管理部门开展工作，以及公布风险信息。

农林水产省设立了食品安全危机管理小组，建立内部联络机制，负责应对突发性重大食品安全问题。该危机管理小组负责搜集信息，研究和制定应对方针，并指挥实施。另外，农林水产省内设"消费者安全局"，依据《家畜传染病预防法》《植物防疫法》以及世界动物卫生组织（OIE）等有关国际机构发布的禁止进口动物及其产地名录在海关开展动物检疫工作。具体工作由农林水产省下属的动物检疫所（AQS）和植物防疫所（PPS）负责，AQS 总部设在横滨，在东京成田机场、羽田机场、大阪关西机场和门司、冲绳、神户、北海道等主要海空口岸设有分支机构。PPS 分支机构较少，只有横滨、名古屋、神户、门司和那霸 5 个办事处。

厚生劳动省内设药品和食品安全局食品安全部负责食品卫生安全管理工作。依据《食品安全基本法》规定，厚生劳动省负责制定年度监督检验计划并在港口对进口食品进行抽样检查。取样检查根据国际食品法典委员会推荐的方法进行。目前，日本共有 31 所食品检疫站，其中 6 所具有执行指令检验的能力和检验设备。有 2 个具有执行指令性检验能力的进口食品检验中心。此外，厚生劳动省还在全国指定了约 40 个实验室，代其行使检验职能。

（二）进口食物检疫制度的主要内容[①]

二战之后，日本进口农产品增加，为严把食品安全关，1947 年颁布《食

---

① 边红彪，2011. 日本进口食品检验检疫制度综合分析 [J]. 食品安全质量检测学报（5）：261 - 264. 本节引用该文部分内容。

品卫生法》。1951 年建立进口食品检验检疫制度和食品监控体系。1994 年日本参考国际食品法典委员会抽样分会提示的食品抽检方法，制定了进口食品检验检疫制度，在各检疫所对进口食品实施监控检查。进入 21 世纪，日本相继发生雪印牛乳事件、O－157 中毒事件、BSE 疯牛病和禽流感等食品安全事件，社会整体对食品安全问题的关注度直线上升。近年来，日本颁布《食品安全基本法》，并设立国家食品安全委员会，修订《食品卫生法》建立"肯定列表制度"，完善了进口食品检疫制度，建立了以监控检查和命令检查为主要检验检疫形式，进口自肃和禁止进口为主要管理处罚措施的进口食品检验检疫制度。

目前，日本食品检验检疫方式有两种，一是监控检查。是对违反《食品卫生法》规定概率较低的食品所采取的检查制度，并根据年度计划实施检验检疫。监控检查允许报关人先办理通关手续，在少量抽查并确认进口食品无安全隐患的情况下，允许报检货物办理通关手续进入日本国内市场。如货物进入日本市场后抽查发现问题，可进行召回。在货物上市后，从允许入境的货物中有计划地抽取一定数量的产品，分送到检疫所进行检疫。其间通过监控检查如发现违法货物，将由日本厚生劳动省通过与各地方政府联系进行召回或者废弃处理。二是命令检查，是针对违反《食品卫生法》概率较高的食品所采取的检查制度，检查内容以及对象由行政命令规定，以命令形式指定有关检察机关进行检查。对确定开展命令检查的食品进行批批检验。在检查结果出来前，货物停留港口，不允许办理通关手续。

日本检疫制度规定海关监控检查抽查率为 10%，费用由日本财政承担。报关货物在抽查中没有发现问题，即允许货物进入日本市场。而在监控检查中出现两次违反《食品卫生法》的情况，则该产品进入命令检查流程。由政府发布行政命令，通知日本各检疫所进行批批检验，产品检查率达 100%。命令检查的费用由企业承担。日本厚生劳动省利用抽样检查收集有关食品安全信息，从抽检情况中了解食品进口动态，企业信息和违规次数，及时发现问题及时处理。通常，进口食品检查频度被调至 50% 时，企业就应该及时调整生产，避免进入命令检查。如果国外出口企业的产品被多次启动命令检查程序，且其产品质量仍然没有得到改善时，厚生劳动省有关部门可能会将这些违规企业列入黑名单，也有可能启动进口自肃处罚措施，暂时禁止这些企业向日本出口任何食品。

日本厚生劳动省针对进口食品的检验检疫内容作了具体分类，包括农药残

留、有毒有害物质、微生物污染、抗菌性物质、重金属污染、二氧化硫、霉菌
毒素、使用材料标准、容器包装、防腐烂、防变质、防霉措施、有无卫生证明
书和保存标准等。目前，日本厚生劳动省每月在其官方网站定期公布国外进口
食品扣留情况，信息内容包括国家和地区名称、生产厂家所在地区、名称、产
品名称、违反内容、原因、处理办法和检查等级等。如表 14-9 所示，自 20
世纪 90 年代以来，日本农产品进口批次显著增加，2019 年进口食品申报数量
254.5 万件，是 1989 年的 3.7 倍；检查批次显著增加，由 1989 年的 12.3 万件
增加到 2019 年的 21.7 万件；但检查率由 18.1% 下降到了 8.5%。违反批次在
肯定列表制度颁布后显著增加，2010 年达到 1 376 次，之后逐年减少，2019
年为 763 次。

表 14-9　日本进口食品申报数量和检验数量变化

年份	1989	1995	2000	2005	2010	2015	2018	2019
申报数量（万件）	68.2	105.2	155.1	186.4	200.1	225.5	248.3	254.5
检查数量（万件）	12.3	14.1	11.2	18.9	24.7	19.6	20.7	21.7
检查率（%）	18.1	13.4	7.2	10.2	12.3	8.7	8.3	8.5
违规数量（件）	956	948	1 037	935	1 376	858	780	763

资料来源：農林水産省. 令和 2 年度食料農業農村白書［R］. 東京：農林統計協会，2020.

日本在命令检查之后，制定了两种管理处罚措施，一是进口自肃，即在实
施命令检查之后，仍然多次发现该产品违反《食品卫生法》规定时，将被暂时
禁止进口。日本厚生劳动省通过发文的形式，指导日本相关地方政府机构、检
疫所和进口商采取进口自肃措施，有时也会通知相关出口国家（地区）。被暂
时禁止进口后，如经进出口双方国家管理机构间进行磋商，并达成共识，可解
除相关产品的暂时进口禁令。但进口自肃措施会根据违规情况反复实施，如解
除后该产品又多次发生违反案例，日本会再次实施进口自肃措施，如得到改
善，日本又会再次解除进口自肃措施。这样，既可保障食品安全，也可督促出
口国家（地区）进行改进，把进口食品的数量和安全置于可控范围之内，以免
引发食物短缺。二是禁止进口措施，是在实施进口自肃措施之后，采取的一种
更为严厉的禁止进口措施。通常，禁止进口措施适用于发生重疫的国家或地
区，以及被列为经济制裁对象的国家（地区）。禁止进口措施一旦被实施，虽
然不排除被解除的可能性，但该国（地区）或者该产品将在短期内很难被解
禁。截至目前，日本只对少数国家或地区的产品采取过禁止进口措施。例如，

对美国牛肉（疯牛病疫区）以及亚洲国家的禽肉（禽流感疫区）等实施了禁止进口措施，另外基于经济制裁禁止从朝鲜进口食物。

（三）肯定列表制度

为适应社会经济发展和不断变化的消费需求，充分保证食品安全，日本政府对《食品卫生法》，进行了多次修订，2003 年修订之后的《食品卫生法》，把立法目的从确保食品卫生改为确保食品安全，并提高了药物残留限量标准，增加了限制项目，并且加强了进口农产品的检查力度。2006 年进一步修订《食品卫生法》，对已有食品安全法律法规和行政管理体制进行较大幅度修订，并颁布肯定列表制度，构建了全新的食品安全体系。该制度将食品中的农药、兽药和饲料添加剂等化学药品残留划分为 3 种类型，一是豁免物质，即在常规条件下其在食品中的残留对人体健康无不良影响的化学品。这类物质，无任何残留限量要求。目前，日本规定的豁免物质有 65 种，主要是维生素、氨基酸、矿物质等营养性饲料添加剂和一些天然杀虫剂。二是一律标准，对在豁免清单之外且无最大残留限量标准的化学药品，即其在食品中 ADI（Acceptable Daily Intake）残留量不得超过 0.01 毫克/千克。三是对具体化学药品和具体食品制定的"最大残留限量标准"，共 799 种，包括 3 种类型，即①在所有食品均"不得检出（ND)"的化学药品；②针对具体农业化学品和具体食品制订的"暂定标准"（provisional MRLs)；③未制定暂定标准但在"肯定列表制度"生效后仍然有效的现行标准。按照肯定列表制度要求，超过标准值的食物安全不允许进口。肯定列表制度既有助于消除食品安全标准的差异，又有效防止了国外无安全标准或者过低标准的食品进入日本市场，对于保障日本食品安全产生了积极影响。

二、关税制度[①]

日本依据《国外外汇及国外贸易法》和《关税法》规定将关税税率分为国定税率和协定税率，国定税率包括基本税率、暂定税率和特惠税率；协定税率包括 WTO 协定税率和 EPA 税率。目前，日本平均关税率为 2.3%，与美国持

---

① 农业农村部农业贸易促进中心. 日本对进口农产品如何征税？［N］. 农民日报，2019 - 11 - 21（4）. 本节引用部分该文内容。

平，低于欧盟（3.0%）、中国（4.4%）和韩国（8.0%）等国家，其中，非农产品关税率日本只有 1.2%，低于美国（2.2%）等国家，但农产品关税高达 14.3%，远高于美国（4.6%）、欧盟（14.3%）和中国（12.5%），但低于韩国（81.9%）、泰国（16.5%）和印度（60.7%）等国家。

日本的关税形式有从价税、从量税、复合税、选择税和季节关税等。如表 14-10 所示，从价税是以进口农产品的价格为标准征收的关税，比如牛肉关税采用 38.5% 的从价税；从量税是以进口商品的数量、重量、体积等为标准征收的关税，比如大米配额外关税采用 341 日元/千克的从量税；复合税是从价税加从量税，比如黄油配额外关税为 29.8%＋985 日元/千克；选择税是选择从价税和从量税中较高者，比如用于制作淀粉的玉米配额外关税为 50% 或 12 日元/千克中的较高者；季节关税针对有季节特征的货物，制定两种或两种以上的税率，比如新鲜橙子关税在 6 月 1 日至 11 月 30 日期间为 16%、12 月 1 日至次年 5 月 31 日期间为 32%。

表 14-10　日本主要农产品关税税率

品　种	税　率
大豆、咖啡豆、菜种	免税
米	配额内：免税；配额外：341 日元/千克
小麦	配额内：免税；配额外：55 日元/千克
大麦	配额内：免税；配额外：39 日元/千克
粗糖	71.8 日元/千克
精制糖	103.1 日元/千克
杂豆（小豆、豌豆等）	配额内：10%；配额外：354 日元/千克
花生	配额内：10%；配额外：617 日元/千克
土豆粉	配额内：免税或 25%；配额外：119 日元/千克
魔芋	配额内：40%；配额外：2 796 日元/千克
绿茶	17%
玉米（饲料用）	免税
玉米	配额内：免税或 3%；配额外：50% 或 12 日元/千克
新鲜蔬菜（除部分品种）	3%
洋葱（生鲜）	CIF 价格≤67 日元/千克：8.5%；67 日元/千克＜CIF 价格≤73.7 日元/千克：73.7 日元/千克/CIF 价格；73.7 日元/千克＜CIF 价格：免税
冷冻蔬菜	6%～12%
番茄汁（无糖）、番茄酱	21.3%

（续）

品　种	税　率
柑橘（生鲜）	17％
橙子（生鲜）	6月1日至11月30日：16％；12月1日至次年5月31日：32％
橙汁	21.3％～29.8％或23日元/千克中金额最高的
苹果（生鲜）	17％
苹果汁	19.1％～34％或23日元/千克中金额最高的
黄油	配额内：35％；配额外：29.8％＋985日元/千克
脱脂奶粉	配额内：25％；配额外：21.3％＋396日元/千克
干奶酪	配额内：免税；配额外：29.8日元/千克
牛肉	38.5％
猪肉	CIF价格≤64.53日元/千克：482日元/千克；64.53日元/千克＜CIF价格≤524日元/千克：546.53日元/千克CIF价格 524日元/千克＜CIF价格：4.3％
鸡肉	8.5％、11.9％
鸡蛋	8％～21.3％
原木（桐木以外）	免税
木板	免税、4.8％、6％
合板	6％、8.5％、10％
虾（活、生鲜、冷藏、冷冻）	1％
鲣鱼、金枪鱼类、三文鱼鳟鱼（生鲜、冷冻）	3.5％
鲥、鲭、鲲、扇贝等（生鲜、冷冻）	10％

资料来源：農林水産省大臣官房国際部国際経済課．我が国の農林水産物の関税制度について［EB/OL］．（2020-04）［2021-04-10］．https：//www.maff.go.jp/j/kokusai/boueki/attach/pdf/index-7.pdf.

　　另外，日本还实行关税配额制度，即在一定进口数量内，实行零关税或者低税率，确保为国内需求者提供较低价格的产品；进口数量超过定额时，实行较高的税率，以保护国内生产者的利益。1961年日本引入关税配额制度，后废止。1995年因GATT乌拉圭回合谈判需要重新启用该制度，设立了11种品种15个范围。目前有18种农产品25个范围，每年上半年公布玉米、干奶酪、无糖可可调制品、番茄酱、菠萝罐头、其他乳制品、脱脂奶粉、无糖炼乳、乳清、黄油、淀粉、菊粉和淀粉调制品、杂豆、花生、魔芋、食用脂肪、蚕茧和生丝配额，下半年公布麦芽配额。

　　日本在使用关税税率时，国定税率和协定税率存在以下优先关系：国定税率中除了特惠税率，暂定税率优于基本税率；国定税率（除特惠税率）与协定税率，哪个低用哪个；特惠税率和 EPA 税率，如果满足原产地等要求，EPA 缔约国的原产地产品可适用 EPA 税率，发展中国家的原产地产品可适用特惠税率，最不发达国家的原产地产品可适用特别特惠税率。

鉴于日本关税的税收优惠制度和税率优先关系，不同国家出口日本的农产品税率会不同，以出口日本的小型鳕鱼和咖啡豆为例：如果是发达国家（不包括 EPA 缔约国），小型鳕鱼的肉糜关税税率是 4.2%，咖啡豆的关税税率是 12%；如果是 EPA 缔约国比如墨西哥，则关税税率分别为 4.2% 和免税；如果是发展中国家，则关税税率分别为 4.2% 和 10%；如果是最不发达国家，则关税税率分别为 4.2% 和免税。具体有关税率可查阅相关税率表，示例如下：

（一）粮油类

大米是日本重点保护产品，配额外关税高达 341 日元/千克，配额内进口关税为零，但实际上这部分大米采用国有贸易方式难以进入日本消费市场。对小麦和大麦的管理与大米类似，配额内零关税，配额外关税分别为 55 日元/千克和 39 日元/千克。豌豆，红豆，扁豆、蚕豆等豆类的配额内关税为 10%，配额外关税为 354 日元/千克。花生配额内关税为 10%，配额外关税为 617 日元/千克。大豆、油菜籽实行零关税。

（二）蔬菜类

大部分新鲜蔬菜的关税税率为 3%。新鲜洋葱的进口关税为：CIF 价格[①]≤67日元/千克时，关税税率为 8.5%，67 日元/千克＜CIF 价格≤73.7 日元/千克时，关税为 73.7 日元/千克/CIF 价格，73.7 日元/千克＜CIF 价格时，关税为零。冷冻蔬菜的关税为 6%～12%。

（三）水果类

新鲜苹果的关税为 17%，新鲜橙子实行季节关税。橘子汁的关税为 21.3%～（29.8% 与 23 日元/千克两者中的较高者），苹果汁的关税为 19.1%～（34% 与 23 日元/千克两者中的较高者）。

---

① CIF 价格＝进口商品的价格＋运输费＋保费。

（四）禽肉蛋类

牛肉的关税为 38.5%，猪肉（部分肉）的关税为：CIF 价格≤64.53 日元/千克时，关税为 482 日元/千克，64.53 日元/千克＜CIF 价格≤524 日元/千克时，关税为 546.53 日元/千克/CIF 价格，524 日元/千克＜CIF 价格时，关税为 4.3%。鸡肉的关税为 8.5% 和 11.9%，鸡蛋的关税为8%～21.3%。

三、食物标识制度

日本进口食物标识制度依据《食品标识法》《计量法》（1992 年法律第 51 号）《不当景品类及不当标识防止法》（1962 年法律第 134 号）《医药品、医疗器械等品质、有效性及安全性的确保等法律》（1960 年法律第 145 号）和《JAS法》等法律法规而建立。

（一）食品标识制度

1. 包装容器标识制度

《食品标识法》要求在包装容器上必须标注：①食品名称。②原材料名称。按照原材料占总重量的比重自高向低顺序标注，并强制标注可能产生过敏的鸡蛋、小麦等 7 类产品。③添加物。④重量等。用克、千克、毫升、升等标识。⑤食用期限。按照年月日标识。从生产到消费期限超过 3 个月的，可用年月标识。⑥保存方法。⑦原产国。⑧进口商名称。

2. 营养标签制度

日本厚生劳动省要求食品制造商依据《营养标签指南》，在商品标签上提供食物营养信息。必须包含：①热量（卡路里*）。②蛋白质（克）。③脂肪（克）。④糖或碳水化合物（克）。⑤钠（毫克或克）。⑥其他。每种成分的含量在成分名称后用括号标明（例如：100 克、100 毫升等）。此外，厚生劳动省还对与健康有关的特殊成分进行了规定。例如，对于纤维、蛋白质和维生素等营养成分，如果用了"富含"或"包含"等词语，规定必须要符合厚生劳动省的最小含量标准。对于热量、脂肪、饱和脂肪酸、糖和钠等成分，如

---

  * 卡路里为非法定计量单位，1 卡路里等于 4.184 焦耳。——编者注

果用了"低于"或"没有"等词语，必须符合厚生劳动省的最大含量标准。为了特殊健康用途（FOSHU）的食品是指添加了某种具有特殊功能成分的食品。为了证明具有特殊的保健效用，例如能够降低胆固醇，厚生劳动省要求必须进行审查和核实。国外产品若要证明产品的特殊保健用途，需向厚生劳动省的食品安全部门递交申请，由日本国内营养机构对产品进行检测。

（二）日本农林规格制度（JAS 制度）

日本为提升农产品和食品品质，促进市场主体开展公平高效的市场活动，1950 年颁布《日本农林规格法》（简称"《JAS 法》"[①]），要求所有农林水产品等必须达到法律规定的品质标准，并根据 JAS 标准中的质量等级标签格式和标签方法，在其产品上粘贴相应的 JAS 标签。

《JAS 法》规定由农林水产省负责制定物资目录，并经由食品、农业、检验和经营管理等多领域专家组成的"日本农林规格调查会"论证，再由农林水产省下属食料产业局食品制造课负责在征询各行业协会和注册的认证机构的意见之后，颁布实行。目前，日本 JAS 认证标准覆盖的产品主要包括两大类，一是食品、饮料和油脂产品，二是林牧渔林产品及相关加工品，其中林产品包括原木、锯材、胶合板和木地板等。日本针对不同的认证对象和内容制定了不同的标准和标识（表 14-11），主要有一般 JAS 标准，有机 JAS 标准、特色 JAS 标准、特殊 JAS 标准、恒温管理流通 JAS 标准、生产信息公开 JAS 标准和试验方法 JAS 标准。其中，特殊 JAS 标准、恒温管理流通 JAS 标准和生产信息公开 JAS 标准将于 2022 年 3 月起合并为特色 JAS 标准。

JAS 认证并不仅局限于日本国内，国外企业只要符合《JAS 法》第 14 至 16 条规定，也可以申请成为 JAS 国外认证机构或者取得 JAS 认证，目前获得农林水产省批准的注册认证机构共有 94 个，其中 27 个是国外认证机构，并有约 300 家国外企业取得了认证。

JAS 认证结果由农林水产省下属消费者行政食育处食品标识规格监视室负责监管。违反 JAS 标识制度的企业，将被要求限期整改，并在网络或新闻媒体公开，形成舆论压力，以便于市场经营主体和消费者把握产品品质状况。目前，出口到日本的有机产品和原料都要求取得有机 JAS 认证。

---

① 注释：JAS 是 Japanese Agricultural Standard 缩写。

表 14-11 日本 JAS 认证标识一览表

类别	对象	内容	标识
一般 JAS	食品、饮料和农林渔产品	产品的品级、成分、性能等	
有机 JAS	有机农产品、饲料、畜产品、农产品或畜产品的加工食品	生产方法规程	
特色 JAS	使用特殊生产工艺和制造方法得到的产品	产品的品级、成分、性能、生产方法、生产信息、生产流通环节管理等	
特殊 JAS	使用特殊生产工艺和制造方法得到的产品	产品的品级、成分、性能、生产方法等	
恒温管理流通 JAS	便当、寿司、新鲜果蔬等	产品流通环节的温度	
生产信息公开 JAS	牛肉、猪肉、农产品和养殖鱼	出生、屠宰、收获、捕捞等的日期、品种、生产中所使用的农兽药等生产信息	
试验方法 JAS	食品或农产品的营养成分、理化指标等	试验方法	

注：特殊 JAS、恒温管理流通 JAS 和生产信息公开 JAS 认证制度将于 2022 年 3 月 31 日合并为特色 JAS 认证，2019 年至 2022 年为过渡期。恒温管理流通 JAS 标准于 2019 年已废止。

资料来源：刘步瑜，陶菲，杨慧娟，2020. 日本农林规格制度与我国"三品一标"制度比较研究 [J]. 质量探索（1）：57-63. 本书引用时进行了修改完善。

（三）转基因产品标识制度

日本较早关注转基因食品管理。1978 年 8 月 27 日制定了《重组 DNA 生物实验指南》，1997 年修订《JAS 法》首次明确了转基因食品标识的具体要求和做法。2013 年颁布《食品标识法》初步确立了以产品为规制对象的标识制度。2015 年日本内阁府颁布《食品标识基准》（2015 年内阁府令第 10 号），规定了转基因食品标识的内容和类型，要求加工食品按照重量给成分排序，位于前三位的转基因原料或者作为原料和添加剂占食品总重量 5％以上的转基因农产品有义务做出标识。目前，日本通过安全审查的转基因食品有 8 类 33 个（表 14 - 12）。转基因食品标识方式按照转基因作物与非转基因作物在生产和流通环节是否分别管理并可出具相应证明为标准，分为：一是使用分别生产流通管理的转基因食品为原料，需进行强制标识，例如转基因大豆。二是未使用分别生产流通管理的转基因食品为原料，可进行自愿标识。三是为混合使用分别生产流通管理的转基因食品为原料，需进行强制标识。另外，2023 年 4 月 1 日日本将执行新的转基因食品标识制度，要求：一是重量占食品总重不足 5％的转基因大豆和转基因玉米加工品可使用"防止转基因玉米混入原料采用了分别生产流通管理"或者"大豆（采用分别生产流通管理）"标识。二是采用分别生产流通管理，确认没有混入转基因大豆、玉米等原料的加工品可以自愿采用"非转基因"等标识。

表 14 - 12　日本通过安全性审查的转基因原料规定

对象农产品	加工品类型
大豆	1. 豆腐，油炸类；2. 冻豆腐，豆皮；3. 纳豆；4. 豆奶类；5. 大酱；6. 煮大豆；7. 大豆罐头或瓶装玉米等；8. 豆粉；9 炒黄豆；10. 以 1～9 为主要原料的食品；11. 以调理用大豆为主要原料的；12. 以大豆粉为主要原料的；13. 以大豆蛋白为主要原料的；14. 以毛豆或豆芽为主要原料
玉米	1. 玉米糕点；2. 玉米淀粉；3. 爆米花；4. 冷冻玉米；5. 玉米罐头及瓶装玉米；6. 以玉米粉为主要原料的；7. 以玉米片为主要原料的；8. 以食用玉米为主要原料的；9. 以 1～5 为主要原料的加工品
马铃薯	1. 马铃薯糕点；2. 干燥马铃薯；3. 冷冻马铃薯；4. 马铃薯粉；5. 以食用马铃薯为主要原料的加工品；6. 以 1～4 为主要原料的加工食品
菜籽	—
棉花	—
苜蓿	以苜蓿为主的原料
甜菜	以食用甜菜为主的原料
木瓜	以木瓜为主的原料

注：酱油和食用油检测不出转基因 DNA，未设标识义务，商家可以自由选择任意标识。标识方式必须符合相关规定；—标识无加工品。

资料来源：消费厅食品表示企画课. 新たな遺伝子組換え表示制度に関する説明会資料［R/OL］.（2019 - 06）［2021 - 04 - 10］.

https://www.caa.go.jp/policies/policy/food_labeling/quality/genetically_modified/pdf/genetically_modified_20 201 009_002.pdf.

日本检疫所从 2001 年开始检查进口转基因食品。查验项目主要包括：转基因食品检查、残留农药检查、重金属等有毒有害物质检查、抗生物质等动物医药用品检查和引起食物中毒的微生物检查等。同时，为了确保没有未经安全性确认的转基因食品进口，检疫所检查对象主要有，在日本国内没有通过安全性审查，存在进口疑虑的转基因食品；在日本国内已通过安全性审查的转基因食品，主要为大豆和玉米等作物。2018 年日本进口转基因作物主要是玉米、大豆、炼油菜籽和棉花，主要来源于美国、加拿大和巴西等国家（表 14-13）。

表 14-13　日本转基因作物的进口情况（2018 年）

	进口数量（万吨）	主要进口国
玉米	1 580.2	美国（1 450.2 万吨）、巴西（79.6 万吨）、南非（36.0 万吨）
大豆	323.6	美国（231.9 万吨）、巴西（56.0 万吨）、加拿大（33.0 万吨）
菜籽	233.7	加拿大（214.2 万吨）、澳大利亚（19.6 万吨）
棉花	10.3	美国（6.2 万吨）、巴西（2.0 万吨）、澳大利亚（1.8 万吨）

资料来源：農林水産省. 我が国への作物別主要輸出国と最大輸出国における栽培状況の推［DS/OL］.（2019-01）［2021-04-10］. https：//www.maff.go.jp/j/syouan/nouan/carta/zyoukyou/attach/pdf/index-34.pdf.

（四）原产地证明制度

进口农产品享用特惠关税需要提供原产地证明。如表 14-14 所示原产地证明有三种方式，即第三方证明制度、自己申告制度和认定出口商自己证明制度。2000 年 12 月，日本要求市场上销售的食品都必须标注原产地。根据《JAS 法》规定，认证、标识管理适用于所有加工品，2004 年 4 月，农林水产

表 14-14　日本进口农产品的原产地证明获取方式

获取方式	内　容	地　区
第三方证明制度	出口商向当地政府机构申请，并提交给进口国海关	适用除一般特惠关税制度、TPP11、日欧 EPA 以外的所有 EPA
自己申告制度	进口商、出口商或者生产者自己制作原产地申告书，并提交给进口国海关。原产地证明中包括商品明细、合同、价格表、制造工艺表等	适用 TPP11、日欧 EPA、日澳 EPA
认定出口商自己证明制度	由出口国认定的出口商制作《原产地申告书》，并提交给进口国海关	适用日西班牙 EPA、日秘鲁 EPA、日墨西哥 EPA

资料来源：一般財団法人対日貿易投資交流促進協会. 食品輸入の手引き2019［R］. 東京：一般財団法人対日貿易投資交流促進協会，2019.

省修订加工品质量标签标准，扩大了标明原产地加工品，并要求对无义务标明原产地的加工品，必须有防止对原产地产生误导性的标识。近年来，随着加工用进口农产品增加和市场消费需求的变化，日本施行产品差别化策略，2019 年 9 月修订的《食品标识法》要求自 2022 年 3 月 31 日起，所有加工农产品必须按照各类原料重量占原料总重的比例排序，标识原料名称和该原料的进口国名称。

第五节　中日农产品贸易现状

一、中日农产品贸易金额变化

中国和日本作为世界第二和第三大经济体，经贸联系紧密，经贸合作互补性强，发展潜力巨大。1952 年，中日两国正式签订第一个民间贸易协定，1962 年签署《关于发展中日两国民间贸易的备忘录》，1978 年签订《中日长期贸易协议》，目前中日双方已经互为重要的贸易伙伴。日本是中国第四大贸易伙伴国（次于美国、欧盟、东盟）和第二大出口市场（次于美国）。中国是日本最大的贸易伙伴国，是日本第一大出口市场和第一大进口商品来源国。据商务部发布的数据显示，2018 年日本与中国双边货物进出口金额为 3 175.3 亿美元，同比增长 6.8%。其中，日本对中国出口 1 439.9 亿美元，增长 8.4%；自中国进口 1 735.4 亿美元，增长 5.5%。2018 年，日本对中国的贸易逆差为 295.5 亿美元，较上年同期减少 6.37%。日本对中国的主要出口产品是高端机电产品、化工产品和运输设备，这三大类产品出口金额合计为 924.5 亿美元，占日本对中国出口总额的 64.3%。日本自中国进口的主要产品为中低端机电产品、纺织品及原料和家具玩具，这三大类进口金额合计 1 115.3 亿美元，占日本自中国进口总额的 60% 以上。中日进出口贸易之中，除 2003 年是中国顺差之外，至今一直是日本顺差。

中日农产品贸易自 2001 年中国加入 WTO 之后呈现阶段性增长，且两国贸易以中国向日本出口为主。2001—2008 年中日农产品贸易经历了一个相当强劲的增长过程，农产品贸易总额快速增加，中国对日本的农产品出口屡创新高。随后两国农产品贸易受"肯定列表制度"影响增长放缓，中国对日本农产品出口有所下降，2010 年之后又出现反弹。如表 14-15 所示，2010 年日本从中国进口的农产品为 9 230.7 亿日元，2019 年增加到 11 910.0 亿元，增幅为

29.0%。其中种养殖产品进口金额 7 170.7 亿日元（59.4%），林产品 1 591.1 亿日元（14.4%），水产品 3 148.2 亿日元（26.2%）。中国的劳动密集型产品占有较大优势，甚至部分产品占到日本进口市场占有率的 50% 以上。另外，随着日本积极促进出口，中国从日本进口农产品快速增加，贸易逆差呈现缩小趋势。2010 年日本向中国出口各类农产品 554.8 亿日元，占日本进口中国农产品金额的 6.0%，2019 年出口金额增加到 1 536.8 亿日元，同比增长到 12.9%。

二、中日农产品贸易结构

（一）日本从中国进口的主要农产品

日本从中国进口较多的农产品为冷冻蔬菜、鸡肉调制品、生鲜蔬菜、鳗鱼调制品、干燥蔬菜和鱿鱼等农产品。如表 14 - 15 所示，近十年来，日本从中国进口的农产品金额持续增加，2019 年为 11 910.0 亿日元，较 2010 年增长29.0%。其中养殖产品占总进口金额的 60.2%、林产品占 13.4%、水产品占26.4%，与 2010 年相比，养殖产品和水产品占比分别提升了 0.8 和 0.2 个百分点，但林产品降低了 1 个百分点。

日本进口前 20 位农产品的合计金额占总进口金额的比重略有增加，从2010 年的 44.2% 上升到 2019 年的 48.7%，说明产品集中度有所上升。从进口产品结构来看，一是蔬菜类产品进口金额最多。冷冻蔬菜、生鲜蔬菜、干燥蔬菜和其他调制蔬菜，4 项合计进口金额为 1 905.4 亿日元，超过林产品进口金额，占到日本农产品总进口金额的 16.0%，较 2010 年增加了 2.8 个百分点。二是水产品进口金额显著增加。日本进口中国的水产品以鳗鱼最多，鳗鱼调制品和活鳗鱼进口金额为 524.7 亿日元，占农产品总进口总额的 4.4%。另外，近年来由于中国加大远洋捕捞力度，日本从中国进口的鱿鱼、鲣鱼和金枪鱼也有所增加。三是木制品一次性筷子占比提升。2019 年进口金额为 289.6 亿日元，是 2010 年的 2.2 倍。总体而言，日本进口农产品主要集中在日本不具备价格优势的劳动密集型产品。

（二）日本出口到中国的主要农产品

日本出口到中国的农产品主要是扇贝、原木和饮料等特色农产品。如表14 - 16 所示近十年来，日本向中国出口的农产品金额持续增加，2019 年为

单位：吨、亿日元

表14-15　日本从中国进口的主要农产品

科目	2010年 数量	2010年 金额	2015年 数量	2015年 金额	2017年 数量	2017年 金额	2018年 数量	2018年 金额	2019年 数量	2019年 金额
农产品合计		9 230.7		13 130.2		12 109.8		12 477.5		11 910.0
种养殖产品		5 480.6		8 126.0		7 253.5		7 552.2		7 170.7
林产品		1 328.9		1 961.1		1 687.6		1 681.3		1 591.1
水产品		2 421.2		3 043.1		3 168.7		3 244.0		3 148.2
冷冻蔬菜	330 968.6	480.1	388 697.1	878.0	434 024.4	862.5	464 837.7	914.2	483 589.6	934.1
鸡肉调制品	175 696.5	625.0	171 231.2	913.1	189 701.0	926.7	206 816.3	998.9	191 475.9	909.8
生鲜蔬菜	431 133.0	310.8	490 841.5	409.2	514 445.7	408.3	617 091.5	443.0	513 412.0	375.4
鳗鱼调制品	21 198.4	334.7	13 904.5	360.5	15 007.4	326.0	14 416.3	357.7	14 640.5	342.5
干燥蔬菜	38 220.7	235.8	36 009.9	329.9	37 684.1	341.6	37 744.1	321.6	37 668.2	301.3
其他调制蔬菜	132 435.0	193.9	133 458.2	300.5	141 503.0	294.6	145 864.5	300.3	142 619.9	294.6
鱿鱼（活、生鲜、冷藏、冷冻等）	26 681.3	106.4	36 153.1	174.1	50 515.7	332.8	47 381.1	322.1	49 248.2	290.0
一次性筷子	87 149.5	129.0	77 351.7	200.1	71 721.5	174.6	69 318.0	168.6	49 219.2	289.6
鱿鱼调制品	38 969.5	157.6	40 628.5	211.6	43 634.0	266.9	39 490.4	258.8	43 230.4	268.6
其他木制品	84 347.1	200.6	69 594.0	290.7	68 500.2	265.6	68 196.1	270.4	66 646.6	263.2
鲣鱼金枪鱼类（生鲜、冷藏、冷冻）	23 256.3	170.7	32 246.5	240.8	33 781.8	305.6	28 985.5	259.0	30 115.6	242.3
大豆豆粕（饲料用）	780.2	312.1	1 181.9	630.3	599.5	268.7	646.5	330.6	547.7	238.4
鳗鱼（活）	6 009.3	99.9	4 233.6	110.6	4 762.2	127.8	6 423.9	225.1	4 867.4	182.3
香料	53 158.4	100.9	59 288.4	171.4	61 937.4	147.6	62 626.5	156.7	63 757.0	161.5
木制品	87 149.5	129.0	77 351.7	200.1	71 721.5	174.6	69 318.0	168.6	66 112.1	153.9
竹芋调制品	82 349.0	118.0	72 261.1	160.1	71 775.2	143.6	69 740.9	149.4	65 243.0	141.0
花生（调制品）	56 673.8	88.6	46 167.1	123.1	49 242.0	124.5	48 467.8	121.7	47 148.5	110.8
动物胃肠膀胱	2 367.9	75.1	2 493.3	118.8	2 708.7	108.6	2 638.6	111.3	2 699.0	104.1
其他木制品	77 751.6	122.8	58 806.9	149.7	54 129.9	122.8	47 800.4	110.9	44 985.6	101.2
动物食品	21.6	90.3	23.0	132.9	21.3	108.5	20.8	108.2	19.3	100.3

资料来源：農林水産省．二国間貿易－2019年輸出入金額上位10ヶ国地域－中国［DS/OL］．（2021－04）［2021－04－10］．https：//www.maff.go.jp/j/kokusai/
kokusei/kaigai_nogyo/k_boeki_tokei/kuni_betu.html.

表 14 - 16　日本向中国出口的主要农产品

单位：亿日元

	数量单位	2010 年 数量	2010 年 金额	2015 年 数量	2015 年 金额	2017 年 数量	2017 年 金额	2018 年 数量	2018 年 金额	2019 年 数量	2019 年 金额
农产品合计			554.8		839.0		1 007.2		1 337.6		1 536.8
种养殖产品			234.3		358.7		481.9		691.4		885.3
林产品			28.9		94.7		150.6		163.8		164.7
水产品			291.6		385.6		374.7		482.3		486.8
扇贝（生鲜、冷冻、盐干）	千克	5 996 787	20.4	53 862 913	242.1	31 859 109	237.8	66 739 326	285.3	69 693 084	268.2
原木	厘米	10 232	1.6	469 685	57.4	776 009	103.0	927 500	115.1	944 478	118.7
酒精饮料	升	3 470 864	12.7	4 067 335	23.7	6 569 361	43.8	9 287 676	65.4	13 064 613	101.2
清凉饮料	升	2 332 677	20.6	4 100 658	17.2	7 164 835	24.6	12 174 178	45.7	18 985 909	70.3
园林植物等		—	5.8	—	41.0	—	63.3	—	72.5	—	67.4
糕点（除米制糕点）	千克	692 331	6.2	1 487 087	18.2	1 427 393	19.8	1 961 743	32.4	2 643 293	42.1
播种用种子等	千克	465 598	22.2	416 850	31.0	396 618	38.7	345 985	34.8	334 501	34.1
烟叶	千克	19 261	0.4	110 436	3.9	50 277	8.0	96 517	15.8	162 207	27.8
糊精等	千克	2 371 026	8.9	3 500 900	14.0	4 033 088	16.9	4 927 213	19.7	4 929 917	20.0
鱼肉等磨碎搅拌其他材料制成的熟食品	千克	80 580	0.5	320 133	2.5	988 649	8.3	1 751 254	14.7	2 182 211	19.5
木板鱼等	厘米	16 086	6.7	26 774	13.5	62 629	20.7	64 680	21.7	64 738	17.7
海参（调制）	千克	—	—	—	—	10 605	2.1	21 557	2.6	134 224	16.9
鲣鱼金枪鱼等（生鲜、冷冻）	千克	230 252	1.8	138 579	4.6	271 958	8.5	436 596	11.8	566 700	15.0
小麦粉	千吨	2 823	1.8	436	0.6	3 265	2.9	5 768	5.2	14 605	13.0
噁鱼（生鲜、冷冻）	千克	27 874	0.4	168 026	2.9	312 435	4.3	437 773	5.8	4 796 534	13.0
混合调味酱	千克	5 511 384	20.8	1 796 343	8.0	1 855 135	8.2	1 904 909	9.8	2 415 620	13.0
混合饲料	千吨	2 660	8.7	2 471	11.7	1 884	6.5	2 612	10.0	3 846	12.7
蛋白胨	千克	79 113	2.0	131 134	3.9	75 581	4.8	266 534	11.6	274 921	12.6
速溶咖啡	千克	225 476	4.1	90 188	2.0	94 612	2.6	319 840	7.7	602 632	12.4
狭鳕鱼（生鲜、冷冻）	千克	32 532 123	25.7	16 450 805	17.1	4 407 530	3.7	3 467 565	2.9	10 499 521	11.0

资料来源：農林水産省．二国間貿易・2019年輸出入金額上位10ヶ国地域—中国 [DS/OL]. (2021-04) [2021-04-10]. https://www.maff.go.jp/j/kokusai/kokusei/kaigai_nogyo/k_boeki_tokei/kuni_tokei/kuni_betu.html.

1 536.8 亿日元，较 2010 年增长 177.0%。其中种养殖产品占总进口金额的 57.6%、林产品占 10.7%、水产品占 31.7%，相较 2010 年，养殖产品和林产品占比分别提升了 15.4 和 5.5 个百分点，但水产品降低了 20.9 个百分点。

日本出口到中国的前 20 位农产品的合计金额占总出口金额的比重大幅度增加，从 2010 年的 30.9% 上升到 2019 年的 59.0%，说明产品集中度持续上升。从出口产品结构来看，一是水产品出口金额最高。其中 2019 年的扇贝出口金额为 268.2 亿日元，占到农产品总出口金额的 17.5%，较 2010 年增加了 13.8 个百分点。日本出口扇贝大多是虾夷扇贝，贝高可以达到 15 厘米以上，受到中国高端消费人群喜爱。另外鲕鱼、海参、鲣鱼金枪鱼类出口也快速增加，如鲕鱼出口金额近 10 年增长了 281.7%。二是日本林产品出口金额增加。随着中国经济快速发展以及环保要求日益严格，国内禁伐天然林，造成市场对门窗等木制品的需求增加，推动了日本产柳杉等原木进口。2019 年日本原木对中国出口金额达到 118.7 亿日元，是 2010 年的 75.6 倍。盆景等园林植物出口金额为 67.4 亿日元，是 2010 年的 11.6 倍。三是日本特色饮料出口增加。随着日本驻华人员增加，日本饮食文化在中国普及，日本料理店快速增加，2019 年日本酒精饮料出口金额为 101.2 亿日元，是 2010 年的 8.0 倍。

三、中日农产品贸易的影响因素及前景

（一）影响中日农产品贸易的主要因素

1. 资源禀赋差异

日本国土面积小，资源有限，农地面积仅为全国面积的 11.8%，且人口老龄化问题突出，从事农业的就业人口逐年减少，导致农产品很难实现完全自给自足。按日本农林水产省计算每生产 1 千克畜产品所需要的谷物，牛肉为 11 千克、猪肉 7 千克、鸡肉 4 千克、鸡蛋 3 千克。如果按当前日本的年人均肉类消费量、耕地面积和单产计算，现有资源根本无法实现自给，只能从国外大量进口。而中国国土面积大，资源富饶，劳动力相对富裕，农产品数量不仅可以满足国内需求，还能向日本出口。因此，资源禀赋差异形成了中国对日本出口农产品的格局。

2. 农产品国际竞争力

日本农产品普遍缺乏国际竞争力，一是日本收入水平较高，位于世界前

列，增加了农产品生产成本。以大葱生产为例，每公顷生产成本，日本为307 500元人民币，是中国（59 700元人民币）的约5倍，其中劳动费用，日本为191 715元人民币，是中国（30 333元人民币）的约6倍。中国劳动力成本相对低廉，农产品价格优势明显。二是日本东西部跨度小，难以实现跨产区的周年供给。而中国经纬度跨度大，气候条件迥异，可通过不同产区的农产品生产调节，实现周年供给。并且中日两国地理位置较近，运输距离短，从中国到日本只需要2～7天，有利于减少运输途中的损耗，保障农产品质量。

3. 农民利益团体压力

农业在日本是一个特殊的行业，而农产品对于日本来讲也具有特殊的意义。日本农民手握大选选票，因而在议会选举时，为获得农民更多的选票，议员候选人必须向政府施压对农业采取极端贸易保护。日本畜牧业生产规模大，且大多由工商资本掌控，与小农户之间的利益链接较为松散，受到波及较少。但蔬果农产品生产以小农户家庭经营为主，与中国出口农产品之间形成激烈竞争。因此，日本政府迫于农民利益团体的压力，会经常采取强硬措施减少和限制中国农产品进口，而且这种政策随着日本农民利益团体压力大小而变化，呈现波动性和长期性特点，进而影响中日农产品贸易发展。

4. 推进乡村振兴的需求

日本在二战之后经济发展较快，国民经济全面复苏，并一跃成为经济发达的亚洲国家。但20世纪90年代，日本陷入泡沫经济，乡村产业空洞化，导致乡村就业机会减少，地方财政收入下降，经济发展停滞，年GDP涨幅不到1%。从日本基层行政组织数量变化情况来看，截至2017年年底，日本基层行政组织的村町数量分别减少到183个和745个，是1970年的27.0%和37.2%，还呈现持续减少的发展趋势，振兴乡村的形势不容乐观。日本为保护乡村产业，增加地方财政收入，只能创造更多不出家门口的就业机会，把更多人口留在农村，增加地方税收。在这种背景下，农业作为农村为数不多的就业机会，受到日本中央和地方政府重点关注，容易造成中日农产品贸易摩擦。

5. 技术性贸易壁垒

日本政府为维护本国食品安全和保护农民利益，设置了较高的技术性贸易壁垒。与日本拥有农协、渔协和森林组合等农民组织发挥为农服务作用不同，中国农民组织化程度不高，公益性农业科技推广体系还不完善，较难以满足相对苛刻的准入条件，使得大量中国农产品难以进入日本。从一方面来看，这些过于严苛的技术标准和卫生检疫标准，也是一种贸易保护和抵制国外农产品进口的表现。在这种技术性贸易壁垒之下，日本海关可以根据国内需求变化，适度改变抽检频率，影响中日农产品贸易的正常发展。

（二）中日农产品贸易的发展前景

中国和日本的农产品贸易虽然存在经济上的合理性和非经济角度的不利因素，但总体来看，两国间农产品贸易将会持续发展，但因中国经济的快速崛起，贸易结构将会出现中国对日出口农产品减少和日本对华出口农产品增加的发展趋势，其原因如下：

1. 日本老龄化水平提升

从日本农户的年龄构成来看，截至 2020 年，日本基干农民数量为 136.3 万人，较 2010 年减少了 33.6%，平均年龄由 66.2 岁上升到 67.8 岁，其中 60 岁以上的老人 108.9 万人，占 79.9%。未来 10 年随着这些农民步入 70 岁高龄，将很难从事繁重的农业生产，预期农业劳动力紧缺问题对日本农业农村发展造成的影响将会日益突出。然而日本消费者之中的老年人也在增加，不但食物总消费数量将会有所减少，而且消费结构也将会趋于消费更多的加工品或半加工品。因此，出于保障粮食安全的需要，日本通过农产品进口弥补国内供给不足的大方向虽然不会发生变化，但因为需求总量下降，将导致进口萎缩，且进口农产品之中加工农产品的数量和比重将有所增加。

2. 中国劳动力成本增加

据中国社会科学院发布的《产业竞争力蓝皮书》显示，按照 2011 年世界银行的标准，中国人均 GDP 超过 6 700 多美元，已经成为中上等收入国家。2020 年中国农村居民人均可支配收入达到 17 131 元人民币，增速连续 11 年超过城镇居民。预计"十四五"时期在中国政府大力发展富民乡村产业，全方位增加农民收入政策的影响下，农民收入将会有较大幅度提高。然而随着中日农民收入差距的不断缩小，中国农产品价格竞争力将被逐渐削弱，预测可能导致部分劳动密集型农产品出口减少。

3. 人民币国际化进程加快

2005 年 7 月开始，中国实行浮动汇率制度，人民币汇率实现了双向浮动。近几年人民币基本呈现"大涨小跌"的态势。2015 年国际货币基金组织（IMF）将人民币正式纳入 IMF 特别提款权（SDR）货币篮子。2021 年中国再度放弃汇率目标，人民币汇率快速突破1美元兑6.3元大关，为实现人民币国际化，今后一段时间仍然必须保障人民币相对稳定和市场化发展趋势。但是这将会全面提高中国出口农产品价格，削弱中国对日本农产品的出口竞争力。2021年中国出口日本大米价格基本与日本国内大米价格持平，出口减少已在所难免。

4. 中国消费市场规模扩大

随着中国经济发展，中国居民人均可支配收入增加，2020年达到32 189元，较2019年实际增长2.1％，消费者对于差异化、安全放心农产品的需求增加。日本农产品生产长期奉行精品化道路，口感、色泽、包装和服务等各个方面都占据了高端市场，具有较强的市场竞争力。目前，中国消费者对日本大米、和牛等特色农产品需求扩大，为日本农产品进入中国市场提供了良好的发展空间。2022年1月1日即将施行的RCEP规定中国对日本86.6％的农产品逐步取消关税，这将进一步推动日本农产品对中国出口。日本政府为此专门制定了今后5年对中国农产品出口额翻两番的目标。从其所列清单来看，日本计划对中国出口的农产品大部分是扇贝柱、酒精饮料、米粉糕点等水产品和加工食品，价值高但总量不大，很难对中国国内农业发展产生明显冲击，反而可能因为鲇鱼效应倒逼中国农业企业提高质量，成为提升中国农产品国际竞争力的动力。

第十五章 CHAPTER 15
日本农业投资环境 ▶▶▶

日本是中国农产品最为重要的消费市场之一，近年来随着"走出去"战略及"一带一路"倡议的稳步推进，中国农业企业对日投资金额持续增加，投资模式不同于对非洲、南美洲等资源占有型投资，呈现出以民营企业为主体，以延伸产业链、扩大市场空间和获取农业经营经验技术为目的等市场开拓型投资特征。本章首先介绍日本外商投资现状和招商引资的优惠政策。其次从农业企业内部经营和营商环境两个视角分别阐述影响外资农业企业发展的相关制度安排。最后，通过经典案例分析介绍中国对日投资农业企业的投资经验和存在的问题。

第一节　外商对日投资现状

一、外商投资现状

日本是世界第三大经济体也是引进外资的大国。据科尔尼管理咨询公司发布的《2019 年外国直接投资信心指数》显示，日本位列第六名，是全球最具投资吸引力的国家之一。另据日本贸易振兴机构（JETRO）数据显示，2019 年全球对日直接投资金额为 4.0 万亿日元，其中北美投资金额 1.9 万亿日元，较上年增加了 140.4%，占总投资金额的 48.3%。其次是亚洲，投资额为 1.0 万亿日元，较 2018 年增加了 98.1%，占总投资金额的 26.3%。从投资存量来看，截至 2019 年，日本吸收外国直接投资 33.9 万亿日元，连续 6 年创历史新高。其中，对日直接投资存量最多的地区是欧洲，为 14.7 万亿日元，占总投资存量的 43.4%；其次是北美，投资存量达 8.2 万亿日元，占 24.2%；第三位是亚洲，投资存量为 7.5 万亿日元，占总投资存量的比重首次超过 20%，达到 22.1%。从投资行业来看，截至 2019 年年末，对日直接投资存量最多的行业是金融保险业，为 9.5 万亿日元，占总投资存量的 39.4%。其次分别是运输机械行业（14.9%）和电气机械行业（11.1%），投资存量分别达 3.6 万亿日元和 2.7 万亿日元。对食物领域投资排名第六位，投资存量为 610 亿日元，占比 3.8%。

二、中国企业投资现状

自 1952 年中国国际贸易促进委员会（以下简称中国贸促会）同日本促进中日贸易三团体①签订第一次民间贸易协议以来，截至 2019 年，中日双方共签订了 15 个贸易投资协议（协定）（表 15-1），有力地推动了双边经贸合作发展。

表 15-1 中日贸易投资协议一览表

年份	协议名称
1952	中国贸促会同日本促进中日贸易三团体签订第一次民间贸易协议
1955	《关于黄海东海渔业的协定》（民间协定）
1974	《中日贸易协定》
1978	《中日商标保护协定》
1980	《中日政府间科技合作协定》
1984	《中日税收协定》
1985	《中日关于对所得避免双重征税和防止偷漏税的协定》
1986	《中日和平利用核能合作协定》
1989	《中日投资保护协定》
1994	《中日环保保护合作协定》
2000	《中日渔业协定》
2006	《中日关于海关互助与合作协定》
2012	《中日韩关于促进、便利和保护投资的协定》
2018	《中日双边本币互换协议》
2019	《中日社会保障协定》

资料来源：中国国际贸易促进委员会，2020. 企业对外投资国别（地区）营商环境指南——日本（2019）[R]. 北京：中国国际贸易促进委员会.

中国作为日本最大的贸易伙伴国，对日投资起步较晚，投资规模相对较小，但近年来，呈现上升趋势。据日本企业并购咨询公司乐国富（LECOF）

---

① 中日贸易促进会、中日贸易促进议员联盟和中日贸易协会。

的统计显示，2018 年中国企业参与收购和投资日本企业的数量为 59 个，与
2017 年相比增长 22％，达到 5 年来最高值。当前，中国企业对日直接投资面
临历史性机遇。一方面，日本政府正在改变对外资的定位，调整外资政策，改
善投资环境，加大引资力度，希望吸引更多的外国企业赴日投资。另一方面，
中日两国关系持续改善为赴日投资营造了良好外部环境。随着中日两国签署
《区域全面经济伙伴关系协定》（RCEP）和共同推进《中日韩自贸协定》谈
判，将显著降低中日双边投资准入门槛，助推双边投资取得更大进展。

从投资行业来看，根据 2018 年日本银行公布的数据显示，中国对日本直
接投资额最高的是批发零售业，投资额为 69.6 亿日元，较 2017 年增长超两
倍，占中国对日本直接投资总额的 14.1％；服务业居其次，投资额为 68.9 亿
日元，较 2017 年下降 37.7％，占比 13.9％；对通信业、电子设备制造业、房
地产业的投资额也较高，分别为 54.7 亿日元、43.3 亿日元和 33.6 亿日元，
占比分别为 8.8％、6.8％和 3.1％。

2018 年，中国企业在日本 7 个都道府县投资设立独资企业 75 个，其中，辽宁
在日本投资独资企业 3 个；江苏、浙江、上海均为 2 个；河北、天津均为 1 个；香
港在日本设立独资企业数量最多，达 56 个；台湾在日本投资独资企业 8 个。从投
资企业地区分布来看，中国在日本设立的企业主要集中在东京都和大阪府附近。

第二节　招商引资的优惠政策

进入 21 世纪，日本政府为吸引外资企业入驻日本，加大了招商引资力度，
相继推出了一系列优化外商投资环境的措施。2018 年 6 月 15 日，日本内阁会
议发布《未来投资战略 2018》报告，要求进一步优化日本营商环境，把日本
打造成"世界最宜营商国家"，其主要措施有以下几个方面。

一、完善投资机制

日本政府对日直接投资推进会议（第 6 次）决定，2018 年 5 月 17 日启动
对日直接投资进驻地方政府的支持规划，要求相关行政机构积极向外资企业提
供政策、监管和行政手续等信息；在外资企业与当地企业对接方面提供必要的
支持；在监管及行政手续方面听取外资企业建议。另外，还在相关政府机构和

协会设置联络点，为有意向对日投资的外资企业提供免费咨询服务。

二、优化营商环境

要求地方政府提升工作效率，对外国投资企业提交的法人登记注册申请，要求在 24 小时内在线审批；推进政府审核工作的电子化等。为解决窗口办理签证手续烦琐、人员拥挤、耗费时间长等问题，2018 年起允许在线办理签证申请手续，并允许通过联合办公的虚拟办公地点获得"经营管理"签证。至 2020 年 3 月，日本政府将外资企业办理营业许可及审批、社会保险、补助金等相关行政手续的时间减少了 20％以上。

三、加强招商引资

（一）中央政府外资优惠政策

一是优惠地方经营税。鼓励外资企业在地方城市设立公司，如在东京都市圈以外地区新设或扩建办公室、实验室，或者将现有办公室、实验室或培训机构等总部职能搬出东京都的，可享受地方税优惠政策。前者可以享受商业设施购置价 15％的特殊折扣或 4％的税收抵扣；后者可以享受商业设施购置价 25％的特殊折扣或 7％的税收抵扣。

二是特区激励政策。对于在日本国家战略特区、综合特区设立公司的外资企业，可享受税收减免或财政补贴等相关优惠政策。2013 年日本设立国家战略特区，放宽了农地取得适合法人条件。另外，在福岛、熊本等灾后重建区域内投资的外资企业，可享受税收优惠等激励政策。

三是创新激励政策。为鼓励外资企业采用大数据、机器人等高科技技术，给予外资企业 30％的特殊折扣或 3％的税收减免。在雇员工资津贴同比增加 3％及以上的情况下，外资企业可享受 5％的税收减免。

（二）地方政府外资优惠政策

日本各地政府为吸引外资，出台了一系列支持外资企业落户发展的优惠政策，如表 15 - 2 所示主要包括减免外资企业登记注册费用、补贴办公室租金和提供投资项目补助等。

表 15-2　日本地方政府招商引资的优惠政策

地　区	项　目	具体措施
福岛县	投资项目补贴	补贴对象为首次在福岛县设立的制造、研发或销售公司。补贴行业包括制药、医疗设备、可再生能源或机器人技术领域。每家公司最高补贴 2 800 万日元
茨城县	新设公司补贴	补贴设立企业所需登记注册费用（最高 200 万日元）、办公室租金（月租金的 1/2，为期 1 年，最高 240 万日元）、研发费用（最高 200 万日元）
千叶县	外资企业办公室租赁补贴	补贴办公室租金（年租金的 1/3，为期 1 年，最高 180 万日元）
东京都	新设外资金融企业补贴	每家公司最高补贴 750 万日元
神奈川县	"选择神奈川县 100" 计划	补贴设立企业所需登记注册费用，最高 200 万日元 补贴前 6 个月办公室租金的 1/3，最高 600 万日元
静冈县	外资企业办公室租金补贴	补贴办公室月租金的 1/2，为期 1 年，最高 50 万日元
新潟市	外资企业办公室租金补贴	补贴办公室月租金的 1/2，为期 3 年，每年最高 100 万日元
	外资企业业务促进补助金	补贴登记注册费用（每家公司最高 15 万日元）、办公室租金（月租金的 1/2，最多 2 年，每月最高 5 万日元）
	国家战略特区外资企业创业奖励	放宽 "经营管理" 在留资格的申请条件
爱知县、岐阜县、三重县、名古屋市	投资补贴	预期投资额超过 1 000 万日元的外国公司，最高奖励 50 万日元；投资额 500 万日元以上 1 000 万日元以下的外国公司，最高奖励 30 万日元；投资额不足 500 万日元外国公司，最高奖励 20 万日元
三重县	企业补贴	最高 5 亿日元
	租金补贴	补贴办公室租金（租金的 1/2，为期 3 年，每年最高 500 万日元）
京都府	补助金	补贴登记注册费用（最多 15 万日元）
大阪府	投资补贴	减免房地产购置税，减免新兴产业特区部分税务，金融机构提供低息贷款
	外资企业支持计划	补贴登记注册费用（每个公司最高 10 万日元）和获得居留权的费用（每个公司 5 万日元）
兵库县	企业落户鼓励制度	税收优惠（减免 1/3 法人税，期限 5 年）；补贴办公室租金（租金的 1/2，期限 3 年，每月每平方米最高补贴 1 500 日元，每年最高补贴 200 万日元）；就业补助金（每人不超过 60 万日元，最多 3 亿日元）；补贴登记注册费用（费用的 1/2，其中市场调查费最高补贴 100 万日元，公司登记注册费最高补贴 20 万日元）

（续）

地区	项　目	具体措施
神户市	外资企业的租金补贴	补贴办公室租金（租金的 1/4，期限 3 年，每月最高补贴 750 日元/平方米，每年最高补贴 900 万日元）；兵库县与神户市的合作项目：补贴办公室租金（租金的 1/2，期限 3 年，每月最多补贴 1 500 日元/平方米，每年最高补贴 200 万日元）
福冈县	福冈考察补贴	补贴外资企业到日本考察费用；从日本其他地区到福冈县考察，每个企业最高补贴 10 万日元；从欧美以外国家到福冈县考察，每个企业最高补贴 15 万日元；从欧美国家到福冈县考察，每个企业最高补贴 20 万日元
	鼓励在日设立子公司的激励措施	补贴登记注册费（登记注册费的 1/2，最高 15 万日元），补贴对象为汽车、IT、半导体、生物技术、环境和机器人领域的外资企业
福冈市	补助金制度	①补贴办公室租金，基本型（租金的 1/4，期限 1 年，最高 1 500 万日元）、大型（租金的 1/4，期限 2 年，最高 2 500 万日元）；②新就业补助，一般就业（福冈市市民 50 万日元/人，研究员 100 万日元/人）、其他形式的长期就业（福冈市市民 15 万日元/人，非市民 5 万日元/人）；③市场研究费、口译费、审批费、执照登记费或员工招募费补助（费用的 1/2，最高 300 万日元）
	初创企业租金补贴计划	房租补贴（租金的 1/2，期限 1 年，每月最高 7 万日元）；办公室租金（每月最高 5 万日元）
	创业签证	放宽"经营管理"在留资格的申请条件
熊本县	支持运营激励措施	追加投资 3 亿日元、雇用新员工 10 名以上的企业，最高补助 50 亿日元；投资 3 000 万日元以上、雇用 50 名新员工以上的服务业企业，最高补助 5 亿日元

资料来源：中国国际贸易促进委员会.企业对外投资国别（地区）营商环境指南—日本（2019）[R].北京：中国国际贸易促进委员会，2020.

第三节　设立日本法人

一、市场准入制度

日本依据《外汇及外贸管理法》（1949 年法律第 228 号）（简称《外汇法》）管理外商投资行为。该法对外国投资人和外商直接投资方式等相关概念做出了明确规定。外国投资人是指非居民自然人、外国法人和外资占比超过 50% 的日本国内企业、在日本国内法人或团体内部非居民自然人董事或执行董事超过半数的企业。外商直接投资是指外国投资人的以下行为：①收购日本国内上市公司股份，投资比例超过 10%。②收购日本国内非上市公司的股份或股权。③自然人成为非居民后，将自然人为居民时取得的日本国内非上市公司的股份或股权转让给外国投资人。④外国投资人对营业内容做实质性变更。⑤外国投资人在日本国内设立分支机构、工厂及其他办事处（不包括代表处），或实质性变更其类型或事业目的。⑥向日本法人贷款超过一定金额，同时贷款期间超过一年。⑦收购一定数量的私募债券或投资证券。⑧取得日本银行等根据相关法律设立的法人企业的投资证券。另外，2017 年新修订的《外汇法》指出"特定取得"是外国投资人通过受让方式取得其他外国投资人的非上市公司的股份或股权，"特定取得"也被界定为外商直接投资，需要履行一定的手续。

日本《外汇法》要求对涉及国家安全、妨碍公共秩序、公众安全和经济顺畅运行有影响的行业投资，事先必须取得相关主管部门的批准。2019 年 5 月 27日，日本财务省、经济产业省和总务省联合发布公告修订《外汇法》，在限制投资领域中新增 20 个行业，涵盖了计算机制造、半导体存储器制造、软件开发、移动通信和互联网服务等领域，规定内阁府认为外国投资人在限制领域的投资可能威胁国家安全的，有权中止外商的投资申请。农业投资属于影响经济顺畅运行的行业，日本银行有义务接到外国投资人开户申请后 30 日之内向财务省提交事前申请报告。

二、法人组织形式

外国投资人在日本投资可以采取设立常驻代表机构、分支机构和子公司，与日本企业或投资公司等共同设立合资公司或参股日本企业等多种形式，但农业投资主要以生产经营和农产品批发、零售为主，大多数是设立独资日本子公司，组织形式通常是股份责任公司，即株式会社。另外，外国投资人还可以利用日本法人进行对日投资，如与日本企业或投资公司等共同设立合资公司或出资控股现有日本企业。

外国投资人设立日本子公司须在公司办公地点所在地区的法务局进行注册登记。申请注册之日即为设立日期，可以开展经营活动，相关流程如表 15-3。

表 15-3 设立日本子公司的基本流程（股份公司）

序号	流程
1	准备股份责任公司的设立概要（包括公司名称、总公司住所、经营范围、会计年度、资本金额、股份的发行价格、限制股份转让的规定、董事会、董事和董事长、董事的任期、股东及股份金额等内容）

（续）

序号	流　　程
2	公司起名，在法务局查询是否存在同名公司；
3	制定股份责任公司章程；
4	准备母公司注册证明、母公司介绍文件及法人代表签字的《宣誓陈述书》；
5	日本公证处对股份责任公司章程进行公证；
6	银行出具资本金保管证明；
7	股份责任公司的资本金汇入银行特定账户；
8	委任董事长、董事和监事等高层管理人员；
9	由董事和监事审核公司设立手续的合法性；
10	向法务局申请注册成立股份公司、备案公司印章；
11	领取注册事项证明和公司印章证明（申请注册后约 4 天到 2 周）；
12	以股份责任公司名义在银行开设账户；
13	向银行申报构成股份（有些行业要在公司设立之前申报）。

资料来源：中国国际贸易促进委员会．企业对外投资国别（地区）营商环境指南——日本（2019）［R］．北京：中国国际贸易促进委员会，2020.

在实体注册手续完成之后，须向有关政府部门进行税务、保险和劳务合同等事项的申报或备案。具体要求如表 15-4 所示。

表 15-4　日本子公司注册登记后的申报或备案要求

行政机构	申报或备案内容	办理期限
税务署	法人设立申报表（子公司形式）	公司设立之日起 2 个月以内
	外国普通法人申报表（分支机构形式）	成为外国普通法人之日起 2 个月以内
	薪金支付事务所等的开设申报表	事务所开设后 1 个月以内
	蓝色申报批准申请表	设立后满 3 个月之日或法人设立后的首个会计年度结束日
都道府县和市町村税务部门	法人设立申报表	—
劳动基准监督署	适用业务报告	—
	确立保险关系及保险费概算申报表	
	加班和假期工作协议	
	工作守则	
公共职业安定所	失业保险适用企业设立备案（含失业保险被保险人资格取得申报）	录用雇工 10 天以内
社会保险事务所	健康保险、养老保险新增适用申报	录用员工 5 天以内
	健康保险、养老保险被保险人资格取得申报	录用员工 5 天以内
	健康保险被抚养人（调动）申报	办理保险 5 天以内
	国民养老金第 3 号被保险人资格取得申报	被保险人（员工）配偶成为被扶养人 5 天以内

资料来源：中国国际贸易促进委员会，2020．企业对外投资国别（地区）营商环境指南—日本（2019）［R］．北京：中国国际贸易促进委员会．

第四节　农业企业经营制度

一、外汇管制制度

《外汇法》规定任何企业或自然人均可自由买卖外汇，但每月买卖外汇超过 100 万日元，必须向日本银行报备用途，否则面临罚款。非居民（如中国企业）和居民（如日本公司）之间进行贸易以外的外汇资金往来，其金额超过3 000 万日元时，居民应在规定期限内向政府部门提交事后报告；若经过银行汇款的，可以委托银行办理。

二、企业税收制度

日本的企业税包含国税和地方税两大体系，日本税收按照征税类别也可分为所得课税、资产课税、消费课税。所得课税包括个人所得税之外，还必须缴纳以公司资金规模为计税标准的均摊税等。日本对企业法人实行属地税制，在日本从事经济活动的企业必须就其经济活动所得在日本纳税（表 15 - 5）。

表 15 - 5　日本主要税种

类别	所得课税	资产课税	消费课税	交易课税
国税	个人所得税、法人税、地方法人特别税、复兴特别所得税	遗产税、赠予税、登记许可税、汽车重量税、	消费税、烟草税、烟草特别税、酒税、挥发油税、石油天然气税、石油煤炭税、航空燃料税、电力开发促进税、国际观光旅行税、关税、吨税（注：按船舶净吨位征税）、特别吨税	印花税、注册登记税
地方税（都道府县）	法人居民税、事业税	不动产取得税、城市规划税、水利地益税、公共设施税、宅地开发税、特别土地保有税、法定外普通税、法定外目的税、国民健康保险税	地方消费税、地方烟草税、地方挥发油税、柴油发票税、汽车税、轻型汽车税、矿区税、矿产税、狩猎税、温泉使用税、高尔夫球场使用税	房地产购置税、汽车购置税
地方税（市町村）	市町村民税	固定资产税、事业所得税、轻型机动车税	市町村烟草税	—

资料来源：中华人民共和国驻日本国大使馆经济商务处，德勤日本，2016. 中国企业对日投资指南[R]. 东京：中华人民共和国驻日本国大使馆经济商务处.

（一）法人税

日本对法人活动所得征收法人税（国税）、地方法人特别税（国税）、法人居民税（地方税）和法人事业税（地方税）。自 2018 年起，日本把法人税率下调到 23.2%，对中小企业、公益法人的优惠税率（年收税额 800 万日元以下部分）从 19% 下调至 15%（表 15 - 6）。

表 15 - 6　日本法人税⁽¹⁾税率

法人类型			税率
普通法人	资本金 1 亿日元以下⁽²⁾	800 万日元以下部分　企业法人等下列法人组织以外	15.0
		营利性社团和财团法人	19.0
		超过 800 万日元部分	23.2
	资本金 1 亿日元以上普通法人⁽³⁾		23.2
合作经济组织等⁽⁴⁾	800 万日元以下部分		15.0 (16.0)
	超过 800 万日元部分		19.0 (20.0)
公益性法人等	公益性社团法人、公益性财团法人或者非营利法人	800 万日元以下部分	15.0
		超过 800 万日元部分	23.2
	视为公益性法人等⁽⁵⁾	从经营性业务中获取的收入　800 万日元以下部分	15.0
		超过 800 万日元部分	23.2
	除上述以外的公益性法人等	800 万日元以下部分	15.0
		超过 800 万日元部分	19.0
不具备人格的社团等⁽⁶⁾		800 万日元以下部分	15.0
		超过 800 万日元部分	23.2

资料来源：日本国税局。https：//www.nta.go.jp/taxes/shiraberu/taxanswer/hojin/5759.htm。

（1）日本法人税＝（本会计年度末收入－本会计年度末支出等）×税率，会计年度是每年 4 月 1 日至次年 3 月 31 日。

（2）资本金金额或者总出资额。

（3）2019 年 4 月 1 日之后，对连续三个会计年度平均销售额超过 15 亿日元的法人 800 万日元以下的部分适用于 19.0% 的税率。

（4）对于各类"协同组合"年销售额超过 10 亿日元的部分适用 22.0% 税率。从事与医疗相关业务的协同组合适用 16.0% 或 22.0% 的税率。

（5）包括认可地缘团体、管理组合法人、社区管理组合法人、登记为法人的政党、防灾地区整备事业组合、特别非营利活动法人和建筑物改建组合、建筑用地销售组合。

（6）为了实现某种目的而结成的不具备法人资格的社团，不是简单的个人合伙，而是作为组织可以统一活动的社团。例如：居委会、村委会、同学会、学会、集体经济组织等。

（二）消费税

日本的消费税相当于中国的增值税，由最终消费者承担。消费税的税率自2019 年 10 月 1 日起由 8％提高到了 10％，但对食品、饮料等特殊消费品实施低税率制度，税率暂时维持在 8％。

（三）个人所得税

日本将自然人按国籍分为居民和非居民，其中居民是指在日本国内拥有住所，或在日本拥有住所 1 年以上的自然人。居民不论收入来源地，要对其全世界的收入缴纳所得税。非居民是指居民以外的自然人，对非居民只对其源于日本国内的收入征收所得税。其中，没有日本国籍，且于过去10 年内少于 5 年时间，在日本国内拥有住所的为非永久居民，其课税范围与居民的课税范围相同，但对于其源于国外的收入，只要不是在日本国内支付或不是汇款至日本的部分，不必在日本纳税。但是，非永久居民因其在日本工作而获得国外的薪酬被视为来源于日本国内的收入，将与在日本的薪酬一起合计征收所得税。目前日本对超出 1 000 日元以上的个人收入设立了 5％、10％、20％、23％、33％、40％和 45％ 7 个档位的税率。虽然可以通过各种方式避税，但日本的意外伤害和疾病的误工保险、农作物自然灾害保险，甚至财政资金补贴都与纳税额紧密挂钩，避税行为可能对其他方面的收入造成负面影响。

（四）固定资产税

日本固定资产税以当地资产评估金额扣除 30 万日元之后征收，基准税率为 1.4％。农地根据所处地区和使用情况税率有所变化，例如在农业地区的一般农地有一定的减免优惠，通常按照"纳税金额＝上年度标准课税金额×55％×1.4％"计算，但如果没有充分利用农地，使其撂荒，则享受不到 55％的优惠。在一般市街化区域的农地参照宅基地，按照"纳税金额＝农地评估价格（宅基地销售价格－农地转为宅基地费用）×1.4％"计算，其中农地转为宅基地费用包括整地、改造地基和填土等必需的费用，一般按照当地平均价格计算。如果是正在耕种的土地，农地评估价格还可以再享受 2/3 的优惠，即按照"纳税金额＝农地评估价格（宅基地销售价格－农地转为宅基地费用）×1/3×

1.4%"计算。如果是在三大都市圈①市街化区域的农地,按照"纳税金额=(去年纳税标准金额+本年度评估额×1/3×5%)×1.4%"计算。

（五）税务稽查

日本税务部门基于纳税评估结果开展税务约谈、税务调查或税务稽查活动。纳税评估侧重税源管理,稽查环节侧重执法处罚。日本国税局每3~5年进行一次企业税务稽查,如果上一次稽查中查出较大的税务问题,则稽查频度会有所提升。如发现不按法律规定支付应缴税金,企业可能会被税务局征收加算税、重加算税和滞纳税等。对重大逃税行为,税务局会以刑事诉讼为目的进行调查或检察搜查,处以刑事处罚。

三、投资企业融资

投资企业融资主要有内源融资和外源融资两种融资方式。内源融资是指外国投资企业将内部留存收益及未分配利润转化为投资的过程,外源融资是指外国投资企业通过一定方式向企业之外的其他经济主体筹集资金。外源融资按照所使用的金融工具性质不同,可以分为债权融资和股权融资。部分外国投资企业选择内保外贷方式融资,例如中国境内的中国银行以中国境内企业资产作为担保,由该银行日本分行给中国境内企业的日本子公司发放相应贷款。在额度内,由境内的银行开出保函或备用信用证为境内企业的日本子公司提供融资担保时,无须逐笔审批,与其他融资型担保相比,可大大缩短业务流程。投资之后的资金来源,大多采用内源融资方式。

日本商业银行对外资企业融资给予国民待遇,可针对企业需求提供各种金融服务。在处理外资企业的贷款请求时,商业银行会对企业进行全面审核,审核内容包括投资目的、方向、项目内容、规模、融资期限（短、中、长期）、额度、是否是上市公司、资金状况、企业所属行业、产品情况、企业市场运营情况、市场地位和发展前景等,有时还包括公司经理年龄、外界对该企业的评价等项目,但主要是企业可抵押资产和营业额,一般年销售额超过3亿日元的企业已不再是小微企业,较为容易获得日本本地银行融资。

---

① 首都都市圈、大阪都市圈和名古屋都市圈。

另外，中国国家开发银行、中国进出口银行丰富的金融商品对中国"走出去"企业提供融资支持。亚洲基础设施投资银行、丝路基金、中国出口信用保险公司以及部分商业银行优惠贷款等政策性资金也支持中资企业对日投资。而中资企业的日本子公司也可以申请日本政策性资金支持，例如日本政策投资银行、日本金融政策公库、日本商工组合中央金库、日本国际协力银行和区域中小企业援助基金等由政府独资或者政府控股的政策性金融机构等，这些政策性金融机构的贷款利率较低、期限较长、担保要求低，为中小企业融资、推动日本经济发展发挥了积极作用。但不同的政策性金融机构的功能作用存在一定差异。

四、人力资源管理制度

（一）日籍员工雇佣制度

投资日本开展农业经营活动必须遵守：保障雇佣环境的《劳动基准法》（1947 年法律第 49 号）、保证雇员职场安全健康的《劳动安全卫生法》（1972 年法律第 57 号）和最低工资水平的《最低工资法》（1959 年法律 137 号）等法律法规，具体要求如下。

1. 劳动条件

雇工要签订劳动合同，以书面形式明确合同期间；工作地点和业务范围；工作和休息时间，加班、倒班、休息日和休假时间；工资标准，计算方法和支付方法，工资的结算截止日期、支付日期以及加薪相关事项；有无离职事项（包括解雇理由）等内容。

2. 劳动合同期间

通常情况下不会规定劳动合同的期限，确有必要时除若干特例以外，一般为 3 年，不规定合同期限时需注明。在规定劳动期限的劳动合同之中，包含续签在内如果超过 5 年，可根据雇员的申请变更为无限期劳动合同。

3. 工作和休息时间、休息日

日本法定工作时间每天不得超过 8 小时。雇员不足 10 人的农业生产企业的工作时间每周可延长至 44 小时，每天不得超过 8 小时，并且必须在工作时间内安排休息时间。工作时间超过 6 小时的，休息时间为 45 分钟，超过 8 小时的，为 1 小时。每周至少要有超过 1 天的的休息日，或 4 周中安排 4 天以上的休息日。休息日不必一定是星期日或节日假期，可根据雇主和雇员的协议而自由决定。农业企业采用小时工的情况比较多，一是因为农业经营时间不稳定，二是因为劳动者有一半以上是妇女要照顾孩子和老人，很难保障稳定就业。

4. 加班和假期

企业要在法定工作时间之外或在法定休息日安排工作，必须向所管辖的劳动基准监督署署长提交《关于申报加班和假期工作的协议》。如在未提交相关协定下安排员工在工作时间外或在法定休息日工作会受到处罚。即使事前设定了加班时间的上限，但在发生特殊情况并须安排超过上限的加班时间，企业可以和雇员定期签订协议将劳动时间延长到某个规定节点。超出法定工作时间或者在法定假日或深夜（22点至次日凌晨5点）工作的，必须在工资基础上增发加班工资。

5. 带薪休假

雇员连续工作6个月，且其出勤率达到全部工作日数的80%以上时，可连续或分期地享受10个工作日的带薪休假。如果雇员申请的带薪休假日期有碍业务正常运营时，雇主可以要求雇员改变休假时间。对于工作天数少、每周工作时间较短的兼职雇员企业也可以根据实际工作日数的相应比例安排其带薪休假。

6. 分娩、育儿和护理休息

①女性雇员可在预产期前6周提出休假申请。在分娩翌日起8周内休产假。②抚养不满1岁子女的雇员可以临时请假，但雇佣期间未满一年者的，不适用此项制度。③雇员就业超过1年，如有需要特别照顾的家属，可以提出请假，每名亲属累计3次，累计不超过93天。④雇员为了照顾患病或受伤的学龄前子女或需要看护家庭成员，每年可获得不超过5天的休假，2人以上的可获不超过10天看护休假。上述各休假可以不支付工资，但若满足一定条件，雇员可在上述①期间从疾病意外事故保险中，②至④期间从失业保险中领取一定额度的保险金。

7. 工伤

发生工伤时，无论是否属于雇主的过失，企业必须依据《劳动基准法》承担工伤赔偿责任。通过劳动者工伤赔付保险（工伤保险）对因工受伤患病等及上下班途中受伤患病的员工已经支付了必要赔付时，企业可以免除《劳动基准法》规定的赔付责任。但是，除这种赔付责任外，企业对工伤负有过失等责任时，则需要对雇员承担民事赔偿责任。

8. 社会保险制度

日本采取全民保险制度，原则上在日本拥有住所的员工都必须加入政府疾病意外事故保险和养老保险。企业有义务为员工购买：工伤保险、失业保险、疾病意外事故保险和养老保险。日本把工伤保险和失业保险统称为"劳动保险"，疾病意外事故保险、看护保险和养老保险统称为"社会保险"。根据险种不同由企业和员工承担的保险费比例有所差异。

（二）非日籍员工雇佣制度

日本法务省根据在日本滞留目的发放工作签证，并对于工作时间和工作内容做出了严格的限制。

1. 企业负责人

农业投资企业负责人通常可以获得"投资经营"签证，家属可申请"家属滞在"签证。外籍人员从事所获签证之外的商业活动时，需要提交资格外活动许可，申请变更签证类型。

2. 母公司员工

农业生产企业需要从中国国内派遣员工时，一方面可以申请"企业内转岗"签证，从母公司调集雇员。另一方面可依据《出入国管理及难民认定法》规定从中国录用技能实习生。该法对于包括农林渔业劳动力匮乏严重的14个行业，允许具备一定技能的外国劳动力，以"特定技能"签证在日本国内直接就业。新的签证分为2类，其中具有"相当程度知识或经验"的外国人，可以申请"特定技能1号"签证，可滞留日本5年，但家属不能随居。取得"特定技能1号"签证，并从事规定行业工作一定时间后，可以申请取得"特定技能2号"签证，签证每1～3年更新，无更新次数限制，家属和子女可以随居。日本企业雇佣技能实习生有一定的数量限制，员工不足50人的企业雇佣人数不能超过3人。

3. 当地非日籍员工

日本为促进优秀外国人才在日本工作，设立了"永住"签证制度。该制度实行人才积分制，总分数超过70分的优秀外籍人才，可以获得永住签证。依据2017年4月26日修订后的《优秀外国人才永住制度》规定，得分在70分以上的优秀外国人才，其永住许可申请所需的在日本生活期间从 5 年缩短至 3 年；对于得分在 80 分以上特别优秀的外国人才，其永住许可申请所需的在日本生活期间从 5 年大幅缩短到 1 年。

五、土地租赁购买制度

(一) 办公室租赁

办公室租赁除缴纳租金外一般还缴纳押金和礼金。押金用于租户在退租时支付房屋保洁费和维修费或合同期间内的违约费用。扣除必要费用之后的押金返还租户。写字楼押金较高，通常为 1~3 个月的租金。礼金是付给房主的不予退还的费用，相当于一个月的租金。礼金目前已不多见，但仍然存在于某些传统的房地产中介公司。另外，租户改建、装修办公室的费用，需自己承担，而且在租约终止时必须将办公室恢复到初始租赁状态。部分房东要求租户提供担保人，在没有担保人的情况下，租户也可委托专业担保公司代为担保，但需要缴纳 0.5~1 个月房租作为担保费。另外，大部分房东都要求租户强制加入火灾、地震等自然灾害和煤气泄漏、水管爆裂等家财保险。

(二) 农地租赁

日本对农地采取分区管理，在都市规划区域内市街化区域和部分市街化调整区域的农地允许外资企业购买务农，甚至经过审批后改变农地用途，修建厂房等化生产设施。但在农业规划区域和部分市街化调整区域的农地，依据《农地法》规定不允许工商资本购地务农，但可以通过取得农地所有适格法人资格之后，购买农地或者采取租地方式开展农业生产。日本法律不限制外国自然人或外国法人租地务农，但采取交易审批制度。土地交易双方正式签订交易合同之前，必须向当地农业委员会提出合同备案申请。农地委员会对交易价格和使用目的进行审查，即交易价格以交易土地附近的地价水平及政府确定的限制价格为依据；使用目的审查以当地农业规划要求为依据进行审理。日本对农地流转审批十分严格，工商企业未经农业委员会批准不得改变农地用途或转卖他人，擅自占用农地的，处 3 年以下有期徒刑和 100 万日元以下罚款。

第五节 农业企业营商环境

一、知识产权保护

日本与农业生产有关的知识产权保护法律法规主要有《专利法》（1959 年法律第 121 号）、《商标法》（1959 年法律第 127 号）和《种苗法》（1947 年法律第 115 号）等。日本经济产业省特许厅和农林水产省种苗课负责制定相关政策并实施管理。

1. 商标

依据《商标法》规定在日本获得商标保护，必须在专利厅申请办理商标注册登记。商标从申请到注册所需时间是 6 个月至 2 年。中国公民或根据中国法律设立的法人可以在日本成为商标权的申请人，但在日本没有住所或经常居住地（法人为经营场所）的，应当指定在日本国内有住所或经常居住地的商标管理人（申请专利权等时亦同）代为申请。商标权的有效期为自核准注册日起 10 年并可延续。

2. 专利

日本将《专利法》《实用新型法》《外观设计法》分别作为保护发明、实用新型和外观设计的法律独立立法。但是，《实用新型法》和《外观设计法》的大部分规定都参考了《专利法》。专利、实用新型和外观设计的有效期分别为自申请日起 20 年、自申请日起 10 年、自注册日起 20 年。其中，专利申请内容自申请日起经过 1 年 6 个月后，在《专利公报》公布；专利权人对于被授予专利的发明，可以在日本独占实施，对于非法使用该专利发明的第三方，可以要求其停止实施行为或赔偿损失。

3. 植物新品种权

育种者可依据《种苗法》向日本农林水产省提交植物品种登记并依法获取相关排他性权利。可申请植物新其品种登记的对象涵盖农业、林业和水产多个领域，包括种子植物、羊齿类、苔藓类、多细胞藻类和其他政令规定的植物。相比《专利法》中的发明而言，其登记范围更广、登记条件也相对简单。在保护对象方面，《种苗法》保护的是植物品种本身，但不保护其研究和特殊的种植、养殖方法，因此日本采用《专利法》对技术进行保护，以弥补《种苗法》

不足，已成为常用的方法。目前日本加入 UPOV1991 年版条约，要求以商业目的的生产、市场销售和进出口，必须事先获得植物新品种育种人授权，否则将给予重罚。

4. 不正当竞争

《不正当竞争防止法》（1934 年法律第 14 号）保护市场主体之间公正竞争，禁止发生混淆知名商标、冒用商标、侵犯商业秘密、模仿商品形态等"不正当竞争行为"。因不正当竞争行为导致经营上的利益受到侵害或者有可能受到侵害的企业，可以要求不正当竞争行为实施人停止侵害或赔偿损失。

二、个人数据及隐私保护

日本极其重视保护个人数据及隐私，2003 年颁布《个人信息保护法》（2003 年法律第 57 号）。该法规定企业不得泄露客户个人信息[①]和个人识别符号[②]，要求企业应在特定使用目的范围内使用客户个人信息；在特定使用范围之外，使用以及向第三方提供他人个人数据（构成个人信息数据库等的信息）时，应当事先取得当事人本人同意。而且，持有个人信息的企业必须采取必要且恰当的措施安全管理客户个人数据；向第三方提供他人数据时或者收到第三方提供的个人数据时，应当按规定储存。另外，企业在当事人本人向其请求披露企业持有的本人数据时，原则上不得拒绝。

日本个人信息保护委员会对企业遵守《个人信息保护法》情况进行监管。企业如有违反，将被处以 6 个月以下有期徒刑或 30 万日元以下罚款；提交虚假报告的，将被处以 30 万日元以下罚款。此外，企业员工以谋取不正当利益为目的提供或者盗用个人信息数据库的，将被处以 1 年以下有期徒刑或 50 万日元以下罚款。

三、环境保护

日本环保法律法规主要有《环境基本法》（1993 年法律第 91 号）、《环境

---

① 包括通过该信息所包含的姓名、出生日期及其他表述等可以识别特定个人的信息（包括与其他信息进行核对即可识别特定个人的信息）或个人识别符号。

② 包括人脸照片数据、认证用指纹数据、个人号码、驾照号码、护照号码和保单号码等信息。

保全法》（1972 年法律第 85 号）、《环境保全法实施令》（1973 年政令第 38 号）等共 242 项法律法规及行政命令。涉及投资环境影响评价的法律法规有《环境影响评价法》（1997 年法律第 81 号）、《环境影响评价法实施令》（1997 年政令第 346 号）等。涉及农业农村环境保护的法律有《森林法》（1951 年法律第 249 号）、《废弃物处理和清扫法》（1967 年法律第 137 号）、《大气污染防止法》（1968 年法律第 97 号）、《水质污染防止法》（1967 年法律第 138 号）《农用地土壤污染防止法》（1967 年法律第 139 号）、《公害健康损害补偿法》（1973 年法律第 111 号）等。企业有责任消除对环境的有害影响，因排放有害物质对人造成损害时，须受到法律规定的相应处罚。其中与农业经营活动最为密切的法律有《废弃物处理法》，要求排放该废弃物的企业或个人，对农业生产中产生农膜、包装等废弃物进行适当处理并对最终处理结果负责。企业通常与持有行政许可的废弃物处理企业签订协议，支付一定费用委托其适当处理废弃物。受托人没有适当处理该废弃物时，可能会被处以行政处罚甚至《刑法》处罚。

依据《土壤污染对策法》《大气污染防止法》《水质污染防止法》《农用地土壤污染防止法》等法律法规，农地使用人必须防止农业生产对周边环境产生负面影响。如发现该土地的土壤污染状况不符合标准，必须上报都道府县地方政府，并将该地区划定为特殊区域，采取去除污染等措施。如果是农地使用人导致土壤、大气或水污染，需要承担恢复原状的所有费用。

四、反商业贿赂、反垄断、反洗钱及反恐融资

为维护经济、金融和市场秩序，日本对反商业贿赂、反不正当竞争等事宜进行了规范。日本《刑法》（1907 年法律第 45 号）规定，受贿罪的受贿人必须是公务员（但普通人也有可能依据法律被视为公务人员）。如企业负责人及员工等被认定从他人处获利、侵害股东等利益的，有可能构成《刑法》渎职罪或《公司法》（2005 年法律第 86 号）特别渎职罪。董事等因基于其职务或行使股东等权利时，不正当请托而获利的，将构成《公司法》受贿罪。此外，日本《不正当竞争防止法》禁止向外国公务员等提供不正当利益。

《禁止垄断与维护公平交易法》（以下简称《反垄断法》）规定了垄断、不正当交易限制、不公正交易方法以及企业合作等行为。日本禁止竞争对手通过协议互相限制包括价格在内的市场活动；禁止滥用市场支配地位等行

为。违法人除了会受到刑事和行政处罚之外，还必须赔偿受害人的民事损失。

日本依据《有关组织性犯罪的处罚及犯罪收益规制法》（1999 年法律第 136 号）禁止资助恐怖活动。禁止企业与和黑社会相关的团体及个人交易。

五、经济纠纷及其解决方法

日本民事争议解决制度主要有诉讼和仲裁，其中，诉讼是日本解决经济贸易争议最主要的方式。日本有简易法院、家庭法院、地方法院、高等法院和最高法院 5 个不同类别的法院，但只有 4 级。地方法院和家庭法院是平行的两个同级法院。所有的诉讼案件除了第一审审判以外，如不服一审法院的审理结果还能上诉两次，最多经过三级法院审理，即告终结。从上诉到终审结束往往需要耗费数年时间，为避免卷入诉讼，与日本企业进行交易时，尤其是实施收购日本企业等容易发生经济冲突的大型交易时，通常委托律师或通过帝国数据银行等机构开展尽职调查，制作严谨的交易合同。如果发生争议，要选任日本本地律师作为代理人进行交涉；通过交涉仍无法解决时，再通过诉讼解决纠纷。

对于当事人为外国人等具有涉外要素的诉讼案件，日本《民事诉讼法》规定，被告的住所、企业被告的主要办公机构所在地或营业场所、法人代表人及其主要业务负责人的住所、合同规定的债务履行地、可扣押的被告财产所在地及侵权行为发生地等在日本国内时，可认定日本法院拥有管辖权。合同中未对诉讼地点作出规定的，以侵权行为结果发生地的法律为准。要求在日本执行外国法院的生效判决，需要向日本法院提起"执行判决"的诉讼并得到认可。中国与日本之间没有相关国际条约约束，因此中国判决不会在日本执行，相反亦然。

农业投资企业可以选择仲裁作为解决国际交易争议的方法。中国企业与日本企业之间的交易合同可设立仲裁条款，由当事人双方协商确定仲裁地点、仲裁机构等。目前，中日两国可选择的国际仲裁机构为：日本商事仲裁协会（Japan Commercial Arbitration Association，JCAA）、中国国际经济贸易仲裁委员会（China International Economic Trade Arbitration Commission，CIETAC）。通过上述仲裁机构取得的仲裁裁决，可在日本和中国得到执行。

第六节 中国农业企业对日投资案例分析

——以山东七河生物科技股份有限公司为例

日本是我国出口农产品的主要消费市场，受到国内外向型农业企业的高度关注。近年来在"两个市场、两类资源"全新开放格局之下，我国农业企业对日投资热情高涨，投资金额增长迅速。山东七河生物科技股份有限公司（简称"七河公司"）创立于2000年，是我国最早对日本农业直接投资的民营企业之一，并取得了良好的经济效益和社会效益。因此，研究和分析七河公司对日投资经验，对于"走出去"战略下的中国农业企业优化对日投资模式和路径具有现实意义。

一、七河公司简介

七河公司位于山东省淄博市淄川经济开发区，成立于2000年11月，注册资本5 125万元，总资产5.74亿元，现有员工1 200人，其中驻国外员工200多人，是集食用菌研发、生产、销售和出口为一体的农业产业化省级重点龙头企业。七河公司主要产品为香菇和平菇菌种、香菇菌棒、鲜干香菇等，是国内领先的香菇菌种、菌棒工厂化生产和供应企业。目前七河公司建有现代化生产车间3万米^2，智能化温室1 000余栋，年产菌棒6 000万棒、香菇3 500吨，年产值5.5亿元，产品出口40多个国家，年出口创汇5 000万美元，其中美国市场的占有率在60%以上。七河公司实力得到中国行业协会等高度认可，目前是中国食用菌协会常务理事单位、山东省食用菌协会副会长单位、山东省食用菌产业化协会会长单位，并获得国家级蔬菜标准园、国家农业标准化示范区、山东省农产品知名品牌和省级扶贫龙头企业等荣誉。

二、赴日投资背景

七河公司定位为出口外向型企业，积极响应国家农业"一带一路"倡议，2005年在韩国投资设立中韩农产株式会社。2013年开始陆续在美国西雅图、宾夕法尼亚和新泽西等设立子公司。2015年，在日本千叶县设立的七河农场株式会社，注册资本 500 万日元，拥有智能控制空调出菇大棚 9 栋，冷库 200 米²，办公室 20 米²，中国员工 8 人。2016 年在日本设立第二个全资子公司——七河香取农产株式会社，注册资本 500 万日元，中国员工 30 人，外籍员工 5 人，拥有智能控制空调出菇大棚 63 栋，冷库 800 米²，办公室 30 米²，建有员工宿舍餐厅等设施。2020 年两个日本子公司销售情况良好，已达到日本中型企业经营规模。

（一）日本技术性贸易壁垒门槛提升

七河公司原以新鲜和干燥香菇出口为主，2003 年左右，由于国外提升残留农药等检测标准，特别是 2006 年日本施行肯定列表制度之后，客户要求七河公司对出口香菇全面检测，并承担相应的出口风险。七河公司虽然推进基地化生产，但难以对小农户实施 24 小时全面监控，虽未发生残留农药超标事故，但经营风险显著提升。同时，日本施行市场差别化策略，导致日本市场的中国产香菇需求量下降，价格只能卖到日本同类产品的一半，甚至更少，几乎没有利润可图，企业发展遭遇瓶颈。

（二）日本国内外产品利润差额巨大

据七河公司调研显示，2015 年东京青果批发市场鲜香菇批发价格之中，日本产为 1 008 日元/千克，进口鲜香菇为 384 日元/千克，二者差价达到 624 日元/千克，即人民币 25 元/千克。根据国际通用的"实质性改变标准"，使用中国产菌棒在国外采收的食用菌可以作为进口国生产的产品进行销售，也就是说中国菌棒出口到日本后，在日本出菇并销售的毛利润远高于食用菌鲜品的出口收益。

（三）产品具有较强的市场竞争力

七河公司出口菌棒重量 1.8 千克，可产 600 克香菇，日本菌棒 2.5 千克，平均产菇 800 克，从每克香菇的原料使用量来看，中国为 2.7 克，日本为 3.1 克，七河公司菌棒原料使用率高出日本菌棒 12.9%，菌棒价格只有日本菌棒价格 80% 左右。

（四）日本市场发展前景整体向好

日本是仅次于中国的世界第二大香菇消费大国，香菇生产历史悠久，年人均香菇消费量高达 1.7 千克。相对于欧美市场，日本市场成熟度极高，消费人群集中，市场开拓成本和物流费用较低。而且日本人口老龄化非常突出，今后十年将会有近 60％以上的农民退出农业生产，而香菇生产又是劳动密集型产业，劳动强度大，日本年轻人也较少，巨大的消费市场空缺为七河公司创造了良好的发展空间。

三、赴日投资的经验

（一）创新海外经营模式

七河公司建立了"国内工厂化制菌棒＋国外设施化出蘑菇＋鲜菇就地上市销售"的新型农业经营模式，利用国内成本较低的原料和人工生产菌棒，养菇3 个月左右，等到菌丝长满之后，再用低温保藏货柜运送到日本，交由七河日本公司进行出菇并销售，利润远高于鲜香菇出口。这种模式将我国资源优势、人力优势和海外市场优势有机融合，使企业在国外市场获得了极强的竞争力。

（二）持续增加技术投入

七河公司为保持市场竞争力、提升产品质量、降低经营成本，持续加强科技投入。在菌种研发领域联合国内专家团队研发自有香菇新品种，截至 2021年，已申请植物新品种 5 个。在改善生产工艺方面，投资 2 亿元人民币汇集清华大学、浙江大学及世界知名智能装备公司共同研发出世界最先进的食用菌智能生产系统，该工厂可通过智能控制系统和 5G 网络实时进行数据采集、传输、挖掘分析，形成大数据 AI，年产 2 000 万个菌棒，效率提高 4 倍，运营成本降低 30％，并且完全实现了菌棒质量全程可追溯和品质均一化。在保障食品安全方面，七河公司建立了实验中心，引进全球先进检测仪器，可对原料残留农药进行检测，并且根据美国、日本和欧盟客户要求，具备了有机香菇菌棒的生产能力。

（三）加强技术人才储备

七河公司认为市场开拓关键是人才培养，2020 年建立了七河（国际）香菇技术培训中心，结合贯彻中国科协、农业农村部印发的《乡村振兴农民科学素质提升行动实施方案（2019—2022 年）》等文件要求，大规模开展技能培训。2020年7月面向全国招生，每期30人左右，培训费免费，食宿和材料费仅按成本收取1 500元/人。培训内容包括食用菌栽培技术、香菇菌种制作、香菇菌棒（包）培养技术、香菇高产出菇技术。七河公司积极吸纳毕业学员留在公司就业，经过实习期后可被输送到日本等国工作。至今七河公司已经办了11期培训班，储备了大量人才资源。另外，七河公司不定期聘请国内外顶尖专家授课，提升技术人员素质。

（四）充分依托海外人力资源

七河公司采取并购日本公司的方式，迅速获得日本菌包销售网络和生产设施。为快速开展业务，从筹划投资日本开始，一方面招聘公司周边日本农户从事香菇采摘、包装等体力劳动，既为周边农户提供了家门口的就业机会，也和当地居民之间建立了良好的合作关系。另一方面，聘用长期生活在日本的华人担任销售、企业管理等职务，依托其专业知识和人脉关系，打通渠道，负责办理公司注册登记，市场开拓等工作。

（五）积极融入海外经营环境

七河公司在经营过程中充分利用日本本地资源谋取发展。在融资方面，除初期投资来自总公司，后期运转资金全部依靠日本子公司的产品销售利润和当地银行贷款。目前，日本子公司已经与日本地方银行建立了良好的合作关系，可获得日本银行较低利息的融资支持。目前，七河日本公司还在申请农地取得适合法人，如获得批准可获得日本政策金融机构长期低息的融资支持。在销售方面，七河日本公司申请了千叶县地区品牌和"故乡纳税"优惠商品认证，产品不但可以作为当地特色农产品对外宣传，还可以使用政府补贴设立的直销店等网络。在规避经营风险方面，七河日本公司将涉及的法律、税务问题全部委托日本注册会计师和律师代办，使企业很快走上了规范化发展之路。

四、赴日投资中面临的挑战

境外农业投资风险较大，存在投资理念及认知、政府与市场作用边界、资本合作方式及盈利模式的差异，且投资期限长回报率低，同时出口国的审查、关税、签证等政策也增加了农业企业投资的交易成本，需要农业投资企业积极应对。

（一）金融保险制度不健全

我国融资年利息在 5%～6% 左右，即便获得政策性融资机构的扶持，年息不会低于 3%，而且投资风险保险制度、投资担保制度建设等方面还几乎是空白。但日本社会处于资金过剩的状态，存款利率几乎接近零，商业银行贷款年息极低，只有不足 1%，最多不超过 2%。农业投资企业之中，虽然也有如七河公司直接由总公司投资的情况，但更多是愿意采取"内保外贷"等方式利用国内金融机构国外放款模式。这样虽然降低了贷款利率，节约了企业成本，但从宏观角度来看既不利于人民币国际化，同时也容易受汇率波动等影响增加对日投资的风险。

（二）企业支援机制不健全

我国农业企业建立的日本子公司，不但增加了企业收入，而且通过产品销售带动周边农户发展，显著降低了日本农户生产经营成本，但同时也对日本菌种和菌棒生产企业造成了一定冲击。近年来，日本食用菌菌种生产团体持续加大政治游说力度，要求政府修法抵制我国农业投资企业。对此，我国农业投资企业既不清楚向谁投诉保护自身利益，也不清楚如何保护自身利益，而驻日使团、华商团体因受制于行业专业性、信息传递渠道等因素制约也难以提供精准及时的后援支持，企业只能采取多一事不如少一事的态度保持沉默。然而，随着企业快速发展，难免与日本企业矛盾加深，最终难以规避被驱逐出国外市场的风险。

（三）员工派遣通道不顺畅

对日投资农业企业主要依托产品和劳动力的双优势开拓日本市场，在公司草创时期需要大量工作人员赴日进行技术和管理工作。然而，公司员工的企业内转勤签证被要求申请人学历必须达到本科以上，但农业企业的技术员大多数是高中毕业后在实践中成长的技术人员，拥有本科学历的员工凤毛麟角，满足条件的技术人员数量有限。人文知识国际贸易签证要求只能开展与文化和贸易类有关工作，且不得从事营利性和与签证无关的工作，既对员工吸引力不大也不适合农业生产规律。技能实习生签证规定员工 50 人以下的企业只能聘用不超过 3 名的实习生，数量太少远远不能满足企业生产需要。虽然农业投资企业可以招聘日本本地员工作为补充，但由于日本人口老龄化、妇女化问题突出，能够招到的日本员工普遍年龄偏大，有的甚至高达 70 岁以上，难以适应高强度农业生产工作。日本投资企业既不能利用本地人力资源，又不能充分从国内派遣适龄员工，导致企业扩大再生产受到阻碍。

（四）融入当地社会不顺利

农业投资企业受制于语言、文化差异以及子公司负责人的意愿差异，多少持有自己是外来企业的顾虑，担心被日本社会排斥，不积极主动地参与日本行业协会、当地商业或者政府主导的产业联盟等社团组织。往往只能成为当地经济制度的遵从者，难以作为当地社会的一分子，成为当地经济发展或者行业规划、制度或标准的制定者。难以在不利于企业发展的制度草创阶段，及时发现问题做出有效预防。

（五）核心技术实力待提升

我国市场使用的部分农产品种子来源于国外，且因国内知识产权保护制度尚有缺陷，导致种源混乱，体系不清。农业投资企业难以进行有效鉴别所使用种子是否是国外品种，是否违反国外相关法律，一旦在国外销售，容易引发知识产权纠纷。七河公司被迫加紧菌种培育速度，建立了自有品种，并且使用已经过了保护期的日本菌种，以避免遭到诉讼。但新品种研发往往需要至少 3 年，周期较长，且难以在短期内形成竞争力。

五、改善对日投资环境的政策建议

（一）加强对日投资的政策支持

各级政府应该完善对外投资服务窗口，在经贸部门或农业部门内部设立专门的服务机构来对接农业企业投资，为其提供投资对象国的信息咨询，提供意见指导，组织企业投资交流，设置预警机制，进而减少投资试错成本；借助与日本各省市建立的友好县市关系，充分发挥平台作用，通过中日友好协会等官方渠道，协助投资企业和日方开展双向互利合作；设立政府风投基金，鼓励投资企业进行长期海外布局；提升投资企业出国考察机会，增加出展补贴额度，降低企业走出去的成本。

（二）提升驻日机构的服务能力

发挥中国驻日使领馆和贸促会等机构的桥头堡精准对接协调优势，提升对中国投资企业的服务能力。可参考日本贸易振兴机构运作模式，通过网络等方式主动公布驻外经贸部门专业咨询窗口的联系方式，畅通信息反馈及互动渠道；制作农业投资专项材料，定期修订完善，帮助投资企业了解日本的政治、经济和法律等社会各个领域的最新投资信息；发挥中资企业协会作用，遴选推荐法律、金融和财务等第三方社会服务机构；建立专家数据库，依托具有外语特长，与国外交流较为频繁及具有国外生活经历的知名专家学者担任顾问，针对农业投资企业面临的实际问题牵头负责调研、提出建设解决方案；依托日本本地华商组织，以专业或地区组建农业投资企业分会，鼓励中资企业抱团取暖，将我国投资企业面临的签证、本地行业排挤等共性问题及时反馈给驻日使领馆、商务部或经贸部门，使其作为两国贸易谈判中的合理诉求，有理有据与日本保守型行业协会寻求良性合作。

（三）完善对日投资的金融支持

推动开展中长期低息贷款试点。政府主管和监管部门引导金融机构按照风险可控、商业可持续的原则，在具备条件的地区试点加强政策性银行的机构引导作用，在符合国家政策并可控风险的情况下，适当降低融资门槛，加大政策性金融机构对农业"走出去"企业和产品研发、生产、加工、仓储和物流等综合项目的中长期信贷支持。开展贷款贴息政策试点。采取事先备案、事后贴息的方式，直补给为农业投资企业放贷的金融机构，探讨降低企业融资成本的绩效。支持和鼓励保险机构发展境外投资保险业务，对于我国企业因国外政府因素或者战争、恐怖活动、骚乱、天灾、联合国制裁和核事故等不可抗力造成在国外投资或持有房地产损失的，给予赔偿，打消金融机构对农业投资项目的风险顾虑。

（四）加快融入当地主流社会

农业投资企业应改变固有意识，把自己作为国外社会发展中的一分子，主动参与所在地经济社会建设；应加入当地商会、行业协会等社团组织，并争取担任一定的职务，了解日本社会对企业发展的评判和建议，适时提出自己的诉求，将对立内卷，防止不利于企业发展的相关问题表面化。应积极参与当地政府和议会议员主办的各类会议，让更多日本人了解、理解企业经营理念，通过开诚布公的交流，减少相互误判。

（五）加大复合型农业人才培养

农业海外投资较为复杂，在现有的教育模式下，要将外语教育与农业、国际贸易、投资、营销等专业进行结合，强化经济、贸易、投资、法律、文化等跨行业课程的结合度，进而提升人才培养的复合性；从留日应届本科生和研究生之中选拔优秀人才，送到国内企业锻炼之后，再派遣到日本分支机构工作，作为未来的人才储备来源；各级政府可以设立人才培养基金，鼓励企业派遣员工或高校学生到境外进行短期学习交流，储备了解日本农业情况的海外农业投资人才。

（六）加强技术研发能力建设

对标日本技术制高点，鼓励对日投资企业与大专院校、科研院所合作，将自身拥有的市场信息、消费者需求资源与拥有人才培养、科技优势的高等院校以及拥有科研开发、成果优势的科研机构相结合，弥补自身短板，提升产品生产技术水平；对日投资企业可以与大专院校合作，通过提供实习机会和就业机会的方式，吸引在校学生以及老师参与企业日常生产工作，为企业输入新鲜血液帮助解决生产经营中存在问题，逐步建立标准化运营机制；企业可以派技术人员去高校学习，提升业务素质；可以与科研单位合作从种子、原料开始着手逐步统一生产标准，包括主要原料配方、质量、外观、包装、运输方式、出菇管理方式、产量、品质等标准化生产和作业规程；可以建立国外研发中心，聘请日本离退休技术人员担任研发部门主力，负责种子农艺技术改良，尽快研发出适应日本自然环境、种性突出、高产平稳的优良菌种；由政府建立补贴机制，鼓励企业在日本申请注册登记专利和植物新品种权，提升投资企业竞争力。

第十六章 CHAPTER 16
日本农业发展的经验、教训和启示 ▶▶▶

　　日本农业是世界农业体系的重要组成部分，也是东亚小农经济的代表。二战之后，日本农业迅速发展，从 1950 年至 1975 年的短短 25 年，基本完成了农业现代化和城镇化，缩小了城乡收入差距和实现了全社会共同富裕。目前，日本农业无论在生产技术还是治理机制上都走到了世界前列。中国与日本同属东亚地区，自然条件、资源禀赋和社会文化背景相似，以小农户为主体的农业经营结构和生产体系也较为接近，日本农业发展的经验和教训对于中国促进小农户与现代农业发展有机衔接，推进乡村振兴和分阶段实现共同富裕具有重要的借鉴意义。本章首先归纳了日本农业发展的经验，其次梳理了日本农业发展中的存在问题，最后结合我国国情和农业发展现状，阐明了日本农业发展对完善我国农业政策体系的启示。

第一节　日本农业发展的经验

一、重视农业发展内在矛盾，调整农业政策目标

　　在城镇化、工业发展过程中，农业发展内在矛盾往往随着国民经济和社会发展情况慢慢显现，是一个缓慢的变化过程。日本根据不同时期农业发展情况，循序渐进，及时调整农业政策目标与农民需求之间的关系，稳定了农村社会的经济秩序，推动了农业现代化发展步伐。二战刚刚结束，日本处于低收入发展阶段，农业科技水平低下、农产品供给不足，日本政府采取了加大生产要素投入，增大农产品数量供给的农业政策。20 世纪 60 年代，日本进入中高收入发展阶段，农产品消费需求趋于饱和，农业生产效率提升导致农产品供给过

剩，增产增效不增收和城乡收入差距逐渐拉大的问题日益突出。日本开始实行的推进农业农村现代化和乡村振兴，缩小城乡居民收入差距为目标的收入政策，截至 20 世纪 80 年代初，日本农民收入和汽车、冰箱等占有率超过城镇居民，2019 年日本基尼系数为 0.320 3，贫富差距是亚洲最低，达到世界顶尖水平，基本实现了全社会共同富裕。20 世纪 90 年代，受到国际经济一体化影响，日本加快双边多边贸易谈判，放宽市场管制。1999 年颁布《食物农业农村基本法》明确提升食物自给率的政策目标，并要求依据国际规则加快国内相关制度调整，保障了农业农村的稳步发展。

二、重视农业农村立法，依法保障农业稳步发展

农业生产需要一个漫长的过程，实现农业政策目标也往往要几年甚至几十年的时间。日本政府极为重视以立法的形式，固定农业发展基本理念、政策目标和施政方针，并运用法律制度来管理农业，对其执行情况、施政结果进行评估，保证农业有步骤地发展。日本农业法律体系具有两个特点，一是基本法与普通法、政令等结合相当紧密。在颁布有关农业政策纲领之后，各中央行政机构马上提出或修订普通法，对其补充和完善。如《食物农业农村基本法》中提出农业的可持续发展理念，2000 年之后农林水产省就相继出台了《新农业经营稳定政策》《农地、水、环境保护对策》和《跨品种经营稳定政策》等法律法规和实施细则，且每条法律中都在首页明确注明立法是遵循《食物农业农村基本法》第几条第几款制定，有何意义等，便于理解政策的延续性。二是农业立法内容相当广泛。农业立法贯穿于产业规划、生产、组织、流通和金融的各个方面，使日本农业发展完全处于法律的约束之下。一方面，农业法之间相互渗透，互为补充。如《跨品种经营稳定政策》的适用的条件，由《农业骨干经营稳定补助法》相关规定来规范。另一方面，农业法与其他经济法相互渗透，相互搭配。有一些法律虽然立法本身不属于农业法，但在执行上也可以属于农业法范畴。如《JAS 法》本身是规定商品标识的法律，既对一般商品有法律效力，也对农产品和食品流通具备相同的法律效力。

三、重视对接国际规则，推动国内农业制度改革

全球化经济一体化背景下，日本为加大工业品出口，不得不开放农产品市场。日本政府一方面积极参与 WTO、EPA 和 FTA 等多边或双边贸易谈判，在不放弃大米、麦类、肉类（牛肉和猪肉）、乳制品和甜味作物，5 个重点品种保护政策的前提下，据理力争为本国农业发展争取有利的发展条件。并且，按照 GATT、WTO 各阶段规则，最大限度基于"绿箱"政策加快农业结构调整，相继制定了收入保险制度、农业多功能性支持制度等，修订了农业灾害保险制度等法律法规，继续对农业生产提供支持，减缓了国际化对本国农业的冲击。甚至为了达成国际协议越过农业利益团体，由首相领导内阁府主导修订《农业协同组合法》，削弱反自由贸易势力的力量。另一方面，日本利用国际协议中尚待完善之处，快速提高技术性贸易壁垒，短时间内密集颁布或修订了《食品卫生法》《植物防疫法》《食品标识法》和《肯定列表制度》等法律法规，对进口农产品和食品实施严格的进口检疫和卫生防疫，对保护国内农业市场起到了积极作用。

四、重视立足保障粮食安全，调整国内产业结构

日本是高度发展的资本主义工业国家，经济规模仅次于美中两国位居世界第三，但在粮食安全问题上始终没有过分依赖国际分工，而是提倡"立足本国，合理进口"，2020 年 3 月颁布的《食物农业农村规划》把食物热量综合自给率实现目标从目前的 38% 提升到 2030 年的 45%。回顾日本农业政策演进过程可以看到，日本曾一度放松了国内生产，依赖进口，导致国内农业衰退，农村萧条，教训非常深刻。然而农业生产的恢复需要一个漫长的过程，在消费需求多样化以及日本本身农业生产已经衰退的今天，已经不可能完全脱离其他国家实现自给自足。因此，日本选择了保护 5 个重点品种，其他农产品进口则逐步放开的贸易政策，并将有限的财政预算向重点品种倾斜。目前虽然日本食物热量自给率不足 40%，但口粮大米的热量自给率却接近 100%，甚至个别年份还有出口，基本实现了保障粮食安全与满足差异化消费需求的双重目标。

五、重视以农民为主体的农业合作组织体系建设

依托各种类型的农业合作组织推进农业农村发展是日本农业政策体系的重要特点。日本认为理论上提高农业生产率需要通过培养具备一定实力的规模化专业化的"核心农户"，但是由于小而散的农业生产结构在短时期内难以改变，只有提升农民组织化程度，扩大社会化服务规模，才能实现降低农民经营成本和保护小农户利益不受侵蚀的目的。因此，在相关政策制定、实施和监管各个环节不断强化农民的主体地位，让农民成为几乎所有农业农村政策自觉参与者和真正受益人，激发农民的主人翁精神，提升政策实施效率。在实践中，日本一方面重视农协、渔协和森林组合等合作经济组织的引领作用，通过财政、税收、金融和项目扶持等方式提升农民组织化水平。另一方面在政策落实层面，将财政资金交与各类农业合作组织集中使用或委托其代为发放，监督成员使用，例如在《土地改革法》，《中间山地区直接支付制度》等支持政策以及其他竞争性项目中，规定扶持对象仅限于农业合作经济组织，显著提升了这些组织在农村的地位和威望，间接促进了农业合作经济组织的发展。

六、建立以家庭经营为基础的多元农业经营体系

通过发展规模经营提升农业生产率，增强农产品竞争力是贯穿日本农业政策改革的核心内容。二战之后，随着工业化、城镇化的快速发展，日本农业原本近似均质性的家庭经营内容和结构不断发生变化，日本一方面加大补贴力度鼓励兼业小农户放弃农地，退出农业生产，设立认定农业者制度，对获得认证的种植、养殖大户在土地集约、财政和贷款等方面给予倾斜，促进其扩大经营规模。另一方面发展以村落地缘关系为纽带的集落营农组织、农事组合法人和入会集团等生产性合作经济组织，并以服务户和服务企业等农业生产性服务组织为依托，提高机械设备利用效率。同时，日本在农村空心化、老龄化、少子化问题日益突出，农村内生性规模化发展受阻的情况下，逐步放宽对工商资本下乡管制，鼓励其集约农地，租地务农。目前，构建了以家庭经营为基础，合作经营和企业经营为纽带，农业生产性服务组织为支撑的立体式复合型现代农

业经营体系。日本户均农地面积逐步增加，目前已实现 20％的农户承担 80％的农产品生产的目标，农业经营结构得到显著优化。

七、建立政府主导多元主体参与的农村金融体系

由于外部性、信息不完全及不对称等因素影响，农村金融存在市场失灵等现象，导致农村资金需求无法得到有效满足等问题。为填补商业性金融在农村领域的空白无力，日本政府建立了以合作性金融体系为主体，政策性金融为依托和商业性金融为辅助的多元主体参与的农村金融体系。其中，合作性金融是以农协、渔协等合作经济组织为主体，由小农户按照合作互惠原则组织起来，通过合作以改善自身的经济条件和获取便利的融资服务形式，融资内容丰富，涉及农村住宅建造，农资购买、生产、销售等生产生活的各个环节，为保障农业农村发展提供了有效、可观的中小金额和中短期资金支持。政策性金融以政策金融公库为主体，以解决资金需求大，资金收益率低、回收期长的融资需求。同时，日本还创设了农村金融保险制度规避农村金融系统风险，以提供息差补贴以及立法减免农村金融机构税费等方式减低金融系统的运营成本。

八、建立以公益性批发市场为核心的高效流通体系

农产品的单一品种大规模生产与高频度少量消费之间存在一定程度的矛盾，要求在流通环节迅速完成商流、物流和信息流的传递。然而日本农产品流通渠道长、环节多、两头小中间大的流通模式，增加了农产品流通的成本。日本为促进农产品流通业的发展，早在 20 世纪 20 年代就颁布了相关法律法规，依法改进政府宏观调控方式。建立了由公益性批发市场为核心、营利性批发市场为辅助的流通体系，要求批发市场建立仓储、分拣、屠宰等设施、制定产品评级制度，农产品加工、包装和物流配送效率显著提升。要求所有批发市场建立先进的信息系统，增加信息透明度，起到调节农产品流通数量、减少盲目交易的作用，大大加快了农产品流通速度。另外，日本还在最为重要的批发环节，采取了由中央政府使用财政、信贷工具投资市场硬件建设，地方政府负责维护市场竞争秩序和监管食品卫生安全，批发市场使用人均摊市场运营成本的

分段管理机制，构建了中央批发市场等公益性批发市场制度，压低了批发市场各经营主体的经营成本。同时构建了少数批发商对多数二级中间商的竞争结构，采用拍卖方式形成较为公正的市场价格，保障了小农户利益不受损害。这个制度不仅缓解了日本农产品供求矛盾，而且实现了农产品的稳定均衡供给，维护了生产者和消费者的共同利益。

九、建立高质量的农业科技推广和农业教育体系

日本农业科技推广作为农业政策的有机组成部分，是由政府主导的普及指导体系、农民合作经济组织主导的营农指导体系、行业协会和民营企业的推广体系构成的官民结合的二元协同体系。政府部门负责对农业科技推广活动进行宏观管理和指导，开展专业推广指导员资格认证，面向农民团体和农户直接传授或指导农业科技、提供农业相关信息，帮助务农人员提高技术水平，在农业科技推广中发挥核心作用。农民合作经济组织和行业协会作为农业科技普及的重要抓手，配合政府推广指导员，开展各种研修、培训和农技指导工作。民营企业作为公益性农技推广体系的补充，提供差异化、高附加值农业科技和经营管理技能有偿服务。三大体系相互配合，既降低了行政成本，又促使科研、教育和推广紧密接合，解决了农业科技成果转化中的脱节问题。并且日本还设立农业技校、农业高中和农业大学为补充的农业教育体系，使农民随时随地都能够接受良好的职业教育和培训，培养了一批能够自主改善农业生产经营活动的新型农业经营主体，有力支撑了农业生产结构调整和农业农村现代化发展。

第二节　日本农业发展的教训

一、土地私有制度阻碍农业规模化集约化发展

20世纪50年代，日本城镇化速度加快，用于工厂、住宅以及公共设施建设等非农目的的农地开发项目持续增加，农地价格以流转需求较为旺盛的城郊地区为中心逐年上涨，随即产生涟漪效应，带动了远郊、农村地区地价价格暴涨，农户持地待估的意愿高涨，即便不种地也不愿意放弃农地所有权。然而，

随着老龄化速度加快，这种既无力耕种也不流转的农地增加，最终导致撂荒农地面积不断扩大，1980 年日本撂荒农地面积只有 12.3 万公顷，2020 年增加到28.2 万公顷。然而，在资本主义土地私有制度之下，日本政府无法采用行政命令要求地权所有人复垦，只能采取警告或者财政补贴、提高不动产税等财税措施刺激。虽然，2008 年日本修订《农地法》进一步强调了农地具备保障粮食安全的公益性功能，但即便如此，农地撂荒与农地集约难并存的结构性矛盾始终无法得到有效解决。

二、地方政府推进农业集约化经营的意愿不强

日本地方财税收入主要来源于不动产税、个人所得税等直接税赋，地方政府财政收入与行政区域内居民数量增减成正比。农业现代化政策的核心是把农村富余人口流转出农村，进而实现农地集约，为推进大规模机械化作业提供有利的外部条件。但在当地非农就业机会不充足的情况下，人口流失往往会造成地方财税收入锐减。因此，虽然日本中央政府出台了不少缓和农地流转限制，促进规模化、机械化经营的政策，但地方政府更愿意围绕"如何能够留住人"这一政策目标，推进代耕代管服务降低劳动强度，推进一二三产业融合和休闲农业等项目增加本地就业机会，把老人、妇女牢牢地吸附在农村，导致农地难以流转，难以集约使用。2015 年，日本拥有 0.1 公顷以下农地或者年销售额不足 15 万日元的超小农户达到 141 万户，占同期农户总数的 39.5%，较 1975 年增加了 37 个百分点，其中大部分还都是年龄超过 65 岁的老人。这些农户既不依靠农业经营性收入维持生计，务农意愿不强，又不愿放弃地权，客观上阻碍了日本农业竞争力的提升。

三、以超小规模农户为主的经营结构未能改变

改变以超小规模农户为主的经营结构是日本长期执行的农业政策。1910年日本以户均经营面积 1 公顷为线，规定经营面积不足 1 公顷的农户属于超小农户。1961 年日本实施《农业基本法》将"能够获得与其他职业相等收入的农业家庭经营者"称之为"自立经营者"，并且将土地集约型农业经营面积标准设定为 2 公顷。随着劳动力成本以及城镇居民收入水平的变化，这一标准也

不断变化,1970 年增加到 3.5 公顷、1980 年 5.5 公顷、2015 年约 10 公顷。但是,截至 2020 年日本户均经营面积只有 1.26 公顷,经营农地面积超过 10 公顷的规模农户仅占农户总数的 0.6%,可见,经过上百年发展,日本农业生产仍然是以超小规模农户为主体,经营结构虽然经历上百年仍然未发生根本性变化。

四、经营性收入对农民增收的贡献率显著下降

推进小农生产与现代农业发展有机衔接的基本逻辑是通过农业机械化、社会化和组织化提升农业生产效率,进而达到缩小城乡收入差距的目的。从政策效果来看,20 世纪 70 年代中期,日本就已经实现了这一目标,农民收入甚至还超过了社会平均工资水平。但是,随着工业化、城镇化快速发展,日本农业生产呈现出向兼业化的发展趋势。1950 年日本兼业农家 309.0 万户,占总农家数量的 50.0%。之后,兼业农家数量虽然逐年减少,但是占总农家的比重逐年上升,2019 年为 67.4%,致使小农户对农业经营性收入的依赖下降。从收入结构来看,2017 年日本农户平均收入为 526 万日元,农业经营性收入只有 191 万日元,占农户总收入的 36.3%,较 20 世纪 70 年代明显下降。但同期养老金等非农收入达到 335 万日元,占总收入的比重提升到了 63.7%。

五、农业过度保护政策影响农产品竞争力提升

边境保护和高额的国内支持政策虽然降低了农民资本投入、促进了农民增收,对于稳定农产品市场发展、缩小城乡收入差距起到了积极作用。但是,各种财政补贴也使部分农户失去了扩大经营规模、提升效率的动力,一是过度强调保护 5 个重点农产品,导致日本农业生产结构畸形发展,一方面受到重点保护的大米等作物供给长期处于过剩状态,另一方面没有政策保护的其他农产品则不得不长期依靠进口补充。二是高昂的农业补贴费用占用了农业预算空间,导致农业结构调整缺乏必要的资金支持,农业结构不合理问题日益突出。三是高额农产品保护造成日本国内农产品价格一直远远高于国际平均水平,给本国消费者造成经济利益损失,使其难以享受市场开放带来的全球化福祉。

第三节　日本农业发展的启示

一、推动农业政策由数量增长转向共同富裕

进入中高收入发展阶段农产品增产增效不增收问题日益突出，持续盲目增加农产品数量将会导致供需失衡，拉低市场价格，降低农民收入和扩大城乡收入差距。日本在20世纪60年代及时调整农业农村政策，将增产增收为目标的数量政策调整为缩小城乡收入差距为目的的收入政策，实现了社会共同富裕。目前，我国已经进入到中等收入国家行列，并且预计在2024年进入发达国家行列。近几年，农业增产增效不增收的问题日益突出，需要尽快调整农业政策方向，建议以实现共同富裕为导向，将农业政策逐步调整到建立公平性、包容性，以广大农户的根本利益为本的发展轨道上来，强调效率与公平兼顾，全社会共同富裕。一方面增加农民收入，围绕解决城乡发展不均衡问题，因地制宜地采取具有针对性的农业政策，例如在地广人稀、具备发展规模化经营条件的地区，实施机械化、规模化经营的农业现代化政策，在人口密度低、交通不便、难以集约农地区域，主推乡村振兴政策。同时警惕过度追求生产数量和过度推动农业规模化生产，造成农村劳动力被转移，导致农村人口数量下降，乡村社会凋敝以及自然资源的过度消耗问题发生。另一方面降低农民支出，加大国家社会保障力度，加快农村卫生计生、社保等事业发展，建立城乡统筹的养老保险、医疗保险制度，巩固城乡居民大病保险，减少农民因病伤老的支出，防止出现返贫。

二、加强农业农村法制体系建设

改革开放以来我国为推动农村改革，将实践中行之有效的政策和重要措施以及实践中的成功经验和做法，上升为法律规范。改革开放40多年来，全国人大常委会审议通过的有关农业农村方面的法律就有20多部，对保障和促进农业和农村经济持续、快速、健康发展，保护农民合法权益起到了积极的作用。但对照日本的农业法律体系，中国农业立法的延续性、深度和广度还有待提升。建议加快制定和完善农村政治、经济、社会生活的法律法规，使农村政

治、经济、文化及社会生活的各个方面都纳入法治的轨道；将"三农"政策和推进小农户与现代农业发展有机衔接等政策纲领以主体法的形式固化，保障农业制度的延续性和稳定性；制定与主体法新配套的、具有实质性内容和具体措施的农业宏观调控、农业经济运行主体财产权、农业资源开发利用与环境保护、农业生产经营和生产安全、农业产业化经营以及农业科技和教育等方面的普通法，使相关政策切实落地；建立健全农村基层法制机制，完善农村司法和法律服务体系；基于农业农村社会经济变化和迫切需要，培育法制型农村基层干部；提高广大农民法律意识，培养具有法律素质的新型农民；加强农村行政执法，实现农村依法行政；建立农村行政执法监督制度，完善农村行政执法监督体系。

三、调整和完善农业支持保护制度

促进小农户与现代农业发展的有机衔接，围绕农业生产要素供给加大财政扶农力度。日本在农业发展的不同历史阶段，针对农业农村内在矛盾的变化，调整财政预算结构将有限的财政资源向农地集约、人才培育、金融扶持等相关领域倾斜，有效保障了惠农政策的稳步推进。建议在国际经济一体化背景下，依据 WTO 相关规定充分利用"绿箱"政策，前瞻性地调整对小农户的保护和扶持政策；优化财政支农结构，坚持"有所为，有所不为"的基本方针，选择对国民经济发展影响最大的重要作物，创新贸易、补贴等制度，支持其优先发展；加大与小农户增收密切相关的农业科技投入、农业科技推广投入、农村义务教育投入和农业基础设施投入，压缩农业事业费支出，提高财政支农资源的配置效率；调整财政支农方式，基于农业的多功能性，将农业补贴同农产品质量、环境保护、新能源使用和生态建设等挂钩，鼓励小农户采取可持续发展的经营方式；重视财政支农政策工具和方式的多样化和灵活性，研究农民收入保险，自然灾害保险制度，完善财政投资融资手段，优化农业信贷体系。

四、巩固和完善农村基本经营制度

在资本主义土地私有制度之下，日本无法通过行政手段征收撂荒农地，只能通过警告、提高税率等财税手段诱导，效果较差，客观上影响了新型农业经营主体扩大经营规模。建议我国进一步巩固和完善农村基本经营制度，把土地的集中和推行适度规模经营作为基本方向，在稳定家庭联产承包责任制的基础之上，建立健全产权清晰、主体明确、流转便利、开发经营自主的新型农村土地产权制度；完善农村承包地"三权分置"制度，稳定承包权，放活经营权，确立作为农业生产经营主体的农民的土地产权主体地位；完善农村土地产权登记制度，明确农村建设用地使用权，依法保护农村承包户的土地承包经营权；培育农地市场，充分发挥市场对农地资源配置的基础性作用，逐步建立农地流转的公开市场，通过建立农地流转机制促进规模经营，提高农业生产率；加强对农用地用途的管制，探究农地承包权退出机制，例如依法收回撂荒农地承包权和经营权，提高农地利用效率。

五、促进农民专业合作社的高质量发展

随着市场化、全球化在我国国民经济发展中不断渗透，小农户面临大市场冲击，已很难与资本竞争。日本通过培育以农民为主体的各类合作经济组织，既实现了规模经济降低了小农户经营成本，又使其成为政策抓手降低了行政管理成本。建议我国政府持续提升农民组织化程度，加强培育农民合作社（简称"合作社"），使分散的原子化的小农户形成合力；扩大合作社规模，促进同村同乡镇合作社合并，减量提质，扩大合作社的单社经营规模；推动合作社联合社发展；完善合作社为农服务功能，稳步推动资金互助社发展，发展生产、供销、金融为一体的综合型合作社，适时赋予其丰富乡村文化、活跃乡村市场等功能；提升合作社规范化水平，完善合作社监管制度、财政资金审计制度、登记注册制度、年报制度和税务监管制度；在农业农村政策制定、执行等层面提升合作社的参与程度，将以往政府负责的农业基础建设等工作优先交与合作社负责，一方面弥补其资金不足的问题，另一方面帮助合作社竖立在当地农业发展中的核心地位；加大对合作社专项资金的扶持力度，优先将财政补贴、农机补贴等尽量向合作社倾斜。

六、完善多元化主体参与的农村金融体系

农村金融体系是农村经济发展中最为重要的组成部分，是推动乡村振兴、

实现农业农村现代化的重要支撑。日本很早就建立和完善了以政策性金融和合作性金融为主要资金供给源、商业性金融为补充的农村金融体系，有力保障了农业农村稳步发展。中国农村金融发展较晚，至今存在金融供给不足、农民贷款难、发展滞后等弊病，阻碍了农村经济的发展。建议加快构建多元化的农村金融服务体系，增加金融供给；由中央和地方政府通过财政和货币政策推动农村信用合作社和资金互助社发展，使其发挥农业金融基层窗口作用；充分发挥中国农业银行等政策性金融机构在推动农业农村现代化中的主导作用，促进农业政策银行加大对农村一线网点布局，增加基层服务人员数量，提高服务质量，同时加强与基层合作经济组织的协作，实行政策性金融机构与合作性金融机构联动的发展模式；以满足小农户生产经营的实际需求为导向，开发生产链各个环节的多种金融商品，并合理规划农业金融产品的贷款期限和利率，满足不同群体的贷款需求；创新担保机制探索以土地承包经营权、土地使用权等土地权利来进行抵押融资，促进金融机构对农村的长期信贷投资，缓解对农村资金的供求矛盾；以地方政府为主体建立银行和保险等金融机构共同参股的农业信用保证保险的专业机构，解除各类金融机构参与农村金融的后顾之忧；加快建立农业贷款使用监督机制，监督和引导农户规范使用农业金融资金。

七、构建以公益性批发市场为核心的流通体系

民营企业投资建设的农产品批发市场，在没有政府持续性支持下很难降低收费水平，也无法落实食品安全政策。从日本经验来看，公益性批发市场通过政府投资和使用人均摊使用费用的方式，既压缩了流通农产品中的固定资本折旧费用，也实现了对流通食品的即时监控。建议基于批发市场公共物品的基本属性，加快制定《农产品批发市场法》，用法律手段界定公益性批发市场的法人性质，将其定位为非营利性国有企业，并规范其设立条件、运营模式，明确其公益性边界；改革公益性农产品批发市场的管理机制，将公益性批发市场的规划、建设和管理纳入农业农村部管辖，实现"一元化"管辖由其基于实现小农户与现代农业有机衔接，推进乡村振兴的中央总体部署，制定公益性批发市场宏观布局，使公益性批发市场能够体现农民利益，更好地发挥农产品价值实现的平台作用；政府应在有限的财力支撑下，做好全国重点农产品批发市场建设的规划，逐步形成以公益性批发市场为核心、以区域农产品批发市场为骨干

的现代农产品批发市场体系；创新公益性批发市场租金的形成机制，清晰政府和商户需要承担的费用责权边界，以地方法规形式明确需要商户承担的公益性批发市场日常经营费用、设施折旧费、设施维修维护费、市场管理人员劳务费和贷款利息，其余固定资本投入由政府承担；加强对公益性农产品批发市场的监督管理，以维护市场交易秩序和保障食品卫生安全。

八、完善农业科技推广和农民教育体系

完善和健全农业科技创新和推广体系，为建设现代农业提供有力的科技支撑，是实现农民增收和共同富裕的基础。日本大多数农产品的品质好、产量高，得益于完善的农业科技的研发和普及推广体系，既实现了与进口产品的市场细分，也显著增加了农民收入。我国人多地少，各种农业资源人均数量少，要保证农业稳定健康的发展，必须以提高土地产出率、资源利用率和劳动生产率为主要目标，健全农业科技创新推广体制和机制。建议以保障国家粮食安全为首要任务，提升农业科技对主粮等重要农产品有效供给和质量安全的保障能力；增加新品种新农艺的基础性、公益性研究投入，支持重点企业与优势科研单位建立"产学研"合作平台，引导资源和人才流动；加大资金投入，建立按服务规模和服务绩效落实农业科技推广工作经费的长效机制，解决基层农技推广工作经费不足的问题；以县为单位构建农业科技服务平台，建立当地基层农业科技推广机构、农业生产物资经销企业和技术能手的数据库，为农户就近提供技术服务；鼓励社会力量参与农业科技推广工作，建立以公益性农业科技推广机构为主导，农业科研教学单位、企业、农民合作经济组织和服务户等社会化服务组织广泛参与的多元化农业科技推广体系；设立柔性流动专家岗位，聘请高校和科研机构的科技人员解决产业技术难题，通过农业信息网站、广播电视节目、手机短彩信服务平台等现代网络技术拉近农户与专家距离；加强对本地种植养殖能手、返乡创业新农人、合作社理事长等经营主体的培训，使其成为带领农民群众共同致富的带头人。

参考文献

|*References*|

中 文 文 献

坂田宏，2019. 日本花卉发展史［J］. 中国花卉园艺（19）：40 - 41.

坂下明彦，2000. 日本农协的组织、机能及其运营［J］. 农业经济问题（9）：57 - 61.

边红彪，2011. 日本进口食品检验检疫制度综合分析［J］. 食品安全质量检测学报（5）：261 - 264.

曹斌，2019. 日本促进小农户生产与现代农业有机衔接的经验对我国乡村振兴的启示［J］. 西安财经学院学报（2）：88 - 93.

曹斌，2021. 日本农村集体产权的法律关系特点和启示［J］. 乡村发现（2）：134 - 142.

曹斌，2020. 日本农村集体产权制度的演进、特征与构成［J］. 中国农村经济（10）：131 - 144.

曹斌，2021. 日本农业协同组合开展农技推广服务的经验与借鉴［J］. 中国农民合作社（1）：71 - 72.

曹斌，2007. 日本蔬菜流通体系主要特征［J］. 农产品贸易（3）：48 - 50.

曹斌，2019. 日本综合农协在落实"口粮绝对安全"政策中发挥的作用［J］. 现代日本经济（6）：68 - 79.

曹斌，2018. 乡村振兴的日本实践：背景、措施与启示［J］. 中国农业经济（8）：117 - 129.

曹斌，2009. 关于现阶段日本农业政策目标及其措施的研究［D］. 北京：中国社会科学院.

曹斌，倪静，2019. 日本农业农村发展新动向与主要政策：2018 年版《食物农业农村白皮书》解读［J］. 日本研究（1）：38 - 47.

曹斌，于蓉蓉，2021. 日本如何推进公益性农产品批发市场体系建设：体制与机制［J］. 学术研究（12）.

曹海涛，李梦月，朱清宏，2019. 中国企业对日本直接投资研究［J］. 经济研究（3）：23 - 30.

陈伟忠，2013. 日本土地改良区的农田基础建设及其对中国的启示［J］. 世界农业（12）：22 - 27.

翟振元，大多和严，2007. 中日农村金融发展研究［M］. 北京：中国农业出版社.

丁斗，2020.“安倍经济学”与日本经济［J］. 人民论坛（7）：119 - 121.

冈部守，章政，等，2004. 日本农业概论［M］. 北京：中国农业出版社.

高强，高桥五郎，2012. 日本农地制度改革及对我国的启示［J］. 调研世界（5）：60 - 64.

高强，孔祥智，2013. 日本农地制度改革背景、进程及手段的述评［J］. 现代日本经济（3）：81 - 93.

高强，刘同山，2014. 日本大米生产的发展历程及大米政策改革探析［J］. 现代日本经济（4）：85 - 94.

高强，万兴彬，彭超，2021. 日本粮食储备制度发展历程、政策框架及启示［J］. 世界农业（3）：4 - 13，58，140.

高山昭夫，1989. 日本农业教育史［M］. 刘秉臣，刘伯彦，宣莉，等，译. 重庆：科学技术文献出版社重庆分社.

恭映璧，2018. 林业在国民经济发展中的作用与地位：战后日本林业的发展及其启示（一）［J］. 森林与生态（9）：19 - 21.

恭映璧，2020. 日本林业发展的森林组合策略：战后日本林业的发展及其启示（十）［J］. 森林与生态（5）：17 - 19.

关谷俊作，2004. 日本的农地制度［M］. 金洪云，译. 北京：生活·读书·新知三联书店.

郭君平，夏英，薛桂霞，等，2019，日本蔬菜产业发展及其启示［J］. 中国蔬菜（11）：1 - 5.

和茗，2018. 日本茶产业［J］. 茶叶（1）：48 - 50.

晖俊俊三，2011. 日本农业150年（1985—2000年）［M］. 胡浩，等，译. 北京：中国农业大学出版社.

纪晓农，刘和风，2006. 日本花卉生产与流通［J］. 中国花卉园艺（8）：46 - 49.

江生忠，费清，2018. 日本共济制农业保险制度探析［J］. 现代日本经济（4）：23 - 34.

姜贵善，2000. 日本的国土利用及土地征用法律精选［M］. 北京：地质出版社.

姜天喜，2007. 日本茶道文化研究［M］. 北京：光明日报出版社：12 - 14.

焦必方，1999. 战后日本农村经济发展研究［M］. 上海：上海财经大学出版社.

焦必方，孙彬彬，2009. 日本现代农村建设研究［M］. 上海：复旦大学出版社.

杨团，孙炳耀，等. 综合农协：中国“三农”改革突破口［M］. 北京：中国社会科学院出版社：403 - 421.

阚大学，赵煌杰，尹小剑，2016. 中日农产品贸易摩擦现状、原因及对策［J］. 世界农业（1）：54 - 58.

李清，2012. 日本渔业现状及其发展历程［J］. 中国水产（12）：42 - 44.

李清，2014. 日本渔业研究［M］. 吉林：吉林人民出版社.

李文，1996. 日本农业土地改良（水利）基层组织：土地改良区［J］. 中国农村水利水电（10）：11 - 12.

李文阔，2020. 日本农业金融体系及对我国农业金融改革的启示 [J]. 西南金融（8）：87-96.

李哲，2019. 日本集落营农组织、相关政策及评析 [J]. 世界农业（10）：40-52.

李周，张元红，曹斌，等，2017. 食物生产方式向专业化、规模化和组织化转变战略研究 [M]. 北京：科学出版社.

刘宝军，李嘉缘，2020. 日本信用担保体系发展对我国的启示 [J]. 中国财政（13）：56-58.

刘步瑜，陶菲，杨慧娟，2020. 日本农林规格制度与我国"三品一标"制度比较研究 [J]. 质量探索（1）：56-63.

刘德娟，周琼，曾玉荣，2015. 日本农业经营主体培育的政策调整及其启示 [J]. 农业经济问题（9）：104-109.

刘海军，1998. 日本的社会保险 [M]. 北京：石油工业出版社.

卢大新，1999. 日本小麦生产的现状及对策 [J]. 农业工程学报（9）：16-19.

卢凌霄，吕超，2007. 日本水产品流通体系的结构与特征 [J]. 安徽农业科学，35（27）：8729-8730.

芦千文，姜长云，2019. 日本发展农业生产托管服务的历程、特点与启示 [J]. 江淮论坛（1）：59-66，88.

罗攀柱，赵继锋，2009. 日本森林组合制度发展沿革及其启示 [J]. 林业经济问题（4）：111-115.

穆月英，笠原浩三，2006. 日本的蔬菜水果流通及其赢利率的调查研究 [J]. 世界农业（2）：31-34.

农业农村部农业贸易促进中心，2019. 日本对进口农产品如何征税？[N]. 农民日报，2019-11-21（4）.

齐洪华，2015. 日本农产品贸易保护的政治经济学研究 [M]. 广州：世界图书出版广东有限公司.

屈亚娟，2007. 日本地理 [M]. 大连：大连理工大学出版社.

石忆邵，石凌宇，2015. 日本土地集约利用的主要形成机制 [J]. 上海国土资源（5）：21-26.

宋慧中，别曼，2020. 广场协议后日本经济增长问题研究与启示：剖析日本经济低迷之谜 [J]. 南方金融（12）：54-62.

宋敏，陈廷贵，等，2009. 日本农业推广体系的演变与现状 [M]. 北京：中国农业出版社.

宋喜滨，唐俊珊，1982. 日本林业 [M]. 北京：中国林业出版社.

孙文君，2000. 日本的稻米流通资金制度 [J]. 金融研究（6）：125-129.

孙晓海，江激宇，吕长勇，2021. 中国与日本农产品贸易的竞争性与互补性研究 [J]. 长春理工大学学报（社会科学版）（1）：66-72.

田杰，李佩哲，彭建仿，2020. 日本农协信用合作治理与风险防控的经验借鉴 [J]. 亚太经济（1）：87-95.

田野，2001. 日本信用补完制度的历史和现状 [J]. 上海金融 (10)：36 - 37.

王登举，李维长，郭广荣，2005. 日本森林组合的作用及其基本属性分析 [J]. 林业与社会，13 (1)，43 - 48.

王宏伟，2015. 日本集落营农组织研究 [J]. 世界农业 (11)：82 - 86.

王加亭，2020. 日本畜牧业发展概述 [J]. 中国畜牧业 (9)：42 - 44.

王凯，2009. 日本现代花卉流通体系构建及经验借鉴 [J]. 商业经济研究，34：25 - 26.

王晓东，2014. 日本农村养老保险体系设计和建立时机对我国的启示 [J]. 经济体制改革 (2)：163 - 167.

王鑫，夏英，2021. 日本农业收入保险：政策背景，制度设计与镜鉴 [J]. 现代经济探讨 (3)：118 - 125.

王学君，周沁楠，2019. 日本农业收入保险的实施：因由、安排与启示 [J]. 农业经济问题 (10)：132 - 143.

魏蔚，王东霞，2019. 日本植物工厂的现状、存在问题及未来发展 [J]. 现代化农业 (12)：22 - 24.

温娟，2019. 日本近现代农业政策研究 [M]. 南京：江苏人民出版社.

温信详，2011. 日本农村金融及其启示 [M]. 北京：经济科学出版社.

温信祥，2013. 日本农村信用担保体系及启示 [J]. 中国金融 (1)：85 - 87.

文春美，2014. 二战前日本农业问题与政党内阁的农业政策研究 [M]. 北京：中国传媒大学出版社.

吴薇，马建蕾，孙东升，2020. 日本农产品出口促进政策演进及启示 [J]. 世界农业 (10)：47 - 53.

谢甫绨，2007. 日本的大豆生产历史和现状概况 [J]. 大豆通报 (6)：45 - 47.

徐玥，2020. 日本农产品出口促进措施及对中国的启示 [J]. 农业经济 (9)：115 - 117.

杨立敏，潘克厚，2005. 渔民合作组织：渔业经济可持续发展的重要载体 [J]. 中国渔业经济 (1)：32 - 33.

姚凤桐，李主其，2014. 日本的粮食 [M]. 北京：中国农业出版社.

于秋芳，2012. 现代日本农协的发展变迁研究 [M]. 安徽：安徽师范大学出版社.

增井好男，潘迎捷，2010. 日本水产业概论 [M]. 杨凌：西北农林科技大学出版社.

曾琼芳，2014. 日本农村金融制度演变、特征与经验借鉴 [J]. 世界农业 (12)：79 - 82.

曾雅，孟麟，蔡易含，2013. 日本渔业协同组合体系的发展历程·现状及改革方向 [J]. 安徽农业科学 (26)：10897 - 10899.

张佳书，龙海娇，2016. 安倍农政改革之农地中间管理机构的实绩及其对中国的启示 [J]. 世界农业 (10)：108 - 114.

张秋英，大崎满，2001. 日本大豆研究 [J]. 大豆科学 (8)：228 - 230.

张文奎，丛淑媛，孟春舫，等，1987. 日本农业地理［M］. 北京：商务印书馆.

章政，1998. 现代日本农协［M］. 北京：中国农业出版社.

赵谦，吴悠，2017. 日本土地改良立法及对中国的启示［J］. 世界农业（6）：109－113.

赵文，李孟娇，董晓霞，等，2014. 日本奶业规模化发展政策及经验借鉴［J］. 世界农业
　　（11）：63－65.

郑蔚，2008. 中日农村金融比较研究［M］. 天津：天津人民出版社.

朱红，李涛，2020. 日本国土空间用途管制经验及对我国的启示［J］. 中国国土资源经济
　　（12）：51－58.

日 文 文 献

安良城盛昭. 岩波講座—日本歴史 16 - 近代 3 - 地主の展開［M］. 東京：岩波書店，1967：53.

安藤範親. 経済金融用語の基礎知識（第 5 回）- ABL 融資の現状と課題［J］. 金融市場，
　　2011（8）：25.

村田為治. 公有林野の整備に就いて［J］. 大日本山林会. 明治林業逸史［M］. 東京：大日本
　　山林会，1931.

大津透，桜井英治，藤井讓治，等. 岩波講座—日本歴史 12 - 近世 4［M］. 東京：岩波書店，
　　1967：338.

大友篤，笹川正志，角田敏. 土地形状別人工統計とその分析（平成 13 年 5 月）［R］. 東京：
　　財団法人統計情報研究開発センター，2001.

島恭彦. 岩波講座—日本歴史 4 - 戦争と国家独占資本主義［M］. 東京：岩波書店，1968：40.

高岡熊雄. 小農保護問題［M］. 東京：同文館，1915.

公益財団法人矢野恒太記念会. 日本のすがた 2021 年版［DS］. 東京：矢野恒太記念会，2021.

公益社団法人中央畜産会令和元年度事業報告［R］. 東京：中央畜産会，2020.

関澤喧朗. 入会地の権利調整と畜産的利用の経営意義［J］. 日草九支報，1992：1.

国土交通省. 国土交通白書（2020 令和 2 年版）- 社会と暮らしのデザイン改革国土交通省 20
　　年目の挑戦［R］. 東京：日経印刷，2020.

国土交通省水管理国土保全水資源部. 令和 2 年版日本の水資源の現況［R］. 東京：国土交通
　　省，2020.

横井時敬. 小農に関する研究［M］. 東京：丸善，1927.

JA 共済. 2020JA 共済のごあんない［R］. 東京：JA 共済，2020.

吉井邦恒. わが国における農業収入保険をめぐる状況 - アメリカの収入保険 AGR を手がかり
　　として［J］. 保険学雑誌，2014，（627）：107－127.

加古敏之. 日本における食糧管理制度の展開と米流通［R］. 平成 17 年度第 11 回世界のコメ
　　国際学術調査研究報告会. 2006.

加用信文監修．1977．日本農業基礎統計［DS］．東京：農林統計協会．

静岡県経済産業部農業局お茶振興課．静岡茶業の現況［R/OL］．（2021 - 03）［2021 - 04 -
01］．http：//www. pref. shizuoka. jp/sangyou/sa - 340/documents/chagyounogenjyou - 03. pdf

頼平．現代農業政策論 2 - 農業政策の基礎理論［M］．東京：社団法人家の光協会，1987．

両角和夫．農業金融の新たな融資手法としてのABLの活用と課題［J］．農業研究，2018（8）：
171 - 201．

内閣府．防災白書（令和 2 年版）［R］．東京：日経印刷，2020．

内閣府．経済財政報告（令和 2 年版）［R］．東京：日経印刷，2020．

内田多喜生．多様な集落営農の取り組みの現況とその課題［J］．農林金融，2005（3）：
159 - 176．

内田多喜生．農地の所有構造の変化と土地持ち非農家の動向［J］．農林金融，2007（7）：
528 - 540．

農林水産省．平成 30 年事業年度総合農協統計表［DS］．東京：農林統計協会，2020．

農林水産省．食料農業農村白書令和元年版［R］．東京：農林統計協会，2019．

農林水産省．食料農業農村白書令和 2 年版［R］．東京：農林統計協会，2020．

農林水産省．ポケット農林水産統計—令和元年版（2019）［DS］．東京：農林統計協会，2020．

農水産業協同組合貯金保険機構．令和元事業年度農水産業協同組合貯金保険機構年報［R］．
東京：農水産業協同組合貯金保険機構，2020．

橋本将司．近づく米大統領選挙～米国の反グローバリゼーション政策の行方［J］．（2020 - 10 -
20）［2021 - 01 - 10］．https：//www. iima. or. jp/docs/column/2020/ei2020. 51. pdf．

全国農業協同組合中央会．JA 教科書販売事業［M］．東京：家の光協会，2008．

全国農業協同組合中央会．JA 教科書共済事業［M］．東京：家の光協会，2008．

全国農業協同組合中央会．JA 教科書購買事業［M］．東京：家の光協会，2008．

全国農業協同組合中央会．JA 教科書信用事業［M］．東京：家の光協会，2008．

日本林業協会．森林と林業［J］．緑の論壇，2014．

日本貿易振興機構．ジェトロ対日投資報告［R］．2021．

日本農業市場学会編．食料農産物の流通と市場Ⅱ［M］．東京：筑波書房，2010．

日本協同組合連携機構（JCA）．令和元（2019）年度業務報告書［R］．東京：日本協同組合
連携機構，2020．

山本修．現代農業政策論 2 - 農業政策の展開と現況［M］．東京：家の光協会，1988．

山下詠子．入会林野の変容と現代的意義［M］．東京：東京大学出版社，2011．

上野忠義．日本における農業教育［J］．農林金融，2014（4）：26 - 47．

石田一喜．農業分野に関する国家戦略特区の取組み［J］．農林金融，2016（12）：639 - 655．

石田正昭．JAの歴史と私たちの役割［M］．東京：株式会社家の光出版総合サービス，2014．

矢野恒記念会．日本国勢図会 2020—2021 第 78 版［M］．東京：矢野恒記念会，2020.

藤島廣二．青果物市場外流通の形態と動向［J］．中国農業試験場研究資料，1991（19）.

藤島廣二，安部新一，宮部和由幸．現代の農産物流通［M］．東京：社团法人全国農業改良普及支援協会，2006.

藤田筑次．現代農業政策論 3 - 農業政策の課題と方向［M］．東京：家の光協会，1988.

藤野信之．集落営農の概要と集落一農場型集落営農の成功要因［J］．農林金融，2014（7）：474 - 481.

田中康晃．新規農業参入の手続きと農地所有適格法人の設立運営［M］．東京：日本法令，2016.

田中一郎．これからの水産物流通を考える［J］．調査と情報，2006（7）：10 - 17.

土居直史．牛肉自由化は牛肉価格をどれほど低下させたか［J］．札幌学院大学経済論集，2013（10）：25 - 39.

梶井功，石光研二．農業機械銀行マシーネンリング日本への適用［M］．東京：家の光協会，1972.

西井賢悟．JA 営農指導員のキャリア形成実態と人材育成の課題［J］．農林業問題研究，2008（6）：99 - 104。

小原国芳研修，川前文夫編．玉川児童百科大辞典 7 - 植物［M］．東京：誠文堂新光社，1970.

小原国芳研修，浅井得一他編．玉川児童百科大辞典 17 - 日本地理［M］．東京：誠文堂新光社，1971.

小原国芳研修，日高敏隆編．玉川児童百科大辞典 8 - 動物［M］．東京：誠文堂新光社，1970.

小原国芳研修，山口康助編．玉川児童百科大辞典 15 - 日本歴史［M］．東京：誠文堂新光社，1971.

小原洋，大倉利明，高田祐介，等，包括的土壌分類第 1 次試案，農業環境技術研究所報告［R］．茨城：独立行政法人農業環境技術研究所，2011.

総務省統計局．第七十回日本統計年鑑（令和 3 年）［R］．東京：毎日新聞出版社，2021.

総務省統計局．令和元年労働力調査年報［R］．東京：日本統計協会，2020.

総務省消防庁．令和 2 年消防白書［R］．東京：勝美印刷，2021.

日文网站资料

内阁府，https：//www.cao.go.jp

农林水产省，https：//www.maff.go.jp

林野厅，https：//www.rinya.maff.go.jp

水产厅，https：//www.jfa.maff.go.jp

经济产业省，https：//www.meti.go.jp

国土交通省，https：//www. mlit. go. jp

厚生劳动省，http：//www. greenjapan. co. jp

财务省，https：//www. mof. go. jp

环境省，http：//www. biodic. go. jp

金融厅，https：//www. fsa. go. jp

气象厅，www. jma. go. jp

总务省统计局，http：//www. stat. go. jp

动植物检疫所，https：//www. maff. go. jp/aqs

食品安全委员会，http：//www. fsc. go. jp/iinkai

特别行政法人日本政策金融公库，https：//www. jfc. go. jp

特别行政法人农林渔业信用基金，https：//www. jaffic. go. jp

特别行政法人农业者年金，https：//www. nounen. go. jp

特别行政法人农畜产业振兴机构，https：//www. alic. go. jp

特别行政法人日本贸易振兴机构，https：//www. jetro. go. jp

全国农业协同组合中央会，https：//www. zenchu-ja. or. jp

全国农业协同组合联合会，https：//www. zennoh. or. jp

全国共济农业协同组合联合会，https：//www. ja-kyosai. or. jp.

全国厚生农业协同组合联合会，http：//www. ja-zenkouren. or. jp

农林中央金库，https：//www. jabank. org

农林中央金库综合研究所，https：//www. nochuri. co. jp

一般社团法人全国农业会议所，https：//www. nca. or. jp

一般社团法人全国农业改良普及支援协会，www. jadea. org

公益社团法人日本农业法人协会，https：//hojin. or. jp

日本农业经营大学，https：//jaiam. afj. or. jp

日本农业经济学会，https：//www. aesjapan. or. jp

日本农业普及学会，http：//www. jadea. jp

农业情报学会，https：//www. jsai. or. jp

帝国数据银行，https：//www. tdb. co. jp

共济火灾海上株式会社，https：//www. kyoeikasai. co. jp

图书在版编目（CIP）数据

日本农业／曹斌著．—北京：中国农业出版社，
2021.12
　（当代世界农业丛书）
　ISBN 978-7-109-28987-1

　Ⅰ．①日…　Ⅱ．①曹…　Ⅲ．①农业经济发展－研究－
日本　Ⅳ．①F331.33

中国版本图书馆 CIP 数据核字（2021）第 262396 号

日本农业
RIBEN NONGYE

中国农业出版社出版
地址：北京市朝阳区麦子店街 18 号楼
邮编：100125
出版人：陈邦勋
策划统筹：胡乐鸣　苑　荣　赵　刚　徐　晖　张丽四　闫保荣
责任编辑：汪子涵　贾　彬　文字编辑：张丽四　吴洪钟　贾　彬　耿增强　汪子涵
版式设计：王　晨　责任校对：刘丽香
印刷：北京通州皇家印刷厂
版次：2021 年 12 月第 1 版
印次：2021 年 12 月北京第 1 次印刷
发行：新华书店北京发行所
开本：787mm×1092mm　1/16
印张：26.5
字数：420 千字
定价：135.00 元